REDACCION Y ESTILO

MATILDE ALBERT ROBATTO

REDACCION Y ESTILO
CUARTA EDICION
Ampliada

EDITORIAL MARLE – SAN JUAN, PUERTO RICO, 1987

Copyright 1984
Matilde Albert Robatto

Para información escriba:

Matilde Albert Robatto
Box 22149 UPR Station
Río Piedras, P.R. 00931

Reservados todos los derechos. Ninguna parte de este libro podrá ser reproducida, o transmitida, de algún modo o por cualquier medio, ya sea electrónico, mecánico, fotocopia, registración magnetónica, o de cualquier otra forma, sin la previa autorización de la Autora.

TIPOGRAFIA: MISCES, Carolina, P.R.
IMPRESION: Banta Company, U.S.A.
Diseño de portada: *José A. Peláez*

INDICE

Prólogo 9

PRIMERA PARTE .... **REDACCION**

   CAPITULO I
      Sintaxis 13
   CAPITULO II
      Signos de puntuación 37
   CAPITULO III
      El párrafo 56
   CAPITULO IV
      El adjetivo y el adverbio 105
   CAPITULO V
      Los pronombres 117
   CAPITULO VI
      Pronombres relativos. Uso y abuso de "que" 131
   CAPITULO VII
      Las preposiciones 146
   CAPITULO VIII
      La voz pasiva 166
   CAPITULO IX
      El gerundio 187

SEGUNDA PARTE .... **ESTILO**

   CAPITULO X
      El estilo 199
   CAPITULO XI
      La redacción 209
   CAPITULO XII
      La monografía 217
   CAPITULO XIII
      La carta 223
   CAPITULO XIV
      La descripción 242
   CAPITULO XV
      La narración 259
   CAPITULO XVI
      Técnicas narrativas de la novelística actual 287
   CAPITULO XVII
      El diálogo 297

TERCERA PARTE .... **LENGUAJE TECNICO**

   CAPITULO XVIII
      Redacción periodística 315
   CAPITULO XIX
      Redacción técnica 351

Bibliografía 385
Textos citados 391

DEDICATORIA

*A mis hijos, Luis y Enrique,
por su cariño y por su amistad.*

PROLOGO

El arte de escribir ni se prodiga er. exceso ni es inaccesible. Para un número limitado de personas, el dominio del estilo no constituye una tarea difícil, poseen un talento innato que, al cultivarlo, produce obras de indudable valor literario. Pero estas personas siempre forman un grupo muy reducido si se compara con el resto de la población. Para la gran mayoría, escribir bien es un proceso que se aprende lentamente; requiere paciencia y tesón. Con el tiempo, estas personas logran un dominio del idioma y, en ocasiones, pueden crear obras de interés.

Este libro va dirigido a ese grupo, los que, gracias a un interés y esfuerzo sostenido, llegan a emplear la lengua escrita con la debida corrección, vehículo imprescindible para la expresión personal y colectiva. Si este texto logra mejorar algunos aspectos de la comunicación escrita en las personas que lo usen, habrá cumplido con su propósito fundamental.

Ahora bien, este libro no posee ningún poder mágico ni puede realizar el milagro de la escritura perfecta; sus posibilidades son mucho más limitadas y dependen de la actitud del estudiante. Para obtener el mayor provecho posible en el aprendizaje de la escritura, se requieren tres condiciones fundamentales de parte del lector. La primera es la confianza en uno mismo, el empeño de llevar a buen fin esta empresa. Por tanto, una actitud positiva y segura del éxito del proyecto es imprescindible en esta tarea. En segundo lugar, se requiere constancia y espíritu de trabajo. La persona que quiere aprender a escribir, por fuerza tendrá que escribir y revisar lo que escribe; y este ejercicio repetirlo sin temor al cansancio. Al principio, el estudiante habrá de tener en cuenta la opinión de otra persona más autorizada en esta materia; conforme pase el tiempo, irá adquiriendo seguridad y él mismo podrá ser su propio juez. La tercera condición se refiere al hábito de la lectura.

¿Sería posible pintar con cierta maestría sin haber visto antes algunos cuadros?, ¿cantar sin haber oído un cierto número de canciones? De igual manera, es imposible escribir con la debida corrección sin haber leído unos cuantos textos literarios. La lectura es imprescindible para la formación de un buen estilo; las buenas obras literarias son como los arquetipos de la escritura. Reflexione el lector sobre estas tres condiciones y, si las tiene, se encontrará ya en la mitad del camino; es muy posible que este libro le sea útil durante la otra mitad.

Redacción y Estilo *es un texto dividido en dos partes: la primera,* **Redacción,** *se compone de nueve capítulos que giran en torno a temas muy fundamentales como: la sintaxis, los signos de puntuación, el párrafo, los pronombres, el uso y abuso del pronombre relativo* que, *los modificadores: el adjetivo y el adverbio, las preposiciones, el gerundio y la voz pasiva. Todos estos temas vistos desde el punto de vista de la redacción, pero sustentados en una base gramatical; pues creemos que el conocimiento de la gramática es de suma importancia en la teoría y práctica de la redacción. Sin un conocimiento previo de las estructuras morfosintácticas, difícilmente se logrará un dominio del idioma. La segunda parte,* **Estilo,** *consta de ocho capítulos, que presentan un enfoque más literario y creativo; los temas son los siguientes: la redacción, el estilo, la monografía, la carta, la descripción, la narración, las técnicas narrativas de la novelística actual, el diálogo. Cada persona puede detenerse en el área de su interés. Ambas partes intentan dar al lector una visión conjunta y complementaria de lo que se entiende por* **redacción y estilo,** *presentar la interrelación entre estos dos aspectos de la escritura.*

El libro, en su totalidad, tiene como propósito subrayar las tres cualidades de la lengua escrita: **Claridad, precisión y concisión.** *Este debe ser el ideal de toda persona que seriamente quiera aprender el arte de escribir. Una vez en posesión de estas cualidades, la lengua escrita no sólo ganará en elegancia y corrección, sino que será un instrumento más apto para el proceso creativo. El conocimiento de las estructuras básicas del idioma* **nunca** *será un obstáculo para el desarrollo de la creatividad; por el contrario, constituirá la sólida base en la que se sustentará la nueva obra.*

Al finalizar la producción de este libro, es de justicia consignar aquí mi agradecimiento al Programa Graduado de la Escuela de Traducción, de la Universidad de Puerto Rico, en el que he enseñado durante catorce años el curso de **Redacción y Estilo;** *sin esta experiencia enriquecedora hubiera sido imposible la elaboración de este texto.*

Mi gratitud y cariño para las distinguidas colegas: Dra. Adna Rodríguez de Miravall, Dra. Carmen Rodríguez de Mora y Dra. María Lopez Laguerre por su excelente labor en la lectura y corrección de esta obra.

Así mismo hago expreso mi agradecimiento a todas las personas que, de una forma u otra, me ayudaron a la realización de esta empresa; muy en particular a mis estudiantes de "Redacción y Estilo".

La Autora

PRIMERA PARTE

REDACCION

CAPITULO I

SINTAXIS

SINTAXIS

La *Sintaxis* es la parte de la Gramática que estudia la ordenación de las palabras para formar oraciones y así expresar pensamientos. Las palabras pueden tener también un valor por sí solas y estudiarse en un aspecto formal sin referencia a otro grupo de palabras, a un contexto determinado; esto comprende el estudio de la *Morfología*. Es fácil darse cuenta de la relación que tienen ambos enfoques, sobre todo si se piensa en términos de la comunicación, que es el fin primordial de una lengua. Algunos de los últimos estudios sobre esta materia, no establecen una separación rigurosa entre *Morfología* y *Sintaxis*, y prefieren usar el término de *Morfosintaxis*.

El estudio de la Sintaxis es imprescindible para conocer las estructuras internas del lenguaje y, de esta manera, usarlo con la debida corrección y fluidez. Los idiomas no son sólo un conjunto de palabras dispuestas al azar, sino que, por el contrario, la colocación de esas palabras responde a unas normas del lenguaje. Es ese orden, ya sea sistemático o asistemático, el que confiere al idioma una peculiaridad lógica-sintáctica que lo hace distinto de cualquier otro. Casi todos hemos tenido la experiencia lamentable de encontrarnos con un libro malamente traducido, en el cual se tradujeron palabras y no ideas; esto es, un libro escrito en palabras castellanas, pero con la sintaxis de otro idioma. En ocasiones la lectura puede llegar a ser tan conflictiva que hasta nos hará desistir del intento de terminarlo; no entendemos ni las oraciones ni los párrafos porque el orden de los mismos no se aviene a la sintaxis de nuestro idioma y, claro, es muy difícil pensar en un idioma con las palabras de otro, porque, como bien dice Jorge Luis Borges: *Un idioma es una tradición, un modo de sentir la realidad, no un arbitrario repertorio de símbolos* (1).

ORACION

La clásica definición de oración gramatical nos la da la Gramática de la Academia como *unidad del habla real con sentido completo en sí misma(2)*. También sabemos que por oración se entiende la expresión de un juicio; en este caso tenemos una oración simple, si expresamos más de un juicio tendremos una oración compuesta.

Ahora bien, en un conjunto de palabras ¿cómo podemos reconocer una *oración*? Siempre que nos encontremos con un verbo en forma personal allí habrá una oración simple, si hay dos o más verbos en forma personal estaremos ante una oración compuesta. Recordemos que es el verbo la palabra clave de la oración, puesto que en nuestro idioma la forma verbal contiene al sujeto y, en ocasiones, al predicado, o es el nexo entre los dos elementos del juicio oracional. Ejemplos: *El niño come una manzana* (oración simple); *El niño come una manzana porque tiene hambre* (oración compuesta) (3).

FRASE

Algunos textos utilizan indistintamente los términos de oración y frase; otros establecen una clara diferencia entre ambos vocablos. Por *frase* se entiende un conjunto de palabras que guardan relación entre sí y que tienen sentido. En la *frase* no aparece el verbo en forma personal, mientras que en la *oración* sí. Se puede decir que toda oración es una frase, pero no lo contrario. Ejemplos: *En aquel día memorable; día a día; de vez en cuando.*

ELEMENTOS ESENCIALES DE LA ORACION

Toda oración consta de dos elementos esenciales que son: *sujeto* y *predicado*. El *sujeto* es el que ejecuta la acción verbal o la persona o cosa de la que se dice algo. El *predicado* es lo que se dice del sujeto. Para buscar el sujeto se pregunta la verbo *quién* realiza la acción; para encontrar el predicado se pregunta al verbo *qué* se lleva a cabo. Veamos el esquema de las siguientes oraciones: *El niño estudia la lección; Los pájaros hacen su nido; El joven corre sin cesar.*

---

(1) Jorge Luis Borges, *El oro de los tigres*, p. 10.
(2) Real Academia Española, *Esbozo de una Nueva Gramática de la Lengua Española*, p. 352. Con el fin de mantener la unidad y universalidad en la exposición de los conceptos gramaticales, hemos preferido seguir los criterios y terminología de la Gramática de la Real Academia Española.
(3) Para mayor información sobre el estudio de la oración gramatical, véase Samuel Gili Gaya, *Curso Superior de Sintaxis Española*, pp. 17-26.

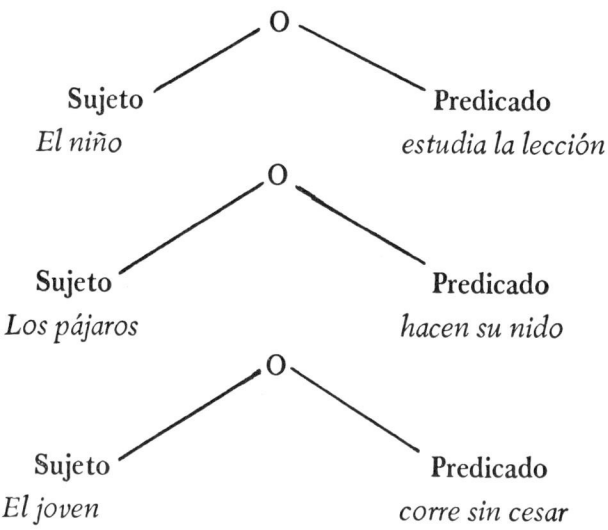

CLASES DE PREDICADO

Existen dos clases de predicado: *nominal* y *verbal*. El *predicado nominal* dice una cualidad del sujeto, lo califica; por esto tiene carácter adjetivo. El *predicado nominal* lo forman un verbo copulativo y un adjetivo, sustantivo u otra palabra que en ese contexto tenga sentido atributivo. Por lo general se usan en estas oraciones los verbos *ser* y *estar*, ya que son los verbos copulativos por excelencia; pero también pueden funcionar como tales algunos verbos que, en determinado momento, pierden su sentido primario y adquieren un valor de mera unión o cópula. Ejemplos: *Luis es bueno; Mi hermano es abogado; Ella es así; La joven está enferma; El parece enfadado.*

El *predicado verbal* expresa un fenómeno o cambio en el que el sujeto toma parte. Se construye con verbos no copulativos. En ocasiones el verbo es suficiente para expresar lo que se dice del sujeto, en otras resulta insuficiente y se acompaña de otras palabras que se llaman *complementos*. Ejemplos: *La madre cose; Pintaré;La cantante ejecuta la pieza musical; Mi hermana compró un libro.*

15

LOS COMPLEMENTOS

Son palabras que perfeccionan o terminan la acción verbal. Puede haber complementos del sujeto y complementos del predicado según se refieran o completen a uno u otro miembro de la oración.

A. Los complementos del sujeto. Se llaman también *adnominales* ya que pueden referirse a cualquier nombre o término nominal de la oración. Los podemos clasificar de la siguiente manera:

1. **Determinativos.** Suelen llevar la preposición *de*. Ejemplos: *La casa de mi hermano es muy grande; El libro de Matemáticas resulta muy caro.*

2. **Adjetivos.** Son adjetivos concertados con el sujeto. Ejemplos: *El joven estudioso aprobará el curso; El hombre trabajador obtendrá sus ganancias.*

3. **Aposiciones.** Dos sustantivos unidos por comas; el segundo explica el concepto que expresa el primero. Ejemplos: *Puerto Rico, isla del encanto; Cervantes, el manco de Lepanto; Flamboyán, árbol encendido.*

B. Los complementos del verbo. Son las palabras que determinan o completan acción verbal. El verbo es la parte de la oración que, por su naturaleza, admite más complementos.

En latín se expresaba la idea del complemento por medio de las desinencias o terminaciones de acusativo (c. directo), dativo, (c. indirecto), ablativo (c. circunstancial). El español carece de declinaciones, por esto la función de los complementos se expresa por la combinación de las preposiciones con las palabras y su lugar dentro de la oración.

Podemos clasificar los complementos del verbo de la siguiente manera:

1. **Complemento directo.** Es la persona, animal o cosa en que recae directamente la acción del verbo; completa la acción del verbo. Si se refiere a cosas, no lleva preposición. Ejemplos: *La joven borda un mantel; El niño pinta un cuadro; La señora cuida el jardín.* Si se refiere a personas o cosas personificadas, lleva la preposición *a*. Ejemplos: *La madre quiere a sus hijos; El niño cuida al perro; No conozco a nadie.*

2. Complemento indirecto. Es la persona, animal o cosa que indirectamente recibe la acción del verbo o el fin de la misma. Lleva las preposiciones *a* o *para.* Ejemplos: *Compré un regalo para María; Reclamó su sueldo al director; Han traído un libro para ti.*

En ocasiones podría confundirse a primera vista un complemento directo de persona y un complemento indirecto, ya que ambos llevan la preposición *a.* Para saber si una palabra es o no complemento directo o indirecto, se vuelve esa oración a pasiva y se usa como sujeto paciente la palabra dudosa; si el cambio es posible, estamos ante un complemento directo; si no es posible, será indirecto. Ejemplos: *Doy un beso a mi hijo — Un beso es dado por mí a mi hijo;* pero nunca se podría decir: *Mi hijo es dado por mí un beso.*

3. Complemento circunstancial. Es el que denota las diversas circunstancias en que se produce la acción, como: *lugar, tiempo, modo, causa, medio o instrumento, compañía, cualidad, precio.* Puede utilizar todas las preposiciones, según la circunstancia que indique. Pueden hacer oficio de complemento circunstancial los adverbios o locuciones adverbiales y las de significación temporal o cuantitativa, aunque no lleven preposición. Ejemplos: *Trabajaba malamente; Pasé dos días con mi hermano; Salí para San Juan; Nos encontramos hacia el mediodía; Vi a una persona de extremada ambición; Estoy alegre por tu llegada; Hablaba en voz alta.*

* * *   * * *   * * *

CLASIFICACION DE LA ORACION SIMPLE

I. Según la actitud del hablante. Calidad psicológica del juicio.
- Enunciativas
- Exclamativas
- De posibilidad
- Dubitativas
- Interrogativas
- Desiderativas
- Exhortativas

II. Según la naturaleza del predicado
- Copulativas, atributivas *(predicado nominal)*
- Predicativas *(predicado verbal)*
  - *Transitivas*
  - *Intransitivas*
  - *Pasivas*
  - *Reflexivas*
  - *Recíprocas*
  - *Impersonales*

Ambas clasificaciones se complementan, así pues una oración puede ser enunciativa, dubitativa o exclamativa y, a la vez, transitiva, intransitiva, reflexiva. Veamos una explicación más detallada de las mismas.

I.– Enunciativas. Expresan un enunciado que puede ser afirmativo o negativo. Se llaman también *declarativas* o *aseverativas*. Estas oraciones llevan el verbo en modo indicativo ya que afirman o niegan un hecho real. Ejemplos: *Tengo hambre; Estoy enfermo; No quiero verte.*

Exclamativas. Manifiestan una emoción. Poseen una curva melódica variada, una entonación especial y una mayor intensidad en las sílabas y en las palabras más importantes. Ejemplos: *¡Hola!; ¡Qué horror!; ¡Qué desdichado soy!*

De posibilidad. Exponen un juicio dudoso o posible. Pueden llevar el verbo en indicativo o subjuntivo. Ejemplos: *Serán más o menos las diez; Tendrías mucho éxito en esa profesión; Tal vez lo conoces; Tal vez lo conozcas.*

Dubitativas. Expresan una duda. Pueden llevar el verbo en indicativo o subjuntivo y un adverbio de duda. Ejemplos: *Tal vez mejorará de salud; Quizá no conoces bien a esa persona; Acaso ha dicho algo impertinente.*

Interrogativas. Formulan una pregunta. Ejemplos: *¿Vuelves pronto?; ¿Cambiará de parecer?; ¿No comerás en casa?*

Desiderativas. Manifiestan un deseo. Se llaman también *optativas*. Llevan el verbo en subjuntivo. Ejemplos: *Que se cure pronto; ¡Ojalá lo hubiera sabido antes!; Todo sea para bien.*

Exhortativas. Expresan un ruego o mandato. Pueden llevar el verbo en imperativo, subjuntivo e infinitivo. Ejemplos: *Cállate; Que pague lo que debe; No fumar.*

II. – Copulativas. Son las oraciones de predicado nominal, que expresan cualidades del sujeto; éstas pueden designarse mediante un adjetivo, una frase adjetiva, un sustantivo, un adverbio adjetivado, un pronombre o algunas palabras o frases de valor nominal. En esta clase de oraciones se usan los verbos *ser* y *estar* u otro verbo que pueda tener ocasionalmente valor copulativo. En las oraciones elípticas puede faltar el verbo copulativo. Ejemplos: *El joven es estudioso; El es el que entiende esto; Mi hermano es abogado; María es así; El jefe es éste; Ella está enferma; Tu novio parece enfadado.*

Transitivas. En estas oraciones la acción pasa del sujeto al objeto directo, por tanto, llevan complemento directo. Ejemplos: *El niño toma un caramelo; El estudiante compra los libros; Pinté un cuadro.*

Intransitivas. En estas oraciones la acción no pasa a un objeto, por tanto, no llevan complemento directo. Ejemplos: *Corre mucho; Llegó tarde; El maestro habla con rapidez.*

Pasivas. El sujeto de estas oraciones sufre o recibe la acción (sujeto paciente) que otro ejecuta (sujeto agente). Cuando se conocen los dos elementos, esto es, el agente y el paciente, estas oraciones se llaman *primeras de pasiva*. Ejemplos: *La comida es preparada por la cocinera; Las órdenes son dadas por el jefe; La lección será explicada por la maestra.* Cuando se desconoce quién ejecuta la acción, esto es, el agente, entonces estas oraciones se llaman *segundas de pasiva*. Ejemplos: *La conferencia fue escuchada; Los estudiantes serán atendidos; La casa es pintada.*

Pasiva refleja. Se forma mediante el pronombre reflexivo *se* y el verbo en voz activa. Cuando aparecen el sujeto agente y el paciente se llaman *primeras de pasiva refleja.* Ejemplos: *Se firmó el tratado por ambas partes; Se grabará la conferencia por un técnico; Se oirá la misa por los feligreses.* Cuando aparece el sujeto paciente, se llaman *segundas de pasiva refleja.* Ejemplos: *Se divisó a lo lejos un avión; Se coserá el vestido con rapidez; Se cantará una bella canción.*

Son pasivas reflejas oraciones como las siguientes: *Se venden carros usados; Se alquilan habitaciones; Se compran libros viejos.* En realidad este tipo de oración impersonal de pasiva refleja equivale a decir: *Carros usados son vendidos; Habitaciones son alquiladas; Libros viejos son comprados.* La Academia recomienda la construcción pasiva refleja impersonal frente a la construcción activa impersonal: *Se vende carros usados; Se alquila habitaciones; Se compra libros viejos.*

Oraciones reflexivas. La acción verbal recae sobre el mismo sujeto que la ejecuta, se refleja sobre él. El sujeto de estas oraciones es agente y paciente a la vez. Llevan el verbo en voz activa y uno de los siguientes pronombres personales átonos: *me, te, se, nos, os,* según se requiera. Ejemplos: *Se lava la cara; Tú te vistes deprisa; Ella se ha puesto unos zapatos muy lindos.*

Oraciones recíprocas. En estas oraciones dos o más sujetos ejecutan la acción que repercute sobre ellos mismos. Llevan los pronombres personales *se* u *os;* generalmente se refuerza el sentido de reciprocidad con expresiones como: *entre sí, mutuamente, recíprocamente* y otras semejantes. Ejemplos: *Luis y Enrique se llevan bien; María y su novio se aman mutuamente; Vosotros os entendéis muy bien; Ellos se comprenden entre sí.*

Oraciones impersonales. Son aquellas en las que se desconoce el sujeto que ejecuta la acción, bien por la naturaleza del verbo, bien porque se desconozca el sujeto o por falta de interés al expresarlo. Hay cuatro clases de oraciones impersonales:

    a) **Impersonales naturales.** Las formadas por verbos que designan fenómenos de la naturaleza, esto es, con verbos *unipersonales.* Ejemplos: *Llovía mucho; Nevaba con frecuencia; Anochece muy temprano.* Cuando estos verbos se emplean en sentido figurado, pierden su carácter impersonal: *Aquel día yo amanecí muy feliz.*

b) **Impersonales gramaticales.** Son las formadas con los verbos *haber, hacer* y *ser,* cuando éstos se usan como impersonales; llevan el verbo en tercera persona del singular. Ejemplos: *Hubo fiestas en el pueblo; Es tarde; Hace frío.* Se consideran incorrectas oraciones como las siguientes: *Hubieron fiestas en el pueblo: Habían muchas personas en la sala.*

c) **Impersonales eventuales.** Cualquier verbo puede, eventualmente, usarse en la tercera persona del plural para indicar impersonalidad ya sea por desconocerse el sujeto, ya por callarse intencionalmente, ya porque no interesa a los hablantes. Ejemplos: *Dicen cosas extrañas sobre esta persona; Me contaron todo lo sucedido; No dejan entrar en la sala.*

d) **Impersonales segunda de pasiva refleja.** Son las oraciones segundas de pasiva refleja en las que se desconoce el sujeto agente. Ejemplos: *Se alquilan habitaciones; Se venden carros; Se pinta un cuadro.*

* * * * * * * * *

Oración compuesta. Expresa más de un juicio y, por tanto, llevará dos o más verbos en forma personal. A continuación daremos el cuadro sinóptico general de las oraciones compuestas:

Oraciones compuestas { *Yuxtapuestas* / *Coordinadas* / *Subordinadas* }

La *yuxtaposición* consiste en la unión de las oraciones por medio de comas; la *coordinación,* en la unión de las oraciones por medio de conjunciones coordinantes; la *subordinación,* en la unión de las oraciones por medio de partículas subordinantes. En los períodos yuxtapuestos y coordinados todas las oraciones tienen el mismo valor; en el período subordinado hay una oración principal y otra u otras subordinadas. Ejemplos: *Ven, corre, date prisa; Miró a sus acusadores, bajó la cabeza, no dijo ni una palabra* (oraciones yuxtapuestas). *Llegaban muy contentos y manifestaban su alegría con risas y cantos; Tengo el dinero, mas no sé decirte qué hare* (oraciones coordinadas). *Cuando vengas, no te olvides de traer la grabadora; Pedía que lo dejaran hablar* (oraciones subordinadas).

Oraciones coordinadas. El periodo coordinado se caracteriza porque todas las oraciones que lo forman tienen el mismo valor. A continuación incluimos el cuadro sinóptico de esta clase de oraciones:

$$\text{Oraciones coordinadas} \begin{cases} \textit{Copulativas} \\ \textit{Distributivas} \\ \textit{Disyuntivas} \\ \textit{Adversativas} \end{cases}$$

Coordinadas copulativas. Son las oraciones que se unen entre sí con un sentido de suma o adición y, por tanto, los nexos utilizados son las conjunciones copulativas: *y, e, ni, que*. Ejemplos: *Abrió la ventana y respiró el aire puro; Ni has venido a verme ni te has preocupado por mi salud; Saludó al público e interpretó la pieza.*

Coordinadas distributivas. Estas oraciones expresan una idea de alternativa o exclusión entre dos o más oraciones. Se enlazan entre sí por yuxtaposición y repetición de palabras correlativas; también por medio de la repetición de las conjunciones disyuntivas. Ejemplos: *Unos piden justicia, otros piden el cumplimiento de la ley; Bien me lo cuentas ahora, bien me lo cuentas más tarde; Ya te quedes, ya te marches, no se solucionarán las cosas tan fácilmente.*

Coordinadas disyuntivas. Expresan una contradicción (disyunción) entre dos o más oraciones; el cumplimiento de una impide la realización de la otra u otras. Para mostrar esta significación excluyente, se emplea la conjunción disyuntiva *o* y su forma *u* delante de una palabra que comience por *o*. Ejemplos: *Estudia o suspenderás el curso; Compramos esto ahora o lo dejamos para otra ocasión; Arregla esta situación u olvídate de ella.*

Coordinadas adversativas. Establecen una oposición total o parcial entre dos oraciones. Para expresar este sentido restrictivo o exclusivo se usan las conjunciones adversativas según convenga y también algunas locuciones adversativas: *mas, pero, aunque, empero, sino, con todo, sin embargo, no obstante, mas bien, fuera de, excepto, salvo, menos, a pesar de,* etc. Ejemplos: *Pensaba decírselo, pero no me atreví; No obstante existan todos los impedimentos, llevaré a cabo esos planes; Me contó su versión, mas no creo una palabra.*

* * * * * * * * *

Oraciones subordinadas. El período subordinado es aquel en el cual se da una relación de dependencia entre sus partes; esto es, habrá una oración principal y otra u otras subordinadas. La oración principal tiene sentido completo en sí misma, la oración u oraciones subordinadas carecen de sentido completo y sirven para completar el sentido de la oración principal.

La oración principal es absoluta, tiene sentido por sí misma. Suele ir sola, no necesita de ningún nexo subordinante. Si, en ocasiones, aparece introducida por alguna conjunción coordinante o subordinante, tal nexo está desprovisto de su significado original y equivale a un simple enlace.

La oración subordinada depende siempre de la principal para su significación y relación sintáctica. Suele ir introducida por una partícula subordinante, un pronombre relativo o un adverbio. La oración subordinada modifica o amplía el sujeto o predicado de la oración principal. Veamos a continuación el cuadro general de las mismas.

SINOPSIS

Oraciones Subordinadas
- **A. Sustantivas o Completivas**
  - *De sujeto*
  - *De complemento directo*
  - *De complemento indirecto* (finales)
  - *De complemento circunstancial*

- **B. Adjetivas o de Relativo**
  - *Explicativas*
  - *Especificativas*

- **C. Circunstanciales o Adverbiales**
  - *De lugar*
  - *De tiempo*
  - *De modo*
  - *Comparativas*
  - *Causales*
  - *Consecutivas*
  - *Condicionales*
  - *Concesivas*

A.— SUSTANTIVAS O COMPLETIVAS

1. Con oficio de sujeto. Llamadas también *sustantivas subjetivas,* son aquellas que hacen el oficio de sujeto de la oración principal. Estas oraciones equivalen en la oración simple a un sustantivo o cualquier palabra, frase que pueda desempeñar el oficio de sujeto. El verbo de la oración principal suele ir en tercera persona del singular. Estas oraciones subordinadas se introducen por medio de las partículas: *que, el que, el hecho de que, eso de que, donde, cómo, cuándo y dónde.* Ejemplos: *Que llegues tarde molesta a tus compañeros; El que tomaras esa actitud fue lo que desconcertó a la gente; Cómo, cuándo y dónde lo conoció es importante.*

2. Con oficio de complemento directo. Equivalen al complemento directo de la oración principal. Para entender mejor este tipo de oraciones es preciso recordar las diferencias entre el estilo directo y el estilo indirecto. El primero reproduce textualmente las palabras del hablante. Ejemplo: *Jesús dijo: "Amaos los unos a los otros".* El estilo indirecto no reproduce las palabras literalmente, sino que el que habla repite o resume las palabras de otro. Ejemplo: *Jesús dijo que nos amásemos los unos a los otros.* En el estilo directo la oración principal va separada de la subordinada por medio de dos puntos, esta última va entre comillas. En el estilo indirecto la oración subordinada va introducida por la partícula *que.*

Los verbos de entendimiento, lengua y sentido, de voluntad y de temor llevan oraciones subordinadas sustantivas de complemento directo. Ejemplos: *Me dijeron que volverían tarde; Explícame cómo te enteraste; Preguntó quién entró aquí; Temo que te vayas.*

3. Con oficio de complemento indirecto. Representan al complemento indirecto de la oración principal; tienen un sentido de finalidad, por esta razón se llaman también *finales.* Se unen a la principal por medio de las preposiciones *a* o *para* seguida de *que* y también con *a fin de que.* Ejemplos: *Vine para que me enseñes tu trabajo; Volvió a que le explicases el asunto; Te llama para que vayas a verla.*

4. Con oficio de complemento circunstancial. Hacen el oficio de complemento circunstancial de la oración principal. Van unidas a la principal por una preposición más la partícula *que.* Ejemplos: *Estaríamos satisfechos con que nos llevases al cine; Abandonó el salón sin que nadie lo notara.*

B.- ADJETIVAS O DE RELATIVO

Llamadas también adjetivas porque funcionan con respecto de la principal como un adjetivo. Van unidas a la principal por un pronombre relativo: *que, cual, quien, cuyo* y, a veces, por los adverbios: *donde, como, cuando, cuanto,* que pueden funcionar como pronombres relativos.

En general, el relativo se debe construir inmediatamente después de su antecedente o lo más cerca posible de éste; *cuyo* concierta con el consiguiente. De esta manera se evitan confusiones y errores de interpretación y concordancia.

Las oraciones de relativo se clasifican en dos grupos: *explicativas* y *especificativas*. Las *explicativas* dicen una cualidad del antecedente; sin ellas la oración principal podría entenderse perfectamente, por esta razón suelen ir entre comas, ya que operan a modo de adjetivo del sustantivo. Las *especificativas* añaden una cualidad importante al antecedente, lo determinan, lo especifican; destacan del todo la parte, determinan la extensión del antecedente; por esta razón nunca llevan comas. Ejemplos: *Los estudiantes que viven lejos llegan tarde a la clase; Los estudiantes, que viven lejos, llegan tarde a la clase.* En el primer caso especificamos que no todos llegan tarde, sino los que viven lejos; en el segundo caso nos referimos a todos los estudiantes.

El *que* de las oraciones de relativo no debe confundirse con el *que* de las oraciones subordinadas sustantivas. En el primer caso estamos ante un pronombre relativo, que muy bien podemos sustituir por el relativo el *cual* y la oración mantendrá su significado. Ejemplo: *Este espejo, que ahora está roto, es uana pieza antigua; Este espejo, el cual ahora está roto, es una pieza antigua.* En el segundo caso nos encontramos ante un nexo subordinante y no admite sustitución por ningún relativo. Ejemplo: *Te pidió que le compraras un regalo para su hermana.*

C.- CIRUNSTANCIALES O ADVERBIALES

Reciben esta denominación porque se comportan como un adverbio, es decir, modifican a la oración principal en términos cualitativos o cuantitativos. Estas oraciones se pueden confundir con las *subordinadas sustantivas* que hacen oficio de complemento circunstancial, ya que ambas expresan una circunstancia de la oración principal; sin embargo, debe recordarse que las *sustantivas* se distinguen de éstas porque llevan siempre una preposición seguida de *que,* mientras que las *circunstanciales* propias llevarán un adverbio o conjunción subordinante.

La división de las oraciones subordinadas circunstanciales difiere de unos textos a otros. Por ejemplo: la Academia y los textos gramaticales de Martín Alonso, J. A. Pérez Rioja, Rafael Seco, *Sintaxis Superior* de Samuel Gili Gaya ofrecen diferentes puntos de vista al respecto. No consideramos este texto propio ni es nuestra intención adentrarnos en discusiones puramente gramaticales, ya que no es éste el enfoque ni la intención de este libro. Como criterio personal hemos adoptado una síntesis entre las nomenclaturas que ofrecen Gili Gaya y la Academia, por parecernos la más acertada; pero como dicha síntesis está elaborada con criterios más bien formales de la lengua y desde un punto de vista personal, consideramos que el lector está en su pleno derecho de seguir cualquier otra que le parezca más convincente.

1. De lugar. Expresan una circunstancia de lugar referida a la oración principal. Van introducidas por el adverbio *donde* y sus variantes: *adonde, a donde, de donde, hacia donde, hasta donde, en donde, para donde, por donde.* Ejemplos: *Iré a donde me indiques; Desconozco hasta donde piensa llegar; Ese es el restaurante adonde fui a comer ayer.*

2. De tiempo. Denotan una circunstancia de tiempo relativa a la oración principal y especifican la simultaneidad, anterioridad o posterioridad de las acciones verbales.

La *anterioridad* la expresan las partículas *antes que, antes de que, primero que, antes de.* Ejemplos: *Antes de que vengas, avísame; Primero que lo hagas, pasará mucho tiempo; Antes de que tú llegaras, se había tomado la decisión.*

La *simultaneidad,* que bien puede referirse a un pasado presente o futuro se expresa con las partículas: *cuando, mientras, mientras que, mientras tanto, en tanto, entre tanto que, cuanto, en cuanto.* Ejemplos: *Cuando llegaste esta mañana, hacía un día espléndido; Mientras tú cantabas, él salía de la sala discretamente; Duró la discusión, cuanto duró mi energía.*

La *posterioridad* se indica con las partículas: *después que, después de que, así que, en cuanto que, luego, luego que, en cuanto,* y los correlativos *apenas...cuando, aún no...cuando, no bien...cuando.* Ejemplos: *En cuanto terminamos el examen, nos fuimos; Apenas me vio, salió precipitadamente; En cuanto acabe el trabajo, te avisaré.*

3. De modo. Indican una circunstancia de modo relativa a la oración principal. Van unidas a la principal por medio del adverbio *como* o las partículas *según, según que.* En ocasiones se omite el verbo en la oración subordinada cuando es el mismo de la principal. Ejemplos: *Corre como un galgo; El es como tú lo habías descrito; Lo hizo según le indicaste.*

4. Comparativas. Establecen una relación entre dos conceptos (oraciones) que puede ser de igualdad, inferioridad y superioridad. Estas oraciones y las anteriores tienen unas claras tangencias, por esto podemos hablar de *comparativas de modo*. Al igual que en las modales, también puede estar elíptico el verbo de la oración subordinada. A continuación presentamos el esquema de las correlaciones comparativas:

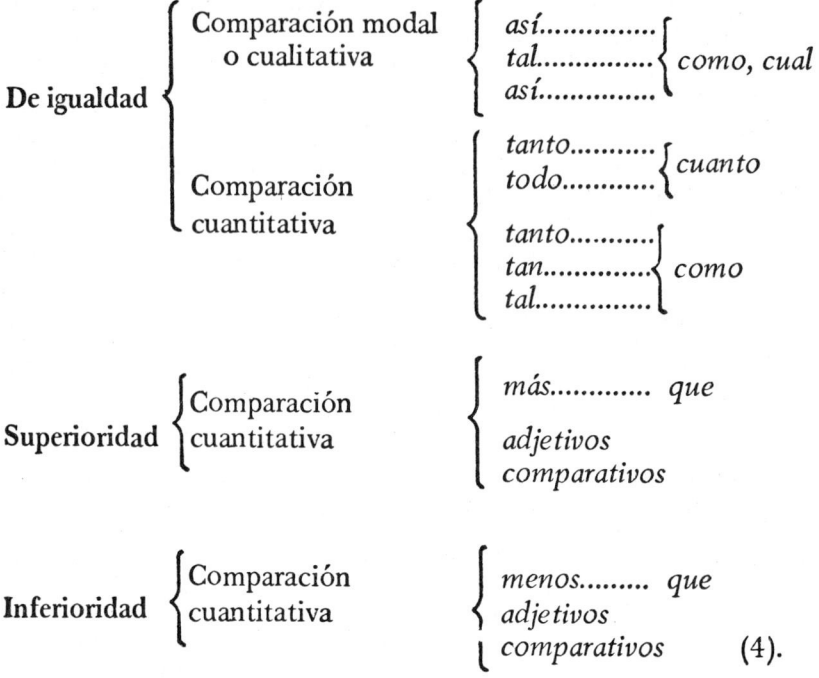

Ejemplos: *Luis es así como su abuelo; Mis vecinos tienen más cuadros que yo; Ella es menos atractiva que su hermana.*

5. Causales. Explican la causa o motivo de lo que expresa la oración principal. Van unidas a la oración principal por los siguientes nexos conjuntivos: *porque, ya que, puesto que, pues, como, como que, a causa de que, gracias a que, supuesto que.* Ejemplos: *Vino a verte*

───────────────────────────────

(4) Este cuadro sinóptico está tomado de José Antonio Pérez-Rioja: *Gramática de la Lengua Española*, p. 419.

gracias a que lo avisé a tiempo; Aprobaré el curso porque estudio todos los días; No voy al cine ya que no tengo dinero.

6. Consecutivas. Expresan la consecuencia que se desprende de la acción referida en la oración principal. Van introducidas por las partículas: *así que, luego, en efecto, por tanto, por consiguiente, por esto, conque, de tal manera, pues, así pues;* y las expresiones correlativas: *tan...que, tanto...que, de tal modo...que, hasta tal punto...que, de tal grado...que, en forma tal...que, de manera...que.* Ejemplos: *Se molestaron tanto que decidieron irse; Termino mi trabajo, luego me voy; Irás de viaje, por consiguiente tendrás gratas experiencias.*

7. Condicionales. Indican la condición para que se realice lo expuesto en la oración principal. El período condicional, llamado también hipotético, consta de dos partes: la oración subordinada, conocida también como *prótasis*, condición, hipótesis; y la oración principal denominada *apódosis*. La oración subordinada va introducida por la conjunción condicional *si*, aunque a veces se usan como condicionales eventuales algunas partículas como: *cuando, como, siempre, con tal que, con sólo que, con que.* Ejemplos: *Si puedo, te ayudaré en el trabajo; Te daré lo convenido con tal que escribas la carta; Como me provoque, lo haré; Con que me dijera la verdad, sería suficiente.*

8. Concesivas. Expresan una dificultad para que se realice lo expresado en la oración principal, lo cual se lleva a cabo pese a esa dificultad. Estas oraciones van unidas a la principal por las conjunciones siguientes: *aunque, aun, a pesar de que, aun cuando, por más que, por mucho que.* Ejemplos:*Aun cuando estaba con fiebre, salió a dar un paseo; Aunque te molestes por esto, lo llevaré a cabo; A pesar de que me avisaste, me fui de viaje.*

EJERCICIOS

A. En los siguientes ejemplos escriba en el recuadro ☐ una **F** o una **O**, según identifique los ejemplos como frase u oración.

☐ 1. Caminé hacia tu casa.
☐ 2. En aquel oscuro y peligroso lugar.
☐ 3. Me vendieron unas frutas muy apetitosas.
☐ 4. La tienda de la esquina próxima.
☐ 5. Mi hermana es muy inteligente.
☐ 6. De vez en cuando.
☐ 7. El perro ladra siempre de noche.
☐ 8. El cansancio de un largo y pesado día.
☐ 9. Los estudiantes llegan puntuales.
☐ 10. Me pidieron un regalo.

B. Subraye el sujeto en las siguientes oraciones:

1. El maestro explica la lección.
2. Nosotros comemos con gran apetito.
3. Enseñaba el pintor su técnica.
4. Le regalaron sus abuelos un hermoso juguete.
5. Parece la actriz algo cansada.
6. Las fotos miraba yo con cierta nostalgia.
7. Luis se muestra muy interesado en sus estudios.

8. El tren siempre llega con retraso.
9. Durante el verano agobia el calor.
10. Ustedes están muy equivocados en ese asunto.

C. Señale el predicado en los siguientes ejemplos y diga si es nominal o verbal.

1. Tú pareces enfermo. _____
2. Mi hermano compró una casa muy bonita. _____
3. El pintor trabajó toda la tarde. _____
4. Tu actitud molesta a tus amigos. _____
5. Mi vecina canta todas las mañanas. _____
6. Antonio es un médico de fama. _____
7. Mi padre está en casa. _____
8. La familia no quiere tu partida. _____
9. La joven estaba muy bonita en el baile. _____
10. Su familia vive en San Juan. _____

D. Especifique qué clase de complementos se encuentran en las siguientes oraciones.

1. Cómprame el traje en aquella tienda. _____
2. En la casa de la esquina hay un lindo balcón. _____
3. Por la noche escribiré la carta a mi amiga. _____
4. Da este libro a tu hermana. _____
5. Abandonó la sala sin ruido alguno. _____
6. El libro de Historia está en la librería de Río Piedras. _____
7. Esperé tu respuesta hasta hoy. _____
8. No hablaremos del asunto bajo estas condiciones. _____
9. Con toda intención el conferenciante mencionó el tema ante la asombrada concurrencia. _____
10. Regalé los bombones a mi madre esta tarde. _____

E. En los siguientes ejemplos escriba una **S** en el recuadro ☐ , en los casos de oraciones simples.

☐ 1. Nunca entendí lo que me quiso decir.
☐ 2. Ella vive en una hermosa casa hacia las afueras de la ciudad.
☐ 3. El saber olvidar es una virtud muy difícil.
☐ 4. Tú siempre quieres que las cosas sean como dices.
☐ 5. Creo que me sentiré bien.
☐ 6. Hoy muy pocas personas poseen mesura.
☐ 7. Espero que me escribas pronto.
☐ 8. Las lluvias continuas estropearon las cosechas este año.
☐ 9. Sentía que, poco a poco, iba cediendo terreno.
☐ 10. Anunció, de pronto, su partida.

F. Clasifique las oraciones siguientes según la actitud del hablante.

1. Quizá fuera mejor así. _____
2. ¿Llegaste temprano? _____
3. Hoy hace mucho calor. _____
4. ¡Vete de aquí! _____
5. Estudia ahora. _____
6. ¡Cuánto me molesta esa persona! _____
7. Los hechos no me permiten otra alternativa. _____
8. ¿Me compraste el libro? _____
9. Tal vez se arreglen las cosas. _____
10. Allí obtendrías un buen trabajo. _____
11. No grites, por favor. _____
12. Que llegues bien. _____
13. ¡Qué alegría me has dado con esta noticia! _____
14. Serán más o menos las ocho de la mañana. _____
15. ¡Ojalá vuelva pronto! _____
16. Tu padre habría sufrido mucho con esta noticia. _____
17. No alteraré mis planes por eso. _____
18. Ten más respeto hacia esa persona. _____
19. ¿Te preguntó por mí? _____
20. Que te mejores. _____

G. Clasifique las siguientes oraciones según la naturaleza del predicado.

1. Se venden automóviles usados. _____
2. Te compré un regalo. _____
3. Ella se maquilla todas las mañanas. _____
4. Hay muchas personas en la sala. _____
5. El edificio fue destruido por las llamas. _____
6. Comimos en casa de mi hermano. _____
7. El chiquillo se lavaba la cara a toda prisa. _____
8. Ellos se escribían unas cartas en términos deliciosos. _____
9. Hace un calor asfixiante. _____
10. Llovía a cántaros. _____
11. Se arreglan relojes antiguos. _____
12. Ella le bordó un pañuelo con sus iniciales. _____
13. Marisa se corta el pelo ella misma. _____
14. Esta carta ha sido escrita con muy mala intención. _____
15. Se cuentan cosas horribles sobre esa persona. _____
16. El atleta corría a gran velocidad. _____
17. La compañía de teatro presentó con éxito la obra. _____
18. Se alquilan apartamentos a precios módicos. _____
19. Se miraron con gran agresividad. _____
20. Te conté todo lo sucedido. _____

H. En las siguientes oraciones diga cuáles son simples y cuáles son compuestas.

1. Estudiábamos la parte más difícil de la asignatura. _____
2. Me prometió que llegaría pronto. _____
3. Si hubieses tenido en cuenta mi recomendación, todo habría sido de otra manera. _____
4. Felipe pintó el retrato de la niña en el jardín con unos tonos demasiado fuertes. _____
5. El cine Imperial exhibe una buena película. _____
6. La cocina gallega es muy variada en la preparación de mariscos. _____
7. Cuando vengas, te enseñaré lo que he comprado. _____
8. Pediste silencio a los que llegaron tarde. _____

9. Los niños dormían profundamente. _____
10. Estos estudiantes, que siempre llegan tarde, molestan a sus compañeros. _____

I. Especifique si las siguientes oraciones son yuxtapuestas o coordinadas; en este caso precise la clase de coordinación.

1. Hoy he preparado la comida, mañana la prepararás tú. _____
2. Abrió la ventana y entró la brisa. _____
3. Le llamó la atención el profesor, se había portado mal. _____
4. Bien lo haces ahora, bien lo haces más tarde. _____
5. Hoy leo esta novela, mañana leeré la poesía. _____
6. Toma la decisión ahora o te arrepentirás. _____
7. Iría al cine, pero no tengo dinero. _____
8. No entres así, pide permiso. _____
9. No intento refutar tu posición, sino aclararte unos pormenores. _____
10. Decidimos irnos, el acto había concluido hacía una hora. _____

J. Subraye las oraciones subordinadas en los ejemplos que siguen y clasifíquelas según el nexo subordinante.

1. Las personas que gritan en las discusiones tienen poco dominio de sí mismas. _____
2. Cuando regreses, habré preparado la comida. _____
3. Cuéntame todo lo que te pasó. _____
4. Que no regreses no me importa. _____
5. Pedro es tal como eres tú. _____
6. Te envío el libro que me pediste. _____
7. Las manzanas que compré en el supermercado están muy sabrosas. _____
8. Tan pronto como terminó el examen se fue a su casa. _____

9. El cómo haya sido el negocio no interesa. _____
10. Explicó a los que estaban presentes el funcionamiento de la máquina. _____
11. El libro cuyo contenido ya he leído me parece espantoso. _____
12. Estaríamos satisfechos con que nos llevases al cine. _____
13. Juan es más ordenado que Antonio. _____
14. Murmuraban en contra de la actitud que él había tomado. _____
15. Te compraré la muñeca si te portas bien. _____
16. No iré aun cuando me lo pidas. _____
17. El invierno, que es la época de las lluvias, causó grandes estragos. _____
18. Ignoro para que me preguntas eso. _____
19. No fui a la fiesta porque no quería verlo. _____
20. Los estudiantes que hacen sus asignaciones cumplen con su trabajo. _____

K. Diga la clase de coordinación o subordinación que aparece en las siguientes oraciones.

1. Esta es la casa donde vivía mi abuela. _____
2. Me rogó que guardase el secreto. _____
3. Toma esta medicina a fin de que te cures. _____
4. Por mucho que lo intentes, no me cambiarás. _____
5. Si te hubieses callado, te habría ido mejor. _____
6. Cuando tú venías, él salía de aquí. _____
7. Puesto que tú piensas así, me iré. _____
8. Me duele la cabeza por consiguiente no saldré esta noche. _____
9. Vino para que le dieras una explicación. _____
10. En tanto que no regreses, no saldré de aquí. _____
11. Este cuadro, que es hermosísimo, cuesta una fortuna. _____
12. Aunque no tengo mucho tiempo, me prepararé para el examen. _____
13. Así lo siento yo del mismo modo que lo sientes tú. _____

14. Hago esto como creo conveniente. _____
15. Después de que leí el libro, me acosté. _____
16 Según me indicaste, así lo hice. _____
17. El que insista en esa actitud es muy poco inteligente. _____
18. Conozco la casa en donde vive. _____
19. Lo debiste haber dicho de manera que no ofendieras. _____
20. Con tal que llegues a las siete, tendremos tiempo suficiente. _____

CAPITULO II

SIGNOS DE PUNTUACION

Los signos de puntuación son los mecanismos expresivos usados por el autor para lograr una mejor comunicación y corrección: a su vez, se convierten en valiosas señales para la interpretación correcta por parte del lector.

Ciertamente estos signos son necesarios y resultaría ingenuo efectuar aquí una defensa de los mismos; baste con poner en práctica la siguiente operación: eliminar de una página todo signo de puntuación e inevitablemente se complicará la lectura.

Las reglas de los signos de puntuación son bastante específicas; claro está, las mismas siempre estarán bajo la pauta del que escribe: una persona mesurada y precisa o bien un ser dominado por la emoción. Esto último nos obliga a recordar que, además de la importancia de las reglas, estos signos tienen, por fuerza, que usarse con un moderado criterio de flexibilidad. No quiere decir esto que se desconozcan o se haga caso omiso de las reglas, sino que hay que tener el acierto de aplicarlas con corrección y también con gracia.

* * *   * * *   * * *

COMA

Se usa para indicar las pausas menores. En ocasiones la supresión o el uso incorrecto de este signo puede cambiar el sentido de las palabras. Veamos unos ejemplos: *María, entra rápidamente; María entra rápidamente; ... y deduciendo que no, debemos perdonarlo; ... y deduciendo que no debemos perdonarlo.*

Seguidamente detallamos las reglas del uso de la coma, algunas tienen un carácter obligatorio, otras se usan a discreción.

Se usa la coma:

1. Para separar los elementos análogos que no van unidos por conjunción. Sucede esto en las enumeraciones o series de palabras, esto es, siempre que aparezcan dos o más partes de la oración consecutivas y de una misma clase. Lo enumerado puede expresarse por medio de palabras, frases u oraciones. Si el último elemento de la enumeración va precedido de las conjunciones *y*, *ni*, *o*, se suprime la coma. Ejemplos: *El era alegre, sincero, cordial y bueno; Antonio llegaba a casa tarde, hacía ruido al entrar, tomaba algo de la nevera, entraba en su cuarto y encendía la luz.*

2. Para dividir, dentro de una cláusula, los miembros independientes entre sí, estén o no precedidos de conjunción. Ejemplos: *Todos hablaban, todos gritaban y nadie quería escuchar; En aquel hermoso lugar cantaban los pájaros, y el aire parecía purificado.*

3. Para separar el nombre en caso vocativo, esto es, cuando se llama a alguien, se menciona o invoca. Si el vocativo se encuentra al principio de la oración, va seguido de coma; si está en el interior de la misma, va precedido y seguido de la coma; si se halla al final, va precedido de la misma. Ejemplos: *Pedro, ten la bondad de darme el libro; Ten la bondad, Pedro, de darme el libro; Ten la bondad de darme el libro, Pedro.*

4. Para intercalar los elementos con carácter incidental dentro de la oración. Cuando la oración principal se interrumpe por alguna palabra, frase u oración que aclara, amplía y especifica el sentido, esta frase, oración o palabra irá separada por comas. Ejemplos: *Madrid, la capital, es una hermosa y alegre ciudad; Los niños estaban asustados, como imaginarás, después de todos los sucesos.*

Las oraciones adjetivas o de relativo con valor explicativo van siempre entre comas, se consideran incidentales; no así las de relativo especificativas. Las oraciones de relativo explicativas explican algo y se refieren al sujeto en general; mientras que las especificativas o determinativas limitan al sujeto, especifican del todo la parte. Ejemplos: *Los niños, que hacían las asignaciones en sus casas, sacaban buenas notas; Los niños que hacían las asignaciones en sus casas sacaban buenas notas.* En el primer caso se refiere ya a un sujeto conocido y determinado, del cual se dice algo, se da una explicación; en el segundo caso se especifica del todo que sólo los niños que hacían las asignaciones en sus casas sacaban buenas notas, por esta razón las oraciones de relativo especificativas nunca van entre comas. Siguiendo este mismo razonamiento, irán entre comas las oraciones de gerundio explicativo —equivalentes a la oración de relativo explicativas—; en cambio, cuando el gerundio tiene un valor especificativo se considera incorrecto, ya que adquiere un valor adjetivo, incompatible con el uso correcto del gerundio. Ejemplos: *El conductor, viendo el peligro, pisó el freno; El niño, mirando a su madre, se abrazó a ella.*

5. Para separar, precedidas y seguidas de coma o seguidas de coma, las siguientes expresiones: *esto es, es decir, en fin, por último, por consiguiente, sin embargo, no obstante, en efecto,* y otras semejantes. Ejemplos: *En fin, haremos frente a la situación; No lo había pensado así, sin embargo, sería oportuno considerarlo como señalas.*

6. Para separar la oración subordinada que se antepone a la principal y altera el orden de la cláusula. Esto sucede cuando se invierte el orden regular de las oraciones que componen la cláusula, colocando antes algún elemento que le correspondería ir después; lo anticipado debe ir precedido de coma. Si lo antepuesto es muy breve, no es necesario usar la coma. Ejemplos: *Cuando cese la lluvia, saldré a la calle; Si hubieses llegado a tiempo y vestida de otra manera, habríamos ido al teatro.*

* * *   * * *   * * *

Se recomienda el uso de la coma en los casos siguientes:

1. Para separar el sujeto de una oración cuando sea muy extenso, con el fin de evitar confusiones. Sucede esto en los casos en que el sujeto de una cláusula es una proposición. Ejemplos: *El pensar que estabas perdiendo el tiempo y la salud en aquel desértico lugar, debió de moverte a regresar; Que te comportes de esa manera tan injusta y cruel con tus padres y hermanos, es algo inexplicable para todos.*

2. Cuando se omite un verbo u otra palabra en la oración. Ejemplos: *María era agradable; Isabel, desagradable; Yo tengo un perro; pero él, ninguno.*

3. Delante de las oraciones adversativas, que son las que están unidas por conjunciones *adversativas* como: *pero, mas, sino, aunque, salvo, antes, excepto, menos,* etc. Ejemplos: *Puedes ir al cine, pero no vengas muy tarde; Tomó su decisión, aunque no estábamos de acuerdo.*

4. También suele usarse la coma delante de las conjunciones *consecutivas* o *ilativas*, que introducen una oración de naturaleza semejante. Tales conjunciones son: *conque, luego, así, por tanto, por consiguiente, de modo que, de manera que, pues,* etc. Ejemplos: *Intenta dormir bien esta noche, de modo que puedas mañana hacer el viaje; Todavía no sé bien por qué te cuento todo esto, pues no pareces estar muy interesado en saberlo.*

5. En algunas ocasiones se utiliza la coma para separar oraciones unidas por la conjunción *y*, con el fin de evitar confusiones. Ejemplos: *A Juan le agradaba el baile, y la natación le producía cansancio; La abuela leía un hermoso cuento, y soplaba a lo lejos el viento.* En estos casos si no se hubiese puesto la coma, podría prestarse a confusión el sentido de las oraciones.

PUNTO Y COMA

Separa oraciones que tienen un sentido próximo; además, separa frases largas, semejantes o en serie. Requiere una pausa más larga que la coma. Es éste un signo intermedio pues separa más que la coma y menos que el punto; tiene, por tanto, un carácter subjetivo en cuanto al uso. Se usa este signo de la forma siguiente:

1. Si los miembros de un período tienen más de una oración y por esta u otra causa llevan ya coma, se usa el punto y coma para separar las oraciones que guardan cierta relación. Ejemplo: *Entramos en un hermoso jardín lleno de preciosas flores, hermosos árboles y con un grato olor a madreselva; en el centro del mismo se encontraba una fuente, al estilo de las que vemos en los antiguos palacios árabes; un agradable silencio, sólo acompañado por el ruido del agua, contribuía a aumentar el encanto de aquel lugar.*

2. Se pondrá punto y coma en los períodos largos cuando se suceden varias oraciones que, aunque tengan conjunción al principio, no tienen la debida conexión de ideas. Ejemplos: *Cuando volvimos a palacio, los salones estaban llenos de gente, que reía y hablaba sin cesar; por los corredores se oían murmullos; mientras tanto el jardín estaba todo ilumi-*

nado ; era el momento más codiciado de la noche para todos los que habían acudido a la gran fiesta.

3. Se usa también este signo cuando poniendo la coma pudiera dar lugar a confusiones, por haberse utilizado ésta con determinados criterios de separación. Ejemplo: *La primera parte de la sinfonía es muy melódica; la segunda, algo cansona; la tercera recobra la melodía anterior y el final resulta esplendoroso.*

4. En los períodos extensos, antes de las conjunciones adversativas y de las consecutivas o ilativas, se puede utilizar el punto y coma. Ejemplo: *Nos sentamos cerca del viejo roble para hablar tranquilamente y con todo detalle sobre los sucesos pasados; aunque él rechazaba inconscientemente esta clase de diálogo.*

DOS PUNTOS

Estos signos de puntuación requieren una mayor pausa que la coma, pero menor que la del punto. Su función principal es destacar lo que se escribe a continuación. Se usará este signo en los casos que se especifican:

1. Al expresar una proposición general si ésta va seguida de varias oraciones que la amplían o explican. Ejemplos: *La intolerancia es causa de grandes males: da lugar a la persecución personal y colectiva, embrutece el pensamiento de las personas y no permite el diálogo; El agua es un elemento indispensable para la buena salud: ayuda a eliminar las impurezas y materias nocivas del cuerpo, mantiene la piel con relativa humedad, resulta un económico y sencillo diurético.*

2. Cuando a una o varias oraciones sucede otra, que es consecuencia o síntesis de las anteriores; los dos puntos se colocan delante de esta última. Ejemplos: *Después de la entrevista, algunos quisieron ir a visitar la mansión, otros estaban impresionados por lo que se había hablado, los más habían quedado deslumbrados por el impresionante recibimiento y las atenciones de que fueron objeto por parte de los anfitriones oficiales: el acto había suscitado variadas emociones; El paisaje era tranquilo y suave; la casa parecía acogedora, a pesar de sus años; los árboles rodeaban la vieja mansión y le daban un aire de silencio y soledad; nada ni nadie se veía en los alrededores: era lo que yo había soñado por tanto tiempo.*

3. En los decretos, sentencias y edictos se colocan los dos puntos al final de cada motivo, y estos se ordenan en párrafos distintos y comienzan con mayúscula. De igual manera, en las certificaciones y otros documentos semejantes se usan los dos puntos después de las palabras como: *Ordeno, Mando, Certifico, Hago Saber* y otras fórmulas similares, y lo que sigue comienza con letra mayúscula. Ejemplos: *Certifico: Que desde hace dos años vivo en Santurce, Puerto Rico; Por este medio Hago Saber: Que a partir del mes de octubre se subirán las tarifas de la luz para los residentes en áreas residenciales.*

4. Después de las palabras con que se inicia una carta, se colocan los dos puntos. Ejemplos: *Querido hermano: Disculpa mi tardanza en contestar a tu carta anterior; Distinguido Sr. García: El propósito de mi carta es comunicarle mi decisión irrevocable de abandonar el puesto que he ocupado por más de cinco años en la Institución que Ud. preside.*

5. Cuando se citan palabras textuales, se han de poner los dos puntos antes de lo que se va a citar y esto, a su vez, irá entre comillas. Ejemplos: *Jesús dijo: "Amaos los unos a los otros"; Su única respuesta fue: "Nada tengo que decir".*

6. Se colocan los dos puntos después de palabras que sirven para anunciar o enumerar, como: *a saber, por ejemplo, verbigracia, como sigue* y otras semejantes. Suelen usarse también los dos puntos delante de una enumeración, aunque ésta no lleve alguna de las palabras anteriormente citadas. Ejemplos: *Siguió todas las instrucciones, a saber: se levantó temprano, colocó la ropa en orden, tomó un desayuno ligero y salió a la calle; Delante de mis ojos tenía un bello espectáculo: pinos, robles, margaritas, madreselvas, dulces pájaros y unas delicadas mariposas.*

PUNTO

Es la mayor pausa sintáctica y ortográfica. Existen tres clases de puntos: el punto y seguido, el punto y aparte y el punto final. Después que se ha usado cualquiera de los dos primeros signos, se comienza con mayúscula.

1. **Punto y seguido.** Se utiliza cuando se terminan una o varias oraciones, pero se continúa tratando el mismo tema. Ejemplo: *El paisaje era*

plácido y tranquilo. Los viajeros parecían estar atentos a lo que desfilaba ante su vista. El tren marchaba a una velocidad moderada, así que podían disfrutar del viaje.

2. **Punto y aparte.** Al finalizar un párrafo, se coloca el punto y aparte para indicar que el pensamiento se ha completado en esas oraciones. Podría seguir tratándose la misma idea en el párrafo siguiente, pero siempre desde un ángulo distinto. Al usar este signo debe comenzarse el otro párrafo en unos espacios más adentro que los del resto del escrito. Ejemplo: *Terminó de contarme todo el suceso y, de repente, se levantó de su asiento y quedó en silencio.*

Toda aquella conversación había suscitado en mí viejos recuerdos que tenía olvidados o me cuidaba de no revivirlos; no eran gratos para mí.

3. **Punto final.** Indica que se ha terminado una parte del escrito o que ha concluido el mismo.

4. También se usa un punto después de las abreviaturas. Ejemplos: *Dr., Sr., Excmo.*

PUNTOS SUSPENSIVOS

Indican las pausas, las dudas y, en algunos casos, la inseguridad e incertidumbre. Se usan en los siguientes casos:

1. Si conviene al escritor dejar incompleto el sentido de la oración. Ejemplos: *Entiendo lo que me dices, pero... prefiero no hacer comentarios; Yo no tengo respuesta alguna para esa situación...*

2. Cuando se expresa duda, temor, o se quiere sorprender al lector con algo inesperado. Ejemplos: *Le confesaré mis dudas... No sé cómo empezar; Ahora comprendo cuánto la quería y por qué... se suicidó.*

3. En ocasiones se colocan los puntos suspensivos en una enumeración en lugar del *etc.* Ejemplos: *Varias personalidades creyeron lo mismo sobre ese particular: Unamuno, Ganivet, Ortega, Costa...; Viajar es muy agradable por las siguientes razones: conoces nuevos sitios, aprendes de otras culturas y personas, renuevas tu espíritu, alimentas tu imaginación...*

4. Cuando se corta un pensamiento porque es tan claro que no necesita terminarse. Ejemplos: *Perro ladrador... A buen entendedor...*

5. Si se cita un texto y no es necesario hacerlo en su totalidad, se colocan los puntos suspensivos en el lugar de la parte omitida. Ejemplos: *"Hoy día nadie pone en duda cómo los factores origen, medio, educación, situación político-social influyen y hasta determinan la obra creadora..."; "... más adelante, en una fecha que todavía no se puede precisar, quizá cuando la niña contaba unos ocho años, la llevan a Padrón, en donde, por primera vez, vivirá con su madre".*

En la literatura actual los usan los escritores como un efecto de estilo indicando las interrupciones del hilo mental del personaje. Ejemplos: *Lo miró muy detenidamente. Pensó... Pero qué iba a pensar si delante tenía la causa de su sufrimiento; ¿Hablar ahora... para qué? Mejor callaba. Pero no; Mira... sería conveniente... que cerraras la ventana. No le pudo decir nada más, no había manera de poner orden en su cabeza.*

SIGNOS DE INTERROGACION Y ADMIRACION

Se usan cuando las oraciones son interrogativas o exclamativas. En las oraciones interrogativas indirectas no se usan estos signos.

1. Se colocan al principio y al final de la oración. A diferencia con otras lenguas, el español siempre debe usar la pareja de signos al comienzo y al fin de una oración. Ejemplos: *¿Qué edad tienes?; ¡Qué pánico!*

2. Cuando las oraciones interrogativas o admirativas son varias, breves y seguidas, no es necesario que, a excepción de la primera, las restantes comiencen con mayúscula. Ejemplos: *¿Dónde fuiste?, ¿por qué has tardado tanto?, ¿te ocurrió algo?; ¡Cuántas hipocresías!, ¡cuánta maldad!, ¡parece increíble!*

3. Si lo que continúa a la interrogación o admiración, es parte de esa pregunta o admiración, no comenzará con mayúscula. Ejemplos: *¿Es eso cierto?, me preguntó; ¡A la lucha!, gritaban los soldados.*

4. El signo interrogativo o admirativo ha de ponerse donde se inicia la pregunta o admiración, aunque no comience allí el período. Ejemplos: *Mirando las cosas detenidamente, ¿crees que mereció la pena tu actitud arbitraria?; Si tu decisión fuese equivocada, ¡cuánto te iba a pesar!*

5. En el caso de que una oración sea al mismo tiempo interrogativa y exclamativa, es necesario colocar el signo de admiración al principio y el de interrogación al final, o viceversa. Ejemplos: *¿Qué se puede hacer ante la inminencia de la muerte!; ¡Cuántas calamidades nos esperan?*

6. Se usa el signo de interrogación entre paréntesis al terminar una declaración sobre la cual existe alguna duda. Ejemplos: *El barco tardó veinte días (?); Nació en Puerto Rico en el 1963 (?)*

PARENTESIS

Separa dentro de una oración una serie de elementos incidentales, pero con un mayor grado de separación que el indicado con las rayas o las comas. Se usa este signo como se explica a continuación:

1. Si se interrumpe la idea general de la cláusula o período con una oración incidental-explicativa, que no tiene una estrecha relación con lo anterior, dicha explicación se encierra entre paréntesis. Ejemplo: *Juan Goytisolo ha escrito varios libros de viajes, entre ellos se destaca* **La Chanca** *(un barrio de Almería muy pintoresco, pero también castigado con graves problemas sociales), obra que la crítica considera de carácter testimonial y, en cierta manera, polémico.*

2. Como sucede en el ejemplo anterior, se coloca la coma después del paréntesis ya que allí termina la oración a la que va unida la que irá dentro del paréntesis. Dentro del paréntesis se usará la puntuación que la cláusula exija. Si el paréntesis finaliza la cláusula de la cual depende, el punto final irá fuera.

3. En las obras dramáticas se encierra entre paréntesis lo que los interlocutores dicen aparte. Para que estos paréntesis no se confundan con otros de distinta función, suelen usarse en forma rectangular.

4. También se hace uso del paréntesis para incluir ciertos datos, traducciones y otras aclaraciones pertinentes. El paréntesis rectangular se utiliza en la copia de códices para indicar lo que falta en el original y se ha compensado y suplido conjeturalmente. Ejemplos: *La O.N.U. (La Organización de las Naciones Unidas); Vivía en Valencia (España).*

5. Se usará el paréntesis en la correspondencia comercial o en cualquier otro escrito, si a la cantidad en letras le sigue la cantidad en números. Ejemplos: *Pagó cien dólares ($100) ; El alquiler le costaba mil pesetas (1.000 pts.)*

COMILLAS

Tienen por objeto destacar una o varias palabras del texto. Se usan en los casos siguientes:

1. Para destacar una cita textual o una frase. Si la cita es muy extensa, se pueden usar las comillas inversas al principio de cada línea, y las regulares al final. Cuando se cita un párrafo largo y se destaca del texto con otro tipo de letra o mayor espacio, no es necesario el uso de comillas. Ejemplos: *La máxima socrática fue ésta: "Conócete a ti mismo"; Me estuvo hablando largo tiempo de la compleja y delicada "Operación Silencio", pero siempre me resultaba ambiguo aun cuando él creía ser tan diáfano conmigo.*

2. Se utilizan las comillas para realzar ciertas palabras por su particular sentido; también, para destacar algunos neologismos, palabras extranjeras, voces que pertenecen a un determinado vocabulario profesional. Ejemplos: *Este "Week-end" descansaré en una islita solitaria y muy soleada; El hecho de que nos calificaras de "irresponsables" indignó a todos nosotros, que, hasta entonces, teníamos por ti un gran respeto.*

3. En el caso de transcribir una cita dentro de otra cita, pueden usarse las comillas dobles o, para lograr una mayor claridad, pueden usarse las comillas simples en la cita interior.

GUION

Su función es separar; se le denomina también *guión menor* para distinguirlo de la *raya o guión mayor*. Se usa de la manera siguiente:

1. Para indicar, al final de un renglón, que la palabra no ha terminado. Ejemplos: *te-són; mu-ñe-ca.* Si la primera o la última sílaba de una palabra es una vocal, no debe ponerse esta letra sola al final o principio de línea.

2. Cuando los elementos de una palabra compuesta no han llegado a fundirse, sino que más bien presentan oposición o contraste, se colocará el guión entre ambos elementos. Ejemplos: *hispano-húngaro; luso-soviético.*

3. También se usa para separar fechas. Ejemplos: *1981-1982; 25-37.*

RAYA

Llamada también *guión mayor.* Como el signo anterior, sirve para separar. A continuación se explica el uso de este signo.

1. Separa elementos intercalados en la oración. Significa un grado mayor de separación que las dos comas, pero menor que el paréntesis. Ejemplo: *Las clases altas seguían manteniendo la imagen femenina de la típica muñeca de salón —costoso adorno del marido— dedicada casi exclusivamente al cuidado de sí misma y al ornato del hogar.*

2. Se emplea en los diálogos para indicar cuándo habla cada interlocutor. Ejemplo: *— ¿Por qué has venido?; —Todavía ni yo mismo lo sé; — ¿De verdad?, ya no te esperaba.*

3. Separa, de las palabras textuales, las expresiones que aclaran quién es el hablante. Si estas expresiones se encuentran en medio de la oración, entonces se usan dos rayas; si están al final , se usa una sola. Ejemplos: *Me iré muy pronto —dijo con cierta frialdad; Estos problemas —aclaró mi hermano— tienen sus raíces en años atrás.*

OTROS SIGNOS AUXILIARES DE MENOR USO

Párrafo ¶ . Se usa en los libros, seguido del número correspondiente, para señalar las divisiones internas del capítulo.

Asterisco * . Se utiliza a modo de nota o llamada.

Llave o corchete [] . Su función es encerrar los distintos miembros de un cuadro sinóptico, las partidas de una cuenta, números o palabras.

Signos de Puntuación {
1. Coma
2. Punto y coma
3. Dos puntos
4. Punto
5. Puntos suspensivos
6. Signos de interrogación y admiración
7. Paréntesis
8. Comillas
9. Guión
10. Raya

EJEMPLOS

A. — Los párrafos siguientes ilustran a cabalidad el buen uso de los signos de puntuación.

¿Vivió Julia el "mal del siglo" nuestro? ¿Vivió ella la angustia existencial que nos han traído la lucha y la agonía de este siglo? Ella no posó de angustiada, como han posado y posan tantos en nuestros días, sino que la angustia estaba arraigada en su propio ser. Recuerdo aquellos jóvenes existencialistas, seguidores de Sartre, que veía en algunos lugares de Quater Latin de París —Boulevard St. Michel, Boulevard St. Germain—, con su existencialismo exterior, en su ropa y en sus actitudes. No, eso no era Julia de Burgos, tan vitalmente perturbada, de cuyo total caos y angustia, sólo parecía salvarse su libertad individual.

Enrique Laguerre, *Julia de Burgos* en **Pulso de Puerto Rico**

B. — Mi relato será fiel a la realidad o, en todo caso, a mi recuerdo personal de la realidad, lo cual es lo mismo. Los hechos ocurrieron hace muy poco,pero sé que el hábito literario es asimismo el hábito de intercalar rasgos circunstanciales y de acentuar los énfasis. Quiero narrar mi encuentro con Ulrica (no supe su apellido y tal vez no lo sabré nunca) en la ciudad de York. La crónica abarcará una noche y una mañana.

Jorge Luis Borges, *Ulrica* en **El libro de arena.**

C. — Huid del preciosismo literario, que es el mayor enemigo de la originalidad. Pensad que escribís en una lengua madura, repleta de "folklore", de saber popular, y que ése fue el barro santo de donde sacó Cervantes la creación literaria más original de todos los tiempos. No olvidéis, sin embargo, que el "preciosismo", que persigue una originalidad frívola y de pura costra, pudiera tener razón contra vosotros cuando no cumplís el deber primordial de poner en la materia que labráis el doble cuño de vuestra inteligencia y de vuestro corazón. Y tendrá más razón todavía si os zambullís en la barbarie casticista, que pretende hacer algo por la mera renuncia a la cultura universal.

Antonio Machado, *Juan Mairena I*

EJERCICIOS

A. En las siguientes oraciones coloque la coma cuando crea necesario.

1. Dime María si era necesario todo esto.
2. Me viste pero no me saludaste.
3. Cuando regrese a mi casa te llamaré por teléfono.
4. Parecía sana buena inteligente y bastante discreta para su corta edad.
5. Estas cosas que te cuento ahora con bastante dolor de mi parte transformaron mi vida.
6. Si las vacaciones hubiesen sido más largas me habría ido de viaje.
7. No obstante debes dar una explicación detallada de tu informe.
8. Se detuvo ante esta vitrina que queda hacia la esquina de la calle y miró atentamente los elegantes modelos.
9. Su hermano era muy simpático y hablador ella totalmente silenciosa.
10. Estudia durante el día de manera que puedas ir al examen mañana.

B. Utilice la coma, el punto y coma o los dos puntos cuando sea necesario.

1. Se cometieron abusos por ambas partes tal parece que todos pensaban en el triunfo de su ideología y no en España.
2. Descubrí por ejemplo la mesa de escribir los libros su pluma la silla algo desvencijada y unas cuartillas ya amarillas por el tiempo.

3. Cada día parecía más entristecido su cara se afilaba su cuerpo se doblaba y ya no emanaba aquella vitalidad de antes la enfermedad dejaba ver su huella.
4. La ciudad me parecía imponente y monstruosa pero algo en ella me atraía me obligaba a quedarme aunque no me faltaban inconvenientes para hacerlo.
5. Me decía siempre al salir Ten cuidado con el frío abrígate bien.
6. Ameno jovial inteligente así era mi padre.
7. En cierta manera el novelista también puede inventar un lenguaje en virtud de un proceso creador-transformacional de las palabras a la manera del poeta el narrador entiende ahora que él debe crear su propio universo simbólico y así dar vida a la realidad textual.
8. La población caribeña se formó con los siguientes elementos étnicos indio negro y blanco.
9. La novela La Isla de Juan Goytisolo no da lugar a planteamientos psicológicos ni morales ni siquiera sugiere que el lector los haga sólo presenta los hechos objetivamente.
10. La tranquilidad espiritual es esencial permite ver las cosas con más claridad nos libra de viejos personalismos y nos prepara a tomar mejores decisiones.

C. En los siguientes ejercicios use los puntos suspensivos, los signos de interrogación y admiración, el paréntesis, las comillas, el guión y la raya cuando sea necesario.

1. De dónde vienes
2. Siempre me repetía lo mismo: Asegúrate un buen porvenir.
3. La vieja casa que todavía resiste al tiempo en Mugardos pueblo de la provincia de La Coruña fue construida hace casi un siglo.
4. Después de todo me imaginé cosas peores.
5. Qué dolor tan grande.
6. El manuscrito debió de encontrarse hacia el año 1900.
7. El acuerdo hispano francés se llevó a cabo la semana pasada.
8. Contemplando aquel retrato me pregunto: crees que alguna vez tuvo una ligera sospecha de su origen
9. La obra humanitaria de AI Amnistía Internacional es digna de todo respeto y admiración.
10. Crees que podrás esperar después que sabes
11. Es así tal y como tú lo explicas, me preguntó con cierta duda.

12. Visitamos la ciudad de Segovia en tiempo atrás no me había percatado del carácter austero de su belleza y resultó ser un día de grato recuerdo y ricas experiencias.
13. Es cierta la monstruosidad que me cuentas.
14. Me contestó con una ligera ironía: Tantos años tardaste en descubrirlo
15. Estuviste en el Congreso. Sí, pero no has perdido gran cosa. Me hubiera gustado ir Creo que empleaste mejor el tiempo quedándote en tu casa.

D. Coloque los signos de puntuación que juzgue conveniente en los siguientes ejercicios.

1. Solía llegar a las dos comía tranquilamente dormía una siesta y luego se arreglaba para comenzar la jornada de la tarde.
2. Un violento contraste ofrece la obra por un lado la religiosidad hipócrita de la ciudad donde se celebra el Congreso Eucarístico por otro la pobreza de los murcianos que habitan en los suburbios el desahucio y la soledad de todos los marginados sociales.
3. He hecho todo tal y como ordenaste me dijo.
4. Las palabras de Cristo fueron muy claras y precisas Bienaventurados los limpios de corazón porque ellos verán a Dios.
5. Cuando llegaron a Buenos Aires se quedaron deslumbrados ante el espectáculo de la gran ciudad.
6. Cómo se puede tolerar injusticia tan grande.
7. Explícame ahora y con todo detalle este problema y los otros déjalos para mañana.
8. Los medios de comunicación pese a todas sus limitaciones y fallas en especial un empobrecido uso del lenguaje cumplen con cierto decoro la difícil encomienda de mantener informado al pueblo.
9. Te voy a dar algunos consejos por ejemplo escucha más a las personas observa sus actos que éstos te indicarán algunos rasgos psicológicos estudia sus gustos y preferencias todo esto te ayudará en tus relaciones humanas.
10. Cuando ella vino al mundo 1948 nuestra familia gozaba ya de cierto desahogo económico.
11. Si en líneas anteriores nos habíamos referido al desamparo del teatro de posguerra ahora tendremos que apelar de nuevo a los mismos juicios La novela española se encontraba en lamentable orfandad ya que no sólo sufría las consecuencias del proceso bélico sino que sus mejores novelistas Ramón Sender y Max Aub se marchaban al exilio.

12. En verdad qué obra tan pesada.
13. Saliste bien de la operación qué anestesia te pusieron cuántas horas estuviste en el quirófano
14. Ante mis ojos tenía la más bella elegante delicada y dulce mujer.
15. Estas personas que llevan esperando más de dos horas merecen ser atendidas con mayor prontitud.
16. Podríamos decir sin riesgo de equivocarnos que la ironía de Larra es la otra cara de su pesimismo existencial sin embargo este hombre que a veces parecía cargar él solo con el derrumbe nacional mantuvo una dolorosa fe en el individuo.
17. La situación como ya puedes suponer se hizo insostenible.
18. Cuando se estudia la generación del 98 la mayoría de los críticos admiten el carácter histórico ideológico de este grupo literario Quizá tal actitud se deba a las circunstancias que les toca vivir la crisis espiritual de España y la pérdida de sus últimas colonias.
19. Lo había comprendido todo antes de que tú me lo sugirieras.
20. Jorge Luis Borges con estas oscuras y clarividentes palabras explica el misterio de la creación literaria Por Musa debemos entender lo que los hebreos y Milton llamaron el Espíritu y lo que nuestra triste mitología llama Subconsciente.
21. Estos jóvenes aquí hacinados soportando el rótulo de delicuentes son víctimas de unas particulares circunstancias sociales y sobre todo de haber venido al mundo sin opción de elegir familia herencia raza tiempo etc.
22. Inesita no toques esa porcelana.
23. El contacto con el viejo mundo aunque sea en crisis enriquece intelectualmente al futuro escritor.
24. Ordeno Que se clausuren todos los cines y teatros donde se exhiban películas o piezas teatrales que inciten a la violencia y al vicio.
25. Que rechaces su ayuda con todos los beneficios que esto significa para ti dado tu estado tan precario me parece insensato e irreal.
26. Se quedó en la miseria más vergonzosa y en el desamparo más cruel por consiguiente prefirió irse a otro lugar.
27. El concepto de tiempo pese a todos los intentos de interpretación es todavía nebuloso y misterioso para el hombre.
28. De verdad que piensas decírselo
29. La situación era bastante difícil y arriesgada yo recordaba muy a tiempo lo ocurrido justo dos años atrás pero decidí enfrentarla con serenidad.
30. Por último olvida las rencillas pasadas y comienza otra vez.

E. Los párrafos siguientes no tienen signos de puntuación, colóquelos donde crea necesario.

1. Hoy día nadie pone en duda cómo los factores origen, medio, educación, situación político-social influyen y hasta determinan la obra creadora. Arte y vida, literatura y vida forman un todo cuyos componentes guardan una estrecha relación. Más aún, ciertos autores se sensibilizan de una manera especial con su particular existencia; su vida y su circunstancia pesan tanto que se reflejan constantemente en su obra. Otros, en cambio, pueden disociar con cierta facilidad la vida de la obra. Para explicar esto, valgan como ejemplos las diferencias que pueden establecerse entre Góngora y Cervantes, Borges y Neruda.

2. Con un poco de conocimiento que tengamos sobre cierta clase de tragedias que marcan a cualquier persona, podremos comprender lo que debió suponer para Rosalía niña el misterio de su origen, su condición de orfandad, la ausencia parcial y temporal de los padres. ¡Cuántas veces, al comparar su situación a la de sus compañeras de juego, se sentiría amenazada por dolorosos presagios y llena de rebeldía al no poder entender el porqué a ella se le había impuesto tan pesada carga! ¡Cuántas y cuántas veces no se preguntaría las razones que habían determinado su desgraciada situación!

3. Uno de los más importantes hechos políticos en España durante la Segunda República fue el voto favorable a la Constitución de 1931. Este documento garantizaba la libertad religiosa y política, propiciaba la enseñanza laica como deber del Estado, sometía a la Iglesia a la constante vigilancia gubernamental, velaba por los derechos de los campesinos y, por tanto, se reservaba la potestad de expropiación e indemnización de tierras cuando fuese necesario, consideraba la posibilidad de nacionalizar los servicios públicos y creaba el Tribunal de Garantías Constitucionales para velar por el cumplimiento de las leyes.

4. A través de toda la literatura se puede observar la insistencia en el planteamiento de ciertos temas, determinadas formas líricas constantes, expresiones poéticas. En este caso, la recurrencia no se limitaría a lo conceptual exclusivamente; es lógico pensar

que en todos los tiempos el hombre se ha visto impulsado a plantearse las mismas preocupaciones vitales por supuesto cada siglo responde a estas cuestiones de manera diferente los temas del amor la muerte la vida Dios no se desarrollan igual en la época homérica que en el cristianismo mas no por esto dejan de ser recurrentes.

CAPILTULO III

EL PARRAFO

Una composición, ya sea creativa o expositiva, consta de varios párrafos y se desarrolla por medio de los mismos. Sin duda alguna, la elaboración del párrafo es esencial en toda redacción; pero recordemos que éste se compone de una o varias oraciones unidas entre sí por un mismo tema. Por tanto, es lógico que antes de estudiar el párrafo nos detengamos en la oración no sólo con un enfoque sintáctico, sino desde el punto de vista de la redacción, para así entender su función dentro del párrafo. La oración es una unidad menor dentro del párrafo, la unidad mayor. Si logramos el dominio de la oración, no ofrecerá dificultades la construcción del párrafo.

ORDEN DE LAS PALABRAS EN LA ORACION

La oración es, desde el punto de vista gramatical, el eje del párrafo, la espina dorsal donde se sustenta la expresión escrita.

El castellano goza de bastante flexibilidad en lo que se refiere a la colocación de los elementos oracionales, sobre todo si se compara con el francés o el inglés. La Academia dice expresamente: *... el español conserva hoy, entre las grandes lenguas modernas de cultura, una libertad constructiva que muy pocas alcanzan, a causa de determinadas cualidades de estructura gramatical... (1).* M. Criado de Val, al estudiar el orden de las palabras en la oración en diversos idiomas, afirma que el español *se halla también lejos de imponer un orden riguroso a sus palabras.* Añade el mismo autor: *... el idio-*

---

(1) Real Academia Española, *Esbozo de una Nueva Gramática de la Lengua Española,* p. 393.

ma románico que con más rigor se acomoda al orden "lógico" es sin duda el francés, mientras que el español se caracteriza por su tendencia a anteponer la palabra más expresiva y, en general, por la facilidad con que invierte los elementos de la frase (2). G. Martín Vivialdi se expresa así sobre este aspecto del idioma:

> Adviértase, no obstante —y la advertencia requiere especial atención—, que, en castellano, la construcción de la frase no está sometida a reglas fijas, sino que goza de libertad, de holgura. Libertad no quiere decir libertinaje, ni la holgura indica una desconexión arbitraria entre los elementos de la frase (3).

Estas autorizadas opiniones no están reñidas con el uso correcto de la lengua; por tanto, al escribir, debemos tener en cuenta la estructura sintáctica del idioma, de tal manera que nuestro mensaje sea claro y preciso. Para lograr esto vamos a estudiar dos formas de construir oraciones, me refiero al *orden sintáctico* y al *orden psicológico*.

El *orden sintáctico* o la construcción sintáctica coloca los diferentes elementos de la oración de la manera siguiente: S+V+CD+CI+CC; en el caso de una oración atributiva será: S+V+A (atributo); cada uno de estos elementos va acompañado de los determinantes si los tiene. Ejemplo: *El joven compró un libro para su hermana en la librería*. Gili Gaya denomina a este tipo de construcción '*lineal o progresiva*', *en que el determinante sigue al determinado*, y añade que ésta es *la tendencia general de las lenguas modernas...* (4). La construcción sintáctica o lógica, usada constantemente, produciría un efecto monótono en el estilo; por lo general, no siempre pensamos ni exponemos nuestras ideas en ese orden fijo, solemos variar de construcción tal y como el proceso mental se va desarrollando. Ahora bien, la *construcción sintáctica* ofrece grandes ventajas: *siempre es correcta, además ordena y expone el pensamiento con claridad y exactitud; en otras palabras, se va a entender lo que escribimos*. Conviene tener presente esto, sobre todo los principiantes en el arte de la escritura y del estilo: cuando las ideas que queremos expresar tienen cierta complejidad, someterlas a un orden lógico facilita su comprensión. En ocasiones nos habremos encontrado con escritos y, sobre todo, con traducciones deficientes en las que el traductor tradujo palabras y no oraciones, no tuvo en cuenta la sintaxis del idioma al que traducía; en estos casos, ordenar las oraciones sintácticamente resuelve gran parte

---

(2) M. Criado de Val, *Fisonomía del idioma español*, p. 180.
(3) G. Martín Vivaldi, *Curso de Redacción*, p. 83.
(4) S. Gili Gaya, *Curso Superior de Sintaxis Española*, p. 85.

de la posible confusión mental y verbal.

La oración breve, unitaria, se pronuncia en un solo grupo fónico, salvo que se quiera destacar algún elemento, en cuyo caso se divide. Veamos: *La carta era la prueba que esperaba.* También podemos decir: *La carta... era la prueba que esperaba.* Ahora bien, en español la oración unitaria no solamente se rige por el orden lógico, el idioma provee otras alternativas que en otras lenguas sería imposible realizar. Como leemos en el Manual de Gramática y Expresión "*...en castellano disponemos de un extensísimo repertorio de construcciones de oración* (5). Esta particularidad ofrece diversas posibilidades a la hora de construir las oraciones y favorece la pluralidad de estilos. Pues bien, el *orden psicológico* o *envolvente* es el que da prioridad al elemento oracional más importante a juicio del que escribe. Cuando el orden *lógico* nos parezca poco expresivo, el uso del orden *psicológico* será lo indicado. Es necesario advertir que el uso del orden psicológico no favorece el desorden, como bien dice Gili Gaya: *No hay que confundir la construcción envolvente con la anarquía sintáctica* (6). Ejemplos: *En el supermercado vi a tu hermana;* este es el caso de orden psicológico en el cual se destaca el lugar; *Hacia primeros de mayo dictará una conferencia el profesor Piñeiro;* en este caso se da preferencia al tiempo; también se podría decir: *Una conferencia dictará el profesor Piñeiro hacia primeros de mayo;* en este caso se pone de relieve el acto o suceso.

Veamos a continuación las posibles combinaciones de la frase unitaria con tres elementos:

> *José vendió el automóvil.*
> *José el automóvil vendió. (*)*
> *Vendió el automóvil José.*
> *Vendió José el automóvil.*
> *El automóvil vendió José.*
> *El automóvil José vendió. (*)*

Todas estas combinaciones son posibles, aunque no todas correctas. En el español actual la colocación del verbo al final de la frase es una incorrección. Esta construcción se considera un *latinismo,* ya que fue muy usada en el latín clásico y también en la poesía y prosa renacentista; hoy en día estas

---

(5) *Manual de Gramática y Expresión,* p. 182.
(6) S. Gili Gaya, *Curso Superior de Sintaxis Española,* p. 86.

oraciones con el verbo al final resultan muy rebuscadas y son incorrectas.

> *El tren llegó con retraso.*
> *El tren con retraso llegó. (*)*
> *Llegó el tren con retraso.*
> *Llegó con retraso el tren.*
> *Con retraso el tren llegó. (*)*
> *Con retraso llegó el tren.*

En este ejemplo todas son correctas a excepción de la segunda y la quinta (*) por la razón ya explicada.

En español con frecuencia se antepone el verbo a cualquier otro elemento oracional. Sobre esto apunta Criado de Val: *La anteposición más frecuente y característica en el español es la del verbo, que tiende a ocupar el primer lugar en la oración. Con ello se consigue un efecto estilístico de mayor viveza, destacándose el valor de la acción que el verbo representa: "Llegó Pedro el primero" (se destaca la acción de llegar). Este tipo de anteposición es muy frecuente y casi obligado en las frases interrogativas: "¿Vendrá usted mañana?...* (7).

La colocación de los otros elementos, como ya hemos dicho en líneas atrás, depende del interés del hablante, de lo que quiera destacar. En muchas ocasiones el interés recaerá sobre el sujeto y entonces se preferirá la construcción lineal. Sin embargo, la libertad del orden psicológico se debe siempre supeditar a la claridad; por tanto, debe evitarse la confusión o ambigüedad. Por ejemplo, puede darse el caso de que el complemento directo se confunda con el sujeto o viceversa al usar la construcción psicológica; para evitar esto, el sujeto irá en primer lugar. Ejemplos: *La ilusión alberga la esperanza; El invierno trae la lluvia;* en estas oraciones el cambio de sus elementos modifica todo el sentido. Ahora bien, si colocamos la preposición *"a"* en el complemento directo, aunque éste no sea persona o cosa personificada, podremos realizar el cambio sin alterar el sentido. En estos casos de confusión entre el sujeto y el complemento directo, está permitido el uso de la preposición "a" (8). Ejemplos: *La ilusión alberga a la esperanza; A la esperanza alberga la ilusión; El invierno trajo a la lluvia; A la lluvia trajo el invierno.*

Si los elementos sintácticos que componen una oración simple unitaria llegan a ser cuatro, entonces las posibles variaciones alcanzan el número de

---

(7) M. Criado de Val, *Op. cit.*, pp. 180-181.
(8) Véanse: S. Gili Gaya, *Curso Superior de Sintaxis Española*, p. 84; Real Academia Española, *Op. cit.* pp. 396-397.

24; veamos un ejemplo:

    Enrique compró una casa en San Juan   Compró Enrique una casa en San Juan
    Enrique compró en San Juan una casa   Compró Enrique en San Juan una casa
* Enrique una casa compró en San Juan   Compró una casa Enrique en San Juan
* Enrique una casa en San Juan compró   Compró una casa en San Juan Enrique
* Enrique en San Juan una casa compró   Compró en San Juan Enrique una casa
* Enrique en San Juan compró una casa   Compró en San Juan una casa Enrique

* Una casa Enrique compró en San Juan   * En San Juan Enrique compró una casa
* Una casa Enrique en San Juan compró   * En San Juan Enrique una casa compró
    Una casa compró Enrique en San Juan   En San Juan compró Enrique una casa
    Una casa compró en San Juan Enrique   En San Juan compró una casa Enrique
* Una casa en San Juan Enrique compró   * En San Juan una casa Enrique compró
* Una casa en San Juan compró Enrique   * En San Juan una casa compró Enrique

La muestra anterior presenta algunas oraciones que llevan un asterisco (*); seis de ellas tienen el verbo al final de la oración y ya señalamos que ésta es una construcción en desuso; en las otras seis el verbo se encuentra en tercer lugar y esta posición es también poco frecuente. En castellano el verbo debe ir en primer o segundo lugar en la oración. Al respecto apunta Gili Gaya:

> En armonía con lo observado en las oraciones formadas por tres elementos, el verbo no puede ir sin afectación más allá del segundo lugar. Podemos repetir todavía la misma observación en una oración de cinco elementos. *Su hermano contaba con emoción a los reunidos lo sucedido en casa; Contaba su hermano con emoción a los reunidos lo sucedido en casa;* pero *Su hermano con emoción contaba...* o *Lo sucedido en casa contaba su hermano...* y mucho más con el verbo en cuarto o quinto lugar, se sienten como construcciones afectadas que pueden emplearse sólo en estilo literario, a no ser que se dividan en dos grupos fonéticos (9).

Jorge Luis Borges, como ya dijimos, define el idioma con estas palabras: *Un idioma es una tradición, un modo de sentir la realidad, no un arbitrario repertorio de símbolos* (10). En efecto, nuestra lengua nos ha acostumbrado a pensar y, por tanto, a ver la realidad de una manera específica. El orden de las palabras en la oración conduce nuestro pensamiento lógico; así colocamos los verbos al principio de la oración y no en o hacia el final de la

---

(9) S. Gili Gaya, *Ibid.*, pp. 88-89.
(10) Jorge Luis Borges, *El oro de los tigres*, p. 10.

misma. Hagamos un experimento: escribamos unas palabras detrás de otras sin ningún verbo, la comprensión será escasa o nula: *El niño por el parque con verdadero entusiasmo el juguete;* este conjunto de palabras sin verbo no indican la relación entre el niño y el juguete, puede ser que lo mira, lo toca, lo sujeta, lo coge, etc.; este sinsentido ocurre porque falta el verbo. Algo semejante ocurre en este tipo de oraciones: *El juguete con verdadero entusiasmo el niño sujetaba; Con verdadero entusiasmo el juguete sujetaba el niño;* hasta que no llegamos al verbo no podemos entender la relación entre niño y juguete pues, al estar el verbo en tercero o cuarto lugar, la comprensión se realiza con lentitud; veamos la diferencia en esta estructura oracional: *El niño cogió el juguete con verdadero entusiasmo; Cogió el juguete el niño con verdadero entusiasmo* o *Con verdadero entusiasmo, el niño cogió el juguete* (oración dividida en dos grupos fónicos). Como podemos comprobar, las oraciones que llevan el verbo al principio transmiten el mensaje con mayor claridad y rapidez. Conocer y respetar la estructura sintáctica de una lengua suele convertirse en la piedra de toque de la traducción; a veces el traductor, por desconocimiento de la sintaxis, traduce palabras de un idioma a otro, pero manteniendo la sintaxis del idioma traducido; en estos casos lamentables no queda otra solución que ordenar las oraciones sintácticamente si esto es posible.

El verbo puede estar en tercer lugar en la oración en el caso de los pronombres átonos, palabras breves o frases cortas que están en posición proclítica con respecto al acento principal de intensidad del grupo fónico y del verbo. Debido a la brevedad o atonía de estas palabras, no se rompe la armonía de la frase ni se hace difícil su comprensión. Ejemplos: *Mi padre me ha regalado un bolígrafo; Sin duda la respuesta nos pareció insólita.*

Como hemos podido ver, el número de combinaciones es bastante elevado, lo que permite una gran movilidad a los elementos oracionales y, como consecuencia, una enorme flexibilidad a la estructura sintáctica del párrafo. De acuerdo con esto, se debe evitar el párrafo monótono, cuyas oraciones se han ordenado de manera semejante. Las posibilidades de cambio se multiplican en proporción al aumento de los elementos oracionales. En oraciones con un mayor número de elementos sintácticos se múltiplica el número de variaciones posibles. La pobreza de estilo tiene a veces su origen en el desconocimiento de estas nociones básicas en cuanto al orden de las palabras en la oración. Si tenemos en cuenta la diversidad de que goza el español en lo que se refiere a la colocación de los elementos oracionales, mejoraremos la construcción de los párrafos y, como consecuencia, el estilo; finalizamos esta parte con unas palabras que corroboran lo que acabamos de explicar:

De esta manera, el juego relativamente libre de ambas construcciones permite a nuestra lengua adoptar, según las circunstancias, el carácter analítico del orden lineal, que mira hacia el interlocutor, o la expresión sintética llena de anticipaciones, que surge espontáneamente del hablante al compás de su interés o de sus estados afectivos (11).

PARRAFO

Al conjunto de oraciones unidas entre sí por un mismo tema denominamos *párrafo*. Usualmente el *párrafo* consta de varias oraciones, pero podría darse el caso de que estuviera formado por una o dos oraciones. Reconocemos el párrafo porque se inicia con letra mayúscula y al final del mismo se pone punto y aparte. Un escrito o composición se divide en varios párrafos. Veamos algunos ejemplos de párrafos de diferente extensión:

Os mirastéis entonces por primera vez. La expresión de cólera había desaparecido de su rostro y su desamparo se había acordado espaciosamente con el tuyo, fundidos los dos en un solo arpegio larguísimo, insostenible.

Juan Goytisolo: *Señas de identidad*

No conozco nada mejor que pasear por el puerto en otoño, cuando el cielo oscurece y cae la lluvia. Por la Plancheta y muelle del Reloj el viento sopla impregnado de olores de pescado y de brea, las luces del faro de Montjuich barren la noche como las hélices de un autogiro y, desleída en la niebla, la vieja torre del transbordador parece más triste y solitaria que nunca.

Juan Goytisolo: *Otoño, en el puerto, cuando llovizna*
en **Para vivir aquí.**

¿Presentiste, entonces, la gravedad de su desamparo? Seguramente no, absorto como estabas en la certeza de su inclinación por ella, en el preámbulo jubiloso de vuestra historia. Dolores parecía ensimismada también y espiarla sin despertar sus sospechas era para ti, habituado ya a estos lances, juego de niños. Un día la viste conversar con un desconocido en medio de la calle y, bruscamente, la congoja te invadió. ¿Estabas celoso de ella? Resultaba absurdo de tu parte, tú que no habías hecho hasta el momento ningún esfuerzo por conquistarla y la rehuías si, por casualidad, topábais en la escalera. Cuando se despidieron y ella continuó su paseo a solas una felicidad desconocida se adueñó de ti y, buscando una instancia superior a quien dirigirte, tan milagroso te parecía el incidente, diste gracias a Dios.

Juan Goytisolo: *Señas de identidad*

---

(11) S. Gili Gaya, *Curso Superior de Sintaxis Española*, p. 86.

ORACION TEMATICA. TEMA CENTRAL

Todo párrafo gira en torno a un tema central; por tanto, todas las oraciones del párrafo guardarán relación con el tema. Dentro del párrafo hay una oración que expresa el tema o idea central o bien una síntesis de la misma; en algunas ocasiones la idea central se deduce de la lectura del párrafo. Esta *oración temática*, llamada también *oración central* o *principal*, es de capital importancia, pues presenta el contenido básico del párrafo y sin ella las otras oraciones no tienen sentido completo; de hecho, las otras oraciones amplían o modifican el sentido de la oración principal o temática.

La posición de la oración temática en el párrafo puede variar. En ocasiones irá al comienzo del párrafo, seguida de las otras oraciones que la amplían y explican. Aparece también hacia la mitad del párrafo y sintetiza las oraciones precedentes que funcionan a modo de introducción o exposición; las oraciones subsiguientes a la oración temática sirven para corroborar y desarrollar ésta. Cuando la oración temática se encuentra al final del párrafo, funciona a modo de síntesis o conclusión. Veamos algunos ejemplos ilustrativos:

> El siglo XIX fue escenario de las más duras batallas por parte de las feministas de Europa y América. Estas mujeres lucharon no sólo por el derecho al voto, sino por mejorar las injustas condiciones sociales que por tantos años había soportado el estrato social femenino. Entre las demandas solicitadas figuraban: una mejor educación, unas mínimas oportunidades de empleo, una justa remuneración por el trabajo realizado, un comportamiento más equitativo entre ambos sexos en el orden social y familiar y una mayor autonomía para la mujer en el seno del hogar.

En este ejemplo la oración temática está al principio y es el siguiente: *El siglo XIX fue escenario de las más duras batallas por parte de las feministas de Europa y América.* Las oraciones siguientes amplían el contenido de ésta especificando en qué consistieron esas batallas y demandas.

> La poesía fue fundamentalmente para Rosalía de Castro expresión de una dolorosa realidad existencial y grito de protesta social. El trágico destino del hombre, la soledad y la injusticia social constituyen la sustancia temática de numerosos poemas. A tono con esto, la particular condición femenina tenía que ser una justa reivindicación social. Así, la mujer como personaje aparece con bastante frecuencia en la obra rosaliana, y casi siempre se presenta como un ser o bien marginado dentro del ámbito familiar o bien oprimido por las convenciones sociales. Las abundantes referencias literarias a la figura femenina muestran la desproporción entre su actitud sumisa y nostálgica frente a unas férreas estructuras sociales tanto en el orden particular como en el colectivo.

La oración temática aparece hacia la mitad del párrafo y dice así: *A tono con esto, la particular condición femenina tenía que ser una justa reivindicación social.* Las oraciones precedentes son proposiciones generales que preparan el pensamiento para el planteamiento del tema. Las oraciones siguientes a la temática ejemplifican el contenido de ésta.

> Si es verdad que la escritora coruñesa constituye un ejemplo de toma de conciencia ante la realidad femenina, no hay que olvidar que pudo actuar de una manera radical porque los privilegios de clase le ayudaron en gran medida. La Condesa de Pardo Bazán no tenía que temer al "qué dirán" porque esto no correspondía a su estrato social; desde su privilegiada posición de clase, tuvo la oportunidad de objetivar mejor su situación personal y analizar las estructuras sociales femeninas. Doña Emilia aprovechó a cabalidad las diversas ventajas procedentes de su aristocrático mundo de origen para luchar abiertamente por los derechos de la mujer.

Este tercer ejemplo presenta la oración temática al final del párrafo: *Doña Emilia aprovechó a cabalidad las diversas ventajas procedentes de su aristocrático mundo de origen para luchar abiertamente por los derechos de la mujer;* en realidad la oración es una síntesis de las anteriores que giran en torno a ella.

En algunas ocasiones la oración temática no aparece de manera directa o expresa en el párrafo, sino que la deducimos de la lectura del párrafo en su totalidad; suele ocurrir esto en las descripciones y, a veces, en algunos párrafos de carácter narrativo. Veamos los ejemplos:

> En el fondo del laberinto cantaba la fuente como un pájaro escondido, y el sol poniente doraba los cristales del mirador donde nosotros esperábamos. Era tibio y fragante: Gentiles arcos cerrados por vidrieras de colores le flanqueaban con ese artificio del siglo galante que imaginó las pavanas y las gavotas. En cada arco, las vidrieras formaban un tríptico y podía verse el jardín en medio de una tormenta, en medio de una nevada y en medio de un aguacero. Aquella tarde el sol de Otoño penetraba hasta el centro como la fatigada lanza de un héroe antiguo.
>
> Ramón del Valle-Inclán: *Sonata de Otoño*

En este párrafo la descripción del lugar es el tema exclusivo, pero no podríamos señalar una oración como temática, ya que todas contribuyen por igual en el proceso descriptivo.

> Entré. Concha estaba incorporada en las almohadas. Dio un grito, y en vez de tenderme los brazos, se cubrió el rostro con las manos y empezó a sollozar. La criada dejó la luz sobre un velador y se alejó suspirando. Me acerqué a Concha trémulo y conmovido. Besé sus manos

sobre su rostro, apartándoselas dulcemente. Sus ojos, sus hermosos ojos de enferma, llenos de amor, me miraron sin hablar, con una larga mirada. Después, en lánguido y feliz desmayo, Concha entornó los párpados. La contemplé así un momento. ¡Qué pálida estaba! Sentí en la garganta el nudo de la angustia. Ella abrió los ojos dulcemente, y oprimiendo mis sienes entre sus manos que ardían, volvió a mirarme con aquella mirada muda que parecía anegarse en la melancolía del amor y de la muerte, que ya la cercaba.

Ramón del Valle-Inclán: *Sonata de Otoño*.

Este otro ejemplo presenta entrelazadas la descripción y la narración: se describe a Concha, ya enferma, y se narra el encuentro entre los dos personajes.

ESTRUCTURACION FORMAL DEL PARRAFO

La elaboración estructural de un párrafo, la manera como se encadenan las oraciones, constituye lo que denominamos en lenguaje familiar el *trabajo duro*. En muchas ocasiones el sinsentido de una composición o de un escrito proviene de la mala estructuración de uno o varios párrafos. Por tanto, resulta muy conveniente que el alumno revise siempre en su redacción cada párrafo y examine su estructura. La complejidad artificiosa o la oscuridad de un escrito provienen a veces de la deficiente estructuración de uno o varios párrafos.

¿Qué elementos o criterios debemos tener en cuenta al estructurar y elaborar un párrafo? Debemos tener en cuenta: *la unidad, la coherencia y la conexión, el orden, la concisión y precisión, la claridad, la variedad y la estética*. Veamos ahora en específico cada uno de estos elementos.

UNIDAD

Ya dijimos que todo párrafo tiene una idea principal y que tanto la oración temática como las secundarias la expresan directamente o giran en torno de ella. La unidad del párrafo, llamada también *unidad de propósito*, consiste en establecer debidamente la relación entre la oración temática y las oraciones secundarias. Esto es, dentro del párrafo no debe haber ninguna oración que se aparte del tema. Los párrafos construidos con este tipo de oraciones resultan incoherentes y, muchas veces, bastante oscuros e incomprensibles.

Recomendamos al alumno que revise bien cada párrafo y compruebe si se mantiene la *unidad temática*. Cuando una persona no tiene mucha soltura al escribir, es conveniente que divida su composición en párrafos y que en cada uno de éstos desarrolle una idea específica; este consejo puede resultar artificial desde el punto de vista literario, pero es provechoso como medida pedagógica. Estudiemos ahora algunos ejemplos:

> Las vacaciones son muy necesarias para todas las personas que trabajan. Por lo regular la gente prefiere pasar una temporada en la playa o en una zona rural apropiada para el descanso. Los viajes suelen ser bastante costosos, sobre todo si alguien se interesa en ir a lugares distantes y de moda como: Acapulco, Río, la Costa Azul, Marbella, etc. Para descansar y cambiar de ambiente no hay que gastar tanto dinero, pues no sólo se debe de procurar el descanso físico, sino también el mental; y difícilmente se logra éste si las vacaciones contribuyen a aumentar la deuda familiar.

La falta de unidad en este párrafo es bastante manifiesta. Al comienzo del mismo la oración temática nos indica la idea central: la necesidad de las vacaciones para las personas que trabajan; las oraciones secundarias se desvían hacia temas como el alto costo de los viajes y la deuda adquirida durante las vacaciones. Podríamos argumentar que todos estos temas guardan una relación y es cierto, pero no olvidemos que el párrafo comenzó planteando la necesidad del descanso para las personas que trabajan, tema específico que no se desarrolla luego en las otras oraciones, que versan sobre otros subtemas. Estas oraciones distraen y alejan al lector de la idea central y, finalmente, el párrafo termina con una oración que no guarda relación directa con la primera.

> Al emerger de una época de enamoramiento sentimos una impresión parecida a la del despertar que nos hace salir del desfiladero donde se aprietan los sueños. Entonces nos damos cuenta de que la perspectiva normal es más ancha y aireada y percibimos todo el hermetismo y enrarecimiento que padecía nuestra mente apasionada. Durante algún tiempo experimentamos las vacilaciones, las tenuidades y las melancolías de los convalecientes.
>
> José Ortega y Gasset: *Estudios sobre el amor*

En este párrafo podemos observar cómo todas las oraciones están vinculadas al tema central: explicar las percepciones y estados de ánimo posteriores al enamoramiento.

COHERENCIA Y CONEXION

Estos conceptos se refieren a la relación de las ideas y, por tanto, de las oraciones entre sí dentro del párrafo. Para mantener la *coherencia* necesaria deben unirse debidamente las oraciones entre sí; esto es, la idea final de una frase se enlazará con el inicio de la siguiente. A su vez, la oración temática y las oraciones secundarias deben guardar la debida coherencia entre ellas.

Un párrafo tendrá *cohesión* si se ha establecido la *conexión* adecuada entre las oraciones por medio de las palabras de enlace o de los signos de puntuación. La *coherencia* o *cohesión* se refiere más bien a la expresión de las ideas, la *conexión* tiene que ver con la parte mecánica de este proceso; ambos conceptos son complementarios: sin *cohesión* no puede haber la debida *conexión* y, a la inversa, sin una *conexión* clara tampoco habrá *cohesión* o *coherencia* entre las oraciones que componen el párrafo. Las partículas de enlace y los signos de puntuación son los mecanismos aptos para establecer una *conexión* adecuada entre la oración temática y las oraciones secundarias y así lograr la *cohesión* del párrafo.

La falta de *coherencia* también se puede deber a los siguientes factores: el mal uso de las formas verbales, los cambios del sujeto, la falta de concordancia entre las partes, la posición errónea de los modificadores, la colocación incorrecta de las partículas de enlace y la ausencia o el empleo equivocado de los signos de puntuación. A continuación presentamos un ejemplo en el cual se podrán notar una serie de errores:

> 1984 es una fecha que, dentro del panorama literario, nos remite al mundo orwelliano carente de libertad y ejemplo del más absoluto control. En realidad, no lo es tanto lo que nos parece a primera vista una caricatura; al igual que en en aquel anticipo de lo infernal, en numerosos países de nuestro particular cosmos se vigiló se censuró y se castigó a quien intenta apartarse de la ley y el orden (me refiero a la letra no al espíritu). No son caricaturas, sino trágicas realidades el uso de la tortura, las desapariciones y hasta la muerte en países tanto del Este como del Oeste. Nuestro mundo resultó tan dolorosamente absurdo como el universo de Orwell.

La incoherencia de este párrafo proviene de la falta de ilación entre las oraciones y del uso inadecuado de algunos tiempos verbales. Veamos ahora el mismo párrafo ya corregido:

> 1984 es una fecha que, dentro del panorama literario, nos remite al mundo orwelliano carente de libertad y ejemplo del más absoluto control. En realidad, lo que nos parece a primera vista una caricatura, no lo es tanto: nuestro mundo resulta tan dolorosamente absurdo como el universo de Orwell. Al igual que en aquel anticipo de lo infernal, en numerosos países de nuestro particular cosmos se vigila, se censura y se castiga a quien intente apartarse de la ley y el orden (me refiero a la letra no al espíritu). No son caricaturas, sino trágicas realidades el uso de la tortura, las desapariciones y hasta la muerte en países tanto del Este como del Oeste.

ORDEN

Ya explicamos en este capítulo las dos maneras de ordenar las palabras dentro de la oración; estos conceptos deben tenerse en cuenta en el momento de construir el párrafo. Pues bien, ahora vamos a estudiar el *orden* del párrafo.

Las oraciones deben ordenarse en el párrafo de tal manera que guarden una estrecha relación entre sí. Como ya dijimos al hablar de la coherencia, el final de una oración se enlazará debidamente con el principio de la siguiente, sin intercalar otras oraciones que distraigan o retarden la comprensión de los conceptos expuestos.

El *orden* está muy relacionado con la *coherencia,* aunque no significan exactamente lo mismo. La coherencia de un párrafo puede ser violentada por alteraciones en la sintaxis de cada oración y por la trabazón de las oraciones entre sí. El *orden* de un párrafo se refiere a la colocación de las oraciones dentro del mismo. También se alterará el *orden* de un párrafo si la estructura de sus oraciones no responde al orden sintáctico o a un acertado orden psicológico.

Resulta muy conveniente, antes de escribir, pensar en lo que queremos decir, hasta que nuestras ideas alcancen cierto orden verbal inteligible para nosotros y, más importante aún, para otros. Un párrafo largo podrá ordenarse de diversas maneras y es posible que varias alternativas sean correctas, en esos casos siempre se debe preferir la que exponga el pensamiento con mayor claridad. Vayamos ahora a los ejemplos:

> Hace ya unos cuantos años de esto, pero recuerdo muy bien el día que cayó en mis manos el número de una prestigiosa revista, en la cual había un detallado artículo sobre la tortura en un país latinoamericano. Pensar en una situación tan actual y cierta como la tortura no resulta agradable, por más humanitario que sea. Aquella noche me fue difícil el sueño, había cobrado una conciencia tan vívida de la situación que mi memoria repetía fielmente el informe leído. Yo contaba con una gran parte de las comodidades espirituales y materiales que ayudan a vivir, aquellos infelices tenían los golpes, las asfixias, los choques eléctricos, las drogas, todo el horror. ¿Por qué esta diferencia? En mi experiencia personal, esto significaba un terrible contraste entre la realidad de los presos latinoamericanos y la mía. Esto nunca lo he podido averiguar, menos entender; pero aprendí que esta clase de reflexión no era grata, aunque sí imprescindible para cobrar conciencia de tan terrible verdad.

A primera vista podemos notar el desorden del párrafo; la idea central, esto es, *la amarga experiencia ante el descubrimiento de la realidad de la tortura junto a las inevitables interrogantes existenciales,* queda diluída y hasta oscurecida por la falta de orden en las oraciones entre sí, lo cual también le resta efectividad al párrafo. Veamos el mismo ejercicio sometido a un orden más lógico y más claro.

> Pensar en una situación tan actual y cierta como la tortura no resulta agradable, por más humanitario que sea. Hace ya unos cuantos años de esto, pero recuerdo muy bien el día que cayó en mis manos el número de una prestigiosa revista, en el cual había un detallado artículo sobre la tortura en un país latinoamericano. Aquella noche me fue difícil el sueño, había cobrado una conciencia tan vívida de la situación que mi memoria repetía fielmente el informe leído. En mi experiencia personal, esto significaba un terrible contraste entre la realidad de los presos latinoamericanos y la mía. Yo contaba con una gran parte de las comodidades espirituales y materiales que ayudan a vivir, aquellos infelices tenían los golpes, las asfixias, los choques eléctricos, las drogas, todo el horror. ¿Por qué esta diferencia? Esto nunca lo he podido averiguar, menos entender; pero aprendí que esta clase de reflexión no era grata, aunque sí imprescindible para cobrar conciencia de tan terrible verdad.

CONCISION Y PRECISION

El párrafo debe alcanzar la *concisión* necesaria, que consiste en saber expresar con cierta brevedad las ideas usando las palabras precisas que indiquen exactamente lo que se quiere decir. No es ésta virtud de muchos, sino más bien de unos pocos; por lo general, para el principiante en el arte de escribir lograr la debida *concisión* resulta una tarea bastante ardua.

Lo contrario de la *concisión* es la ampulosidad y verborrea, que tanto contribuyen a distorsionar las ideas, retardar el sentido y aburrir al lector.

Para alcanzar la *concisión* necesaria en el párrafo, es imprescindible una selección exacta de las palabras, mecanismo que recibe el nombre de *precisión*. Este ajuste perfecto —hasta donde esto es posible— entre pensamiento y palabra, esta otra rara y preciada virtud del estilo llamada *precisión*, llega a ser muy valiosa en el momento de seleccionar los vocablos que componen el párrafo. Todas las palabras son importantes, pero ciertamente unas más que otras; de acuerdo con esto, los nombres y los verbos —las palabras portadoras de nuevos significados— vienen a ser fundamentales en la redacción. Por tanto, habrá que poner especial cuidado en la selección de los nombres y los verbos, sin olvidar, por supuesto, los otros términos. Examinemos ahora algunos ejemplos:

> Los puntos anteriores constituyen en su conjunto una guía de puntos para tener en mente o recomendaciones en algunos casos. No pretende ser exhaustiva ni relevante ni pertinente para solucionar todos los problemas que confrontan los diferentes países.

En este párrafo se destaca la falta de *precisión* debido a la repetición de la palabra *puntos;* también hay imprecisión por la ausencia del sujeto en la oración que comienza después del punto y seguido. La poca *concisión* se debe al uso de tres adjetivos cuando con dos sería suficiente. Leemos ahora el mismo párrafo ya corregido:

> Los puntos anteriores constituyen en su conjunto una guía de sugerencias para tener en mente o de recomendaciones en algunos casos. La misma no pretende ser exhaustiva ni pertinente para solucionar todos los problemas que confrontan los diferentes países.
>
> Actualmente, el Tercer Mundo —dice el estudio— los países tercermundistas gastan más en armamento que en la compra de cereales, haciendo que su población se sienta más pobre y hambrienta. Algunos de estos países, aunque poseen recursos naturales, estos recursos no son suficientes para atender todas las necesidades de la población. Este panorama se agrava más todavía por la mala distribución de las riquezas, los ricos tienen todo y los pobres nada; situación que es a todas luces injusta y puede llegar a ser explosiva.

La repetición de algunas palabras y la reiteración forzada de algunas ideas le restan *precisión* y *concisión* al párrafo. Veamos el mismo ejemplo con los cambios necesarios:

> Dice el estudio que actualmente los países tercermundistas gastan más en armamento que en la compra de cereales, tal medida hace que su población se sienta más pobre. Algunos de estos países, aunque poseen recursos naturales, los mismos no son suficientes para atender todas las necesidades de la población. Este panorama se agrava más debido a la mala distribución de las riquezas, situación a todas luces injusta y que puede ser explosiva.

Mención especial merecen las repeticiones de palabras o frases tan comunes como : *cosa, algo, esto, eso, ser, estar, haber (hay), tener, hacer, decir, tratar de, o sea, tú sabes, a ver si me entiendes,* etc. Estas expresiones, verdaderas muletillas, muestran una evidente pobreza de vocabulario. A no ser que por razones literarias se quiera imitar el habla de un determinado grupo social, recomendamos que se tenga sumo cuidado con el uso de estas palabras y que, de usarse alguna de ellas, sea en su verdadero sentido, ya que el uso continuo las ha despojado de su originalidad. Como cada país, región, pueblo o grupo suele utilizar ciertas palabras que repite frecuentemente, sería conveniente que el alumno se percatara de cuáles son las que él usa y, de este modo, pudiera corregir sus propias deficiencias.

De interés general son los capítulos dedicados a la repetición de ideas y palabras en el libro aquí citado de Martín Vivaldi. En ellos el autor señala los errores más comunes y, por medio de numerosos ejemplos, prueba cómo estas repeticiones innecesarias, producto a veces de un vocabulario pobre o en otros casos de una crasa pereza mental, pueden evitarse con un poco de esfuerzo por parte del que escribe. Remitimos al lector al texto citado, pues consideramos estos ejercicios como la práctica adecuada para mejorar la redacción.

Finalmente incluimos un ejemplo de un maestro del estilo preciso y conciso:

> El catorce de enero de 1922, Emma Zunz, al volver de la fábrica de tejidos Tarbuch y Loewenthal, halló en el fondo del zaguán una carta, fechada en el Brasil, por la que supo que su padre había muerto. La engañaron, a primera vista, el sello y el sobre; luego, la inquietó la letra desconocida. Nueve o diez líneas borroneadas querían colmar la hoja; Emma leyó que el señor Maier había ingerido por error una fuerte dosis de veronal y había fallecido el tres del corriente en el hospital Bagé. Un compañero de pensión de su padre firmaba la noticia, un tal Fein o Fain, de Río Grande, que no podía saber que se dirigía a la hija del muerto.

Jorge Luis Borges: *Emma Zunz* en
Nueva Antología Personal

CLARIDAD

El lenguaje expositivo —el que se usa para exponer ideas, situaciones, describir personas o cosas— es básicamente denotativo y debe tener como fin la *claridad*. Por el contrario, el lenguaje creativo —el que se emplea en la expresión literaria— es connotativo y persigue la interpretación textual y la plurivalencia de las palabras.

En ocasiones leemos un texto explicativo y resulta ser más complicado que el texto estudiado; esto ocurre a veces en estudios de crítica literaria.

Un párrafo puede resultar poco claro si se usan palabras difíciles, poco comunes o fuera de contexto. Cuando los conceptos no están expuestos con las palabras precisas, tampoco se logra la *claridad* necesaria. Es recomendable que se aclaren siempre las palabras que denotan conceptos relativos a ciertas materias muy especializadas. Este consejo también es válido cuando se escribe sobre un tema de cierta complejidad; valga el ejemplo de algunos textos de naturaleza filosófica, difíciles no sólo por el contenido, sino por la manera de expresarlo.

Mención aparte merece el problema de las malas traducciones, cuya falta de *claridad* hace imposible la lectura de las mismas. El traductor debe conocer con cierta profundidad la sintaxis de los idiomas con los cuales trabaja, al igual que dominar un vocabulario extenso y culto, con el fin de que pueda lograr la precisión necesaria al trasmitir los conceptos de un idioma a otro; el conocimiento de la materia sobre la cual versa la traducción también es muy necesario para alcanzar la debida *claridad*.

La ausencia de unidad temática, la incoherencia, el desorden sintáctico y la imprecisión contribuyen igualmente a la falta de *claridad* en el párrafo. Sin duda alguna, para escribir con cierto grado de *claridad* lo primero que hay que hacer es pensar con *claridad*, consejo muy útil a la hora de redactar cualquier texto.

Vayamos de inmediato a los ejemplos y recordemos aquel inolvidable texto cervantino tan apropiado en este momento:

> ..."La razón de la sinrazón que a mi razón se hace, de tal manera mi razón enflaquece, que con razón me quejo de la vuestra fermosura". Y también cuando leía: "...los altos cielos que de vuestra divinidad divinamente con las estrellas os fortifican, y os hacen merecedora del merecimiento que merece la vuestra grandeza".
>
> Con estas razones perdía el pobre caballero el juicio, y desvelábase por entenderlas y desentrañarles el sentido, que no se lo sacara ni las entendiera el mismo Aristóteles, si resucitara para solo ello.
>
> Miguel de Cervantes: *Don Quijote de la Mancha*

> Frente a estas críticas, el Ministro rehusa fijar por el momento la fecha para llevar a cabo la votación, y se dispone a poner a prueba su figura política en la etapa más difícil de su gobernación. Un alto oficial del ejército y un conocido diplomático destacado en la capital presentaron al corresponsal, en charlas por separado, idéntica imagen en un programa de televisión en un día y hora de gran audiencia. El Ministro pedirá a todos los ciudadanos la confianza y el apoyo necesarios para efectuar los compromisos con los países aliados, después que haya obtenido la aprobación para ingresar en la Comunidad Autónoma Occidental.

Este ejemplo es una imitación del periodismo actual, de hecho, proviene de una de las revistas españolas de mayor difusión. La falta de *claridad* del párrafo se debe principalmente a la innecesaria variación temática que altera la unidad de propósito.

Veamos ahora un fragmento de un texto filosófico de Ortega y Gasset, en donde se pone de manifiesto la *claridad* expresiva al explicar conceptos de cierta complejidad:

> Desde distintos puntos de vista, dos hombres miran el mismo paisaje. Sin embargo, no ven lo mismo. La distinta situación hace que el paisaje se organice ante ambos de distinta manera. Lo que para uno ocupa el primer término y acusa con vigor todos sus detalles, para el otro se halla en el último y queda oscuro y borroso. Además, como las cosas puestas unas

detrás de otras se ocultan en todo o en parte, cada uno de ellos percibirá porciones del paisaje que al otro no llegan. ¿Tendría sentido que cada cual declarase falso el paisaje del ajeno? Evidentemente, no; tan real es el uno como el otro. Pero tampoco tendría sentido que puestos de acuerdo, en vista de no coincidir sus paisajes, los juzgasen ilusorios. Esto supondría que hay un tercer paisaje auténtico, el cual no se halla sometido a las mismas condiciones que los otros dos. Ahora bien, ese paisaje arquetipo no existe ni puede existir. La realidad cósmica es tal, que solo puede ser vista bajo una determinada perspectiva. "La perspectiva es uno de los componentes de la realidad". Lejos de ser una deformación, es una organización. Una realidad que vista desde cualquier punto resultase siempre idéntica es un concepto absurdo.

José Ortega y Gasset: La doctrina del punto de vista
en El tema de nuestro tiempo.

VARIEDAD Y ESTETICA

La diversidad en la construcción de oraciones y en la selección de las palabras contribuye a mantener el buen ritmo del párrafo y a evitar las repeticiones monótonas e innecesarias y, como consecuencia, el estilo mejora notablemente.

Un párrafo formado sólo por largas oraciones subordinadas tiende a ser oscuro y difícil, a no ser que el autor posea un perfecto dominio de las estructuras sintácticas de la lengua. Cuando una persona se inicia en el arte de escribir, no suele dominar estas técnicas; en ese caso lo más recomendable es el empleo de oraciones breves o períodos cortos. Ahora bien, el párrafo construido a base de oraciones breves o períodos muy cortos también tiene sus inconvenientes, ya que puede llegar a ser monótono y poco expresivo si se usa en exceso, salvo que se quiera buscar un determinado efecto de estilo. Martín Vivaldi ofrece la solución: '... *conviene alternar las frases cortas con las largas para que lo escrito resulte variado, armonioso* (12). En realidad es ésta la solución más atinada para lograr la variedad del párrafo.

La repetición de las palabras también puede contribuir a la pobreza expresiva del párrafo. Este problema tiene una solución relativamente sencilla: la consulta con el diccionario de sinónimos; esta alternativa podrá no ser válida en algunas ocasiones, ya que la sinonimia perfecta no existe, pero en otros momentos suele ser de gran utilidad.

Terminamos estos comentarios teóricos sobre la *variedad* y las ventajas y desventajas del uso de las oraciones largas o cortas en el párrafo, con unas

---

(12) G. Martín Vivaldi, *Op. cit.*, p. 112.

palabras de Martín Vivaldi, las que también representan nuestro propio criterio sobre este tema específico:

> En realidad —anotamos— este párrafo corto, impresionista y analítico, parece haberse impuesto por completo entre los escritores contemporáneos. Es verdad —no importa repetirlo— que el período amplio se presta más a la belleza; pero también es verdad que resulta más difícil de manejar, exige condiciones especiales de dominio del idioma que no se aprenden fácilmente. Para escribir como Cervantes, no hay reglas. En cambio, el período breve, a base de frases cortas, puede dominarse con más facilidad, es más asimilable.
>
> En nuestra disciplina, en nuestro empeño por alcanzar la redacción correcta y limpia, hemos de dar cierta preferencia al párrafo corto, incisivo y rápido. Exige menos esfuerzo creador en quien escribe, resulta más adecuado para una información escueta y su empleo nos resulta más fácil cuando dominamos sus resortes. Siempre que no caigamos, claro está, en el "puntillismo" literario(13).

Pasemos a los ejemplos:

> Salimos aquel día por la mañana. Como de costumbre siempre que íbamos de excursión. Tomamos algunas provisiones. Agua. Ensalada. Tortilla. Pan. Vino. Cervezas. Subimos al automóvil. Estaba ya algo viejo. Todos nos miramos. Teníamos la esperanza de que ese día no nos ocurriera ningún percance en la carretera.

El párrafo que acabamos de leer produce la impresión de cortes excesivos debido al uso continuo del punto. Esta construcción tampoco tiene aquí un efecto estilístico agradable; por lo que sería mejor redactarlo de esta forma:

> Salimos aquel día por la mañana, como era costumbre, siempre que íbamos de excursión. Tomamos algunas provisiones: agua, ensalada, tortilla, pan, vino y cervezas. Subimos al automóvil, que estaba ya algo viejo, y todos nos miramos con la esperanza de que ese día no nos ocurriera ningún percance en la carretera.

A continuación incluimos dos ejemplos literarios que ilustran cómo el uso de la oración breve puede lograr determinados efectos de estilo:

> Cuánto errar. Cuánto vagar por los caminos de la inocencia ajena. Una y otra vez renaces entre escombros. Te levantas y creas. Siempre emerges vencedora de profundas tinieblas. Aprisionas la libertad entre los poros. Hoy eres otra y la misma. Este día luminoso solidariza tu nueva sensación en perspectiva esperanzada. Ahí frente está el mar, desafiante. Cambia todos los días pero es también el mismo. Originando en ti, esa desagradable inquietud de poquedad, rechazo e infinito ante el misterio. Frente a tu espejo claro, tu imagen desnuda,

---

(13) *Ibid.*, p. 115.

surcada por cuatro cicatrices en la carne, se duplica. Profunda e invisible es la herida del espíritu...

Edelmira González Maldonado: Un caso y
César Vallejo</i> en Crisis.</p>

A lo lejos, una campana toca lenta, pausada, melancólica. El cielo comienza a clarear indeciso. La niebla se extiende en larga pincelada blanca sobre el campo. Y en el clamoroso concierto de voces agudas, graves, chirriantes, metálicas, confusas, imperceptibles, sonoras, todos los gallos de la ciudad dormida cantan. En el hondo, el poblado se esfuma al pie del cerro en mancha incierta. Dos, cuatro, seis blancos vellones que brotan de la negrura, crecen, se ensanchan, se desparraman en cendales tenues. El carraspeo persistente de una tos rasga los aires; los golpes espaciados de una maza de esparto resuenan lentos.

Azorín: La voluntad.

El párrafo formado por oraciones largas no es fácil de dominar; sin embargo, grandes maestros de la literatura han logrado ejemplos de gran calidad artística. He aquí algunos fragmentos:

Y en diciendo esto, y encomendándose de todo corazón a su señora Dulcinea, pidiéndole que en tal trance le socorriese, bien cubierto de su rodela, con la lanza en el ristre, arremetió a todo galope de Rocinante y embistió con el primero molino que estaba delante; y dándole una lanzada en el aspa, la volvió el viento con tanta furia, que hizo la lanza pedazos, llevándose tras sí al caballo y al caballero, que fue rodando muy maltrecho por el campo. Acudió Sancho a socorrerle, a todo correr de su asno, y cuando llegó halló que no se podía menear: tal fue el golpe que dio con él Rocinante.

Ninguna persona, de cualquier estado y condición que sea, se atreva a seguir a la hermosa Marcela, so pena de caer en la furiosa indignación mía. Ella ha mostrado con claras y suficientes razones la poca o ninguna culpa que ha tenido en la muerte de Crisóstomo, y cuán ajena vive de condescender con los deseos de ninguno de sus amantes, a cuya causa es justo que, en lugar de ser seguida y perseguida, sea honrada y estimada de todos los buenos del mundo, pues muestra que en él es ella sola la que con tal honesta intención vive.

Miguel de Cervantes: Don Quijote de la Mancha.

Desde el primer domingo que lo vi me pareció una mula de monosabio, con sus tirantes de terciopelo pespuntados con filamentos de oro, sus sortijas con pedrerías de colores en todos los dedos y su trenza de cascabeles, trepado sobre una mesa en el puerto de Santa María del Darién, entre los frascos de específicos y las yerbas de consuelo que él mismo preparaba y vendía a grito herido por los pueblos del Caribe, sólo que entonces no estaba tratando de vender nada a aquella cochambre de indios, sino pidiendo que le llevaran una culebra de verdad para demostrar en carne propia un contraveneno de su invención, el único indeleble, señoras y señores, contra las picaduras de serpientes, tarántulas y escolopendras, y toda clase de mamíferos ponzoñosos.

Gabriel García Márquez: *Blacamán el Bueno vendedor de milagros* en **La increíble y triste historia de la cándida Eréndira y su abuela desalmada.**

Poder cambiarse por Raúl, ser Raúl sin dejar de ser él mismo, correr tan ciegamente y tan desesperadamente que el muro invisible se hiciera trizas y lo dejara entrar, recoger todo el pasado de Paula en un solo abrazo que lo pusiera por siempre a su lado, poseerla virgen, adolescente, jugar con ella los primeros juegos de la vida, acercarse así a la juventud, al presente, al aire sin espejos que los rodeaba, entrar con ella en el bar, sentarse con ella a la mesa, saludar a Raúl como a un amigo, hablar lo que estaban hablando, mirar lo que miraba, sentir a la espalda el otro espacio, el futuro inconcebible, pero que todo el resto fuera de ellos, que ese aire de tiempo que los envolvía ahora no fuese la burbuja irrisoria rodeada de nada, de un ayer donde Paula era de otro mundo, de un mañana donde la vida en común no tendría fuerzas para atraerla por entero contra él, hacerla de verdad y para siempre suya.

Julio Cortázar: *Los Premios.*

LOS MODIFICADORES

Llamamos *modificadores* a las palabras o frases que se unen a un elemento oracional para modificarlo, calificarlo o determinarlo. El adjetivo y la oración adjetiva o de relativo son *modificadores* del nombre; el adverbio y las frases adverbiales lo son del verbo. Los *modificadores* pueden encontrarse en el sujeto o en el predicado modificando al sujeto, verbo o complementos.

Lo fundamental en este aspecto de la redacción es la colocación del *modificador*, el cual debe estar lo más cerca posible del elemento oracional al que modifica, ya sea éste nombre, verbo u oración. Cuando el *modificador* se encuentra fuera del lugar preciso, puede causar errores de interpretación o, como ya dijimos, ocasionar incoherencia y poca claridad en el párrafo. Veamos algunos ejemplos: *El periodista escribía diariamente sus artículos y los enviaba al periódico; El periodista escribía sus artículos y los enviaba diariamente al periódico.* Cada uno de estos ejemplos expresa un pensamiento diferente. El primero quiere decir que el periodista escribe los artículos todos los días; el segundo, que los envía diariamente al periódico, de lo cual no se deduce que los escribiera todos los días, ya que puede escribir esos artículos en uno o varios días y en otros no escribir nada. *El actor se quedó sorprendido cuando recibió el premio visiblemente emocionado.* Mejor expresado:

El actor, visiblemente emocionado, se quedó sorprendido cuando recibió el premio; Visiblemente emocionado, el actor se quedó sorprendido cuando recibió el premio. También podríamos invertir el orden: *Cuando recibió el premio, el actor se quedó soprendido, visiblemente emocionado* o *Cuando recibió el premio, el actor, visiblemente emocionado, se quedó soprendido.*

ENLACES

Las *partículas de enlace* son las preposiciones, conjunciones y algunos adverbios. Resulta muy fácil caer en la repetición de alguno de estos vocablos debido a su uso frecuente, conviene pues revisar el texto para evitar estas repeticiones. Las preposiciones pueden resultar, en algunos casos, difíciles de sustituir; pero no ocurre así con las conjunciones que suelen tener más posibilidades de cambio; no obstante, hay que poner especial cuidado en algunas partículas como las que vamos a citar, debido a la extrema facilidad con que se usan: *pero, pues, luego, asimismo, sin embargo, en efecto, o sea, entonces, también,* etc. Martín Vivaldi dice al respecto: *Conviene advertir que no resulta elegante el abuso de tales partículas; hay que emplearlas con precaución para que no degeneren en "muletillas", en puntos de apoyo repetidos, con el consiguiente peligro de monotonía* (14).

También puede ocurrir lo contrario: la supresión de las partículas, lo cual puede dar lugar a la ambigüedad o incoherencia. Ejemplos: *Pensamos en la conveniencia de tomar una decisión, llamamos por teléfono al abogado;* estas oraciones no son incorrectas, pero estarían mejor ligadas de esta otra forma: *Pensamos en la conveniencia de tomar una decisión y llamamos por teléfono al abogado;* o *Pensamos en la conveniencia de tomar una decisión, por tanto, llamamos por teléfono al abogado; El tren llegaba siempre con retraso, los viajeros iban a tomar café al bar de la estación;* mejor expresado: *El tren llegaba siempre con retraso, por tal motivo los viajeros iban a tomar café al bar de la estación.*

FORMAS VERBALES

Otro aspecto que debe cuidarse en la elaboración del párrafo es el uso adecuado de las *formas verbales*. En ocasiones, la alteración de alguno de los accidentes del verbo como puede ser el modo, el número, el tiempo o la persona, pueden causar incoherencia o falta de claridad en el párrafo.

Los tiempos verbales en español poseen variados usos y matices. Recordemos, por ejemplo, el caso del presente de indicativo que puede indicar ac-

---

(14) *Ibid.,* p. 107.

ciones momentáneas o habituales, así como también pasadas y futuras: *Llego ahora mismo; Cena todos los días a las ocho; El conflicto sobre las dos Españas se desencadena en 1936; Mañana voy a verte.* Gracias a esta diversidad del sistema verbal, la expresión tanto hablada como escrita goza de flexibilidad y diversidad. Sin embargo, es necesario respetar las secuencias verbales para mantener una concordancia temporal de las ideas expuestas o de los sucesos relatados; de lo contrario, no sólo se atenta contra la corrección, sino que se altera el sentido de lo que se intenta comunicar.

Cuando se relatan hechos pasados, por ejemplo, hay que tener en cuenta la variación temporal de los tiempos pasados: el pretérito pluscuamperfecto expresa acciones perfectivas muy alejadas del presente; el pretérito indefinido indica hechos pasados y perfectivos no tan alejados del presente como los expresados con el pretérito pluscuamperfecto; el pretérito perfecto se refiere a sucesos pasados, terminados y muy próximos al presente; el pretérito imperfecto se usa para acciones pasadas imperfectivas, en las que se destaca la duración de la misma sin precisar su comienzo ni fin. Conviene tener presente estas y otras matizaciones a la hora de redactar, con el fin de usar con acierto la diversidad del sistema verbal.

Examinemos estos ejemplos: *Si nos piden nuestro parecer, accederás a dárselo;* oración incorrecta, debe decir: *Si te piden nuestro parecer, accederás a darselo* o *Si nos piden nuestro parecer, accederemos a dárselo;* la incorrección consiste en el cambio de la persona verbal en la segunda oración, pues debe mantenerse la misma, máxime cuando el pronombre personal indica claramente a quién se pide el parecer. *Cuando se actúa de buena fe, uno no tiene luego sentimientos de culpa;* debe decirse mejor: *Cuando se actúa de buena fe, no se tienen luego sentimientos de culpa; María del Carmen piensa que tú eres el cerebro de todo esto y que todas las directrices las habías dado tú;* si nos referimos ya en la primera oración a una situación presente o cercana al presente, debemos decir: *María del Carmen piensa que tú eres el cerebro de todo esto y que todas las directrices las has dado tú.*

SIGNOS DE PUNTUACION

Para mantener la claridad y coherencia del párrafo, es muy importante poner en práctica las reglas de los signos de puntuación; el mal uso o la ausencia de los mismos oscurece el sentido. Para más información, recomendamos un repaso del capítulo dedicado a este tema.

* * * * * * * * *

DESARROLLO DEL PARRAFO

La idea central de un párrafo, contenida en la oración temática, se amplía por medio de las oraciones secundarias que giran en torno de ella Esta ampliación se puede hacer de diversas maneras, y a este proceso denominamos *desarrollo del párrafo;* esto es, la manera particular de exponer la idea central.

El desarrollo del párrafo se lleva a cabo con la ayuda de los mecanismos siguientes: *definición, argumentación, ejemplos, detalles, comparación y oposición.* Veamos cada uno de ellos.

Definición. Los párrafos elaborados por medio de definiciones expresan la idea central precisando su naturaleza, límites y significación. Veamos un ejemplo:

> El vocablo "verdad" se usa primariamente en dos sentidos: para referirse a una proposición y para referirse a una realidad. En el primer caso se dice de una proposición que es verdadera a diferencia de falsa. En el segundo caso se dice de una realidad que es verdadera a diferencia de aparente, ilusoria, irreal, inexistente.
>
> José Ferrater Mora: *Diccionario de Filosofía Abreviado*

Argumentación. Algunos autores usan el término *razonamiento* para referirse a esta manera de desarrollar el párrafo; en realidad, la sinonimia es aquí tan evidente que, para nosotros, la argumentación contiene en sí todos los elementos del razonamiento. Esta clase de párrafos desarrollan la idea central por medio de razones o argumentos.

> Una tercera alternativa nos proporciona, a mi modo de ver, una solución más convincente en ciertos aspectos. Rosalía conoció y hasta puede ser que se interesara por el feminismo de su época; ahora bien, presiones familiares y sociales la obligaron a guardar un prudente silencio. Digo la obligaron, y esto debe entenderse en un sentido amplio, porque quizá la causa del silencio se debiera más bien a una interacción entre los tradicionales patrones del medio, la situación familiar de Rosalía, más sus pasadas experiencias personales. Pienso que una actitud feminista combativa sería demasiado pedirle a una mujer que, dentro de su provinciano medio social tuvo que afrontar el "pecado" de ser hija de cura. ¿No había sido ya excesiva la herida abierta en los primeros años, la terrible inseguridad de una niña que ignora la causa del abandono a que la someten sus padres, las murmuraciones y hasta el rechazo social, ese descomunal sentido de soledad que la acompaña siempre? Creo que Rosalía necesitó de una gran fuerza espiritual para afrontar ciertos problemas personales; no había por qué pedir más heroísmo.

Ejemplos. El tema central del párrafo se explica con diversos ejemplos o enumeraciones que pueden formar parte del mismo concepto.

> La carrera armamentista ha suscitado diversas reacciones en distintos países. Los grupos pacifistas se oponen abiertamente a ella porque la ven como una seria amenaza contra la paz mundial. Otros ciudadanos advierten el peligro, pero piensan que es mejor estar armados ante la posibilidad de un ataque por sorpresa. Los sectores vinculados con algún tipo de imperialismo creen que un estado que se precie de ser fuerte debe de poseer todo un arsenal de los armamentos más modernos como prueba de su poder. Una minoría silenciosa mira con recelo y temor todos los pasos que, en este sentido, dan las naciones poderosas. Los más indiferentes y cínicos piensan que éste no es para ellos un problema real ya que no alcanza las fronteras de su mundo individual y, probablemente, ellos ya no existan si acaso se desencadena una tragedia.

Detalles. El párrafo también puede desarrollarse pormenorizando, por medio de los detalles y enumeraciones, el contenido de la idea central. Aquí, como en el caso del desarrollo del párrafo por ejemplos, también entra el elemento enumerativo. Este tipo de párrafo es muy común en las descripciones.

> Si queréis ir allá, a la casa de Henar, salid del pueblo por la calle de Pellejeros, tomad el camino de los molinos de Ibangrande, pasad junto a las casas de Marañuela y luego comenzad a ascender por la cuesta del Navalosa. En lo alto, asentada en una ancha meseta, está la casa. La rodean viejos olmos; dos cipreses elevan sobre la fronda sus cimas rígidas, puntiagudas. Hay largos y pomposos arriates en el jardín. Hay en la verdura de los rosales rosas bermejas, rosas blancas, rosas amarillas. Desde lo alto se descubre un vasto panorama: ahí tenéis a la derecha, sobre aquella lomita redonda, la ermita de Nuestra Señora de Pozo Viejo; más lejos, cierra el horizonte una pincelada zarca de la sierra; a la izquierda, un azagador hace serpenteos entre los recuestos y baja hasta el río, a cuya margen, entre una olmeda aparecen las techumbres rojizas de los molinos. Mirad al cielo: está limpio, radiante, azul; unas nubecillas blancas y redondas caminan ahora lentamente por su inmensa bóveda. Aquí en la casa, las puertas están cerradas; las ventanas están cerradas también.
>
> <div align="right">Azorín: <i>Una lucecita roja</i> en Castilla.</div>

Comparaciones y Oposiciones. La idea central de un párrafo se expone por medio de comparaciones y oposiciones (contrastes) entre ésta y otras ideas. Estos dos mecanismos de comparación y oposición se pueden usar simultánea e individualmente.

Hablemos del amor, pero comencemos por no hablar de "amores". Los "amores" son historias más o menos accidentadas que acontecen entre hombres y mujeres. En ellas intervienen factores innumerables que complican y enmarañan su proceso hasta el punto que, en la mayor parte de los casos, hay en los "amores" de todo menos eso que en rigor merece llamarse amor. Es de gran interés un análisis psicológico de los "amores" con su pintoresca casuística; pero mal podríamos entendernos si antes no averiguamos lo que es propia y puramente el amor. Además, fuera empequeñecer el tema reducir el estudio del amor al que sienten, unos por otros, hombres y mujeres. El tema es mucho más vasto, y Dante creía que el amor mueve el sol y las otras estrellas.

José-Ortega y Gasset: *Facciones del amor*
en **Estudios sobre el amor**

* * *   * * *   * * *

DIVISION DE LOS PARRAFOS

La clasificación que daremos a continuación está muy relacionada con la manera de desarrollar el párrafo; de acuerdo con la técnica o mecanismo utilizado, así podremos clasificar el párrafo. Vamos a incluir ahora dichas clasificaciones seguidas de un ejemplo ilustrativo.

Expositivo. Esta clase de párrafo se usa para explicar, exponer o interpretar un tema, unas ideas o una situación general o particular. Las definiciones, los argumentos o razonamientos y, en algunos casos, las comparaciones y ejemplos son los procedimientos para desarrollar estos párrafos.

En este momento crucial de la historia se produce uno de los fenómenos más curiosos: se acusa al arte de estar en crisis, de haberse deshumanizado, de haber volado todos los puentes que lo unían al continente del hombre. Cuando es exactamente al revés, tomando por un arte en crisis lo que en rigor es el arte de la crisis.

Ernesto Sábato: *El escritor y sus fantasmas*

Argumentativo. El fin de este párrafo es demostrar, afirmar o rebatir ideas o conceptos, expresados directamente o deducidos de alguna situación general o específica. Los mecanismos usados en este párrafo son los argumentos o razonamientos y, si es necesario, los ejemplos y las comparaciones.

En vista de lo antes dicho y de lo que aún he de decir, el adjetivo "español" no puede aplicarse con rigor a quienes vivieron en la Península Ibérica con anterioridad a la invasión mùsulmana. Si llamamos "españoles" a visigodos, romanos, iberos, etc., entonces hay que denominar de otro modo a las gentes en cuyas vidas se articula lo acaecido y creado (o aniquilado) en aquella Península desde el siglo X hasta hoy. Al afirmar que el busto de la Dama de Elche o las *Etimologías* de San Isidoro son obras españolas, lo que se quiere decir es que ambas fueron obra de personas que habitaban en lo que hoy llamamos España.

Américo Castro: La realidad histórica de España

Descriptivo. La pintura o relación de los elementos y detalles que componen un objeto, situación, paisaje o persona es el propósito que persigue esta clase de párrafo. Para lograr esto, se pueden utilizar diversos métodos como: la enumeración de detalles, elementos o partes; los ejemplos; las comparaciones y oposiciones.

Entre todas, la piña parece ser la india por excelencia, la antillana más neta, la indubitable aborigen taína. Su piel es, ciertamente, de color parecido al "loro claro" aquel que los cronistas atribuían a los indios nuestros; pintarrajeada, desde luego, embijada con rojizos de achiote o negruzcos de jagua y de ceniza, a la indígena moda. Coronada cacica, hembra cerrera, luce una moña bárbara de verdes plumas rígidas y punzantes aristas. Por fuera, es toda ella una salvaje flor maravillosa y áspera. —Anana, piña indiana, pan de azúcar: raza de Anacaona, flor de oro—. Desnuda de adornos y barbaries, la íntima pulpa de su cuerpo es carnosa, abundante, suculenta; de rara sabrosura, firme de fibra, reventona de jugo; de fragancia briosa, exquisita, imperativa y propiciatoria, única.

Tomás Blanco: Aventuras de jugos y pulpas,
en **Los cinco sentidos.**

Narrativo. La intención primordial de este párrafo es referir sucesos, historias, anécdotas reales o figuradas. La exposición de los hechos, la descripción y, en ocasiones, los ejemplos, las comparaciones y detalles, son los recursos que hacen posible el desarrollo de este párrafo. También un mismo párrafo puede tener entremezclados elementos narrativos y descriptivos, entonces el párrafo será descriptivo-narrativo.

Larra le pagó algunas monedas al actor sefardí Juan Pires, aventurero que llegó a San Juan procedente de Cuba, para que representara el papel de exorcista. El estrafalario salvador recorría las calles de San Juan prometiendo liberar al pueblo de los llantos diabólicos del infante: ¡Aquel Avilés era justo castigo de Dios, y él era el único capaz de devolverlo a las pailas del infierno! Pero el fraudulento conjurador pronto se convirtió en víctima de su encendido verbo. Luego de una larga meditación en Isla de Cabras, llegó a considerarse el segundo Mesías. Así lo anunció ante la multitud que presenció su primer rapto, sin duda un furioso ataque de naturaleza epiléptica. Su fama se extendió por toda la isla. El pueblo acudía a comprobar la divinidad del vidente. El falso exorcista ya era profeta de sus propios delirios engañosos.

Edgardo Rodríguez Juliá: *La noche oscura del Niño Avilés.*

Finalizamos este capítulo dedicado al párrafo haciendo constar, en primer lugar, que en lo referente al estudio del párrafo: su estructuración, desarrollo y división, ésta ha sido nuestra manera de sistematizar el estudio del mismo; lo cual no quiere decir que sea la única, existen otros estudios del párrafo de gran utilidad. En segundo lugar, queremos insistir de nuevo en la importancia que tiene el trabajo del párrafo, sobre todo para aquellos que comienzan el estudio y la práctica del estilo. La relectura y el análisis de cada párrafo garantiza no sólo la corrección de lo escrito, sino la totalidad del sentido. Si todos los párrafos han sido elaborados con el debido cuidado, la redacción habrá logrado su propósito.

SINOPSIS

A.— Orden de las palabras en la oración
- 1. Orden sintáctico
- 2. Orden psicológico

B. — Párrafo
- 1. Definición
- 2. Oración temática. Tema central.
- 3. Estructuración formal del párrafo
  - a. Unidad
  - b. Coherencia y conexión
  - c. Orden
  - d. Concisión y precisión
  - e. Claridad
  - f. Variedad y estética
- 4. Los modificadores
  - a. El adjetivo
  - b. El adverbio
- 5. Los enlaces
  - a. Las preposiciones
  - b. Las conjunciones
  - c. Los adverbios
- 6. Formas verbales
- 7. Signos de puntuación

C. — Desarrollo del párrafo
- 1. Definición
- 2. Argumentación
- 3. Ejemplos
- 4. Detalles
- 5. Comparación y oposición

D. — División de los párrafos
- 1. Expositivo
- 2. Argumentativo
- 3. Descriptivo
- 4. Narrativo

EJERCICIOS

A. Ordene sintácticamente las siguientes oraciones:

1. Desde la esquina observa alguien sus pasos.
2. En aquella tienda compramos para el bebé una camisita.
3. Este invierno en los Estados Unidos se desencadenó una ola de frío.
4. Con los instrumentos más elementales el médico de la pierna del herido extrajo la bala.
5. Este examen sin mucho esfuerzo aprobaron los alumnos.
6. Por esta ruta los primeros colonizadores aquí llegaron.
7. Fue construida con el esfuerzo de todos esta iglesia.
8. Clemencia pedían para sus hijos encarcelados las madres.
9. Con un total silencio escuchaba las polémicas opiniones Ricardo.
10. Rápidamente la salida de todos sin previo aviso ordenaron.

B. En las oraciones que aparecen a continuación lleve a cabo las combinaciones posibles; señale las que sean incorrectas.

1. El diario reveló todos sus secretos.
2. El mueble parece bastante viejo.
3. Mi hermano pintó varios cuadros.
4. Luis prepara su viaje con entusiasmo.
5. La mujer trabajaba todos los días en una fábrica.

C. Redacte cada una de estas oraciones varias veces destacando sucesivamente cada uno de sus elementos. Este ejercicio sirve para poner en práctica el orden psicológico y así dar relieve al elemento que se desea. Ofrecemos un ejercicio modelo.

Los estudiantes defendían abiertamente sus opiniones en contra de los nuevos programas de clases. *(Orden sintáctico; aquí se destaca el papel de los estudiantes.)*

Defendían abiertamente los estudiantes sus opiniones en contra de los nuevos programas de clases. *(Aquí se destaca la acción enunciada por el verbo.)*

Sus opiniones defendían abiertamente los estudiantes en contra de los nuevos programas de clases. *(Aquí se destaca el objeto de la defensa.)*

En contra de los nuevos programas de clases, los estudiantes defendían abiertamente sus opiniones. *(Aquí se destaca el motivo de la lucha y de la defensa.)*

1. El cuadro nos conmovió por su sencillez.
2. La zona agrícola quedó olvidada en su programa de gobierno.
3. Una dieta balanceada mejora notablemente la salud sin grandes sacrificios.
4. Nueva York ofrece numerosos espectáculos de calidad al residente y al turista.
5. Ella estudió la carrera de farmacia por imposición de sus padres.
6. Las comidas ricas en fibras son beneficiosas para la mayoría de las personas.
7. Luis leía unos apuntes de clase con poca luz.
8. Los árboles, florecidos y brillantes, anunciaban un largo y cálido verano.
9. El ama de casa trabaja intensamente todos los días.
10. La obra de teatro resultó un fracaso debido a la mala dirección.

D. En los siguientes párrafos subraye la idea central.

1. Gran persona debió de ser el primero que llamó pecado mortal a la pereza. Nosotros, que ya en uno de nuestros artículos anteriores estuvimos más serios de lo que nunca nos habíamos propuesto, no entraremos ahora en largas y profundas investigaciones acerca de la historia de este pecado, por más que conozcamos que hay pecados que pican en historia, y que la historia de los pecados sería un tanto cuanto divertida. Convengamos solamente en que esta institución ha cerrado y cerrará las puertas del cielo a más de un cristiano.

Mariano J. de Larra: *Vuelva usted mañana* en **Antología**.

2. ¿Es Don Juan un refinado, un vicioso, es fruto de una civilización sensual y epicúrea? Don Juan es, por el contrario, caballo de buena boca, que ni conoce el fiasco ni necesita estímulos. Tampoco es Don Juan un decadente.

Antonio Machado: Don Juan Tenorio
en Antología de su prosa

3. Es cierto —decía proféticamente mi maestro— que se avecinan guerras terribles, revoluciones cruentísimas, entre cuyas causas más hondas pudiéramos señalar, acaso, la discordancia entre la acción y sus postulados ideales, y una gran pugna entre la elementalidad y la cultura que anegue el mundo en una ingente ola del cinismo. Estamos abocados a una catástrofe moral de proporciones gigantescas, en la cual sólo queden en pie las virtudes cínicas. Los políticos tendrán que aferrarse a ellas y gobernar con ellas. Nuestra misión es adelantarnos por la inteligencia a devolver su dignidad de hombre al humano. He aquí el aspecto más profundamente didáctico de nuestra Escuela Popular de Sabiduría Superior.

Antonio Machado: Juan Mairena I

4. El hemiciclo irregular de las Antillas era, geográficamente, un puente tendido entre Venezuela y Florida; un atajo que unía la costa atlántica del continente Norte a la del Sur; un verdadero corto circuito utilizable como vía de relación entre las tribus amazónicas y misisipienses. Puerto Rico era, pues, un eslabón, una etapa o un descanso en esa posible vía de enlace: un "tambo", para nombrarlo con vocablo indígena de América.

Tomás Blanco: Prontuario histórico de Puerto Rico

5. El sentimiento que designa la palabra "saudade" es el sentimiento de la soledad. Sea cual sea la relación etimológica entre ambas palabras, lo cierto es que coinciden semánticamente. Partimos, por lo tanto, de este hecho semántico y consideramos que "saudade", "soidade" y "suidade" —según la época o el lugar puede predominar una forma o la otra— son tres variantes que significan la misma cosa: el sentimiento de soledad. Cuando el hombre vive la soledad, dirá que siente "saudade", o "soidade", o "suidade", quedando así bien claro que si la soledad es una 'situación" del hombre, la "saudade" es el "sentimiento de esta situación".

Ramón Piñeiro: Para una filosofía de la Saudade
en Dos ensayos sobre la Saudade

E. A continuación incluimos unos ejemplos en los cuales la idea central se encuentra al comienzo del párrafo, y las oraciones siguientes deberán estar directamente relacionadas con dicha idea central. Señale las oraciones que no mantienen esa relación y, por tanto, rompen la unidad del párrafo.

1. Muchos padres ignoran o menosprecian las experiencias de sus hijos durante los primeros años. Hoy día, tanto la psicología como la pedagogía ponen de relieve la importancia de esta etapa y sus consecuencias posteriores en el adulto. Los jóvenes, a su vez, guardan ciertas semejanzas y diferencias con los adultos, quienes ven en éstos sus posibles sucesores y hasta, quizás, competidores. La educación y el conocimiento de los padres sobre este período en la vida de su hijo, son factores de capital importancia en el proceso formativo del niño; a quien se debe proteger contra futuros traumas psicológicos, causados por la incompetencia o el descuido de sus progenitores.

2. La playa es una fuente de energía y salud si se usa sabiamente. Algunas personas suelen acudir a estos lugares para procurarse unos días de descanso. Las playas rocosas, con sus hermosos acantilados, han resultado ser motivo de inspiración para numerosos artistas. La playa de Luquillo tiene abundantes palmas de coco y no está demasiado lejos del área metropolitana. Una temporada cerca de la playa mejora la salud física y revitaliza el espíritu.

3. El cine es un medio de distracción y también un arte. Las películas más populares enriquecen a los propietarios de las salas de cine. El público, en general, suele ir a ver una película para pasar un rato distraído, para olvidar sus problemas cotidianos. Otras personas más exigentes prefieren películas que inciten a la reflexión, o que cautiven por su fotografía, actuación u otros efectos cinematográficos. Hay filmes que combinan hábilmente las dos exigencias: entretienen y conmueven. El cine neorrealista italiano presenta situaciones críticas de esa sociedad, las cuales quedan abiertamente expuestas en la película.

4. La lectura es una manera de aprender. No todos los libros son instructivos, enseñan algo; hay que saber elegir los libros que vamos a leer. En las librerías se encuentran textos de diversos temas. En ocasiones, los libros tienen un precio tan alto que el estudiante no puede pagarlo. Al cabo del tiempo, después de años de lectura, nos damos cuenta de la deuda incalculable que hemos contraído con algunos libros.

5. Méjico es un país con una gran personalidad cultural. Su rico pasado indígena está presente en todas las manifestaciones artísticas. Los mejicanos son gente amable, suelen hablar más pausadamente que otros hispanoamericanos y tienen un acento muy agradable. La arquitectura colonial forma parte de ese legado cultural. Las pirámides y la Catedral son algunas muestras del polifacético arte mejicano.

6. En la parte montañosa de Galicia se pueden encontrar algunas aldeas o poblados con unas construcciones bastante primitivas. A su vez el paisaje suele ser muy hermoso y triste, pues el aislamiento deja sentir su huella inevitable. La zona de mar, esto es, la parte de las rías, es más alegre y en la temporada de verano se llena de gente. La gente de la montaña se ha hecho también silenciosa y algo reservada.

7. *Reivindicación del Conde Don Julián* es el texto paródico por excelencia de la narrativa de Juan Goytisolo. Aquí casi todo se ve a través del prisma deforme de la burla, la sátira o la parodia. Nada se libra: ni los tradicionales valores del honor, la piedad, el estoicismo, ni figuras como el Cid, o Séneca, las obras de Lope y Calderón, etc. Pienso que la parodia es una técnica muy apropiada para ridiculizar los defectos de una sociedad; muchos autores la utilizaron en diferentes épocas literarias.

8. Una buena educación debe preparar al individuo para vivir en paz consigo mismo y con la sociedad. Hoy día los problemas sociales son de tal naturaleza que los gobiernos no pueden atenderlos y atajarlos como es debido. La educación debe de comenzar desde los primeros años para que, así, el niño empiece a conocerse y entre en contacto con el grupo social. Algunas escuelas tienen bastante área de recreo para los niños. La buena convivencia del niño con sus compañeros es ya una muestra de lo que su conducta social puede ser más tarde.

9. El uso de las vitaminas está hoy día en todo su apogeo. Muchas personas creen que las vitaminas lo curan todo. Otras las utilizan sólo para mejorar determinados aspectos de la salud. Algunos médicos están en contra de estas prácticas y piensan que si una persona come bien no necesita tomar tal cantidad de vitaminas; pero una gran mayoría de la gente sigue creyendo en las virtudes de las vitaminas. Antes usaban la vitamina C para todo y también desconocían los efectos de otras.

10. Las tiendas por departamentos resultan ser cómodas para las personas que no disponen de mucho tiempo para realizar sus compras. En ellas se puede encontrar desde una lavadora hasta un perfume francés, desde ropa de cama hasta accesorios para el automóvil. Por cierto, han subido bastante todas las piezas de autos o carros, así como cualquier otro detalle de comodidad que uno quiera añadirle. Cuentan, además, con una cafetería, en donde se puede comer rápidamente y no a un precio demasiado alto.

F. En los ejemplos siguientes corrija las faltas de coherencia y conexión.

1. La cocina española suele contener bastante grasa; por lo tanto, si una persona se aficiona irremediablemente a ella, perderá su bella figura y adquirirá a cambio unas cuantas libras o kilos. A pesar de esto, muchísima gente sucumbe ante la suculenta paella, el no menos sabroso caldo gallego o un tentador cocido madrileño; por no mencionar los deliciosos y variados entremeses, los brazos de gitano, las tartas de almendras y otras delicadezas para un exquisito paladar. La cocina española había adquirido fama por su variedad y se habían escrito libros sobre las diversas cocinas regionales.

2. La etimología de la voz "tango" proviene de fuentes diversas. Para unos viene de la voz "tango" que equivalía a "tambor", usado por los africanos en Montevideo. Para otros provendrá de "tangir", o sea, "palpar"; a su vez esto ha venido del latín "tangere". La influencia africana, la de la habanera, y la del tango andaluz se señala en la formación del tango argentino. Se acepta que el tango se origina de la milonga y que nace para 1895, en general, en Buenos Aires.

3. La vuelta o repetición de algún concepto y forma lingüística es lo que se entiende por recurrencia temática habitualmente. No obstante, entre la repetición voluntaria y la involuntaria cabría una distinción. La primera podría tener connotaciones auténticas o desviaciones barrocas; la segunda proviene de lo más íntimo del yo lógicamente.

4. Emilia Pardo Bazán escribió y luchó en favor de la causa feminista en España y, en varias ocasiones, ante esta situación saboreó el amargo resentimiento, la apatía e indiferencia de la mujer española. Continuó en su esfuerzo, mantuvo una esperanza y abrió una brecha para las generaciones futuras, no obstante estos desengaños.

5. La moda de la ropa muy corta no favorece a todas las mujeres. La parte poco estética de las rodillas pueden correr el riesgo de lucir las que tienen unas piernas bien formadas. Si, por el contrario, poco agraciadas son las piernas, lo mejor es cubrirlas con un poco más de tela.

6. Los viajes son una buena manera de aprender y de conocer gente con otras ideas y costumbres. Las personas que han viajado mucho serán más abiertas, tolerantes, por lo general, y saben valorar en su justa medida su propio país sin caer en exageraciones de un lado o de otro.

7. La aproximación poética, el acercamiento esencial o los diversos intentos de análisis, siempre resultan escasos y limitados cuando tratábamos de explicar o entender el contenido de un buen poema. Usted debe de recordar siempre que la poesía no está hecha de números, signos precisos, teoremas o exactas palabras.

8. Estábamos bastante preocupados porque no se sabía con certeza si mis sobrinas llegaban en ese vuelo, cuando la radio dio la noticia del accidente aéreo.

9. El villancico y el aguinaldo son las dos formas típicas de los cantos navideños de Puerto Rico. Sin embargo, a la vez que posee características diferentes del que se canta en España, el aguinaldo había tenido una mayor popularidad.

10. El canto a la belleza natural de Puerto Rico ha sido y es tema recurrente en las diversas manifestaciones literarias. Estas alabanzas expresarán los sentimientos y afectos por la patria y por la tierra. Se destacará las matizaciones de su verdor, el cambiante colorido del mar a lo largo del día, los mágicos atardeceres, la variedad de sus árboles, la tranquila noche de verano.

G. Ordene de manera lógica y coherente los siguientes párrafos:

1. Sin embargo, no pudieron llegar a tiempo porque les fue difícil conseguir un taxi. Una vez allí, pudieron despedirse de los nuevos amigos e intercambiaron sus direcciones. Como el hotel quedaba un poco alejado, se habían arreglado con antelación para llegar puntualmente a la clausura del Congreso.

2. Los últimos años de la novela española ya revelan una superación del realismo monocorde, así como un acercamiento a la narrativa actual europea e hispanoamericana. A esta novela se le ha llamado novela "laberinto" o "rompecabezas"; a nuestro modo de ver, resulta la más realista, en el mejor sentido del término, ya que recoge todas las manifestaciones conscientes e inconscientes del hombre y, a la vez, nos da una visión simultánea de la realidad. Para el novelista el sistema expresivo será el problema central, intentará crear nuevas estructuras lingüísticas.

3. Poco a poco se fueron apagando las últimas luces de la tarde. Comenzaron a brillar las primeras estrellas. El sol se escondía lejano y ponía unos reflejos dorados en las hojas de los árboles. La noche llegó cargada de silencios.

4. No bien llegué al trabajo me tropecé con un inconveniente: había dejado las llaves de la oficina en casa, así que tuve que regresar a buscarlas. Cuando salí de casa, pensé que aquel era otro día más en mi vida. Hacia la mitad de la mañana

me devolvieron todas las propuestas del día anterior porque, según el director, algunas no cumplían con todos los requisitos y otras eran francamente deficientes. Por fin llegó la hora de irme. Durante la hora del almuerzo tuve que quedarme en la oficina, pues estaba esperando dos llamadas importantes que no se realizaron. Por la tarde todo fue un entrar y salir gente de mi oficina, unos para pedir, otros para quejarse. Al llegar al estacionamiento observo que mi carro tiene una goma vacía; al cabo de media hora un alma caritativa me ofrece su ayuda. Me parecía mentira llegar a casa, no había sido realmente mi día y eso que todavía no se había terminado.

5. Por las mañanas nos levantábamos muy temprano y, por supuesto, nos bañamos con agua fría aún en pleno invierno. La disciplina del noviciado era muy severa. El desayuno solía ser bastante ligero. Durante la misa permanecíamos de rodillas todo el tiempo. La limpieza del hermoso y antiguo caserón la realizábamos entre todas las novicias: fregábamos escaleras, pisos, baños, dábamos y sacábamos cera al piso, por supuesto con los pies, nada de máquina; también lavábamos y planchábamos la ropa. Cuando terminaban todos los trabajos de la mañana, íbamos al comedor con la idea de que no vivíamos para comer, sino que comíamos para vivir.

6. El ambiente de aquel lugar y el aspecto de aquella casa superaba todo lo que nos habíamos podido imaginar. Después de caminar por un largo rato, encontramos la vieja casa, escondida entre grandes árboles. Como estábamos algo cansados, nos detuvimos a la entrada con el fin de observarla y también de descansar.

7. Ahora tenía que pensar en su propia respuesta. Todo aquello lo podía imaginar y hasta creer, pero no podía aceptarlo tan repentinamente como un hecho dado. La primera reacción ante la noticia fue de sorpresa y desconcierto.

8. Las tardes de verano, adormecidas de verdosas transparencias, son dulcemente largas y prolongan la luz como si quisieran atenuar la oscuridad ya próxima. Por la mañana tiene la frescura de lo que comienza; Rosalía de Castro poetizó la espera de la alegre alborada. La campiña gallega es hermosa a cualquier hora del día. Los campos gallegos, hacia las ocho o nueve, en las noches de verano, todavía cubiertos por el sol del ocaso, imparten una tranquila melancolía a la cálida tarde. Por las noches asombra el silencio, los pinos parecen más altos y sus copas se pierden en la altura.

9. Los vecinos del lugar avisaron a las autoridades. El pueblo se estremeció ante la desaparición de aquella niña inocente, que pagaba los abusos de otros. Cuando amaneció, la noticia corrió de boca en boca.

10. Esta situación es consecuencia de otro conflicto mayor: la lucha y defensa de la libertad personal y colectiva; ideal que actuó como vínculo entre la joven y los Tavárez. El conflicto moral se produce cuando Antígona, desafiando las órdenes de Creón, entierra a los hermanos Tavárez, quienes habían atentado contra la vida del Generalísimo. Antígona Pérez, joven hispanoamericana, se enfrenta al poder del Generalísimo Creón, quien gobierna dictatorialmente la república de Molina.

H. En los siguientes ejemplos corrija las faltas de precisión y concisión en el uso del lenguaje.

1. Mi amiga que vive en Nueva York porque se casó con un norteamericano, llega mañana a Puerto Rico a pasar unas vacaciones con su familia, que hace bastante tiempo que no la ven, pues no pudo venir el año pasado.

2. Estas cosas que te he contado que, a mi juicio, son absurdas, no guardan la menor relación con la realidad de los hechos que yo tuve oportunidad de ver porque estaba allí presente.

3. Desde que se inició el matrimonio, se estableció entre ambos una estrecha relación y colaboración intelectual que duró a lo largo de sus vidas. Tanto Murguía como Rosalía eran dos personas de talento, los dos se dieron cuenta de ello y convivieron sin querer competir entre ambos. Rosalía tuvo en su marido un gran estímulo y constante apoyo en toda su carrera literaria, que fue bastante larga.

4. Aquellas historias fantásticas las contaba Amalia, la hija de Antonia Fariña, que siempre llegaba a casa de mi abuela, quien la recibía con su acostumbrada amabilidad, con unos cuentos rarísimos de muertos y aparecidos, generalmente personas que habíamos conocido, fábulas que todos oíamos y creíamos.

5. Los estudiantes trataban de hablar con tranquilidad y mesura en aquella asamblea que era tan importante para que se aprobaran algunas peticiones que habían hecho para ese momento.

6. Vino a verme por la mañana, me dijo que por la mañana tenía las ideas más claras. Pero, sin embargo, no fue así como dijo, ya que sus ideas que salían de su cabeza eran muy confusas y yo no pude entender nada de lo que dijo.

7. Parecía un enajenado mental, un loco, gritaba unas palabras a toda voz que dejaban asustados a sus compañeros que lo conocían por tantos años, desde que ha-habían estado juntos en la escuela.

8. Me pidió que subiera arriba y le bajara abajo el libro que se había dejado olvidado por descuido, pues él temía que alguien que él desconocía se lo llevara y éste era un libro muy valioso que él estimaba mucho.

9. La cosa de que te hablé es muy interesante y es estupendo que podamos hacerla, pues es algo que nos conviene a nosotros y que es de provecho para todos. Claro que es muy importante que la hagamos pronto, pues, si dejamos pasar el tiempo, es posible que ya no sea tan importante entonces, aunque algo siempre se le podrá sacar.

10. El collar, que era de perlas muy caras y legítimas y que tenía un broche de platino, lo tuve que llevar a la Casa de Empeño, que queda en la avenida Fernández Juncos, calle siempre con bastante tráfico, porque me quedé sin empleo, yo trabajaba en una tienda por departamentos, y no me atrevía a quien decirle que me prestara algún dinero.

I. **A continuación incluimos unos párrafos en los cuales la falta de claridad impide, a veces, comprender el sentido de los mismos. Corrija lo que crea necesario.**

1. Terminados los desfiles de apoyo al Gobierno, por un lado, y ante la prosecución de protestas y manifestaciones de gran descontento, por otro, que enmarcaron la conmemoración del décimo aniversario de la instauración del actual régimen militar de tan criticada política interna, el gabinete del General ha decidido tomar severas medidas para mantener el orden público no sólo en la capital sino también en las regiones más distantes del centro del país, amenazadas con huelgas y disturbios estudiantiles.

2. En la población de Santa María de Fuensanta (alrededores del aeropuerto internacional de la capital) un grupo de 800 manifestantes gritando consignas contra el Gobierno atacaron durante las celebraciones del séptimo aniversario de la toma del poder por el actual régimen militar, a unos tres mil manifestantes favorables al Gobierno.

3. Pérez dijo que en esa fecha los estudiantes fueron víctimas del "motín policiaco" que envió a universitarios y ciudadanos huyendo por las calles de la ciudad y el comercio protestó por el desorden que produjo pocas ventas ese día.

4. Debido a la época navideña por celebrarse ahora nos hemos visto obligados a hacer cambios en el cobro y que nuestros porteadores disfruten de las mismas.

5. Por motivos de la construcción del edificio principal reiteramos de todos ustedes la cooperación de manera que podamos aminorar los problemas de salones que surjan relacionados con la misma. Los trabajos en el edificio contiguo se llevarán a cabo en breve plazo que no requieren ningún otro cambio.

6. El cine argentino, siendo uno de los mejores ejemplos del cine industrial en América hacia los años 40, tuvo una visible caída en los años 50, del cual prácticamente no se pudo recuperar, en nada ayudado por las problemáticas políticas de dicho país. A veces surgían algunos títulos de calidad de forma infrecuente, que hacían renacer la confianza por el cine nacional, confianza frágilmente destruida por las problemáticas políticas y económicas.

7. Se han recibido varias quejas de algunos vecinos que aún a pesar de pedírsele la cooperación, tenemos otras personas que no tienen cuidado en el uso del agua en la limpieza de los balcones y otras áreas comunales. Debemos tener presente que tenemos vecinos que pueden recibir en sus balcones o ventanas aguas sucias de no ser cuidadoso en la limpieza.

8. El accidente ocurrió ayer me dijo Mimí a causa de un descuido del conductor del camión, que no fue esta madrugada como te contaron a ti. Un camión chocó contra un poste el auto que venía recibió un fuerte golpe y el conductor perdió el control del guía que se cayó por el precipicio.

9. El día de campo fue muy divertido. Comimos todas las frutas que por la huerta encontramos Merce y yo, pero mi abuela desde la terraza nos hacía señas para que tuviéramos cuidado con los perros que estaban sueltos. Hablamos de lo que nos preocupaba con todo detalle, como hacía tiempo que no nos veíamos y así contamos nuestras tristes y alegres experiencias durante este año.

10. Gracias a la administración y análisis de la prueba, la paciente pudo enfrentarse y examinar su problema distanciándose afectivamente cada vez más. De esta manera, las relaciones objetales se transformaron en objetivas.

J. Corrija los siguientes párrafos de acuerdo con los criterios de variedad y estética cuando lo crea necesario.

1. La figura de Concepción Arenal resulta grandiosa no sólo por la importancia de su obra, sus ideas progresistas en cuanto a legislación, sus reformas penales, sino también por el gran valor que aquella mujer tuvo que tener para enfrentarse a la tradicional sociedad de la época; viuda y con dos hijos que mantener, conoció bien las dificultades que tenía que afrontar una mujer para ganarse la vida; de-

dicada al ejercicio de las leyes y a la labor intelectual, se impone sobre una sociedad que se regía por unos desiguales patrones en lo que se refiere a las funciones del hombre y la mujer; esta actitud debió de constituir una dura labor que se prolongó a lo largo de su vida. Pese a los ataques de que fue objeto, la obra de Concepción Arenal se caracteriza por un uso mesurado de la palabra en defensa de sus planteamientos feministas.

2. El hospital estaba situado a las afueras del pueblo. Tenía una gran extensión de terreno. Algunas partes estaban cultivadas. Otras dedicadas a la siembra de flores diversas. El edificio parecía bastante viejo. Aunque se conservaba en buen estado. No había ventanas rotas. Ni puertas desvencijadas. Los años se veían más bien en el estilo de la construcción. También en el desgaste que el edificio había sufrido con el paso del tiempo.

3. Frente a la unidad de la obra de arte antigua se contrapone el pluralismo de la obra de arte actual, su sentido de apertura y movimiento. Hoy día el acto de creación del artista, llámese escritor, músico, pintor o escultor, no termina en él mismo, sino que se prolonga y completa en el lector, ejecutante o espectador. A su vez, las estructuras artísticas serán tan individuales y solidarias con su mundo como haya sido la relación entre el creador y el ambiente.

4. Esta novela norteamericana descansaba en la observación de la conducta humana, el comportamiento y los signos exteriores que, de alguna manera revelaran alguna actitud o estado interno, a dicha corriente se le llamó behaviorismo o conductismo, y tuvo sus raíces en estudios psicológicos anteriores.

5. Me contó la historia con todo detalle. No era una historia común y corriente. Tenía unos elementos especiales, distintos de los de otras historias. Imaginé las posibilidades dramáticas o cinematográficas que aquella historia tenía. Acepté la historia en principio, haciéndole la salvedad de que yo mismo le haría algunas modificaciones a la historia.

6. Su presencia iluminaba todo el ambiente. No tenía que hablar. Bastaba con que estuviese allí. Yo la miraba de vez en cuando. Ella correspondía con una breve sonrisa. En algunas ocasiones se acercaba a mí. Dejaba descansar sus manos sobre mis hombros como si aquel fuera un gesto casual.

7. Con un poco de conocimiento que tengamos sobre cierta clase de tragedias que marcan a cualquier persona, podremos comprender lo que debió de suponer para la niña Rosalía de Castro el misterio de su origen, su condición de orfandad, la ausencia parcial y temporal de los padres; cuántas veces, al comparar su situación a la de sus compañeras de juego, se sentiría amenazada por dolorosos presagios y llena de rebeldía al no poder entender el porqué a ella se le había impuesto tan

pesada carga; cuántas y cuántas veces no se preguntaría las razones que habían determinado su desgraciada situación.

8. El conferenciante expuso con bastante claridad el tema, que de por sí era ya complejo, y despertó en el público un gran interés en torno al problema de la vida después de la muerte; señaló la división existente, en lo que a esto se refiere, entre los médicos y estudiosos de esta cuestión: los que aceptan como posible la creencia de la vida después de la muerte y los que niegan esa posibilidad.

9. La Asociación de Profesores tiene el deber de dar una explicación al país por la conducta de su representante, Sr. Losada, el Sr. Gómez, presidente de dicha Asociación, deberá convencerse de la necesidad de enviar personas más comedidas a los actos públicos y oficiales, de esta forma se pueden evitar situaciones tensas y desagradables como la de ayer durante los actos de inauguración de la escuela pública Luisa Capetillo.

10. Las plantas agradecen los cuidados que se tengan con ellas. Unas plantas dan hermosas flores. Otras plantas intensifican sus colores. Otras crecen con rapidez. Se enredan con gracia en el balcón, la pared o algún palo que les sirva de soporte. Las plantas son seres vivos que no requieren mucho tiempo de cuidado, basta con unos minutos semanales. A cambio de esto, las plantas embellecen el lugar donde se encuentran.

K. En los siguientes ejemplos coloque los modificadores donde corresponda.

1. Estoy escribiendo un libro para el Colegio en donde enseño que me acapara todo el tiempo.

2. Difícilmente los que defendían al acusado iban a lograr la absolución de los cargos.

3. Leí un capítulo de este libro que me pareció excelente.

4. El doctor pudo efectuar la operación gracias a una técnica que aprendió en una clínica norteamericana muy avanzada.

5. En esta tienda se venden caramelos para niños de todas las clases.

6. Coralito observaba a su gata que jugaba con un ovillo de lana muy divertida.

7. Ella lo miraba mientras él leía el periódico cautelosamente.

8. Compré unas cuerdas de terreno muy cercanas a la playa que pienso regalar a mis hijos.

9. Aquel traje regalo de tu madre azul, te queda muy bien.

10. El conferenciante hablaba para que lo entendiera el público lentamente.

L. Revise el uso o la supresión de las partículas de enlace y otros errores que encuentre.

1. Ven temprano, nos esperan a las ocho.

2. Los niños corrían por el patio, sus padres asistían a la reunión de la Escuela.

3. No me agrada aquel viaje, lo acepté sin decir palabra.

4. El precio de la nevera era tan alto, tuve que desistir de comprarla.

5. Se compró una tela en seda porque le hicieran el vestido muy elegante.

6. Vinimos en este avión, pasamos un gran susto, se estropeó el piloto automático.

7. Luego nos enseñaron la casa que parecía un museo y luego nos obsequiaron con una deliciosa piña colada.

8. Exigió que la pagara la deuda que le debía hace un año.

9. Fuimos de compras a San Juan, como queríamos aprovechar la tarde, no tuvimos tiempo en visitar a mis amigos.

10. Cuando llegamos a Ponce todos nos estaban esperando y pasamos un día muy agradable en compañía de amigos tan queridos.

LL. En los siguientes ejemplos corrija las formas verbales cuando lo crea conveniente.

1. Hablaba como un loco y por esto causa mala impresión entre las personas que lo escuchan.

2. Dijeron que pagarían el lunes, pero llegó el viernes y todavía no se había pagado.

3. El concierto resultó un desastre, pues tanto la orquesta como el cantante no ensayan suficientemente.

4. Debido a las abundantes lluvias se cortaron las comunicaciones y pedimos a la gente que permaneciera en sus casas.

5. Como hablaba tan mal de todas las personas, llegó un momento en que nadie le hace caso.

6. Cuando finaliza la guerra, unos niños hicieron de la finca El Paraíso su campo de batalla; a imitación de sus mayores han convivido con la violencia y la muerte.

7. El derecho al voto no ha solucionado la disparidad entre los sexos; desgraciadamente, en muchos casos, debido a la escasa educación de la mujer y a su extrema dependencia, votaremos según dicta el padre o el marido.

8. Los poetas del 27, a la vez que mostraron una actitud de auténticos creadores, revisarán también las pasadas tradiciones españolas.

9. La obra de Gandi fue de capital importancia histórica para su país y para el resto del mundo. La fuerza moral de sus ideas habían logrado vencer al imperio inglés.

10. Ana Karenina es una de las figuras más importantes de la literatura universal. Aunque ciertos críticos intentan limitar su significado dentro de un contexto burgués, el personaje desborda esos límites. La fuerza de la pasión de Ana Karenina resultará ser más poderosa que el personaje y que la sociedad misma.

M. A continuación incluimos varios párrafos, ¿qué mecanismos se han usado para su elaboración?

1. NO ESCUPE PORQUE en Suiza nevada y pura aprendió a no escupir. Porque en Suiza nevada y pura no se escupe, en este bendito Puerto Rico sí: reflexión que la pincha en períodos diarios: en este país se escupe mucho, en este país se escupe demasiado, en este país se escupe donde quiera, en este país se escupe de maneras mil, el pobre y el rico, el hombre y la mujer, a todas horas, en la ocasión inesperada, en la galería refrigerada de la Plaza Las Américas lo ve, en el café parasolado Las Nereidas lo ve: escupir: costumbre desclasada de país desclasado: Isabel y Fernando nunca debieron.

Luis Rafael Sánchez: *La guaracha del Macho Camacho.*

2. En consecuencia, desde mi ascensión al poder, he ajustado a dicha observación mi conducta y gobierno, procurando al pueblo, a mi pueblo, de continuo y de balde, un ambiente y acción parecidos a los que antes, por pura frustración, se veían obligados a buscar en la penumbra y anonimato del cine: vivir en un estado de inquietud asfixiante, temblar cada vez que suena el timbre y no es la hora en que suele venir el lechero, bajar desprevenido la escalera y topar con la cabeza ensangrentada del vecino que había contraído la necia costumbre de

lamentarse y hablar mal de mí; salir a la calle con el temor de que un coche oscuro, sin matrícula, frene junto a una persona inofensiva cualquiera y cuatro individuos enmascarados la empujen brutalmente al interior del vehículo y desaparezcan con ella sin dejar rastro.

Juan Goytisolo: *Paisajes después de la batalla.*

3. Las vivencias no se inventan: se viven. Lo que hace el novelista es recombinar esas vivencias, pero no a la manera del niño que desmonta las piezas del mecano con que ha armado una grúa para construir luego un avión, sino a la misteriosa manera de los sueños y los mitos: sin saber ni cómo ni por qué. Y así como en el mundo de los sueños entrevemos rostros conocidos con pavorosos o atormentadores rasgos desconocidos, ningún escritor puede escribir algo de valor que de alguna manera no haya pertenecido al mundo de la vigilia: con aquellos celos, con aquellas pasiones, con aquellas angustias padecidas se crean seres de ficción, que así nos recuerdan algo que hemos visto alguna vez en alguna parte (¿pero dónde, cómo?); rostros parcialmente recordados, pero que nos inquietan con sus indescifrables rasgos nocturnos.

Ernesto Sábato: *El escritor y sus fantasmas.*

4. Por último, estimamos que el término "Democracia" en la práctica presenta unas características que no responden fielmente a su acepción tradicional: gobierno ejercido por y para el pueblo. El vocablo ha mantenido un significado compatible con el ideario de pensadores tan representativos del liberalismo como Locke y Rousseau. En cambio, al abordar la Democracia en el sentido de práctica real, el empleo de la acepción tradicional no comunica fielmente la realidad; en este sentido, podemos decir que la palabra "Democracia" ha extraviado su acepción original.

Ricardo Alegría Pons: *¿Democracia en la dependencia?*

5. La crítica nueva ha de ser esencialmente afirmativa. La crítica de las tendencias vanguardistas europeas, analizadas en este libro, tiene como objetivo primordial una misión constructora. La crítica identificada amorosamente con su tema puede elevarse, desde su primitiva zona especuladora, a un plano de creación. He ahí tres afirmaciones fervorosas que considero urgente estampar a la entrada de la galería iluminada de este friso viviente de los ismos estéticos contemporáneos más significativos.

Guillermo de Torre: *Historia de las Literaturas de Vanguardia.*

N. ¿Cómo clasificaría Ud. los siguientes párrafos?

1. La colonización de las Antillas fue el primer intento de adaptar la civilización occidental a las condiciones del Trópico. Hasta entonces ningún europeo había pretendido fundar comunidades blancas y vivir en régimen civilizado por debajo de la línea de Cáncer. Nadie mejor preparado por la Historia y por la Geografía para esta empresa que los habitantes de la Península Ibérica. Capricho providencial de la suerte fue, pues, ya que no predestinación, el que a españoles y portugueses correspondiera la tarea de iniciarla en ambas Indias. Favorable casualidad fue también el que las Antillas brindaran al europeo un trópico algo atenuado, dulcificado por la insularidad, los vientos alisios y el corto número de grados bajo la línea.

Tomás Blanco: *Prontuario histórico de Puerto Rico.*

2. Afuera, a los pies de la mezquita se agolpan buhonerías, baratillos de estatuas; los traficantes subastan miniaturas, tankas repintadas, con dioses erróneos, toscas deidades de marfil, banderines tibetanos rotos. Un sol enorme, naranja, se hunde entre los minaretes, en cielo jaspeado; la voz del almuédano que llama silencia el martilleo de las herrerías, los gritos de los lavanderos, el tintineo de las tiendas atestadas de cobre. Con el timbre de las bicicletas y los cláxones, los radios mezclan las voces altísimas, almibaradas, de las sopranos, marimbas y arpas. Hasta los pórticos se amontonan carapachos oxidados, motores rotos, llantas; el zinc chorrea aceite rancio; un olor acre sube del laberinto de chatarra.

Severo Sarduy: *Cobra.*

3. Se aduce con frecuencia que si la mujer, en lo tocante a sus realizaciones, no ha dado nada que por asomo sea comparable a los rendimientos que el hombre aportó a lo largo de la historia, es por no otra razón que por el hecho de que su condición "natural" es distinta a la del hombre y, en consecuencia, en orden a lo que consideramos progreso, los rendimientos de la mujer han sido inferiores. De ello cabe concluir que la condición "natural" de la mujer, respecto del hombre, es la de su inferioridad. Este punto de vista se adopta cada vez que, por la razón que sea, conviene al hombre subrayar con sinceridad su instancia a mantener el "statu quo" respecto de la mujer, cuando se irrita ante las pretensiones de la mujer de incorporarse a idénticas tareas, hasta ahora "propias" del varón.

Carlos Castilla del Pino: *La alienación de la mujer* en **Cuatro ensayos sobre la mujer.**

4. A las siete el dindón. Las tres beatísimas, con unos cuantos pecados a cuestas, marcharon a la iglesia a rezongar el ave nocturnal. Iban de prisita, todavía el séptimo dindón agobiando, con la sana esperanza de acabar de prisita el rosario para regresar al beaterío y echar, ¡ya libres de pecados!, el ojo por las rendijas y saber quién alquilaba esa noche el colchón de la Gurdelia. ¡La Gurdelia Grifitos nombrada! La vergüenza de los vergonzosos, el pecado de todo el pueblo!

Luis Rafael Sánchez: *Tiene la noche una raíz*
en **En cuerpo de camisa**.

5. Mirando una vez más al hermanito, la muchacha sale de la habitación. Para llegar a la puerta que da al batey es necesario atravesar la otra pieza, donde duermen los padres y el abuelo. Entre los camastros de los padres y la hamaca del abuelo hay un corto espacio que ella recorre ahora con sigilo, siempre de puntillas. Todos duermen. A esta hora, cualquier día de trabajo, la familia entera está despierta: la madre y la muchacha colando el café del desayuno en la cocina, el padre lavándose la cara con agua fría del latón en el batey, el abuelo y Andrés todavía acostados, pero también despiertos. Mas hoy es domingo, día de descanso, y la familia duerme hasta las ocho.

José Luis González: *La despedida*
en **En Nueva York y otras desgracias**.

6. Aunque con el tiempo evolucionó —o varió, más bien— en muchos de sus rasgos, en su traza esencial el "pícaro", protagonista de estos relatos y de quien el género tomó su nombre, es un personaje nacido en los bajos fondos de la sociedad, sin oficio determinado, criado de muchos amos, hombre de cortos escrúpulos y vida irregular. Dado a la holganza y al vagabundaje, para proveer a sus necesidades más inmediatas prefiere con frecuencia mendigar, o aplicarse a pequeñas raterías y a ingeniosas tretas, que someterse a la molesta tiranía de un trabajo fijo. De hecho, sin embargo, no vive por entero al margen de la ley, ya que para enfrentársele abiertamente anda tan falto de ambiciones como sobrado de cautela. Su bajo origen y la estrechez de su vivir le convierten en un desengañado irremediable frente a todas las excelencias y valores de la vida social; la necesidad de soportar las desventuras de su condición determina su filosofía pesimista no menos que su estoica resignación para aguantar los daños que vinieren; y la intimidad con que trata a las gentes a quienes sirve le hace ver las miserias de la supuesta grandeza humana y le apareja el dardo de su sátira.

Juan Luis Alborg: *La novela picaresca. El Lazarillo de Tormes*
en **Historia de la Literatura Española**.

7. Arribo a la parte más inverosímil de mi tarea: las razones elaboradas por la humanidad a favor de la eternidad del infierno. Las resumiré en orden creciente de significación. La primera es de índole disciplinaria: postula que la temibilidad del castigo radica precisamente en su eternidad y que ponerla en duda es invalidar la eficacia del dogma y hacerle el juego al Diablo. Es argumento de orden policial, y no creo merezca refutación. El segundo se escribe así: "La pena debe ser infinita porque la culpa lo es, por atentar contra la majestad del Señor, que es Ser infinito". Se ha observado que esta demostración prueba tanto que se puede colegir que no prueba nada: prueba que no hay culpa venial, que son imperdonables todas las culpas. Yo agregaría que es un caso perfecto de frivolidad escolástica y que su engaño es la pluralidad de sentidos de la voz "infinito"., que aplicada al Señor quiere decir "incondicionado", y a pena quiere decir "incesante", y a culpa nada que yo sepa entender. Además, argüir que es infinita una falta por ser atentatoria de Dios que es Ser infinito, es como argüir que es santa porque Dios lo es, o como pensar que las injurias inferidas a un tigre han de ser rayadas.

Jorge Luis Borges: *La duración del infierno*
en **Discusión.**

8. EL OTRO se acerca sigiloso a los pies de tu cama. De pie, silencioso, siniestro, te mira sin verte. No puedes definir esa mirada: si de odio, de miedo, compasión o de venganza. Siempre te extrañó su fachada de ente raro. Alto, enclenque, chocante en sus movimientos y expresiones. Oscuro, muy oscuro, por dentro y por fuera. Más oscuro aún en este momento, a causa de su traje negro estrafalario y de corte impreciso. Por entre su bigote desflecado asoman unos dientes grandes, deformes, amarillos, masticando la pipa entre los labios. La sonrisa insegura, lasciva, burlona. Las manos huesudas, de uñas largas descuidadas y sucias. Lo miras un instante brevísimo y piensas: "Más que el psicoanalista prominente, que se dice ser, parece un enajenado mental que se ha escapado. La abominable visión dura un momento.

Edelmira González Maldonado: *Un caso
y César Vallejo* en **Crisis.**

9. Algunas voces se han levantado escandalizadas por esta actitud: nadie tiene derecho, dicen, a convertir en literatura algo tan íntimo, a arrojar a la curiosidad pública episodios de esta naturaleza. Y, sin duda, hay algo de cierto en esos reproches, pero ellos son válidos, en última instancia, para todos los escritores, sin excepción. Todos, realistas o fantásticos, ensayistas o dramaturgos, poetas o novelistas, construyen sus ficciones con la única materia prima de que disponen: su experiencia. En la mayoría de los casos, ésta se disimula tras complejas construcciones, en algunos casos se muestra casi desnuda. Simone de Beauvoir se ha limitado a prescindir de los disfraces, por la sencilla razón de que, esta vez, ha preferido el testimonio a la ficción. Quienes la acusan de exhibicionista, no han comprendido que la li-

teratura es, por antonomasia, un oficio impudico.

Mario Vargas Llosa: *Un relato de Simone Beauvoir:*
Una muerte muy dulce en **Entre Sartre y Camus.**

10. Con la huida, todo perdía su valor: las cosas pequeñas y de transporte fácil sustituían a las de mayor tamaño, cuyo precio disminuía al ritmo de avance. Las gentes que habían abandonado en Barcelona sus pisos y sus villas, confiando la salvación al automóvil, lo dejaban luego junto a la frontera, para seguir el camino con su bolsita de joyas cosida a los pliegues de la chaqueta o de la falda. "Si se las apretase mucho —pensó Elósegui—, renunciarían también a eso". Un saco de monedas por un lugar en la barca. Una mujer honesta entregándose a los conductores con tal que la llevaran. Todo era sorprendente y, al mismo tiempo, mágico. Los símbolos perdían su valor y no quedaba más que eso: el hombre, reducido a sus huesos y a su piel, sin nada extraño que lo valorizara.

Juan Goytisolo: *Duelo en el Paraíso.*

N O T A: *Recomendamos al alumno y al maestro que elaboren otros ejercicios similares a los que hemos incluido en este capítulo, ya que la práctica es muy importante en el estudio del párrafo.*

CAPITULO IV

EL ADJETIVO Y EL ADVERBIO

LOS MODIFICADORES

Reciben el nombre de *modificadores* las palabras o frases que se unen a un elemento oracional para modificarlo, calificarlo o determinarlo. Los *modificadores* por excelencia son los adjetivos y los adverbios. Ejemplos: *Compré la chaqueta azul; Llegó tarde al aeropuerto.*

EL ADJETIVO

Esta parte variable de la oración se une al nombre para calificarlo o determinarlo, de ahí su división en adjetivos *calificativos* y adjetivos *determinativos.*

1. POSICION

Los *adjetivos determinativos* se anteponen al nombre que acompañan: *Mi casa es muy alegre; Esta oficina resulta ya muy pequeña; Se compró tres pantalones; Ningún familiar estuvo presente en el duelo.* Existen algunas excepciones como ocurre en los siguientes ejemplos: *El primo mío llegó ayer; El tipo ese no me gusta; Juan XXIII tenía un verdadero sentido ecuménico;· No se ha oído grito alguno por estos lugares* (1).

Los *adjetivos calificativos* se pueden anteponer o posponer al nombre que acompañan. Ejemplos: *Unas blancas margaritas adornaban la*

---

(1) Para mayor información sobre estos casos de excepción, véase: Samuel Gili Gaya, *Curso Superior de Sintaxis Española,* pp. 220-221.

mesa; Unas margaritas blancas adornaban la mesa; Me escribió una carta dolorosa; Me escribió una dolorosa carta. Esta libertad en la colocación del adjetivo, tan peculiar en español, modifica y enriquece los conjuntos adjetivo-nombre o nombre-adjetivo, y hasta en algunos casos se altera completamente el significado. Ejemplo: *Cierta cosa, cosa cierta.*

Para explicar la posición y modificación del adjetivo han surgido tres teorías: la lógica, la psicológica y la estructural. Todas ellas, desde distintas perspectivas, intentan explicar esta peculiaridad del adjetivo. Según el criterio lógico, el adjetivo antepuesto tiene un carácter explicativo y el adjetivo pospuesto especificativo. Desde el punto de vista psicológico, el adjetivo antepuesto es afectivo o subjetivo ya que centra la atención en la cualidad; en cambio, el adjetivo pospuesto es objetivo, pues expresa la cualidad después del objeto. En el primer caso se destaca la cualidad, en el segundo, el objeto. De acuerdo con el criterio de la estructura sintáctica y rítmica, la posición del adjetivo está vinculada con el orden lineal y el orden lógico-psicológico de las palabras en la oración, el ritmo, el acento, el número de sílabas, la posición del adjetivo y del nombre dentro del grupo fónico (2).

Podemos concluir que la posición del adjetivo depende mucho del tema que se desarrolla, del estilo del autor y hasta del uso y la época. Hay artículos o ensayos que se prestan más a la adjetivación como puede ser la prosa poética que describe la belleza de un paisaje; sin embargo, un proyecto sobre la purificación del agua requiere cierta parquedad en el uso del adjetivo.

Como principio general podemos aceptar que el adjetivo antepuesto realza la cualidad, mientras que el adjetivo pospuesto destaca el objeto seguido de la cualidad que lo caracteriza: Veamos unos ejemplos: *Un famélico perro rondaba la desierta calle; Una mañana luminosa nos parecía el mejor presagio para continuar nuestra aventura.* Sería erróneo pensar que en el primer caso percibimos la cualidad antes, separada del objeto, y luego éste; como igualmente suponer que en el segundo caso nos representamos primero el objeto y después la cualidad como en un segundo término. En realidad ambos — nombre-adjetivo, adjetivo-nombre— forman un conjunto inseparable que cobra sentido por la unión de ambos, pero lo pierden si se separan.

---

(2) *Ibid.,* pp. 216-220.

2. CASOS ESPECIALES

Algunos adjetivos mantienen una posición fija con respecto al sustantivo que acompañan; incluso, en ocasiones, adjetivo y sustantivo forman un mismo vocablo. Ejemplos: *Negra sombra, viejo verde, vida libre, mala entraña, mala calaña, altoparlante, ricahembra, malaventura, buenaventura.*

Ciertos adjetivos conservan siempre la misma posición porque, de lo contrario, alterarían el significado. Ejemplos: *Cierta noticia — noticia cierta; vida alegre — alegre vida; pobre hombre — hombre pobre;* en cada uno de estos ejemplos se puede observar cómo se cambia el sentido en uno y otro caso.

3. EPÍTETO

La función del *epíteto* es puramente ornamental. Esta clase de adjetivo destaca una cualidad muy significativa del sustantivo; en realidad, no es necesario ya que no dice nada nuevo del sustantivo. Sin embargo, cuando está bien usado, contribuye a la belleza del estilo. Ejemplos: *verde prado, alto cielo, inmenso mar.* A continuación incluimos los inolvidables versos del poeta Garcilaso como excelentes ejemplos del uso del epíteto:

> ... ...
> *Por ti el silencio de la selva umbrosa,*
> *por ti la esquividad y apartamiento*
> *del solitario monte me agradaba;*
> *por ti la verde hierba, el fresco viento,*
> *el blanco lirio y colorada rosa*
> *y dulce primavera deseaba.*
> ... ...

Garcilaso de la Vega: *Eglóga Primera,* en **Obras Completas.**

4. CONCORDANCIA

El adjetivo concuerda en género y número con el nombre al que acompaña. Ejemplos: *Mesa blanca; Niña alta.* Si el adjetivo sigue a dos o más sustantivos, debe usarse en plural. Esta es la concordancia más general y correcta. Ejemplos: *Poseía una fortaleza y dignidad encomiables; Mi hermano y su hijo parecían sorprendidos.*

Cuando los sustantivos son de distinto género, se prefiere el masculino para los efectos de la concordancia entre los sutantivos y el adjetivo. Ejemplos: *Las sillas, las alfombras y el sofá están bastante viejos; Su tía, su tío y sus primas fueron muy atentos conmigo.*

En algunas ocasiones, aunque aparezcan varios sustantivos, se usa el adjetivo en singular; en estos casos el adjetivo califica al sustantivo que le es más próximo. Puede también darse el caso de sustantivos que pueden considerarse individual o conjuntamente. Ejemplos: *Llevó a cabo un estudio y una investigación exhaustiva; Arte y civilización oriental; Arte y civilización orientales.*

Si el adjetivo antecede a varios sustantivos, concierta con el más cercano. Ejemplos: *Le inquietaba su extraña conducta y su desdén; Lucían exóticas pulseras y collares.*

5. USO Y ABUSO DEL ADJETIVO

El uso acertado del adjetivo es siempre una característica del buen escritor. En realidad el adjetivo no añade ningún concepto nuevo al discurso, pero sí matiza al sustantivo y lo diferencia de otros similares; en otras palabras, lo individualiza, ya que no es lo mismo decir *tela* que *tela azul* o *tela suave y azul*. A medida que añadimos adjetivos vamos caracterizando al sustantivo.

Ahora bien, el exceso de adjetivos recarga y afea el estilo, y es también indicio de un exagerado barroquismo o de un escaso dominio del tema por parte del autor, que comete el error de sobrecargar a los sustantivos con adjetivos innecesarios. Quien así escribe aburre al lector con su estilo pomposo y fuera de época. Sin duda alguna, para el uso correcto de los adjetivos, siempre hay que tomar en consideración qué tema se va a desarrollar y, de acuerdo con éste, emplear una adjetivación apropiada.

Otro error muy frecuente es el usar los mismos adjetivos para todo. Cada época tiene una forma característica de expresarse y hasta llega a imponer una moda en el hablar. Hoy día los adjetivos: *chévere, fabuloso, bello, nítido, magnífico, maravilloso, fantástico, tremendo, estupendo,* etc., son de uso continuo y, debido a esto, se ha desvirtuado su significado; el excesivo uso los ha gastado. Si nuestra intención es recrear un habla en particular, debemos hacerlo tal cual es; ahora bien, si éste no es el caso, habremos de poner sumo cuidado en la selección de los adjetivos.

A continuación insertamos unos consejos tomados del libro **Curso de Redacción,** de Martín Vivaldi:

> Es muy importante evitar la aglomeración innecesaria de adjetivos de análoga o similar significación. Ejemplo: *Notorio y manifiesto; ilustre y preclaro; bello y hermoso...*
>
> (Azorín ha dicho:"Si un sustantivo necesita de un adjetivo, no lo carguemos con dos. El emparejamiento de adjetivos indica esterilidad de pensamiento. Y mucho más la acumulación inmoderada".)
>
> Evítense los adjetivos inexpresivos, que no dicen nada nuevo. Son éstos los que algunos gramáticos llaman términos "vacíos" porque se pueden aplicar a cualquier cosa o hecho. Ejemplos: *Una tarde "maravillosa"; Un espectáculo "lindo".*
>
> Es frecuente "encariñarse" con algún adjetivo que resulta cómodo y del que se abusa sin medida. No es raro encontrar personas para las que todo es "estupendo" o "maravilloso" o "magnífico"... Este es un vicio que conviene vencer, sobre todo al escribir.
>
> En resumen, las principales virtudes de la adjetivación son la *variedad,* la *propiedad* y la *riqueza.* Los vicios son la *monotonía,* la *vaguedad* y la *pobreza* (3).

Es muy importante que el alumno recuerde los vicios y las virtudes de la adjetivación y lo ponga en práctica en el momento de escribir.

EL ADVERBIO

Denominamos adverbio a la parte invariable de la oración que puede modificar al verbo, a un adjetivo o a otro adverbio. En ocasiones, la modificación adverbial afecta a toda la oración. Ejemplos: *Aquella tarde habló muchísimo; La noté muy triste; Caminaba muy despacio; Verdaderamente tu posición no es la más correcta.*

El adverbio es al verbo lo mismo que el adjetivo es al nombre. El adverbio es un modificador del núcleo del sintagma verbal, mientras que el adjetivo es modificador del núcleo del sintagma nominal. Ejemplos: *Este interesante libro lo compré en Nueva York; Siempre vivieron muy humildemente.*

---

(3) G. Martín Vivaldi, *Curso de Redacción,* p. 40.

1. CLASIFICACION

Los adverbios pueden calificar y determinar al verbo, pero nunca individualizarlo; característica esta última propia de los adjetivos. Ejemplos: *Mi hija está mejor de salud*, (función calificativa); *Mi novio llega mañana*, (función determinativa); *Mi madre ya se siente bien* (adverbio); *Mi madre ya se siente buena* (adjetivo); en este último ejemplo el sujeto está individualizado por el adjetivo, frente al ejemplo anterior en el cual el sujeto queda sin individualizar ya que el adverbio modifica al verbo.

La clasificación general de los adverbios los ordena de acuerdo con su propio significado; según esto, los adverbios pueden indicar: *lugar, tiempo, modo, cantidad, afirmación, negación* y *duda*. Existen también los llamados *modos* o *frases adverbiales*, locuciones compuestas por dos o más palabras que funcionan como un adverbio. Ejemplos: *Lo hizo a regañadientes; A duras penas podía comer.*

2. POSICION, USO Y ABUSO DEL ADVERBIO

El adverbio debe ir al lado o lo más cerca posible de la palabra que modifica, ya sea ésta un verbo, un adjetivo u otro adverbio. Si el adverbio se encuentra muy alejado de la palabra que modifica, además de un error de construcción, habrá también cierta oscuridad en lo que se quiere expresar. Ejemplos: *Mis padres comieron bien en aquel restaurante; Compró una sortija demasiado cara en una joyería de San Juan.* Ahora bien, si decimos: *Comieron mis padres en aquel restaurante bien* , podemos entender que el restaurante era bueno en lugar de que "comieron bien", que es lo que queremos decir. Si decimos: *Compró una sortija en una joyería de San Juan demasiado cara* , alteramos el sentido de la oración original, debido a la incorrecta posición del adverbio y del adjetivo.

Un particular cuidado hay que tener en español con los adverbios terminados en "mente". La facilidad que provee el idioma para convertir los adjetivos en adverbios con sólo añadirle el sufijo "mente", puede ser un arma de doble filo: por una parte, no cabe duda de que esta posibilidad es un recurso idiomático; por otra parte, la terminación fuerte de esta clase de adverbios puede resultar cacofónica si se usa con demasiada frecuencia. En el caso de tener que utilizar dos o más adverbios seguidos, la terminación en "mente" se añade al último. Ejemplos *Se comportaba vulgar y groseramente; Hablaba sua-*

ve y sosegadamente.

El excesivo uso de los adverbios en "mente" es un aspecto muy importante del estilo, que debe tener en cuenta el alumno en el momento de escribir y de revisar su trabajo escrito. Suele ser muy fácil y frecuente recurrir a este tipo de adverbio cuando se tiene un escaso dominio del idioma o cuando se escribe con poco cuidado. Recuérdese que los adverbios en "mente" pueden sustituirse por otras palabras que tengan un significado similar.

A continuación damos un ejemplo de abuso de la forma adverbial en "mente":

> Verdaderamente la mayoría de las personas no conoce perfectamente el valor de la palabra definitivamente callada a tiempo; esto es, de la prudencia. Ciertamente si estas personas practicaran frecuentemente esta virtud, se ahorrarían bastantes malos ratos.

Veamos el mismo párrafo corregido:

> Verdaderamente la mayoría de las personas no conoce bien el valor de la palabra callada a tiempo; esto es, de la prudencia. Si estas personas practicaran con frecuencia esta virtud, se ahorrarían bastantes malos ratos.

Con respecto al uso del adverbio en general, vamos a dar el mismo consejo que ya dimos al referirnos al adjetivo: sumo cuidado con el exceso de estas partículas, que ayudan a matizar la expresión al calificar o determinar a la palabra que acompañan; pero que no añaden ningún concepto nuevo; por tal razón, su abuso produce un estilo lento y pesado. La *parquedad* en el empleo de los adverbios es la *regla de oro* para el buen uso de los mismos y, como consecuencia, para lograr un estilo más vivo y expresivo.

Modificadores		
	1. Adjetivo	1. *Definición* 2. *Posición* 3. *Casos especiales* 4. *Epíteto* 5. *Concordancia* 6. *Uso y abuso*
	2. Adverbio	1. *Definición* 2. *Clasificación* 3. *Posición* 4. *Uso y abuso*

EJERCICIOS

A. Señale los adjetivos tanto calificativos como determinativos.

1. Esta niña no come nada.
2. Le regalaron un elegante juego de cuarto.
3. Estudiaban hasta altas horas de la noche.
4. ¿Qué fotografía quieres?
5. Mi hermano tiene una mujer muy inteligente.
6. Cómprame ese libro.
7. Nunca se había encontrado en situación tan peligrosa.
8. Algunas personas protestaron públicamente.
9. Conté cinco árboles en el parquecito.
10. Su cara poseía una extraña belleza.

B. Seleccione el adjetivo correcto.

1. Los baúles venían cargados de oro y piedras (preciosos–preciosas).
2. Estaba estudiando lengua y literatura (sueca–suecas).
3. Le obsequió unos bombones y unas flores (bellísimos–bellísimas).
4. El apartamento tenía una habitación y un pasillo (amplios–amplias, amplio–amplia).
5. Tanto el novio como la novia parecían muy (feliz–felices).
6. Prometió traerme (hermosas–hermosos) telas y adornos.
7. Siempre se vestía con una blusa y una falda (blanca–blancas).
8. Me agradaba su (raro–rara, raros–raras) discreción y su silencio.

9. Poseía una salud y una fortuna (envidiables–envidiable).
10. La piña, el mangó y el aguacate son (deliciosas–deliciosos).

C. Corrija el abuso de adjetivos en el siguiente párrafo.

Cuando estuvo reunida la familia total y completa, el juez, con voz firme y segura, procedió a leer tan deseado y ansiado testamento. Aquellas caras, en un principio taciturnas, pensativas y apesadumbradas, comenzaron a reflejar asombro e ira ante las inesperadas y sorprendentes decisiones que su querido, amado y respetado progenitor había tomado. Toda aquella inmensa y gran fortuna se les escapaba de las manos. Ninguno de ellos hubiera podido sospechar que aquel amable, tierno y delicado ancianito los iba a despojar de tan valiosa y codiciada fortuna Para colmo de males, todos aquellos extensos e inmensos bienes pasaban de inmediato al hospital psiquiátrico y al humilde y pobre asilo de ancianos en donde años atrás ellos, amantes y preocupados hijos, habían encerrado a su enfermo, achacoso y anciano padre.

D. *A continuación incluimos tres fragmentos de tres obras literarias de diferente estilo en los que se puede observar un variado uso del adjetivo. En el fragmento que pertenece a* **La noche oscura del niño Avilés,** *de Edgardo Rodríguez Juliá, podemos notar un mayor número de adjetivos, si lo comparamos con los otros ejemplos, debido a la descripción de un mundo extraño y mágico. El fragmento siguiente, que pertenece a* **La fragancia del vaso,** *de Azorín, nos presenta la estampa de una pequeña ciudad, y los adjetivos se acomodan a ese ritmo lento del texto que recrea la pequeña ciudad. El tercer ejemplo, el fragmento de* **Emma Zunz,** *de Jorge Luis Borges, nos muestra esa sabia parquedad en el uso del adjetivo, tan característico del autor, en un momento muy dramático para la protagonista, situación propicia para el abuso de la adjetivación. El alumno puede tomar estos textos como modelos y tenerlos en cuenta en los momentos de duda, ya que por su estilo diverso presentan tres enfoques diferentes en el uso de los adjetivos.*

1. La oscuridad cedió de pronto, y aquel rabioso olor a incienso se disipaba... Pero mi entendimiento seguía encendido de visiones. Mitume me había conducido por pasadizos aún ajenos a la mirada humana, espesos túneles oscuros sin el más leve asomo de luz. Aunque siempre llevado de la mano por guerrero tan famoso, bien sabía que bajo mis pies yacía el laberinto de altas bóvedas. De la entumecida oscuridad saltaban lucecillas que anegaron mi visión; entonces pensé que eran desvaríos de mis sentidos, y no sucesos sobrenaturales así dispuestos por la soberana voluntad. Aquellas luces flotantes en ocasiones estallaban, desatando por todo el estrecho ámbito muy verdosos destellos. Y tantos arcos luminosos fueron perfumados por el incienso, para confusión de los sentidos y extravío del alma. Cuando aquéllos reventaban para convertirse en esferas de cucubanos, el aroma del sándalo se esfumaba, y entonces más engañosas se volvían las sensaciones, que por momentos advertí en el denso aire algún tufillo a lirios y claveles. Así de confuso trancurrió mi ánimo por aquellos infinitos corredores que Mitume conocía como la

palma de su mano. Y pensé que todo viaje al Supremo es ruta colmada de rarezas.

Edgardo Rodríguez Juliá: *La noche oscura del niño Avilés.*

2. La vida de una pequeña ciudad tiene su ritmo acompasado y monótono. Todos los días, a las mismas horas, ocurre lo mismo. Si habéis pasado vuestra niñez y vuestra adolescencia en el tráfago y el bullicio, mal os acomodaréis de la existencia uniforme, gris, de una vieja casa en una vieja ciudad. Hagáis lo que hagáis, no podréis engañaros; sea cualquiera lo que arbitréis para ilusionaros a vosotros mismos, siempre se os vendrá al espíritu el recuerdo de aquellos pintorescos y bulliciosos días pasados. Por la mañana, en la ciudad vetusta, las campanas de la catedral dejan caer sus graves campanadas; a las campanadas de la catedral se mezclan las campanaditas cristalinas, argentinas de los distintos y lejanos conventos. Un mostranquero echa su pregón en la calle desierta. Luego un ermitaño pide su limosna. "¡Den por Dios para la lámpara de la señora Santa Lucía, que les conserve la vista!" Más tarde un buhonero lanza desde la puerta un grito: "¿Compran trenzaderas, randas de Flandes, holanda, cambray, hilo portugués?" Un mes sucede a otro; los años van pasando; en invierno las montañas vecinas se tornan blancas; en verano el vivo resplandor del sol llena las plazas y callejas; las rosas de los rosales se abren fragantes en la primavera; caen lentas, amarillas, las hojas en el otoño...

Azorín: *La fragancia del vaso* en **Castilla**.

3. Cuando se quedó sola, Emma no abrió enseguida los ojos. En la mesa de luz estaba el dinero que había dejado el hombre: Emma se incorporó y lo rompió como antes había roto la carta. Romper dinero es una impiedad, como tirar el pan; Emma se arrepintió, apenas lo hizo. Un acto de soberbia y en aquel día... El temor se perdió en la tristeza de su cuerpo, en el asco. El asco y la tristeza la encadenaban, pero Emma lentamente se levantó y procedió a vestirse. En el cuarto no quedaban colores vivos; el último crepúsculo se agravaba. Emma pudo salir sin que la advirtieran; en la esquina subió a un Lacroze, que iba al oeste. Eligió, conforme a su plan, el asiento más delantero, para que no le vieran la cara. Quizá le confortó verificar, en el insípido trajín de las calles, que lo acaecido no había contaminado las cosas. Viajó por barrios decrecientes y opacos, viéndolos y olvidándolos en el acto, y se apeó en una de las bocacalles de Warnes. Paradójicamente su fatiga venía a ser una fuerza, pues la obligaba a concentrarse en los pormenores de la aventura y le ocultaba el fondo y el fin.

Jorge Luis Borges: *Emma Zunz*
en **Nueva antología personal**.

E. En las siguientes oraciones coloque el adverbio en el lugar que le corresponde.

1. Llegaron a los ocho en un vuelo retrasado. (muy)
2. La universidad estaba localizada en un lugar alejado de la ciudad. (bastante)
3. Ambos examinaron sus planes futuros. (sosegadamente)

4. Es espectacular la bajada violenta de agua en las cataratas del Niágara (tan)
5. Llegué sin tener la dirección clara. (demasiado)
6. Elvira quería recordar aquella desgraciada experiencia. (nunca)
7. El verano llegó y pudieron disfrutar de la playa. (pronto)
8. Me vaya de vacaciones a Italia. (quizá)
9. Quería darse cuenta del desastre que se acercaba. (tampoco)
10. Me levanté para ver el amanecer en el campo. (temprano)

F. Escriba el adverbio que usted juzgue más conveniente en los espacios en blanco.

1. Entraron ——————— a ocupar los sitios de siempre.
2. Tuvo una gran suerte, pues se encontró el reloj ——————— valioso que había perdido.
3. Suelen venir a verme ——————— .
4. Compraron ——————— provisiones para la excursión.
5. El color de la mesa es ———————claro.
6. ——————— me decida por este carro azul oscuro.
7. Dime ——————— te puedo ver.
8. La encontré——————— de aspecto y de salud.
9. Vivía——————— de mi casa.
10. ——————— podía hablar de la emoción.

G. En los párrafos que van a continuación hay un exceso de adjetivos y adverbios; corríjalos cuando lo crea necesario.

1. Pese a que notables y prominentes intelectuales franceses, como, por ejemplo, Víctor Hugo, apoyaron fuertemente la causa feminista, ciertamente este movimiento emancipador fue cobrando alguna fuerza lentamente y tuvo que sostener penosas y perdidas batallas frente a la Cámara y el Senado con el propósito de mejorar las básicas condiciones de trabajo, profesión, y de reclamar el derecho propio al voto de la mujer francesa. Finalmente, en 1946, la IV República Francesa concedía públicamente al sexo femenino el derecho propio al sufragio. Como puede observarse bien, la mujer francesa tuvo que esperar más que otras de distintas y diferentes nacionalidades europeas para ejercer definitivamente ese derecho. Dos grandes guerras mundiales, la creciente y nueva oleada de mujeres hacia diversas y distintas profesiones, el trabajo realizado y ejecutado por ella en la industria y la presión fuerte de diversos núcleos feministas, lograron finalmente convencer a los hombres franceses sobre la conveniencia de reconocer definitivamente los derechos propios de la mujer.

Me contaba siempre sus graciosas y animadas aventuras con lujo de detalles, extensamente, y, a veces, me reía con ella de las mil y muchas picardías que se veía obligada y precisada a hacer para que su familia no sospechara nunca nada. Un día casi por poco estuvo a punto de ser descubierta y denunciada por su hermano, pero la muchacha supo valerse bien de su habilidad de persuasión para que el chiquillo guardara sepulcral silencio, al menos sólo por unos días. En realidad, ciertamente aquella muchacha llena de vida, sana y saludable, hacía un tremendo contraste con una familia tan austera, rígida y seria. La pobre chica no tenía otra mejor alternativa que crear imaginativamente su propio mundo lleno absolutamente de las fantasías que le negaba en verdad su otra realidad.

CAPITULO V

LOS PRONOMBRES

Los pronombres, por ser palabras que sustituyen al nombre, poseen un valor morfológico y sintáctico, pues son vocablos que hacen referencia a personas o cosas ya nombradas. Esta carencia de contenido semántico es una particularidad propia de todos los pronombres; no sabemos el significado propio de *aquello* o de *que,* pero sí la función que tienen en la oración y, por tanto, su significado vicario. Si decimos: *No entiendo esto* , el pronombre *esto* no posee contenido semántico alguno en sí mismo, pero sí lo tiene cuando lo entendemos como palabra que remite, representa o hace referencia a otra ya mencionada.

Pasemos de inmediato a estudiar los pronombres desde el punto de vista de la redacción.

PRONOMBRES PERSONALES

PRONOMBRE SUJETO

La conjugación española posee unas diferencias propias para cada persona gramatical. Las formas verbales personales contienen en sí mismas al sujeto y predicado. Si digo: *Cantaremos mañana,* es innecesario añadir "nosotros", porque la terminación verbal es inequívoca. Solamente en doce casos las desinencias verbales son iguales en la primera y tercera persona del singular *(cantaba, había cantado, cantaría, habría cantado, cante, haya cantado, cantara o cantase, hubiera o hubiese cantado, cantare, hubiere cantado).* Salvo estos casos, el sistema verbal español resulta tan claro y expresivo que no requiere el uso del pronombre sujeto.

En contraste con lo anteriormente expuesto, otros idiomas como el inglés y el francés, por carecer de todas las desinencias verbales el primero, y por motivos de uso y ritmo el segundo, requieren la presencia continua de los pronombres sujetos. Así pues, los traductores deben tener en cuenta esta diferencia entre los idiomas, con el fin de evitar en el texto traducido al español la monótona repetición de los pronombres sujetos. En un castellano correcto no escribiríamos: *Nosotros hablábamos de temas bastante conocidos y tú estabas de acuerdo; después de tanta charla, nosotros decidimos salir a dar un paseo y nosotros caminamos un rato por aquella hermosa avenida tan llena de recuerdos.* Mejor nos expresaríamos de la siguiente manera: *Hablábamos de temas bastante conocidos y estabas de acuerdo; después de tanta charla, decidimos salir a dar un paseo y caminamos un rato por aquella hermosa avenida tan llena de recuerdos.*

Sobre el uso del pronombre sujeto de primera y segunda persona afirma Samuel Gili Gaya: *Como norma general puede establecerse que la presencia del pronombre sujeto de primera y segunda persona es siempre innecesaria* (1). En: *Salíamos de casa, cuando llegó apresuradamente,* no es preciso el "nosotros" ni "él", pues la desinencias verbales lo aclaran. Por otra parte, los pronombres sujetos de primera y segunda persona pueden emplearse con un carácter enfático para recalcar la función del sujeto. Por ejemplo, en: *Mientras yo trabajaba, tú derrochabas todo el dinero,* es obvio que quiero poner de relieve la diferencia de actitudes entre los dos sujetos y, por esta razón, es muy pertinente el uso de los pronombres sujetos.

En cuanto al pronombre sujeto de tercera persona —dado los doce casos del sistema verbal en que la primera y tercera persona son iguales— conviene hacer uso del mismo cuando sea necesario para evitar la ambigüedad. Igualmente pueden usarse con un carácter enfático, como los de la primera y segunda persona. Así pues, se puede decir: *Ella escuchaba muy atenta cuando él hablaba,* pues el verbo "hablaba" puede referirse tanto a la primera como a la tercera persona. También podríamos afirmar enfáticamente: *El es el culpable.* Al respecto comenta Gili Gaya: *La regla es, pues, que en construcción correcta el sujeto pronominal de tercera persona debe evitarse, a menos que su falta pueda crear ambigüedad* (2).

Concluiremos esta parte reiterando el cuidado que debe tenerse en lo que se refiere al uso correcto de los pronombres sujetos de primera y segunda persona, dada la riqueza del sistema verbal del castellano. *Por razones de*

---

(1) Samuel Gili Gaya, *Nuestra Lengua Materna*, p. 48.
(2) *Ibid.*, p. 51.

énfasis y para evitar la ambigüedad, es necesaria la presencia de los pronombres sujetos de primera, segunda y tercera persona; en los otros casos resulta innecesaria.

EL CASO DEL PRONOMBRE SUJETO EN LAS ORACIONES INTERROGATIVAS

Las reglas hasta ahora estudiadas sobre el sujeto pronominal tienen plena validez cuando se trata de aplicarlas a las oraciones interrogativas. Así pues, es innecesaria la presencia del pronombre sujeto en las oraciones interrogativas, a no ser que por motivos de énfasis o ambigüedad se requiera la presencia de éste. Por ejemplo: *¿Qué pensaba yo entonces? ¿Cuándo llegaste tú?*

Sobre las construcciones "¿cómo a ti te gusta?, ¿qué tú piensas?, ¿cuándo tú te vas?", tan frecuentes en Puerto Rico, opina Gili Gaya:

> Pero hemos hecho párrafo aparte, para llamar la atención sobre un calco sintáctico frecuente en Puerto Rico entre personas que más o menos saben inglés. Nos referimos a las preguntas encabezadas por los relativos y adverbios interrogativos acentuados "qué, quién, cuál, dónde, cuánto y cuándo", del tipo ¿quién ha llegado?, ¿dónde estuviste?, ¿qué piensas?, etc., de uso general en el idioma. Cuando por motivos de énfasis o de claridad se introduce en ellas el sujeto pronominal, decimos normalmente ¿qué piensas tú?, ¿cuándo se van ustedes?, ¿cuál prefiere usted?, etc. La construcción inglesa "What do you know?", con el pronombre sujeto colocado entre la partícula interrogativa y el verbo, tiende a propagar en la Isla las preguntas "¿qué tú sabes?, ¿dónde tú vas?, ¿qué ustedes buscan por aquí?, ¿cuándo usted llegó?", y otras parecidas y extrañas a la construcción normal en todos los países hispánicos (3).

A nuestro modo de ver, estas construcciones pertenecen ya a una forma común de expresión en la lengua de Puerto Rico. En lo que se refiere a la lengua escrita se debería de observar cierto cuidado en el uso de dichas construcciones; a no ser que se quiera reproducir la lengua hablada de ciertos sectores, como suele ocurrir en algunos textos literarios.

NOSOTROS

En algunas ocasiones puede hacerse uso del pronombre sujetos *nosotros* como equivalente a *yo;* es este el caso llamado "plural de modestia". La forma *nosotros* resulta más sencilla y, en algunos casos, elimina el efecto pe-

---

(3) *Ibid.*, pp. 53-54.

dantesco del *yo* al comienzo de un artículo. Luego, a lo largo de un escrito, se puede emplear *yo* en las ocasiones que así se requiera; siempre en esta posición *yo* parece menos arrogante. Para expresar opiniones personales en artículos, ensayos o tesis, se recomienda el uso del pronombre sujeto *nosotros* alternándolo con el *yo*, para así matizar un poco el carácter autoritario de éste; también se pueden emplear el *se* impersonal y el *uno* indefinido. Téngase en cuenta que en un trabajo extenso, la elegancia de la expresión reside, en buena medida, en la variedad. Esto en modo alguno está reñido con la coherencia del párrafo. En el arte de escribir, la claridad, la variedad y la armonía forman una especie de trinidad. Sobre este tema opina Martín Vivaldi:

> Conviene eliminar, siempre que se pueda, al principio de un escrito el enfático "yo". ¿Por razones de falsa modestia? No; simplemente por motivos de sencillez, de familiaridad con el lector. Arrancar con el presuntuoso "yo" suele ser contraproducente. Empezar una frase diciendo, por ejemplo, "Yo creo que la actual situación del mundo...", por su empaque petulante, recuerda la fórmula antaño reservada a los monarcas absolutos, cuando, al final de una "cédula", decían: "Yo el rey". Si se suprime el pronombre y escribimos: "Creo que la actual situación...", el tono resulta más agradable para el lector. Además, haciéndolo así, somos más fieles al espíritu y fisonomía de nuestro idioma, que en esto sigue al latín clásico, cuyos verbos nos dicen la persona por la desinencia, sin poner delante de la flexión verbal la erguida figura del pronombre a modo de hierático portaestandarte: "credo, amo, dico, lego", etc. A veces basta posponer el pronombre: "creo yo" resulta menos enfático que "yo creo".
>
> Lo dicho vale principalmente para el principio de un artículo. Luego, en medio del trabajo, puede utilizarse el "yo". Su presencia queda como atenuada por el contorno o la muchedumbre de vocablos que lo rodean (4).

En algunas ocasiones es necesario usar el "yo"; por ejemplo, cuando se escribe una crónica o artículo realizado por una persona, debe emplearse la primera persona del singular y así decir: *Hoy tuve el placer de conocer y conversar con el excelente novelista brasileño Jorge Amado*. Sería falso si la entrevista la ha realizado una persona, decir: *Hoy tuvimos...* Sin embargo, podemos transcribir parte del diálogo de la siguiente manera: *Jorge Amado nos manifestó su admiración y simpatía por Puerto Rico y su gente*. De esta manera damos una participación indirecta al lector, además es lógico pensar que las opiniones del entrevistado no son únicamente para quien hace la entrevista.

---

(4) Martín Vivaldi, *Curso de Redacción*, p. 145.

En la redacción de tesis suele aparecer el uso invariable del "nosotros"; salvo este caso, repetimos: *la alternancia de los pronombres es lo que se recomienda en la redacción de escritos de cierta extensión.*

PRONOMBRES COMPLEMENTARIOS

Nos referimos ahora a los pronombres que desempeñan el oficio de complemento directo, indirecto o circunstancial dentro de la oración. Estos pronombres se dividen en *átonos* y *tónicos;* en el primer caso, dicho pronombre complemento va sin preposición; en el segundo caso, va precedido de preposición y lleva acento, que se escribirá o no de acuerdo con las reglas ortográficas. Las formas *átonas* son: *me, nos, te, os, lo, la, le, los, las, les, se.* Las formas *tónicas* son: *mí, ti, él, ella, usted, ello, nosotros, nosotras, vos, vosotros, vosotras, ustedes, ellos, ellas, sí, conmigo, contigo, consigo.*

USOS DE LAS FORMAS ATONAS

En casi toda Hispanoamérica "vosotros" ha sido sustituido por "ustedes"; como consecuencia también ha desaparecido "os". Por esta razón, mientras en España se oye muy natural: *Os digo que esta situación nos va a traer complicaciones",* en los países hispanoamericanos se dice: *Les digo que esta situación nos va a traer complicaciones,* pues el uso de "os" se considera muy afectado. Igualmente, en el caso de los imperativos, en España se usa "Callaos todos", en Hispanoamérica será: "Cállense todos" o también "Cállense ustedes".

Las formas *átonas* pueden estar antes o después del verbo; en el primer caso se llaman *proclíticas: lo vi ayer;* en el segundo caso se llaman *enclíticas: envíame el libro que te pedí.* Irán en posición enclítica con imperativos, gerundios e infinitivos: *Dilo pronto; Estaba mirándote; Ayer fui a buscarte.* Si las formas nominales se encuentran subordinadas a otros verbos, los pronombres átonos pueden cambiar a una posición proclítica, por ejemplo: *Estaba contándome toda la historia* o *Me estaba contado toda la historia.* Con las restantes formas verbales se prefiere la posición proclítica del pronombre; aunque la posposición del mismo no es incorrecta, está en desuso en la lengua escrita actual y se considera esta forma arcaizante; leemos corrientemente: *Lo encontraba siempre durmiendo a pierna suelta,* y nos parecería rebuscado: *Encontrábale siempre durmiendo a pierna suelta.*

Hemos dejado para el final de esta parte dos casos problemáticos en el uso de los pronombres átonos, nos referimos al pronombre "se" acompañado de otros pronombres, y al uso de las formas "le", "la", "lo". Si junto a un verbo se encuentran varios pronombres ya sea en posición enclítica o proclítica, y uno de ellos es el pronombre "se", éste debe preceder a los restantes. Por ejemplo, se dirá: *Se te avisó con tiempo suficiente,* y no *Te se avisó con tiempo suficiente; La sortija que me regalaste se me perdió,* y no *La sortija que me regalaste me se perdió;* las contrucciones censuradas se consideran vulgarismos.

Lo, La, Le son pronombres complementarios que tienen una función específica en la oración: *lo, los, la, las* son siempre complementos directos; mientras que *le* y *les* son indirectos. En algunas zonas de España, la gente, dejándose llevar por la terminación masculina o femenina del pronombre y no por su función sintáctica, lo usan indebidamente, así dicen: *La voy a regalar una muñeca,* en lugar de: *Le voy a regalar una muñeca; Este vestido le compré en Madrid,* por *Este vestido lo compré en Madrid*. A este empleo incorrecto de los pronombres *lo, la, le* y sus plurales se le conoce como: *loísmo, laísmo y leísmo.*

Los pronombres *lo, los, la, las* corresponden al caso acusativo y son, por tanto, complemento directo. Los pronombres *le, les* corresponden al caso dativo y son siempre complemento indirecto. Es correcto decir: *Le escribo esta carta,* pero incorrecto: *La escribo esta carta,* pues el complemento directo es *la carta* y el indirecto o a quien se le escribe la carta es *le*. Es correcto decir: *Le regalé una corbata,* y no: *Lo regalé una corbata,* ya que el complemento directo es *la corbata* y el indirecto *le*. Estas incorrecciones suelen darse porque se tiene en cuenta el género y se piensa: *lo regalé una corbata* o *la escribo una carta,* bien por ser él o ella, desatendiendo la función sintáctica de los pronombres.

En lo que se refiere al *leísmo* la norma actual permite el uso de *le* por *lo,* esto es, como complemento directo, cuando se refiere a personas, por ejemplo: *Le vi ayer en la universidad;* pero es del todo incorrecto usarlo cuando se refiere a cosas; como, por ejemplo, si me refiero a un libro: *Le dejé en la mesa;* debe decirse: *Lo dejé en la mesa.*

Existe en la actualidad un uso redundante de las formas *le* y *les* en oraciones con un sentido claro y preciso. Por ejemplo: *Les dijo a los familiares que se fueran; Le obsequió a su novia un hermoso regalo.* En ambos casos los pronombres *les* y *le* anticipan otros complementos, que, por su claridad, hacen innecesario el uso de las formas pronominales. De igual manera, también se usan a veces con este sentido redundante los pronombres *lo, los, la, las.* Si bien la Academia y la norma culta aprueban el doble empleo de las formas átonas y tónicas para dar un sentido enfático o para aclarar u oponer, no ocurre así con las formas átonas que considera redundantes en los casos señalados.

USO DE LAS FORMAS TONICAS

Se consideran términos de una preposición y pueden hacer oficio de complemento directo, indirecto y circunstancial. Ejemplos: *Oigo a ella con gran sorpresa; Leyó unos versos para nosotros; Vino conmigo a misa.*

A veces suelen estos pronombres tónicos ir acompañados de la preposición "a" y de un pronombre átono, dando así lugar a un pleonasmo: *A mí me lo dijeron hace tiempo; Todo eso nos interesa mucho a nosotros; A él lo vi ayer.* Muy bien se podrían eliminar las formas tónicas y quedar las oraciones de la siguiente manera: *Me lo dijeron hace tiempo; Todo esto nos interesa mucho; Lo vi ayer.* La repetición del pronombre o la concurrencia de las formas átona y tónica tuvo en un principio un sentido enfático, hoy en día no siempre se usa con este propósito. Sobre este uso opina Gili Gaya: *Estas construcciones se propagaron por analogía en los siglos XIX y XX, y hoy son muy frecuentes en el habla y en literatura, aunque el sentido enfático originario no siempre se percibe con claridad. Es, pues, un cambio sintáctico que gana terreno en todos los países de lengua española, y no ha por qué censurarlo* (5).

No siempre esta concurrencia de pronombres átonos y tónicos debe entenderse como un pleonasmo, *sino que denotan por lo general un propósito de contraste, discriminación, diferencia o exclusión tácita o expresa* (6). Por ejemplo, en la oración: *A mí me dijeron esto,* puede haber un sentido aclaratorio o de oposición.

El pronombre átono *le, les* puede también resultar impreciso; en estos casos se recomienda el uso de una forma tónica para aclarar el sentido. Ejemplos: *Le dije que se fuera temprano; Le ha prometido un viaje a Suecia; Les aseguraba que muy pronto tendrían una sorpresa.* Si el contexto no lo aclara, los pronombres *le* y *les* no indican si se refiere a *él,* a *ella,* a *ellos,* a *ellas;* para mayor claridad puede decirse: *Le dijo a ella que se fuera temprano; Le ha prometido a él un viaje a Suecia; Les aseguraba a ellos que muy pronto tendrían una sopresa.*

La imprecisión del pronombre "se", invariable en género y número, se soluciona con la presencia de una forma tónica. Ejemplo: *Se lo regalé a él; Se lo ofrecí a ustedes.* En los ejemplos anteriores puede verse el carácter incoloro de "se", que no precisa género ni número, y en estos casos se hace necesaria la presencia de los pronombres tónicos.

---

(5) Samuel Gili Gaya, *Nuestra Lengua Materna,* p. 100.
(6) Real Academia Española, *Esbozo de una Nueva Gramática de la Lengua Española,* p. 423.

PRONOMBRES POSESIVOS

Sirven de enlace entre los objetos y las personas gramaticales, estableciendo entre ambos una relación de posesión o pertenencia. Por su propia función de enlace entre el objeto poseído y la persona gramatical, tienen una estrecha relación con los pronombres personales.

En español los pronombres posesivos se emplean mucho menos que en otras lenguas como, por ejemplo: francés, inglés o alemán. Resulta innecesario, por tanto, usar los pronombres posesivos, a no ser que se quiera recalcar el objeto poseído. El uso recurrente de los pronombres posesivos, sin ser gramaticalmente incorrecto, es redundante y da al escrito un marcado tono extranjerizante. Oraciones como: *He dejado mi cartera en mi casa; Saco mi dinero de mi bolsillo,* ganarían en soltura si se dijera: *He dejado la cartera en casa; Saco el dinero del bolsillo;* ya que lo lógico es que sea mi cartera la que dejo en mi casa, y mi dinero el que saque del bolsillo. Cuando queremos poner de relieve la cosa poseída, entonces podemos decir: *Hago con mi dinero lo que quiero,* quizá para recalcar o contrastar.

Si es preciso poner de manifiesto la participación del sujeto en la acción, se usa un pronombre personal con valor de dativo ético, por ejemplo: *Me he dejado la cartera en casa; Me saco el dinero del bolsillo; Se olvidó de traer el pañuelo.*

La pérdida del *vosotros* en Hispanoamérica ha traído consigo la desaparición del posesivo *vuestro,* que suena tan afectado en estos países. En España se oye comúnmente: *Vuestros hijos son muy amables,* tal expresión en Hispanoamérica causaría extrañeza por su aire retórico para el oyente hispanoamericano; por esto se diría: *Los hijos de ustedes son muy amables* o *Sus hijos son muy amables.*

Nuestra lengua, tan clara y específica para expresar relaciones de género, número, voz, modo, tiempo y persona, carece de estas especificaciones en el caso del pronombre posesivo "su", que no indica si se refiere a *de él, de ella, de ellos, de ellas, de usted, de ustedes.* Por ejemplo, cuando decimos: *Luis fue a casa de Antonio y allí vio a su hermano,* nos podemos preguntar: ¿El hermano de quién?, ¿de Luis o de Antonio?. "Su" no nos indica el poseedor. Esta evidente limitación del idioma hay que subsanarla con los recursos idiomáticos que explicamos a continuación.

En primer lugar, para evitar la obscuridad del "su", se debe colocar este posesivo lo más cercano posible del nombre a que se refiere. Por ejemplo: *En casa de Antonio Luis vio a su hermano;* en lugar de decir: *Ella conoció a su novio en su pueblo,* puesto que no se sabe el pueblo de quién, saldríamos de dudas si dijéramos: *En su pueblo ella conoció a su novio,* caso de que sea el pueblo de ella; en el caso contrario se diría: *Ella conoció a su novio en el pueblo de él.*

La Academia y Gili Gaya recomiendan, para evitar esta ambigüedad, añadir a "su" y "sus" el nombre del poseedor o el pronombre que lo refiere precedido de la preposición "de". Ejemplos: *Su casa de usted; Sus intereses de usted.* La Gramática de la Academia observa: *Ordinariamente, tanto en España como en América, "su", "sus" sin indicación del poseedor aluden a una tercera persona* (7).

Desde el punto de vista estilístico, en ocasiones estas alternativas no suelen tener un resultado satisfactorio, por esto recomendamos seguir el criterio de claridad y elegancia.

PRONOMBRES DEMOSTRATIVOS

Se colocan en lugar del sustantivo para determinar su situación en relación con las personas gramaticales o respecto a la distancia en el espacio y el tiempo. *Este* es el más cercano a la primera persona; *ese* es el más cercano a la segunda persona; *aquél* es el más lejano de las dos.

La influencia del francés y del inglés se hace visible en nuestro idioma en construcciones ajenas al mismo y reñidas con el mejor uso de la sintaxis castellana. Los pronombres demostrativos *esto* y *eso* aparecen en ocasiones usados innecesariamente, alterando la fisonomía del idioma. Por ejemplo: *El joven respeta a los ancianos. Esto lo enorgullece; El compró una gran casa. Eso le costó mucho dinero.* En estos casos es preferible sustituir *esto* y *eso* por un relativo o por el demostrativo en función de adjetivo, seguido del sustantivo correspondiente. Ejemplos: *El joven respeta a los ancianos, lo cual lo enorgullece; El joven respeta a los ancianos, esta actitud lo enorgullece; El compró una gran casa, que le costó mucho dinero; El compró una gran casa; esa inversión le costó mucho dinero.*

El demostrativo *aquél* y sus formas femeninas y plurales suelen usarse también excesiva y viciosamente en lugar del artículo, que, en castellano, puede sustantivar las oraciones seguidas por la preposición "de" o por una oración de relativo. Este uso impropio de *aquél* en buena medida puede deberse a una traducción errónea de la forma inglesa "those". Veamos algunos ejemplos: *Aquel que quiera decir algo que levante la mano; Mis circuns-*

---

(7) *Ibid.,* pp. 428-429; Samuel Gili Gaya, *Curso Superior de Sintaxis Española,* pp. 240-241.

tancias actuales son distintas a aquellas tuyas; Aquellas que piensen que me equivoco, cometen un grave error. Las oraciones anteriores quedarían mucho mejor de la siguiente manera: *El que quiera decir algo que levante la mano; Mis circunstancias actuales son distintas de las tuyas; Las que piensan que me equivoco, cometen un grave error* (8).

PRONOMBRES INDEFINIDOS

Reemplazan a un sustantivo de persona o cosa no especificada o cuya determinación no interesa a los hablantes. En cuanto al uso de los pronombres indefinidos es conveniente mencionar aquí dos casos en los que se cometen errores frecuentes. En primer lugar, recordemos que el plural de *cualquiera* y *cualquier* son *cualesquiera* y *cualesquier;* en ocasiones, se oye y se ve escrito: *Cualesquiera de ustedes debe venir a cerrar la puerta o Cualquiera que sean las circunstancias habrá que decidirse.* Estas oraciones deben corregirse de la siguiente manera: *Cualquiera de ustedes debe venir a cerrar la puerta* y *Cualesquiera que sean las circunstancias habrá que decidirse.*

De nuevo, por influencia del inglés, debemos señalar incorrección en oraciones como éstas: *Esta obra es una de lo más interesante; La finca que compraste parecía una muy extensa.* Debe decirse: *Esta obra es de lo más interesante* y *La finca que compraste parecía muy extensa.* En español es incorrecto el uso del pronombre indefinido "uno" en el predicado, ya que es innecesario en este tipo de oraciones copulativas.

Hemos separado en otro capítulo el pronombre relativo, debido a su frecuencia en el uso y a los problemas de redacción que puede traer el abuso de esta forma.

A modo de conclusión y consejo práctico, recordamos que no se debe abusar de los pronombres personales, ya que básicamente son palabras que hacen referencia a otras; por esta razón, su abuso puede ser redundante e innecesariamente enfático o erróneo. *Sólo cuando la claridad o la expresividad de la frase así lo exigen, es necesaria la presencia de los pronombres personales.*

---

(8) Sobre este particular, véanse los siguientes textos: Real Academia Española, *Op. cit.*, p. 527; Samuel Gili Gaya, *Curso Superior de Sintaxis Española,* pp. 304-305.

SINOPSIS

Pronombres
- **A.** Definición
- **B.** Clasificación
  1. Pronombres personales
     - a. Pronombre sujeto (oraciones interrogativas)
     - b. Pronombres complementarios
       - átonos
       - tónicos
  2. Pronombres posesivos
  3. Pronombres demostrativos
  4. Pronombres indefinidos

EJERCICIOS

A. En los ejemplos siguientes hay usos incorrectos de los pronombres personales, corrija las oraciones como crea conveniente.

1. Les pidió a sus hijos más prudencia.
2. Nosotros hablaremos hoy sobre ese asunto.
3. Me se ha perdido el paraguas nuevo.
4. Le he colocado encima de tu escritorio.
5. ¿Cuándo tú has venido?
6. La conté toda la historia.
7. Tú cobrarás el sueldo mañana.
8. Les amonestó a sus amigos sobre ciertos sucesos.
9. ¿Cómo tú te enteraste?
10. Te se dijo que no vinieras.
11. La compré una linda cartera.
12. El comió rápidamente la escasa ración de comida.
13. ¿Cómo tú te llamas?
14. Le he guardado en el ropero.
15. Les pidió a sus padres bastante dinero.

B. Modifique el uso incorrecto de los pronombres posesivos cuando lo crea conveniente.

1. Saco mi pañuelo de mi bolsillo.
2. María y Juan se casaron y a sus familares no les gustó.
3. ¿Ha conocido usted a su hermano?

4. Dejé mi bolígrafo en mi casa.
5. En el concierto Carmen y Jaime vieron a su hermana.
6. Tú pierdes tus gafas a cada rato.
7. Les quiero recordar que nunca he estado en su casa.
8. Luisa asistió a la fiesta de Enrique y allí se encontró con su amiga.
9. Olvidé cerrar las puertas de mi automóvil.
10. Sus amigos son encantadores.

C. Las oraciones que siguen a continuación son ejemplo del mal uso de los pronombres demostrativos e indefinidos. Haga las correcciones oportunas.

1. Aquél que no haya recibido el pago, que lo diga ahora.
2. Ella aprendió la lección. Esto le será de gran provecho.
3. Esta situación es una inaguantable.
4. El jefe ha cometido un grave error. Esto lo va a perjudicar.
5. Habrá que ir a verlo cualquiera que sean las circunstancias.
6. El estudiante Pereira ganó el premio. Esto le produjo una gran satisfacción.
7. Aquellas que se quedaron en silencio, pasaron por discretas.
8. El tema discutido era uno muy importante para el país.
9. Cualesquiera de los niños debe venir a recoger la llave.
10. Mi madre salió de viaje. Esto le ayudará a mejorar su salud.
11. Sus ingresos actuales son mejores que aquellos de años atrás.
12. El asunto del que me hablas es uno muy delicado.
13. Mi hijo aprobó los exámenes. Esto le traerá muy buenas consecuencias.
14. Cualesquiera de ustedes puede escribir la carta.
15. Nuestra casa está mejor decorada que aquella del vecino.

D. Algunos de los siguientes ejemplos tienen ciertos errores, corríjalos cuando sea necesario.

1. A nuestro modo de ver esto es correcto.
2. Ustedes, sin duda, no conocen toda la verdad.
3. Entrad rápidamente.
4. Mirábalo con cierta curiosidad.
5. Aquellos que se fueron antes, hicieron una buena decisión.
6. ¿Qué pensaría yo entonces?
7. Lo he colocado sobre la mesa.

8. Esta lección es una muy difícil.
9. A mí me parece que eso no está bien.
10. Salgan ustedes de aquí.
11. En lugar de este traje, prefiero aquél.
12. Vosotros os complicáis la vida demasiado.
13. A ella hace tiempo que no la veo por aquí.
14. Les vi y enseguida les saludé.
15. ¿Cómo a ti te parece esto?
16. Elisa y Rita alquilaron su apartamento a unos extranjeros.
17. Ahora, mi posición es distinta a aquella de antes.
18. Les exigió a sus empleados más puntualidad.
19. Se te avisó con antelación.
20. Nuria y Roberto se encontraron en la calle con sus padres.
21. A mí me gusta más este cuadro.
22. Olvidé mis espejuelos en casa.
23. La ha hablado con un tono muy autoritario.
24. Tú cantaste muy bien anoche.
25. Lo encontré muy bien de salud.
26. El caminaba muy lentamente.
27. Mi tío visitó a su hermano en su oficina.
28. A sus padres no le tenía respeto.
29. Tú te callas mientras yo hable.
30. Creo yo que he aprendido algo sobre redacción.

CAPITULO VI

PRONOMBRES RELATIVOS
USO Y ABUSO DE *QUE*

Los pronombres relativos se colocan en lugar del sustantivo, *el antecedente*, y relacionan a éste con otra oración subordinada de la que forma parte el mismo relativo. Establece así una relación entre ambas oraciones. Ejemplos: *Amelia, que es la niña más inteligente de la clase, sacó las mejores notas; Me refiero a tu hermano, quien es muy conocido en estos círculos; Le vendimos la casa a los visitantes italianos, la cual, por cierto, está bastante deteriorada.* Los pronombre relativos son: *que, cual, quien* y *cuyo;* existen además los adverbios relativos: *donde, como, cuanto* y *cuando*, que sirven para sustituir en algunas ocasiones a los pronombres relativos.

QUE.

Es una forma invariable. Su antecedente puede ser una persona o cosa. Se puede cambiar por el relativo *el cual* en las oraciones subordinadas de relativo explicativas, pero no en las especificativas. Ejemplos: *Las niñas, que estaban hablando, no atendían a la profesora* o *Las niñas, las cuales estaban hablando, no atendían a la profesora;* la sustitución no se podría hacer en la especificativa: *Las niñas que estaban hablando no atendían a la profesora.*

CUAL.

Esta forma recobra su valor de adjetivo correlativo de *tal* cuando se usa sin el artículo, como en: *Eres tal cual te imaginé.* Como ya se ha anticipado al hablar de *que, cual* y sus variantes tienen un valor explicativo y, por esta razón, puede intercambiarse con *que* en las oraciones de relativo explicativas.

Hay ocasiones en que la sustitución es casi obligatoria, como en el caso del relativo lejos del antecedente, donde el uso de *cual* o la variante que corresponda por su capacidad para expresar género y número, resulta una alternativa más apropiada que el invariable *que*. Ejemplo: *Me hablaba de su amiga, que vivía en París, con gran entusiasmo; la cual solía escribirle con bastante frecuencia; Llegó un personaje cuando ya habíamos concluido la cena, del cual te hablaré más tarde.*

También *el cual* sustituye a *que* al final de un grupo fónico, debido al carácter proclítico de *que;* en esta posición se suele preferir *el cual* por motivos de claridad y armonía. Ejemplo: *Me pidieron que les enviara unos libros, si mal no recuerdo, de tema sencillo y expresión clara, propios para aquel ambiente de tensión, los cuales, sin mayor dilación, envié de inmediato.*

Al estudiar los usos de *que* y *cual*, los resultados de estas investigaciones han confirmado lo siguiente: la forma *que* se usa más al comienzo del grupo fónico, pero se prefiere *el cual* al comienzo del grupo fónico si hay una preposición (1). Ejemplos: *Me parecieron absurdas todas las cosas que me contaste; Siento decirte que todos tus sacrificios fueron inútiles y no los merecían aquellas personas por las cuales tanto te sacrificaste.*

Existe cierta oscilación en el uso de *que* precedido de preposición y la propensión a sustituirlo por *el cual*. A continuación transcribimos la opinión de Gili Gaya sobre este punto:

> Las preposiciones que pueden preceder al relativo "que" son, como él, proclíticas. Por esta causa hay una gran vacilación, tanto en la lengua clásica como en la moderna, en el empleo de "que" precedido de preposición, y una clara tendencia a sustituirlo por "el cual", aun en las especificativas: *Existen entendimientos para los cuales es inútil argumentar con razones; No hallamos fundamento sobre el cual podamos entablar demanda.* Es indudable que no habría dificultad lógica en decir "para los que" y "sobre el que", pero los escritores y el uso general prefieren ordinariamente "para los cuales" y "sobre el cual", respectivamente. Esta preferencia se debe a un motivo rítmico: al sucederse varias sílabas átonas de palabras proclíticas por naturaleza, se busca un apoyo intensivo que no puede ser "que", sino "cual". Por esto los gramáticos coinciden en decir que esta sustitución es particularmente frecuente con preposiciones bisílabas, o con locuciones equivalentes a una preposición, como "por encima del cual", y no "del que"; "de entre las cuales" y no "las que". Con las preposiciones monosílabas existe gran vacilación, y abundan los ejemplos de "el que" y "el cual". Afirman las gramáticas que suele emplearse "el cual" por "el que" detrás de las pre-

---

(1) Sobre este punto véase S. Fernández Ramírez, *Gramática Española I*, p. 167 y sgtes., texto citado por S. Gili Gaya, *Curso Superior de Sintaxis Española*, p. 307.

posiciones monosílabas "por", "sin", "tras" y que en cambio es poco frecuente la sustitución en las especificativas con las demás preposiciones de una sola sílaba. Creemos que pueden influir en ello preferencias individuales o regionales, y sobre todo las circunstancias rítmicas de cada caso particular. Una vez abierto el camino, la analogía ensancha el uso de "el cual" especificativo o explicativo, con cualquier preposición, aunque las condiciones del ritmo intensivo no parezcan justificarlo siempre (2).

Sin duda las reglas gramaticales no siempre son fáciles de retener en la memoria, por esta razón, y basándonos en la opinión de la autoridad citada, nos parece que en esta cuestión tan vacilante el criterio del ritmo nos ayudará a escoger la mejor solución.

QUIEN

Este pronombre se refiere a personas o cosas personificadas. Es una forma variable y, como los otros relativos, concierta con el antecedente.

Cuando su antecedente está expreso, su uso no presenta dificultades y puede desempeñar la función de sujeto, predicado nominal y complemento; pero no puede usarse como sujeto de una oración especificativa. Ejemplos: *El estudiante quien ha entrado en el salón* y *La niña quien me ha dado unas flores;* en su lugar debe decirse: *El estudiante que ha entrado* y *La niña que me ha dado las flores.* Sin embargo, esta forma sí puede usarse como sujeto de una oración explicativa, por ejemplo: *Esta persona, quien es muy conocida entre ciertos grupos intelectuales, goza de gran prestigio.*

En los casos en que esta forma no tiene antecedente expreso, su uso sigue las reglas generales de los demás relativos.

CUYO.

Este pronombre concierta en género y número con el sustantivo que acompaña llamado *consiguiente.* En esto se diferencia de los otros relativos que conciertan con el *antecedente.* Por ejemplo decimos: *El libro cuyas páginas me ha hecho pensar* y *La casa cuyo techo está ricamente trabajado.*

Procede del pronombre latino *cuius-a-um* y retiene su doble valor de relativo y posesivo; por esta misma razón concierta con la persona o cosa poseída al igual que todos los posesivos.

El olvido o desconocimiento de su condición de posesivo hace que en no pocas ocasiones se use como otro relativo más, incorrección que se debe

---

(2) S. Gili Gaya, *Curso Superior de Sintaxis Española,* pp. 307-308.

evitar. No se puede decir: *Le he regalado dos cuadros, cuyos cuadros me costaron bastante caros* o *Me compré un automóvil cuyo automóvil tiene ya varios años de uso;* sino *Le he regalado dos cuadros, que me costaron bastante caros; Me compré un automóvil que tiene ya varios años de uso.*

Se permite el uso de *cuyo* cuando concierta con las palabras: *fin, motivo, causa, razón* y otras similares. Ejemplo: *En algunas ocasiones el tren se detenía demasiado en las estaciones por las que tenía que pasar, por cuyo motivo los pasajeros llegaban tarde a sus destinos;* podría decirse también: *En algunas ocasiones el tren se detenía demasiado en las estaciones por las que tenía que pasar y, por este motivo, los pasajeros llegaban tarde a sus destinos.*

Generalmente se usa como vínculo entre los dos sustantivos que relaciona: antecedente o poseedor y consiguiente o persona o cosa poseída; este es el empleo y función que le es más propia. Ejemplo: *Vi ayer una película, cuya escena final es muy emocionante; Le regalaron un vestido, cuya tela es finísima.*

En algunas ocasiones pueden intercalarse algunas palabras entre el antecedente y la oración subordinada introducida por el pronombre *cuyo*. Ejemplo: *Fui a ver aquella finca, que me recomendaste, cuya extensión de terreno me resulta muy conveniente.*

Además de estos pronombres relativos, conviene recordar también el uso y valor relativo que, en determinadas ocasiones, tienen los adverbios: *donde, como, cuanto, cuando;* los cuales pueden sustituir a *que* y *el cual*. Este valor de los adverbios mencionados es muy importante recordarlo cuando se presentan problemas de traducción; más adelante nos detendremos en este aspecto. Ejemplos: *El pueblo en donde nací es muy pintoresco; Rememoraba yo aquellos días cuando habíamos sido tan felices.*

USO Y ABUSO DEL PRONOMBRE RELATIVO *QUE*

La reiterada utilización del relativo *que* nos ha obligado a dedicar un capítulo a este pronombre que, con tanta frecuencia, es piedra de tropiezo de noveles y renombrados escritores. Al mal uso y abuso del pronombre *que* se le llama *queísmo*. Martín Vivaldi se refiere a este problema de la siguiente forma:

> A nuestro juicio, el peligro "queísta", ante el que es preciso poner mucha atención, deriva del francés. Este galicismo constructivo nos invade hoy, sobre todo por influjo indirecto del habla americana (muy influida, a su vez, por la construcción francesa "queísta"). Así, un francés dice: *Ce n'est pas là que sont nos*

134

parents, cuya traducción literal sería: *No es allí* **que** *están nuestros padres;* pero la redacción correcta en español es: *No es allí* **donde** *están nuestros padres* (2).

Además de las dificultades estilísticas en el uso de *que* como pronombre, existen las relacionadas con el uso de *que* como partícula subordinante en las oraciones subordinadas sustantivas: *Le rogué que no llegase tarde.* También puede usarse la partícula *que* al comenzar oraciones independientes interrogativas o exhortativas: *Que lo pase bien; ¿Qué no te lo ha contado?;* como parte de algunas locuciones temporales: *Díselo antes de que se vaya;* en algunas locuciones modales: *Me explicó con igual seguridad que certeza todos los peligros que corría si continuaba con aquella amistad;* en las locuciones conjuntivas finales: *Vine para que me des los libros;* como parte de las locuciones conjuntivas causales: *Estoy aquí puesto que tú lo quieres;* en locuciones conjuntivas consecutivas: *El teatro estaba lleno, así que decidimos irnos al cine;* y como parte de otras locuciones semejantes a las ya mencionadas.

La voz *que,* ya sea pronombre, ya nexo de diversa naturaleza, se emplea frecuentemente en el idioma y, quizás por su polivalencia, el uso de esta forma degenere con tanta facilidad en abuso y pobreza de estilo.

ERRORES DE CONCORDANCIA

Por tener la oración de relativo un valor adjetivo, el pronombre relativo *que* debe colocarse lo más cerca posible de su antecedente; de esta manera se evitan ambigüedades y errores de interpretación, a la vez que se mantiene una construcción lógica. Ejemplos: *Discutiremos la parte final de esta película que me pareció excelente;* podemos preguntarnos: ¿la parte final o la película?, o deducir que es la película ya que aparece al lado del relativo y, por esta razón, bien podría tomarse como su antecedente. Para evitar estas confusiones debemos decir: *Discutiremos de esta película la parte final, que me pareció excelente.*

Cuando no es posible colocar el relativo después de su antecendente, se recomienda el uso de *el cual,* apto para expresar género y número, precisión que no posee *que.* En algunos casos, de no ser posible esta sustitución, se puede repetir el antecedente o dar otro giro a la oración. Ejemplos: *Me refería a la joven que conocí en San Juan, el día de Reyes, de la cual te he hablado en varias ocasiones; Compré una extensa finca con hermosos árboles y tierra fértil, lista para sembrar, que necesito vender ahora;* en este ejemplo, si

---

(2) Martín Vivaldi, *Curso de Redacción,* p. 67.

sustituimos *que* por *la cual,* el problema no se resuelve, pues al ser femenino *finca* y *tierra* persiste la ambigüedad y no se sabe si se necesita vender la finca o la tierra, parte de la misma. Para la mayor claridad convendría decir: *Con hermosos árboles y tierra fértil, lista para sembrar, compré una extensa finca, que necesito vender ahora;* o también: *Compré una extensa finca con hermosos árboles y tierra fértil, lista para sembrar, y ahora necesito vender la finca.*

QUE GALICADO

Se denomina de esta forma al uso indebido de *que* en lugar de *cuando, donde, como, por lo que, a quien, con quien, de quien,* etc. Este vicio de redacción y expresión se debe en gran medida a la influencia de la construcción francesa *c'est..que*. Las malas traducciones propagan expresiones como éstas: *Es a tu padre que yo veo allí,* traducción incorrecta de: *C'est ton père que je vois là;* debe decirse: *Es a tu padre a quien veo allí; C'est avec mon frère que je suis allé ou théâtre,* traducción incorrecta: *Es con mi hermano que yo he ido al teatro;* debe decirse: *Es con mi hermano con quien yo he ido al teatro.*

A continuación damos una muestra de malos usos del *que* y sus correspondientes formas correctas. Generalmente, estos errores también se deben al poco uso o desconocimiento del valor relativo de los adverbios *donde, como, cuando,* y el uso de las distintas preposiciones delante de dichos adverbios o de los pronombres relativos *que* y *quien.*

FORMAS INCORRECTAS	FORMAS CORRECTAS
Es allí que lo coloqué	Es allí *donde* lo coloque
Fue entonces que decidí esto	Fue entonces *cuando* decidí esto
Es comiendo menos que rebajarás de peso	Es comiendo menos *como* rebajarás de peso
Es a mí que viene a buscar	Es a mí *a quien* viene a buscar
Son estas dificultades que veo	Son estas dificultades las que veo
Será a España que iremos a pasar las vacaciones	Será a España a donde iremos a pasar las vacaciones
Será por eso que vino a verme	Será por eso por lo que vino a verme
Es por esta razón que me llamó por teléfono	Es por esta razón por la que me llamó por teléfono
Es por esto que te digo estas cosas	Es por esto por lo cual te digo estas cosas

A juicio de Martín Vivaldi, en la mayoría de estos casos, si se elimina la forma afrancesada *es...que,* la expresión resulta más propia y de acuerdo con el mejor uso del idioma. Así se puede decir: *Por esto vino a verme; Por esta razón me llamó por teléfono; Por esto te digo estas cosas.* Sin duda, de esta manera la frase resulta más directa y se prescinde de palabras innecesarias en la expresión castellana, como lo es *es por esto que,* la equivalencia francesa de *c'est pour cela que,* forma necesaria en el idioma francés, pero no en el castellano (3).

DE QUE Y *DEQUEISMO*

El nexo doble *de que* se emplea siempre en las oraciones complementarias de genitivo, con verbos y sustantivos que indiquen posesión. En estos casos la preposición "de" cumple una función de genitivo o complemento determinativo. Por esta razón, el nexo genitivo *de que* se usa con nombres en nominativo que hagan el oficio de sujeto, por ejemplo: *Existe la posibilidad de que me vaya de viaje; Tengo el presentimiento de que algo va a suceder.*

También se usa *de que* en oraciones complementarias de genitivo con adjetivo: *Me siento un poco temerosa de que vaya a pasarte algo; Estoy convencida de que volverá.*

Hoy día existe una gran confusión en el uso de las partículas *de que,* y a su mal uso y abuso se le ha denominado *dequeísmo*. Es bastante común oír, aun en sectores cultos, lo siguiente: *Me dijo de que la esperara a las siete; Me había explicado de que su familia se había arruinado; Mi hermano contaba de que en el colegio se comía muy mal;* en lugar de: *Me dijo que la esperara a las siete; Me había explicado que su familia se había arruinado; Mi hermano contaba que en el colegio se comía muy mal.* Este vulgarismo se ha propagado de manera alarmante en el español de España e Hispanoamérica y su radio de acción se considera bastante amplio.

Es un error colocar la preposición "de" delante de oraciones completivas de verbos como: *contar, mandar, decir, pensar, temer, imaginar,* etc. Nunca debe decirse: *Imaginaba de que me quería; Mandaba de que le trajeran las cosas a su debido tiempo;* sino: *Imaginaba que me quería; Mandaba que le trajeran las cosas a su debido tiempo.*

OMISION INCORRECTA DE *QUE*

La partícula *que* no debe nunca eliminarse cuando tiene el valor de *nexo subordinante* en las oraciones subordinadas completivas, al enlazar a éstas

---

(3) Para mayor información sobre este particular, véase Martín Vivaldi, *Op. cit.,* pp. 67-69.

con la oración principal; la oración subordinada es complemento directo de la principal. Ejemplos: *Les pedimos nos indiquen el lugar de salida; Te rogó le devuelvas sus cartas;* debe decirse: *Les pedimos que nos indiquen el lugar de salida; Te rogó que le devuelvas sus cartas.*

SUSTITUCIONES DEL *QUE* RELATIVO

A continuación damos unos mecanismos por medio de los cuales podemos sustituir la oración de relativo por otra forma alterna. Estas formas de sustitución están tomadas del texto de Martín Vivaldi, ya citado con anterioridad (4).

1. Se sustituye la oración de relativo por un sustantivo en aposición, generalmente seguido de complemento. Ejemplos: *Ponce, que es la Perla del Sur; Cervantes, que es el autor del 'Quijote';* en su lugar: *Ponce, la Perla del Sur; Cervantes, autor del 'Quijote'.*

2. Se sustituye la frase de relativo por un adjetivo sin complemento. Ejemplos: *Un trabajo que dura mucho; Una persona que habla varias lenguas;* puede decirse: *Un trabajo interminable; Una persona políglota.*

3. También se puede usar un adjetivo seguido de complemento en lugar de la oración de relativo. Ejemplos: *Una persona que respeta a sus semejantes; Una amiga que vivió para la época de tus padres;* se puede cambiar a: *Una persona respetuosa para con sus semejantes; Una amiga contemporánea de tus padres.*

4. El empleo acertado de las preposiciones puede ayudarnos en la sustitución de la oración de relativo. Ejemplos: *Una mujer que tiene poca edad; Una película que pueden verla todos los públicos;* se puede escribir: *Una mujer de poca edad; Una película apta para todos los públicos.*

Estas reglas y advertencias en cuanto al uso del relativo se han de aplicar siempre y cuando sea preciso, esto es, cuando el buen estilo así lo requiera. Recuérdese que, en muchos casos, la oración de relativo será la más indicada. *Las críticas no son a la oración de relativo en sí o a la partícula "que", sino al abuso de estas formas.*

---

(4) *Ibid.,* p. 133.

SINOPSIS

Pronombres Relativos
- Usos de los pronombres relativos
  - *Que*
  - *Cual*
  - *Quien*
  - *Cuyo*
- Adverbios relativos
  - *Donde*
  - *Como*
  - *Cuanto*
  - *Cuando*
- QUE: casos especiales
  - *"Queísmo" – Abuso de "que"*
  - *Errores de concordancia*
  - *"Que" galicado*
  - *"Dequeísmo" – Abuso del nexo "de que"*
- Sustituciones del "que" relativo
  - *1. Por un sustantivo en aposición*
  - *2. Por un adjetivo*
  - *3. Por un adjetivo seguido de complemento*
  - *4. Por el empleo acertado de las preposiciones.*
- Omisión incorrecta de "que"
  - *Caso de "que" como partícula subordinante.*

EJERCICIOS

A. Sustituya en las siguientes oraciones el relativo "que" por "cual" siempre que sea posible.

1. Esos enfermos, que son además muy susceptibles, resultan ser interesantísimos casos psiquiátricos.

2. Lo que te voy a contar son anécdotas de mi abuela, que vivió lo bastante como para ser testigo de todo, que, si la memoria no me falla, me refirió así.

3. Nos interesamos en particular por aquella anciana de hermosos ojos grises, mediana estatura y cabello totalmente plateado, que nos había contado tan importantes sucesos de su vida y de su pueblo.

4. Existen poderosas razones por las que no puedo acceder de inmediato a su petición.

5. Revisé todas las fotografías, entre las que encontré las de aquellos felices días.

6. Era ridícula toda la escena que acaba de presenciar.

7. Los empleados que mejor trabajan en este departamento provienen de las zonas rurales.

8. Estos datos le interesan a Enrique para su investigación y consecuente adelanto en su tesis, que son, pues, muy importantes en la etapa actual de su trabajo.

9. Por todo lo que le ruego encarecidamente atienda mi petición.

10. Se reía de aquellas gentes, que le parecían tremendamente ingenuas.

B. Corrija el uso del pronombre "cuyo" si lo cree necesario.

1. La carta cuyas páginas has leído es para mí un tesoro.
2. Me ha pedido este piano cuyo piano es bastante caro.
3. María, cuya familia vive en Sevilla, llegará también pronto a esta ciudad.
4. En ciertos momentos él se ponía antipático y arrogante, por cuya razón ella solía abandonarlo unos días.
5. Se compró una casa cuya casa tiene una arquitectura bellísima.
6. Fui a oír el concierto, cuya parte final me pareció exquisita.
7. Se ponía unas medias nuevas, cuyo tejido era muy fino.
8. Estos análisis no podrán terminarse para mañana, en cuyo caso habrá que retrasar la operación.
9. Mi hermano, cuya hija estudia en Barcelona, odia las grandes ciudades.
10. Por cuyo motivo he venido a rogarle que acepte mi renuncia.

C. Para evitar los errores de concordancia redacte de nuevo las oraciones que así lo requieran, colocando el relativo "que" lo más cerca posible de su antecedente, o usando "el cual" o "la cual".

1. Estudiamos individualmente la última parte del curso de Filosofía Platónica, dictado por el Prof. Meléndez Vega, que no pudo cubrirse por razones extraordinarias.
2. Tengo un problema muy serio que confiarle al Presidente que me tiene muy preocupado.
3. Hacía referencia a la persona que habló con mi tío, que te presenté hace unos días.
4. Conocí a su amigo, que me pareció una persona muy correcta.
5. Hace tiempo me regalaron una sortija con un hermoso brillante que necesito vender ahora.
6. Hablaba con María Luisa, la hermana de Conchita, a quien tú conoces.
7. Se acepta ropa usada para regalar al orfelinato que esté en buenas condiciones.
8. La prensa, en ocasiones, utiliza noticias que no están debidamente verificadas

9. Le encantaba la primera parte de la Quinta Sinfonía, que le parecía un admirable ejemplo de inspiración.

10. Los errores no siempre son actos que podemos remediar.

D. Cuando lo crea necesario, corrija el uso del "que" galicado.

1. Es a tu hermano que yo me refería.
2. Es contigo que quiero hablar.
3. De este punto es que yo parto.
4. Será mañana que iré a verte.
5. Es gritando menos que mejorarás la voz.
6. Fue en aquel momento que me molesté.
7. No es allí que te vi.
8. Es hablando que se entiende la gente.
9. Es a Galicia que quiero ir de viaje.
10. Es escribiendo que se desarrolla el vocabulario.

E. Cambie las oraciones cuando se haga un mal uso del "de que".

1. Me contó de que le había ido muy mal por allí.
2. Tengo la idea de que esto me va a salir bien.
3. Se quejaba de que no se le tomaba en cuenta.
4. Se avino a la idea de que era mejor así.
5. Imagino de que no quieres hablarme.
6. Pienso de que este tema ya está bastante claro.
7. Sostengo la idea de que se debe de abandonar este asunto.
8. Dice de que las cosas no son como tú las cuentas.
9. Tenía el convencimiento de que Pedro se pondría bien.
10. Abrigo la esperanza de que hayas aprendido a usar bien estas partículas.

F. Cuando sea necesario, corrija las oraciones en las que, indebidamente, se haya suprimido el nexo subordinante "que".

1. Pedimos nos indiquen las direcciones de los estudiantes.
2. Nos dijeron que no había habitaciones disponibles en aquella pensión.
3. Se le indicó no hiciera comentarios maliciosos.
4. José pensó que era mejor continuar en aquel puesto.
5. La ley ordena sean castigadas las personas que violan arbitrariamente las normas de tránsito.
6. Los jóvenes creen que la vejez está demasiado lejos.
7. Nos contaba no había grandes atractivos en aquella deprimente ciudad.
8. Afirmó, indignado, que no quería más aquella limosna.
9. Siempre aseguraba que no claudicaría de sus principios.
10. Se requiere venga vestido adecuadamente a la entrevista.

G. En las siguientes oraciones efectúe las correcciones que estime oportuno.

1. Me contaba de que la película era aburridísima.
2. Aseguraba que las cosas le iban muy bien.
3. Compró todas las fotografías en las cuales estaba ella.
4. Fue en Ponce que yo lo conocí.
5. El pintor, cuya obra te ha impresionado tanto, murió recientemente.
6. Tenía un regalo muy costoso para su madre que había comprado en uno de sus viajes.
7. Tengo el presentimiento de que regresará pronto.
8. Es practicando que ganarás la carrera.
9. Es un principio por encima del que no podré pasar nunca.
10. Estos amigos a quienes me refería, los cuales viven en México, son las personas más amables que he conocido.
11. Alquiló una casa para sus vacaciones, cuya casa estaba situada frente al mar.
12. Exige te devuelvan tus pertenencias.
13. Nina me presentó a Juan, que gozaba de buena reputación.
14. Estudiando mucho fue que llegó a terminar su carrera.
15. Sospechaba que él no le decía la verdad.

H. En los siguientes ejemplos sustitúyase la oración de relativo por un sustantivo en aposición.

1. Aquel político, que agita a la masa.
2. Miguel de Cervantes, que escribió *Don Quijote de la Mancha*.
3. Freud, que inventó el psicoanálisis.
4. El profesor Fernández, que sigue las ideas de Sartre.
5. Tu amiga, que escribe crónicas sociales.
6. Mi abuela, que residía en Mugardos.
7. Su hija, que padece tuberculosis.
8. Aquel pintor, que admiraba a Picasso.
9. Un propietario, que tenía una gran finca.
10. Mi hermano, que había presenciado esos sucesos.

I. En los siguientes ejemplos sustitúyase la oración de relativo por un adjetivo sin complemento.

1. Un profesor que domina la materia.
2. Una amistad que durará para siempre.
3. Una mujer que parece muy simpática.
4. El pueblo que no estaba habitado.
5. La manzana que tiene buen gusto.
6. El niño que hace amistades.
7. Una enfermedad que no se cura.
8. Una persona que hiere cuando habla.
9. Un verano que hizo mucho calor.
10. Un hombre que no dice la verdad.

J. En los siguientes ejemplos sustitúyase la oración de relativo por un adjetivo más complemento.

1. Un autor que conoció a Larra.
2. Una mujer que estuvo en la cárcel durante cinco años.
3. Un clima que conviene a los enfermos de corazón.
4. Una ciudad que acoge a muchos emigrantes.

5. Una persona que cumple con sus obligaciones.
6. Un individuo que es amable con los suyos.
7. Un hijo que no hace caso a sus padres.
8. Una estudiante que lee poesía.
9. La leche que alivia el dolor de estómago.
10. La religión que ha protegido las artes.

K. En los siguientes ejercicios sustitúyase la oración de relativo por una preposición sola o acompañada de un sustantivo.

1. Una película que pueden ver los menores.
2. Un artículo que fustiga a los malos políticos.
3. Un alcalde que nació en Sevilla.
4. Una familia que tiene dinero.
5. Una nación que presenta una gran deuda pública.
6. Unos primos que nacieron el mismo día y año.
7. Las flores que regalamos a la iglesia.
8. El amor que ella siente por él.
9. Una enfermedad que ha sido localizada.
10. El tren que va a Barcelona.

CAPITULO VII

LAS PREPOSICIONES

La parte de la oración que sirve para enlazar un elemento sintáctico con su complemento se denomina *preposición*. Llamamos *inicial* al elemento sintáctico que origina la relación; designamos *terminal* al término de la acción que es el elemento sustantivo complementario. Debido a esta relación entre *inicial* y *término*, la preposición siempre se antepone a su término y forma con él una unidad fonética y sintáctica. Ejemplo: *Atendían a los enfermos con gran cariño* o *Con gran cariño atendían a los enfermos;* no importa el orden en que se diga la oración, siempre será *Atendían a los enfermos,el* elemento "inicial" y *gran cariño* el "término" de la relación.

Las preposiciones y las conjunciones, a diferencia de los sustantivos, adjetivos, verbos y adverbios, suelen carecer de sentido propio, de contenido semántico. Por ejemplo, las palabras: *carro, blanco, come, allí* tienen un significado en sí mismas, aparte de las variaciones que puedan sufrir por su posición en el texto; sin embargo, las preposiciones *a, de, por, en* carecen de sentido propio, son fundamentalmente nexos relacionantes. Al respecto dice Juan D. Luque Durán:

> La preposición, por tanto, sólo significa en contexto y es incapaz de expresar una imagen mental, por desvaída que sea. Su extrema desemantización en algunas ocasiones es la causa de que pueda llegar a ser un mero marcador de función, tal como vemos en el caso de la preposición "a" como señalador de "objeto directo", de persona (1).

No obstante, hay algunas preposiciones que contienen un significado más fijo, por ejemplo: *contra, desde, hasta, según, sin, tras.* En general, las

---
(1) Juan D. Luque Durán, *Las preposiciones I,* pp. 15-16.

preposiciones más usuales como: *a, de, por, en, para y con* poseen un amplio valor significativo debido a las múltiples relaciones que pueden establecer; el contexto ayuda siempre a aclarar el valor de estas preposiciones.

Las preposiciones son: *a, ante, bajo, cabe, con, contra, de, desde, en, entre, hacia, hasta, para, por, pro, según, sin, so, sobre, tras.*

PREPOSICIONES AGRUPADAS.

En algunas ocasiones pueden usarse dos preposiciones seguidas; en estos casos la primera preposición siempre establece la relación entre la parte inicial y el conjunto formado por la segunda preposición y su término.

Suelen agruparse las siguientes preposiciones:

DE seguida de *a, entre, hacia, por, sobre.* Ejemplos: *De a cinco pesetas el litro ya no queda vino; De entre las matas salía la liebre; De por sí esto es negativo.*

DESDE se puede anteponer a *por.* Ejemplo: *Desde por la tarde te llevo esperando.*

HASTA suele anteceder a: *con, de, en, para, por, sin, sobre.* Ejemplos: *Hasta con su hija peleaba; Hasta de treinta años se han aceptado candidatos; No paraba de hablar hasta en el cine; Hasta para obrar bien necesitas ser prudente; Hasta por ti debes hacerlo.*

PARA seguida de: *con, de, desde, en, entre, sin, sobre.* Ejemplos: *Para con el pescado viene bien este vino; Llegué aquí para de pronto encontrarme con esta situación; Subí al piso último para verte desde lejos.*

POR puede anteponerse a: *ante, bajo, de, entre.* Ejemplos: *Me dio el papel por bajo de la mesa; No iré ahí por de pronto; Por entre las piernas le colgaban unos flecos ridículos.*

USOS, SIGNIFICADOS Y VALORES DE LAS PREPOSICIONES

En términos generales podría decirse que las preposiciones suelen usarse correctamente por el hablante. Esto es cierto sólo en términos muy generales, pues hoy día, debido a las malas traducciones y a la constante interacción de los idiomas entre sí, las preposiciones son objeto de incorrecciones por parte de personas que descuidan el buen uso del idioma vernáculo y quienes tampoco suelen conocer bien los otros idiomas.

Somos conscientes de las dificultades que plantearía la exposición detallada de los usos y valores de todas las preposiciones; por lo cual nos detendremos nada más que en las más frecuentes señalando sus usos e incorrecciones (2).

A — Esta preposición indica:

1. **Movimiento material o figurado. Dirección.** Ejemplos: *Me dirijo a México; Caminó a la esquina; Aspira a tu mano.*
2. **Lugar. Proximidad. Situación.** Ejemplos: *Lo vieron a la orilla del mar; Se sentó a su lado; Lo encontrarás a la izquierda del pasillo.*
3. **Tiempo.** Ejemplos: *Llegó a las ocho; A principio de la semana se cobra en esta oficina; Al amanecer me siento mejor.*
4. **Modo. Manera. Costumbre. Instrumento.** Ejemplos: *Hizo ese trayecto a pie; Viste a su estilo; Cena a la española; Lo dibujó a lápiz.*
5. **Proporción. Distribución.** Ejemplos: *Lo tenía al seis por ciento; La cuenta ascendía a cinco pesos por persona; Recogieron peseta a peseta entre el grupo.*
6. **Precio.** Ejemplos: *Lo vendió a quince pesos; Se la compraron a quinientas pesetas el metro; Me la ofreció a veinte dólares.*
7. **Causa. Motivo. Fin.** Ejemplos: *A petición tuya lo hice; A ruegos de tu madre viniste; ¿A qué fin te conduce esto?*
8. **Condición.** Ejemplos: *A no ser por ti no hubiera ido al teatro; Al decirlo tú, me lo creo; A no ser así me retiro.*
9. **Complemento directo de persona o cosa personificada.** Ejemplos: *Miro a Carlos; Saludó a tu hermana; Llamaba a la niña.*
10. **Complemento indirecto.** Ejemplos: *Compró un regalo a su novio; Escribía a su padre; Pedía a los estudiantes silencio.*
11. **Complemento en forma de infinitivo.** Si un verbo de movimiento —ya sea real o figurado— lleva como complemento un infinitivo con matiz de finalidad, se usa la preposición "a". Ejemplos: *Vengo a enterarme de todo; Llegó a preguntar por su dinero; Aprendo a esquiar.*

---

(2) Para mayor información en el uso de preposiciones véanse: el detallado estudio de Juan D. Luque Durán, *Ibid.*; Samuel Gili Gaya, *Curso Superior de Sintaxis Española;* Real Academia Española, *Esbozo de una Nueva Gramática de la Lengua Española.*

INCORRECCIONES

La construcción de sustantivo+preposición *a*+infinitivo es un galicismo sintáctico que está bastante extendido tanto en España como en América; incluso, además de verlo profusamente en los periódicos, no es extraño que aparezca en algún ensayo u obra literaria. No sabemos hasta qué punto el "uso", en un futuro, pueda acoger esta forma; en el presente todos los textos de redacción que conocemos y la Academia condenan el mismo. En lugar de usar esta forma, se recomienda emplear una oración de relativo o las preposiciones "para" o "por". Ejemplos: *Planes a discutir; Puesto a cubrir; Dinero a cobrar;* mejor expresado: *Planes para discutir; Puesto por cubrir* o *Puesto sin cubrir; Dinero que hay que cobrar* o *Dinero que ha de cobrarse.*

Sobre este problema idiomático se ha expresado La Academia:

> Cuando es complemento de un sustantivo, la construcción "a + infinitivo" empezó a usarse en frases calcadas del francés, como "total a pagar", "efectos a cobrar", "cantidades a deducir", "asuntos a tratar", que significan acciones de realización futura y próxima; se usan principalmente en facturas y otros documentos bancarios, comerciales y administrativos. No se dice, en cambio, "terrenos a vender", "pisos a alquilar", "personas a convocar", "oraciones a rezar", etc. A fin de evitar que tales construcciones se extiendan, todos los Congresos de Academias de la Lengua Española han acordado censurarlas como exóticas y recomendar que se las combata en la enseñanza. En lugar de ellas deben emplearse, según los casos: "Tengo terrenos que vender" o "para vender"; "pisos para alquilar"; "asuntos que tratar", por tratar o para tratar"; "personas que convocar", etc. (3).

INCORRECTO	CORRECTO
A breve plazo	En breve plazo
A nivel de	En el nivel de; En nivel de
A pretexto de	Con pretexto de
A la mayor brevedad posible	Con la mayor brevedad posible
Bote a vela	Bote de vela
De acuerdo a	De acuerdo con
De conformidad a	De conformidad con
De arriba a abajo	De arriba abajo
Distinto a	Distinto de
Dolor a la cabeza	Dolor de cabeza
En relación a	En relación con

---

(3) *Ibid.,* p. 438.

INCORRECTO	CORRECTO
En conformidad a	En conformidad con
En concordancia a	En concordancia con
Entrar a la casa	Entrar en la casa
Ejecutar al piano	Ejecutar en el piano
Estufa a gas	Estufa de gas
Escapó al peligro	Escapó del peligro
Heredó a su tío	Heredó de su tío
Ir a por	Ir por
Limpieza a seco	Limpieza en seco
Máquina a vapor	Máquina de vapor
Timbre a metálico	Timbre en metálico

Las frases: *Respecto a, Respecto de; En torno a, En torno de* pueden usarse con cualquiera de las dos preposiciones "a" o "de" (4).

CON — Esta preposición denota:

1. **Compañía. Concurrencia. Simultaneidad.** Ejemplos: *Salió con Arturo; Vive con su abuela; Bebió piña con ron; Se levanta con el alba.*

2. **Medio. Instrumento.** Ejemplos: *Lo hizo con sus manos; Solucionó su problema con una gran dosis de amor; Bordó el pañuelo con hilo de oro.*

3. **Modo.** Ejemplos: *Llora con ganas; Ella viste con elegancia; Hablaba con visible ira.*

4. **Contraposición.** En estos casos la preposición *con* tiene el valor de "aunque", conjunción adversativa o concesiva. Ejemplos: *Con ser tan amable no pudiste resolver el conflicto; No aprobó la asignatura con ser tan inteligente; Con ponerte así no consigues nada.*

Con evidente propósito pedagógico de reafirmar lo ya conocido, volvemos a repetir las siguientes locuciones —a excepción de las dos primeras— las cuales se construyen con la preposición *con*:

---

(4) Otros textos de redacción ofrecen unas largas enumeraciones sobre el mal uso de las preposiciones más comunes, hemos considerado oportuno eliminar las que nos parecen "pecados menores" o las que el uso ha incorporado al idioma culto. Para más información sobre el uso de preposiciones y verbo véase: Emilio Martínez Amador, *Diccionario gramatical y de dudas del idioma*, pp. 1163-1189; sobre el uso de preposiciones: Gonzalo Martín Vivaldi, *Curso de Redacción*, pp. 46-49; Hilda Basulto, *Curso de Redacción Dinámica*, pp. 84-86; 163-164.

       Con base en
       Con relación a
       Con la mayor brevedad posible
       Conforme con
       De acuerdo con
       En conformidad con o De conformidad con
       En relación con
       En concordancia con

DE — Esta preposición expresa:

1. **Propiedad. Posesión.** Ejemplos: *La finca de su tío; La casa del pueblo; La pulsera de mi sobrina.*

2. **Modo. Manera.** Ejemplos: *Duerme de costado; Mira de lado; Come de forma grosera.*

3. **Origen. Procedencia.** Ejemplos: *Viene de Lares; Llegó de Galicia; Procede de familia campesina.*

4. **Asunto. Tema. Materia tratada.** Ejemplos: *Libro de Psicología; Hablábamos del caso del Pueblo versus Sánchez; Recetas de belleza.*

5. **Materia con la que se hace una cosa.** Ejemplos: *Sortija de oro; Estatua de malaquita; Pieza de barro.*

6. **Tiempo.** Ejemplos: *Trabajaba de noche; De tres a cinco tiene la consulta; Regresaba a su casa de madrugada.*

7. **Aposición.** Ejemplos: *Puerto Rico, la Perla del Caribe; Capri, la isla de los enamorados; Rosalía de Castro, la cantora del Sar.*

8. **Causa. Motivo.** Ejemplos: *Se murió de dolor; Se asfixiaba de calor; Lloraba de ira.*

9. **Naturaleza. Cualidad.** Ejemplos: *Mujer de valor; El cándido de Luis; Tiene alma de artista.*

10. **Sentido partitivo.** Ejemplos: *Bebió parte de la sidra; Dame un trozo de la tarta; Vendió dos de sus vestidos.*

11. **Valor exclamativo.** Ejemplos: *¡Desgraciado de mí! ¡Dichoso de ti! ¡Ay de mi vida!*

12. **Finalidad.** Ejemplos: *Traje de fiesta; Parque de recreo; Casa de salud.*

13. **Ilación. Conexión.** Ejemplos: *De todo lo expuesto, se deduce esto; De lo dicho hasta ahora, puede sacarse esta conclusión.*
14. **Comparación.** Ejemplos: *Ganaba menos de lo que ganaba antes; Esta botella contiene la mitad del licor de a la otra; El es igual de alto que tú.*
15. **Contenido.** Ejemplos: *Botella de vino; Plato de pescado; Frasco de perfume.*
16. **Condición.** Ejemplos: *De no ser así, me retiro; De haber estado allí, no hubiera sucedido eso; De haberlo sabido, no te hubiera comentado nada.*
17. **Delante de un infinitivo.** Ejemplos: *Cansada de aguantar; Estaba exhausto de correr; Es difícil de tolerar.*

INCORRECTO	CORRECTO
A menos de que	A menos que
Actuó de motu proprio	Actuó motu proprio
Diputado de las Cortes	Diputado a Cortes
De consiguiente	Por consiguiente
Con tal de que	Con tal que
Está de venta	Está en venta
Explicó de que	Explicó que
Hagamos de cuenta	Hagamos cuenta
Paso de peatones	Paso para peatones
Probar de decir	Probar decir
Quedó de venir	Quedó en venir
Regalos de señora	Regalos para señora
Vino de casualidad	Vino por casualidad

En algunos casos la eliminación de la preposición "de" es un error, como, por ejemplo, en los casos en que es necesario usar el nexo "de que" (tema explicado en el capítulo sobre el uso del pronombre "que") y en algunas expresiones que citamos a continuación:

INCORRECTO	CORRECTO
Antes que vinieras	Antes de que vinieras
Debajo la puerta	Debajo de la puerta
Después que vengas	Después de que vengas
Estoy seguro que	Estoy seguro de que

INCORRECTO	CORRECTO
Existe la creencia que	Existe la creencia de que
Mantelería color blanco	Mantelería de color blanco
Respecto esto	Respecto de esto
Regalan dulce lechosa	Regalan dulce de lechosa
Tengo el presentimiento que	Tengo el presentimiento de que

EN — Esta preposición se emplea para indicar:

1. **Tiempo.** Ejemplos: *Nos fuimos en agosto; En primavera vendrá a verme; En invierno sufro los rigores del frío.*

2. **Lugar.** Ejemplos: *Vive en Río; Está en su casa; Se hospeda en un hotel de la capital.*

3. **Modo. Manera.** Ejemplos: *Salió en camiseta; Te respondió en forma despectiva; Hablaba en serio.*

4. **Medio.** Ejemplos: *Lo vio en la televisión; Conversamos en italiano; Suele viajar en avión.*

5. **Precio.** Ejemplos: *Vendido en quince dólares; Lo compró en veinte mil pesetas; En cinco pesos te dejó la pieza.*

6. **Cualidad.** Ejemplos: *Nadie lo aventaja en simpatía; En su buen trato me fijé enseguida; En materia de conocimiento pedagógico es el primero.*

7. **Ocupación.** Ejemplos: *Es un experto en esa materia; Doctor en Filosofía; Llegó a ser una especialista en psiquiatría infantil.*

8. **Medida.** Ejemplos: *En Europa la gente mide en metros; Los ingleses midieron en yardas por mucho tiempo; Dame el resultado en grados centígrados.*

9. **Término del movimiento.** Ejemplos: *Entro en su casa; Ingresó en la universidad; Entró en la iglesia.*

INCORRECTO	CORRECTO
Cumplo en decírselo	Cumplo con decírselo
Chocó en una pared	Chocó contra la pared
En base a esto	A base de esto o Con base en esto
Hablar en doctor	Hablar como doctor
Iba en casa de mi amigo	Iba a casa de mi amigo

INCORRECTO	CORRECTO
Reloj en oro	Reloj de oro
Salió en dirección a su casa	Salió con dirección a su casa
Sentarse en la mesa	Sentarse a la mesa
Vino de en lo alto	Vino de lo alto
Viajamos en la noche	Viajamos por la noche o durante la noche

En algunas ocasiones la supresión de la preposición "en" es una incorrección, como en los siguientes ejemplos:

INCORRECTO	CORRECTO
Se prohibe escupir el suelo	Se prohibe escupir en el suelo
Quedó que así lo diría	Quedó en que así lo diría

La preposición "en" posee un sentido estático, de reposo, que se opone al sentido dinámico, de movimiento, tan característico de la preposición "a"; sobre esto dice Gili Gaya: *Predomina la idea general de reposo tanto si se refiere al espacio como al tiempo. Podríamos decir que mientras "a" establece una relación dinámica, "en" es la preposición de las relaciones estáticas..."* (5). Ejemplos: *Reside en Méjico; Estamos en primavera,* frente a: *Fue a Bogotá; Me voy a las diez.*

El término del movimiento en español antiguo y en latín se expresaba con la preposición "en". Modernamente se usa la preposición "a" con verbos de movimiento; no obstante, el final del movimiento lleva la preposición "en". Ejemplos: *Voy a clase; Caminábamos a la deriva,* frente a: *Entro en clase; Cayó en un pantano.*

Las frases *en función de* y *en profundidad,* tan frecuentes en periódicos, revistas y alguno que otro libro, resultan ya no sólo monótonas sino a veces incorrectas; veamos la opinión de un docto en materia de lenguaje:

> Anudando el hilo de la función titulada "En función de" tenemos que repetir que no conocemos su significado exacto, ni pensamos que sea fácil la tarea de averiguarlo. Tampoco creemos que lo sepan las personas que, sin venir a pelo, utilizan el giro, por torpeza o por pereza, a modo de bordoncillo o muletilla. Galicismo reciente, sin duda. Y neologismo en el idioma de los franceses. ... Los franceses dicen: "Faire fonction de" (reemplazar a otra persona, ejercer sus fun-

---

(5) Samuel Gili Gaya, *Curso Superior de Sintaxis Española,* p. 253.

ciones)... Fue recientemente —en este siglo— cuando los franceses sacaron la expresión "en fonction de" que para ellos significa "en relación con", "en consideración a" "En fonction de" arguye relación de dependencia o "seguir las variaciones de algo". "La política está en función de la economía" (o al revés).

Pero nosotros seguimos preguntándonos: ¿Qué se quiere decir en España cuando se dice "en función de"? ¿Es un modo adverbial como "a propósito de"? ¿Es "al servicio de"? ¿Es una relación de causa a efecto? ¿Es acaso una figura de silogismo ("barbara, celarent..."), o simplemente un agarradero tópico para dar un comienzo enfático a las informaciones, como quien dice: "En función de las previsiones atmosféricas, la sequía está llamada a continuar" (Preciosa locución)?

... ...

Disculpen ustedes que no entre muy "en profundidad" en el negocio ése de "en función de". Me siento incapaz de ir a sus alcances. Pero ahora que me ha salido de improviso el apócrifo modo adverbial de "en profundidad", que anda por ahí zumbando y que de golpe salta, como rana al borde un charcal, a los periódicos, a la "televisa", a las radios y al Congreso de Diputados... "En este país", todo hay que estudiarlo, examinarlo, investigarlo "en profundidad" con objeto de que nada se estudie, examine e investigue profundamente, sino en la profundidad de los sótanos y cavernas. ... "Profundidad", en cambio, es una cualidad, la cualidad de profundo. Puede decirse "en disminución". No puede decirse "en profundidad".

Funcionar es ejercer una persona las funciones que le son propias, y función, la acción y ejercicio de un cargo, oficio o facultad. "En función de" significaría, pues, estar ejerciendo una profesión, unas funciones. Lo que verdaderamente carece de sentido es la frase: "En función de las elecciones venideras convocó una rueda de Prensa" (6).

PARA — Esta preposición se usa para expresar:

1. **Destino.** (Relativo a los objetos). Ejemplos: *Compró unas flores para su casa; Este alimento es para comerlo hoy; Aquella ropa es para planchar.*
2. **Finalidad.** (Relativo a las acciones). Ejemplos: *Pasa hambre para adelgazar; Estudia tanto para ser enfermera; Vine para que me lo expliques todo.* (Recuérdese que la preposición "para" unida a la conjunción "que" da lugar a las oraciones finales, como ocurre en este último ejemplo.)

---
(6) El Brocense, *"En función de"* en *Diálogo de la Lengua*, ABC, p. 22.

3. **Uso.** Ejemplos: *Esta es la harina para el pan; Mirábamos por una tela para las colchas; Resultó ser una buena mezcla para el dulce.*

4. **Movimiento. Dirección.** Ejemplos: *Hoy salgo para León; Mañana iremos para tu casa; Mis amigos iban para Arecibo.*

5. **Tiempo.** Ejemplos: *Siempre deja todo para más tarde; Para el otoño ya no estaré aquí; Para el mes de mayo todo habrá cambiado.*

6. **Relación. Comparación.** Ejemplos: *Para estos tiempos no tienes tan malas ideas; Para el trato que recibiste mejor hubiera sido que te quedaras en tu casa; No está mal tu atuendo para un día como hoy.*

7. **Inminencia. Proximidad.** (Relativo a un suceso). Ejemplos: *Está para caer un buen aguacero; Eso está así para provocar un incendio; El invitado ya está para llegar.*

INCORRECTO	CORRECTO
Pastillas para el mareo	Pastillas contra el mareo
Veneno para las ratas	Veneno contra las ratas

POR — Esta preposición denota:

1. **Finalidad.** Ejemplos: *Lo llevó a cabo por complacerte a ti; Lo hace por ganar más dinero; Trabajo lo indecible por tener un lujoso automóvil.*

2. **Tiempo.** Ejemplos: *Por la tarde salgo a pasear; Dejaré de verte por varios meses; Por la mañana me levanto muy contenta.*

3. **Lugar.** Ejemplos: *Lo vi por la calle del Cristo; Nunca ha pasado por mi casa; No sé qué buscas por esas tierras.*

4. **Medio.** Ejemplos: *El programa se transmite por televisión; Aquella canción la escuché por radio; Ellos llegaron por barco.*

5. **Modo.** Ejemplos: *Habla por hablar; Se comportaba así por hábito; Hace la visita por costumbre.*

6. **Causa. Motivo.** Ejemplos: *Por tu altanería perdimos esta buena oportunidad; Sacrificó todo lo que tenía por su hijo; Me abstendré de entrar en la discusión por deferencia a ti.*

7. **Precio. Operaciones matemáticas.** Ejemplos: *Vendió su coche por tres mil dólares; Te lo dará por unos cuantos pesos; Multiplica cinco por dos.*

8. **Sustitución. Equivalencia.** Ejemplos: *Esta pulsera vale por la comida que necesitas este mes; Te cambio mi casa por la finca que tienes en el campo; Estos obreros fueron sustituidos por aquellos.*

9. **Concesión.** Ejemplos: *Por mucho que te empeñes, no lo conseguirás; Por mucho que me lo digas, me es difícil imaginarlo; Por importante que sea, no quiero escucharte.*

10. **Carencia.** Ejemplos: *La comida por hacer; La ropa por lavar; Los platos por fregar.*

11. **Agente.** (Voz pasiva). Ejemplos: *La carta fue escrita por él; El traje había sido diseñado por un modisto de fama; Se leyeron los trabajos mejores por el profesor.*

12. **Futuro.** (Con infinitivo). Ejemplos: *Está por comprobarse si lo que dices es cierto; Está por verse si vendrá a casa hoy; Estoy por irme de aquí.*

Hay que recalcar la diferencia entre el uso de "para" con valor de *proximidad o inminencia*, y el uso de "por" con sentido de *futuro*. En el primer caso el hecho es casi cierto "inminente; en el segundo, una posibilidad. Ejemplos: *El coche está para salir; El coche está por salir.* Sin embargo, el uso de algunas locuciones puede modificar este sentido, por ejemplo: *El coche está para salir en unos días; El coche está por salir en unos minutos.*

INCORRECTO	CORRECTO
Afición por las letras y las ciencias	Tiene afición a las letras y a las ciencias
Me iré por siempre	Me iré para siempre
Sandalias para estar por casa	Sandalias para estar en casa

Recordemos que ciertas proposiciones tienen en común algunos usos y significados, en estos casos el contexto siempre indica la forma más adecuada. Veamos estos casos de significación común:

157

Causa. Motivo	A, DE, POR
Lugar	A, EN, POR
Medio	CON, EN, POR
Modo	A, CON, DE, EN, POR
Precio	A, EN, POR
Tiempo	A, DE, EN, PARA, POR

Al finalizar este capítulo sabemos muy bien que el alumno, en numerosas ocasiones, al enfrentarse al caso específico, tendrá sus dudas en lo que se refiere al uso más acertado de la preposición. Este problema ni es solamente del alumno ni creo que sea fácil de resolver mediante un conjunto de reglas, por muy claras y específicas que éstas sean. Hoy día la influencia de otras lenguas se hace sentir más que en otras épocas, debido a la rapidez de los medios de comunicación y también al auge que ha cobrado la enseñanza de otros idiomas. En estos casos de duda recomendamos tener en cuenta la norma de uso en la población culta del país, el buen sentido, conocimiento e intuición que cada hablante debe poseer. Como textos de consulta sugerimos los citados a lo largo del capítulo y, en particular, por ser muy completos en esta materia: *Diccionario Gramatical y de Dudas del Idioma,* de E. Martínez Amador, obra que cuenta con un extenso artículo sobre la preposición y con una lista de palabras que pueden llevar preposición; *Las Preposiciones,* de Juan D. Luque Durán, obra dividida en dos volúmenes que se centra en los valores generales e idiomáticos de cada preposición. También resulta un libro muy útil por sus referencias al español de América el texto de Charles E. Kany: *Sintaxis Hispanoamericana;* y sin duda, el estudio de Rufino José Cuervo.

Para los traductores es de gran utilidad la lectura del capítulo XII, "Discrepancias en el uso de las preposiciones", del texto *Teoría y práctica de la traducción,* de Valentín García Yebra, en donde el autor hace un estudio minucioso de los usos de las preposiciones en español y otros idiomas.

SINOPSIS

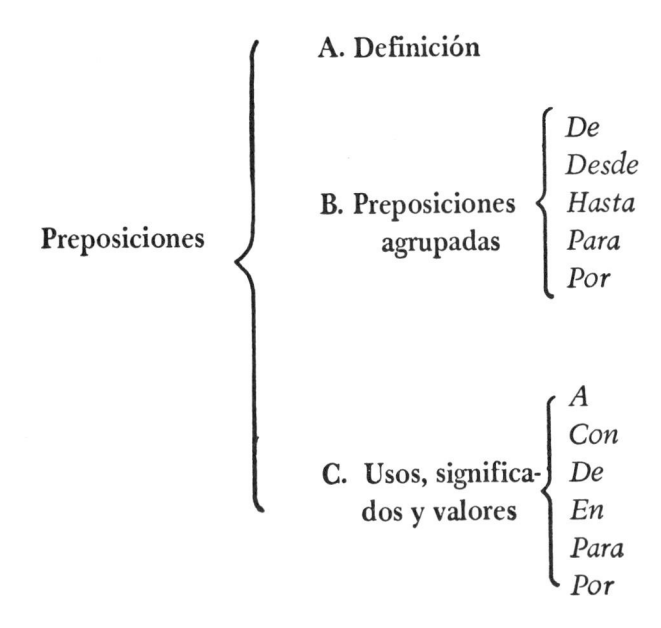

Preposiciones
- **A.** Definición
- **B.** Preposiciones agrupadas
  - *De*
  - *Desde*
  - *Hasta*
  - *Para*
  - *Por*
- **C.** Usos, significados y valores
  - *A*
  - *Con*
  - *De*
  - *En*
  - *Para*
  - *Por*

EJERCICIOS

A. En los siguientes ejercicios escriba en los espacios en blanco la preposición que corresponda.

1. Mi hermano no vio ___ su hija por un tiempo.
2. No se altera ___ nada.
3. Daba vueltas alegremente ___ sí.
4. Decidí cambiar ___ la nueva situación.
5. ___ mi permiso entró en la oficina.
6. Discutía frecuentemente ___ su novio.
7. ___ fianza salió de la cárcel.
8. Los invitados estaban ya ___ la sala.
9. Caminábamos lentamente ___ mi casa.
10. ___ nosotros lanzó sus ataques.
11. Me mandó el paquete ___ avión.
12. No creo que diga nada ___ tu autorización.
13. ___ que se fue no he tenido noticias suyas.
14. ___ tanta gente no te puede ver.
15. La casa era ___ mi abuela.
16. Tengo otros planes ___ el próximo año.
17. Los hechos son ciertos ___ el propio acusado.
18. Pidió unos días libres ___ pretexto de una enfermedad.
19. Irán al patio uno ___ otro.
20. No llegaremos ___ un acuerdo ___ que dejes de mentir.

21. Se marcharon ___ Buenos Aires ayer.
22. Escribía la novela ___ cierta lentitud.
23. Siempre llegaba ___ un centavo.
24. Vivía ___ continuo estado de angustia
25. No quiero hablarte ___ estos asuntos desagradables

B. En los siguientes ejercicios señale el matiz que denota la preposición "a".

1. Lo vendió a un precio muy razonable.
2. Vive a su aire.
3. A instancias de mi padre hice aquel viaje.
4. Iba a Sevilla.
5. A no ser por ti hubiera dejado todo.
6. El alquiler del edificio asciende a 300 dólares por apartamento.
7. Escribió una carta urgente a su director de tesis.
8. Almorzaron a las 12.
9. ¿A qué situación intentas llegar así?
10. Se acercó a su lado.

C. ¿Qué expresa la preposición "con" en los siguientes ejercicios?

1. Vivía con sus padres.
2. Se ríe con ganas.
3. Tejía el mantón con una lana finísima.
4. Ahora sale con el jefe de la oficina.
5. Siempre mira con cierto aire de superioridad.
6. Con tan pocos recursos pudo salir adelante.
7. Se pintaba los labios con un color muy oscuro.
8. Hablaba con su tía de asuntos familiares.
9. Camina siempre con un paso muy lento.
10. Con tu actitud complaciente no obtuviste nada.

D. En los ejercicios que siguen a continuación diga qué indica la preposición "de".

1. La llave de mi casa.
2. Me regaló un libro de poesía.
3. Viene a verme de vez en cuando.
4. Es un hombre de carácter.
5. Ponce, la Perla del Sur, tiene un peculiar encanto.
6. Quiero probar un trocito de ese queso.
7. Siempre mira de lado.
8. Le compró una delicada figura de cristal.
9. El gritaba siempre de pura histeria.
10. Proviene de una comunidad religiosa.
11. El coche de mi hijo funciona bastante bien.
12. ¡Desdichado de mí en esta situación!
13. En esta ciudad abundan los lugares de juego.
14. Esto lo deduzco de todo lo anteriormente dicho.
15. Resulta igual de pedante que su padre.
16. Llegó de una aldea perdida en la montaña.
17. Bebió una copa de anís.
18. Es fácil de querer.
19. De haberme enterado a tiempo, me hubiera evitado este viaje.
20. De lo que contaste ayer he sacado esa conclusión.

E. Especifique en los ejemplos siguientes el matiz de la preposición "en".

1. Se expresaba en una forma correcta.
2. Nos marchamos en septiembre.
3. Se especializa en enfermedades del riñón.
4. Tomó las medidas en centímetros.
5. En esta emisora se oyen programas interesantes.
6. Vendió el automóvil en tres mil dólares.
7. Pasa largas temporadas en La Coruña.
8. Entró en el bote.
9. En amabilidad y cortesía es el primero.
10. Desayunaba los domingos en casa de sus abuelos.

F. ¿Qué matíz denota la preposición "para" en los ejemplos que se incluyen a continuación?

1. Hizo todos esos esfuerzos para llegar a ser alguien.
2. Para el próximo enero estaré en Barcelona.
3. Aquí tienes el agua para el caldo.
4. Ellos siempre se van los sábados para San Juan.
5. Alquiló un apartamento para sus padres.
6. El avión está ya para salir.
7. Estos son los brillantes para la sortija.
8. Para como se porta contigo, le guardas demasiada lealtad.
9. Ya se fueron para su casa.
10. Explícame para qué compraste todo esto.

G. En los siguientes ejercicios diga lo que expresa la preposición "por".

1. Por las noches salimos a pasear.
2. Ayer la vi por la televisión.
3. Por esta persona di todo lo que tenía.
4. Hizo ese negocio por obtener más ganancias.
5. Por las buenas me contó todo.
6. Por dos millones compró su apartamento.
7. Hoy parece que está por llover.
8. Te doy este cuadro por aquellos libros.
9. Por mucho que lo repitas, nunca llegarás a creértelo.
10. Por aquellos días me sentía muy triste.
11. Todavía estaban las camas por hacer.
12. El regalo fue enviado por un admirador.
13. Por la calle de Alcalá me lo encontré.
14. Le arrancó el reloj por la fuerza.
15. Fui a Santiago por tren.

H. En los siguientes ejemplos hay errores en el uso de las preposiciones, corríjalos cuando lo crea necesario.

1. Se requiere formación adecuada para el puesto a solicitar.
2. Quedó que así lo haría.
3. Retiramos nuestra confianza del consejo asesor.
4. El ave venía de en lo alto.
5. Actuó en todo momento de conformidad a la ley.
6. Me explicó de que todo se le había complicado.
7. Para el viaje se compró unas píldoras para el mareo.
8. Para comer toda la familia se sentaba en la mesa.
9. Las estufas a gas son más económicas.
10. Hagamos de cuenta que nada pasó.
11. Espero esta información a la mayor brevedad posible.
12. Ella ejecutó al piano una obra difícil.
13. Aquí se venden regalos de señora.
14. Yo había cumplido en decírselo todo.
15. Discutieron los planes a nivel superior.
16. Estos artículos están hoy de venta especial.
17. Estoy segura que hará lo que quiere.
18. Este caso es muy distinto a este otro.
19. En base a todo esto tomaremos las medidas pertinentes.
20. Es una tienda de zapatos de caballero.
21. Se ha comprado un bote a vela.
22. Me gusta esa crema a la zanahoria.
23. Haría todo lo indecible con tal de que te quedaras.
24. El carro chocó en un árbol.
25. Solía ir los domingos en casa de sus padres.
26. Te repito que deseo irme por siempre.
27. En relación a esto, te lo he explicado todo.
28. Se marchó en dirección a la parada del autobús.
29. Por aquí está el paso de peatones.
30. Casi por un milagro escapó al peligro.

31. De consiguiente accederé a tu petición.
32. De acuerdo a los planes iremos todos.
33. Voy a por el periódico.
34. Elena quedó de venir a las cinco.
35. Debemos verlo bajo este punto de vista.
36. Se compró un hermoso collar en oro.
37. La miró de arriba a abajo.
38. Llegaron a tales acuerdos en conformidad a los estatutos.
39. Cuando fuimos a Roma viajamos en la noche.
40. Envíame los documentos a la mayor brevedad posible.
41. Los temas a exponer en esta sesión serán muy diversos.
42. No vuelvo más por aquí a menos de que me lo pidas.
43. Abrigo la esperanza que no esté lejos.
44. Se prohíbe escribir las paredes.
45. Julio heredó a sus abuelos una inmensa fortuna.
46. Enrique salió elegido Diputado de las Cortes.
47. Se marchó bajo la excusa de ir al aeropuerto.
48. Por fin logró entrar a la universidad.
49. Le regalaron una bata para estar por casa.
50. Aquí se limpia la ropa a seco.

CAPITULO VIII

LA VOZ PASIVA

El idioma español, como toda lengua romance, mantiene ciertas semejanzas con el latín, pero también tiene unas diferencias bastante acusadas, una de ellas es la *voz pasiva*. En latín existían cuatro conjugaciones en voz pasiva con sus desinencias propias, y tan ricas en tiempos como las cuatro conjugaciones de la voz activa. Las formas pasivas se pierden en romance, con excepción del participio; sin embargo, perdura la idea pasiva de un sujeto paciente. El castellano resuelve este problema mediante una perífrasis formada por el verbo auxiliar "ser" más el participio pasivo del verbo que se conjuga.

La estructura de la oración pasiva es la siguiente: sujeto paciente + verbo en voz pasiva + sujeto agente (ablativo agente). Ejemplo: *La carta fue escrita por ella*. Por el contrario, la voz activa tiene otra estructura diferente: sujeto + verbo en voz activa + objeto. Ejemplo: *Ella escribe la carta*. En la voz activa el sujeto ejecuta la acción, en la voz pasiva el sujeto la recibe, por esto hay un sujeto agente y otro paciente expreso o tácito. La presencia de ambos sujetos hace que la oración se denomine *primera de pasiva;* en el caso de que sólo aparezca el sujeto paciente se denominará *segunda de pasiva*. Ejemplos: *Las cartas fueron repartidas por el cartero* (primera de pasiva); *Las cartas fueron repartidas* (segunda de pasiva).

La voz pasiva se caracteriza por el uso del auxiliar "ser", aunque también se puede formar con el auxiliar "estar". La preferencia por uno de estos dos verbos la determina la significación y acepción momentánea del participio que se use, además de la relación de reciprocidad entre el verbo auxiliar empleado y el aspecto perfecto o imperfecto del tiempo en que se emplee. Ejemplos: *La carretera estaba construida; La carretera era construida;* en el primer caso, se expresa un acto concluido, en el segundo se alude a un hecho no terminado, a la época en que se construía la carretera. La acción verbal expresada por medio de la pasiva con "ser" se lleva a cabo en el tiempo en que está conjugado el auxiliar "ser". Ejemplos: *La carretera es construida, era construida, fue construida, será construida.* Por el contrario, la acción verbal expresada por medio de la pasiva con "estar" se ve como acabada antes del tiempo en que está expresado el verbo auxiliar. Ejemplos: *La carretera está construida* (ya ha sido construida); *la carretera estaba construida* (ya había estado construida; *la carretera estuvo construida* (estuvo construida desde hace tiempo); *la carretera estará construida* (cuando habrá sido construida o haya sido construida) (1).

Para el buen uso de la voz pasiva, tanto con "ser" como con "estar", hay que tener en cuenta el carácter imperfectivo del verbo "ser" frente al perfectivo de "estar"; además, el aspecto perfectivo o imperfectivo del tiempo verbal usado y el propio significado perfectivo o imperfectivo de la acción que queremos expresar. Por ejemplo, en la oración *El director es respetado por sus subalternos,* hay que tener en cuenta el carácter imperfectivo del verbo "ser" que puede combinarse con el aspecto imperfectivo del presente de indicativo, junto a la imperfectibilidad del verbo "respetar".

ASPECTOS DE LA ACCION VERBAL

Las diversas maneras de considerar o representar la acción verbal, ya sea reiterativa, incoativa, momentánea, perfectiva o imperfectiva, reciben la denominación de *aspectos*. El *aspecto* está vinculado con el significado del verbo, con el sentido que el hablante quiera fijarle a ese verbo en un momento determinado y, por último, con los medios gramaticales que se empleen. Por ejemplo, el verbo "pintar" puede tener aspecto perfectivo si decimos: *La niña pintó un garabato en el papel,* pero si decimos: *El artista pintaba todos los días parte del gigantesco mural,* aquí predominan los aspectos reiterativo e imperfectivo.

Las acciones verbales se pueden ver o representar de la siguiente manera: momentáneas o de corta duración, como: *saltar, besar,;* reiterativas, una sucesión de actos más o menos semejantes, como: *taconear, golpear, revolo-*

---

(1) Para mayor información sobre las diferencias entre la pasiva con "ser" y "estar", véase Samuel Gili Gaya, *Curso Superior de Sintaxis Española,* pp. 123-126.

tear; incoativas si se destaca el comienzo de la acción, como: *anochecer, alborear, inicar;* perfectivas si interesa el fin, el momento en que la acción se considera terminada, perfecta, como: *afirmar, terminar;* imperfectivas o durativas cuando la acción se presenta o se ve en su continuidad, sin detenerse en su principio o final, como: *amar, soñar, querer.*

Como ya señalamos anteriormente, para determinar el aspecto verbal hay que tener en cuenta el contexto y los medios gramaticales empleados, así *lavar un pañuelo* es una acción perfectiva; pero *lavarse,* refiriéndose al acto inicial de lavarse uno mismo, es una acción incoativa.

ASPECTOS PERFECTIVO E IMPERFECTIVO. TIEMPOS PERFECTOS E IMPERFECTOS

Existe una interrelación entre estos conceptos, la cual ayuda a mantener el balance adecuado, o también puede ser causa de un desbalance en la forma verbal usada.

Las acciones imperfectivas son de larga duración, sin límite temporal, y para que estas acciones se realicen no es necesario que alcancen su término o fin temporal. Los verbos imperfectivos enuncian acciones sin terminar, que interesan en su transcurso; por ejemplo: *amar, estudiar, aprender,* son acciones ilimitadas, que no se requiere su término o perfección para poderlas representar mentalmente, así la oración: *Estudia con tesón la cultura de su país,* afirma un acto que se prolonga en el tiempo y que no requiere su fin o término; *Ha estudiado con tesón la cultura de su país,* enuncia una acción perfecta, pero que no niega la posibilidad de que el sujeto continúe estudiando la cultura de su país.

Las acciones perfectivas son de extensión limitada y para que la acción se realice es preciso que ésta llegue a su término o perfección. Los verbos perfectivos expresan acciones breves, limitadas, que, para hacer posible su representación mental, las mismas tienen que llegar a su término. Por ejemplo: *Firmó la carta* significa que ya está firmada, y este acto perfecto no se prolonga en el tiempo como la acción de: *Estudia con tesón la cultura de su país.* Ahora bien, una acción perfectiva, terminada, puede repetirse y entonces pasa a ser "reiterada", esto es, un conjunto de acciones sucesivas y perfectas en sí mismas. Ejemplos: *Firmó las cartas durante la mañana; Saltaba los obstáculos con gran facilidad.*

La *perfectividad* e *imperfectividad* de una acción depende del significado del verbo y del tiempo en que se use el mismo. Para comprender a cabalidad esto, es necesario detenernos en la división general de los tiempos que los clasifica en *perfectos* e *imperfectos.*

Los tiempos imperfectos expresan las acciones verbales en su transcurso, sin determinar el principio o fin de las mismas. Son *imperfectos* todos los tiempos simples de la conjugación con excepción del pretérito indefinido o perfecto simple, también llamado "pretérito perfecto absoluto" (*amo, amaba, amaré, amaría, ame, amara o amase, amare*).

Los tiempos perfectos enuncian acciones terminadas, perfectas. Son *perfectos* todos los tiempos compuestos de la conjugación más el pretérito indefinido o perfecto simple, (*he amado, había amado, hube amado, habré amado, habría amado, haya amado, hubiera o hubiese amado, hubiere amado, amé*). El aspecto perfectivo se logra por la presencia del participio al lado del auxiliar "haber".

El verbo "admirar" es imperfectivo por su significado, no obstante, esa imperfectividad puede modificarse a causa del tiempo verbal. En las oraciones: *Admiré aquella hermosa pintura* y *He admirado aquella hermosa pintura*, se alude a actos perfectos, terminados, en los cuales la *imperfectividad* de admirar se neutraliza con la *perfectividad"* de los tiempos empleados —pretérito perfecto simple, pretérito perfecto compuesto— que indican acciones terminadas, perfectas. El verbo "chocar" es perfectivo por su significación; al decir: *El automóvil chocó contra un árbol* se refuerza la perfectividad del verbo con la del tiempo empleado (pretérito perfecto simple); pero en *Chocábamos a diario en numerosas discusiones,* la perfectividad del verbo se neutraliza con la del medio empleado, esto es, el pretérito imperfecto que indica acciones durativas en su transcurso.

Al finalizar esta parte tan importante y tan relacionada con el buen uso de la voz pasiva, incluimos una cita de Gili Gaya al respecto:

> Al sumarse el carácter perfecto o imperfecto del tiempo al aspecto perfectivo o imperfectivo que el verbo tenga por su significado, se producen refuerzos o interferencias entre ambos valores. Cuando se contradicen entre sí, puede neutralizarse total o parcialmente uno de ellos; y en ciertos casos se excluyen de tal manera que hacen imposible su convivencia sin desnaturalizar la estructura del idioma... (2).

DIFERENCIAS ENTRE "SER" Y "ESTAR"

La Gramática y otros textos similares señalan varias diferencias entre estos dos verbos, así como los diferentes usos de los mismos ya como verbos copulativos ya como verbos no copulativos. Recuérdese que "ser" y "estar"

---

(2) Samuel Gili Gaya, *Nuestra Lengua Materna,* pp. 62-63; para más información sobre "aspectos" y "tiempos" verbales, consúltese la obra del mismo autor, *Curso Superior de Sintaxis Española,* páginas 147-150.

pueden usarse para atribuir al sujeto cualidades permanentes o transitorias, esto es, sirven de mera cópula entre el sujeto y el predicado. Ejemplos: *Esta joven es muy elegante; Mi hermana estaba triste.* También "ser" y "estar" pueden dejar de funcionar como verbos copulativos y, en el caso de "ser", retomar su antiguo significado de *existir, ocurrir, suceder;* en el caso de "estar" recuperar su sentido primario de *presencia y permanencia.* Ejemplos: *Allí es su casa; El suceso es de tiempo atrás; El barco está en la bahía; Mi familia estuvo dos años en Veracruz.*

Cuando se usan "ser" y "estar" como verbos copulativos, podemos señalar en términos generales dos diferencias fundamentales: "ser" expresa cualidades permanentes, mientras que "estar" indica cualidades transitorias; "ser" tiene un carácter imperfectivo frente al de "estar" que es perfectivo (3).

SER	ESTAR
Cualidades permanentes	Cualidades transitorias
Carácter imperfectivo	Carácter perfectivo

Ejemplos: *Marisa es elegante, Marisa está elegante;* en el primer ejemplo queremos señalar la cualidad como permanente, propia de la persona; en el segundo, aludimos a un momento o situación en la cual se manifiesta esa cualidad. *El roto está cosido; Ella es muy admirada;* en el primer caso nos referimos a una acción terminada, perfecta; en el segundo, hablamos de una acción imperfecta, en la cual no se indica el fin de la misma.

Estas divisiones, como ya señalamos al principio, resultan muy amplias, aunque sin duda tienen su valor ya que deslindan un campo tan extenso y complejo como lo es el de las diferencias entre estos dos verbos; sin embargo, las mismas no resuelven todos los problemas de uso. Por ejemplo decimos: *Fulano está muerto o está vivo,* cuando ambas situaciones se pueden ver como permanentes; en realidad, usamos el verbo "estar" y no "ser" porque vemos la cualidad atribuida al sujeto como producto de un cambio, de una transformación: ahora está muerto porque antes estaba vivo, y lo mismo ocurre en "estar vivo", cualidad transitoria y sujeta a una transformación. A continuación presentamos unas opiniones autorizadas que muestran algunas objeciones muy reales. Sobre la diferencia entre "ser" y "estar", uno para atribuir cualidades permanentes y otro transitorias, comenta Gili Gaya:

---

(3) Esta distinción fue hecha por F. Hanssen en : *Gramática Histórica de la Lengua Castellana,* citado por Samuel Gili Gaya, *Curso Superior de Sintaxis Española,* p. 60.

La explicación no es equivocada, pero es insuficiente, porque no siendo claramente perceptibles los límites entre lo permanente y lo transitorio, deja la interpretación de cada caso a la apreciación subjetiva, infalible desde dentro de la sensibilidad lingüística española, pero oscura y vacilante desde fuera de ella. Sirve para los casos más claros ("ser guapa" y "estar guapa"); es algo forzada para distinguir entre "ser alto" y "estar alto" aplicado a un joven; y es absolutamente contradictoria cuando tratamos de darnos cuenta de por qué ciertas cualidades tan permanentes como las representadas por los adjetivos "vivo' y "muerto" se atribuyan precisamente con "estar" y no con "ser" (4).

La división hecha por Hanssen, relativa al carácter imperfectivo de "ser" frente al perfectivo de "estar", si bien se considera un notable acierto, también puede resultar insuficiente, así se expresa el autor arriba citado:

> La explicación de Hanssen aclara el fondo perfectivo o imperfectivo que hallamos en las oraciones con "estar" y "ser" respectivamente, pero necesita mayor desarrollo y precisión, porque la oración atributiva no expresa acciones, sino cualidades del sujeto, y por lo tanto lo perfectivo e imperfectivo de "estar" y "ser" no pueden tener sentido idéntico al que tienen en los predicados verbales.
>
> Una cualidad puede ser mirada desde dos puntos de vista: o podemos enunciarla en sí misma y atribuirla a un sujeto, sin atender al origen o procedencia de la cualidad, o podemos considerarla como el resultado de una acción, transformación o cambio, que sabemos o suponemos que ha tenido, o tiene o tendrá lugar: una lámpara "encendida" o "apagada" se relaciona con los actos de encenderla o apagarla. En el primer caso la cualidad nos interesa sólo en su duración o permanencia, es imperfectiva: *este jarro es blanco*. En el segundo la percibimos como resultante de alguna transformación consumada o perfecta: *este jarro está roto;* la transformación puede ser real, como en el ejemplo anterior, o simplemente supuesta sin que se haya producido: *Este jarro está intacto* (porque ha cruzado por nuestra mente la posibilidad de algún percance). Para los extranjeros puede servir de guía la siguiente norma: Usamos en español "estar" cuando pensamos que la cualidad es resultado de un devenir, un "werden" o un "become", real o supuesto. Basta con que, al enunciar una cualidad, haya en nuestro pensamiento una leve suposición de que ha podido ser causada por una acción o cambio, por algún "devenir", para que empleemos el verbo "estar". Ejemplos de cambio real o supuesto en el pasado: "estar roto, intacto, maduro, hermoso, muerto". En el presente: "estar cayendo, lloviendo, entrando'. En el futuro: "estar por ver, por barrer, sin venir, para entrar". "Ser alegre, triste melancólico, risueño", se refiere al carácter de una persona: con "estar" significarían una alteración que "deviene". Con los participios de verbos perfectivos es más fre-

---

(4) Samuel Gili Gaya, *Ibid.* Similar opinión mantiene Emilio E. Martínez Amador, *Diccionario gramatical de dudas del idioma,* pp. 1319-1320.

cuente "estar", porque se sienten más próximos a la acción verbal que los produce: "estar herido, fastidiado, cansado, escrito. Con "ser", los participios de los verbos imperfectivos toman sentido pasivo (v. Capítulo XIV): "ser querido, aborrecido, estimado". La pasiva con "ser" no se usa con participios perfectivos, en ciertas circunstancias, como veremos en su lugar correspondiente.

Ahora bien: para saber si se ha producido o no la acción o cambio, nos valemos generalmente de la experiencia. Veo que un niño ha crecido y digo que "está alto"; pruebo el café y digo que "está frío". Es decir, empleamos "estar" en los juicios que dependen inmediatamente de nuestra experiencia. Para decir que la "nieve es fría" no necesito hacer la prueba; es un juicio general que formulo independientemente de mi experiencia inmediata; pero para decir que "aquella nieve está fría" necesito tocarla ahora. A las personas de lengua inglesa puede servirles la siguiente regla: Cuando los verbos "to feel" o "to look" pueden sustituir a "to be", debe emplearse "estar" en español. Ejemplos: *Este traje está (looks) sucio, limpio, arrugado,* etc. *El café está (feels) dulce, caliente,* etc. La experiencia realizada introduce sentido perfectivo a la cualidad que enunciamos. Ejemplos: *Lo toqué y vi que estaba vivo (looking); La fruta estaba sabrosa (feeling); La sala estaba brillantísima (looking).* Los juicios no relacionados con nuestra experiencia inmediata se expresan con "ser": *el agua es transparente, en* general, pero el agua de este lago puede "estar" transparente o turbia (5).

USO DE LA VOZ PASIVA EN ESPAÑOL

La voz pasiva, al igual que la activa, consta de una gran variedad de modos y tiempos verbales, sin embargo, su uso es mucho más restringido. Esta peculiaridad se debe a razones históricas y al propio genio del idioma; lo cual no significa que en español no se deba usar la voz pasiva, sino que se usa bastante menos que en otros idiomas como en el caso del inglés o francés.

Las formas pasivas, en ocasiones, suelen expresar con cierta pesadez y lentitud lo que se quiere decir; en la oración *Los exámenes han sido corregidos por el profesor,* la forma verbal pasiva consta de tres palabras, y hasta que no se lee la tercera de ellas no se adquiere el sentido completo de la misma y, por tanto, de la oración. Notese la rapidez y agilidad expresivas de la forma activa: *El profesor corrigió los exámenes.* A continuación incluimos varias opiniones muy autorizadas sobre el uso de esta forma verbal:

> Nuestro idioma tiene marcada preferencia por la construcción activa. Ya en el *Cantar de Mio Cid,* la pasiva con "ser" se usa menos que en latín, y este uso relativamente escaso ha ido decreciendo desde entonces acá. Entre las oraciones *Los*

---

(5) *Ibid.,* pp. 61-62; hemos incluido esta cita tan extensa porque creemos que aclara ciertos aspectos del tema tratado. Consúltese también sobre esto específicamente a Emilio Martínez Amador, *Op. cit.,* pp. 1320-1321.

corresponsales han transmitido nuevas informaciones y *Nuevas informaciones han sido transmitidas por los corresponsales,* o *Por los corresponsales han sido transmitidas nuevas informaciones,* el sentido lingüístico hispano prefiere decididamente la primera. Podríamos pensar que el carácter nominal de las construcciones pasivas con "ser" (asimilables por su forma a las oraciones de verbo copulativo),choca con la tendencia idiomática a preferir la construcción verbal, dinámica y animada, que se manifiesta también en otros puntos de nuestra Sintaxis. Las lenguas francesa e inglesa emplean la pasiva y otras construcciones nominales, en proporciones mucho mayores que la nuestra. Conviene que los traductores tengan en cuenta esta preferencia, para no cometer faltas de estilo y aun incorrecciones gramaticales. Por otra parte, el empleo creciente de la pasiva refleja e impersonal contribuye a limitar la frecuencia de la pasiva con "ser" (6).

Al traducir al español textos de otras lenguas, especialmente franceses e ingleses, es necesario tener en cuenta esta preferencia de nuestra lengua, para no cometer faltas de estilo, y aun errores de expresión. Porque, además de esta repugnancia general al uso de la pasiva, se producen numerosas interferencias expresivas con el significado del verbo "ser" copulativo y con las oraciones llamadas de pasiva refleja e impersonales, las cuales hacen retroceder de día en día el empleo de la pasiva con "ser" (7).

Por otra parte, el uso creciente de la pasiva refleja con "se",... contribuye a disminuir la frecuencia de la perífrasis "ser + participio" con cualquier clase de verbos, tanto en los tiempos perfectos como en los imperfectos. Así se explica cierta repugnancia instintiva del hispanohablante por la pasiva, y su inclinación por la construcción activa, mucho más viva y animada. Entre las oraciones *La agencia X ha transmitido nuevas informaciones* y *Nuevas informaciones han sido transmitidas por la agencia X,* o *Por la agencia X han sido transmitidas nuevas informaciones,* preferimos decididamente la primera, y, sin embargo, las tres son posibles y correctas. No se trata de corrección gramatical, sino de preferencia expresiva ligada a nuestra psicología lingüística. Cuervo supo decirlo con acierto en sus **Apuntaciones críticas,** 340: "Hay entre nosotros escritores, por otra parte apreciables, que, afectando claridad, usan a cada triquitraque las construcciones: ' fue combatida la idea', 'son recibidas las cartas', 'era oída la misa', etc. Aunque este modo de expresarse es en sí correcto, su abuso es una de las cosas que más desfiguran el genio de nuestra lengua, y que más dan a un escrito aire de forastero, quitándole todo sabor castizo". Ténganse en cuenta estas observaciones al traducir textos del inglés o del francés, ya que estas lenguas hacen de la construcción pasiva un uso mucho más extenso e indiferenciado que el español. No podemos dar una regla fija, sino únicamente el consejo de que el traductor

---

(6) Real Academia Española, *Esbozo de una Nueva Gramática de la Lengua Española,* p. 451.
(7) Samuel Gili Gaya, *Curso Superior de Sintaxis Española,* pp. 122-123.

se pregunte a sí mismo: ¿lo diría yo así, si tuviera que redactar este párrafo por cuenta propia y sin dejarme influir por el texto extranjero que tengo delante? El consejo es aplicable en general al arte de traducir, y da buenos resultados,a condición de que las circunstancias no hayan embotado desde la infancia el sentido de la lengua propia (8).

Otras veces, y prescindiendo ya de la diferencia de interés, el uso de la voz pasiva depende de la psicología de cada pueblo. Se asegura que hay alguna lengua, por ejemplo, el coreano, que no tiene voz pasiva. Pero hay algunas que prefieren manifiestamente la activa y otras la pasiva. Entre estas últimas se citan las lenguas malayas, que emplean la voz pasiva en frases que nosotros no concebiríamos como tales. En cambio, otras lenguas, y entre ellas el castellano, tienen repugnancia inconsciente, pero invencible, por la pasiva; la nuestra es quizá la que menos la emplea, y aun lo poco que la solemos emplear, tiene sus limitaciones (9).

LA PASIVA REFLEJA

Esta forma intermedia entre la voz activa y la pasiva regular se ha denominado también *pasiva con se;* en este caso el nombre se debe al uso del pronombre reflexivo "se". Esta clase de oración se construye de la siguiente manera: pronombre reflexivo "se" + verbo en activa en 3ra. persona del singular o del plural. Ejemplos: *Se cometió una gran injusticia; Se comentaron algunas noticias.*

El uso de esta forma verbal es bastante frecuente y ha sustituido en numerosos casos a la forma pasiva regular, como hemos podido corroborar en párrafos anteriores. La ligereza y flexibilidad de esta forma pasiva refleja permiten una expresión directa y una comprensión más clara de la oración. En el idioma español el uso de esta forma data de la antigua tradición literaria, así lo afirma Rafael Lapesa:

> La pasiva con "se", atestiguada desde el *Cantar de Mío Cid* sigue ofreciéndose con su construcción primigenia: "los vinos que en esta ciudad 'se venden' "(Lazarillo); " 'se pueden ymitar' los santos" (Santa Teresa); "de tal manera consentía que 'se tratasen' los caballeros andantes" (Cervantes). ...(10).

También es semejante la opinión de Gili Gaya:

---

(8) Samuel Gili Gaya, *Nuestra Lengua Materna,* pp. 68-70.
(9) Emilio M. Martínez Amador, *Op. cit.,* p. 1098.
(10) Rafael Lapesa, *Historia de la Lengua Española,* pp. 257-258.

Así desde los orígenes de la lengua española se encuentran ejemplos de 3ra. persona pasiva expresada con "se": "non se face assí el mercado" (Cid, verso 139). Estos ejemplos no son al principio muy frecuentes, pero a medida que avanza el desarrollo del idioma van siendo más numerosos. En nuestro tiempo la pasiva refleja predomina con mucho, tanto en la lengua hablada como en el estilo literario (11).

Martín Vivaldi recomienda el uso de la pasiva refleja:

> En el caso de que el sujeto de la frase sea nombre de cosa, en español es preferible emplear la "pasiva refleja', con el pronombre "se". Así, en vez de escribir: *Ha sido comprado el papel necesario,* diremos mejor: *Se compró el papel necesario.* Esta pasiva refleja es mucho más frecuente en español que la formada con el verbo "ser" (12).

Al igual que distinguíamos entre primera y segunda de pasiva, también debemos hacer esta diferencia en la pasiva refleja. Cuando aparecen el sujeto agente y el paciente, tendremos una oración "primera de pasiva refleja". Ejemplos: *Las cartas se enviaron por el mensajero; Se firmó el contrato por el abogado.* Si solamente está expreso el sujeto paciente, entonces denominamos a la oración "segunda de pasiva refleja". Ejemplos: *Se condenó al delincuente; Se venden estas joyas.* Este tipo de oración es también impersonal ya que se desconoce el sujeto de la misma; igualmente ocurre con la segunda de pasiva con "ser".

Dentro de este grupo de oraciones denominadas "segundas de pasiva refleja", vamos a detenernos en el caso específico de las oraciones con sujeto en plural, como: *Se alquilan habitaciones; Se han dado facilidades de pago; Se pintan neveras.* Frecuentemente observamos el siguiente cambio: *Se alquila habitaciones; Se ha dado facilidades de pago; Se pinta neveras.* En el primer caso estamos ante oraciones "segundas de pasiva refleja", en las que el verbo concierta en plural con los sujetos *habitaciones, facilidades, neveras.* En el segundo caso el verbo va en singular, el pronombre "se" hace de sujeto y los sustantivos *habitaciones, facilidades* y *neveras* de complementos directos; estas oraciones deben clasificarse como impersonales y activas. La primera forma, esto es, la "pasiva refleja", es la preferida por la Academia, el uso culto y literario, aunque la oración "impersonal" también se emplea a

---

(11) Samuel Gili Gaya, *Curso Superior de Sintaxis Española,* p. 127.
(12) Gonzalo Martín Vivaldi, *Curso de Redacción,* pp. 123-124.

menudo. Cuando la oración se usa en singular, no ofrece dificultades ni permite cambios, por ejemplo: *Se entregó el regalo* puede entenderse como "segunda de pasiva refleja" o como "impersonal", pero la forma es invariable. Sobre este tema veamos los siguientes puntos de vista:

> La construcción pasiva es la tradicional, la que recomiendan los gramáticos y domina enteramente en la lengua literaria; la impersonal activa se abre camino en el habla corriente, sin que esto quiera decir que falten ejemplos de uno y otro uso en ambas zonas del idioma actual. Con todo, hoy parece recomendable atenerse al uso culto, literario y más generalizado (13).

> La lengua literaria prefiere generalmente la construcción pasiva ("se desean informes"), la cual tiene en su apoyo la tradición del idioma y el uso de los autores clásicos. La impersonal activa es moderna y frecuente en el habla usual (14).

El autor anteriormente citado se reafirma más explícitamente cuando al hablar de las impersonales activas afirma: *Con esto sólo tratamos de explicar la causa de la vacilación, pero no recomendamos tales construcciones, que carecen de estimación en la literatura y en el habla culta* (15).

LA NORMA DE ANDRES BELLO. CORRECCION E INCORRECCION

El uso de la voz pasiva está limitado por los criterios de corrección y estilo. En ocasiones la pasiva será correcta, aunque de estilo pobre; a veces se podrán armonizar ambos criterios; pero también puede darse el caso de que la forma pasiva se utilice de manera incorrecta. Andrés Bello señaló unas limitaciones en el uso de la pasiva con "ser", propuso una norma que condena el uso de la pasiva con "ser" en presente y pretérito imperfecto para indicar la acción momentánea de un verbo perfectivo; salvo el caso en que se refiera a una acción reiterada (16). En los siguientes ejemplos: *Un grito es dado por la víctima; El documento es firmado por el presidente; La valla era saltada por el atleta,* los verbos perfectivos empleados indican acciones breves, de muy poca duración, que no deben expresarse por medio de mecanismos gramaticales imperfectivos como lo son el verbo "ser" y el tiempo empleado (presente y pretérito imperfecto de indicativo). Dichos ejemplos deben modificarse para así evitar este uso incorrecto; se dirá: *Un grito fue dado por*

---

(13) Real Academia Española, *Op. cit.,* p. 383.
(14) Samuel Gili Gaya, *Curso Superior de Sintaxis Española,* p. 128.
(15) Samuel Gili Gaya, *Nuestra Lengua Materna,* p. 74.
(16) Citado por S. Gili Gaya en las dos obras anteriormente mencionadas, pp. 124 y 68 respectivamente. Véase también E. M. Martínez Amador, *Op. cit.,* pp. 1098-1099.

la víctima; El documento ha sido firmado por el presidente; La valla fue saltada por el atleta; de esta manera los mecanismos gramaticales empleados: verbo "ser" y tiempo verbal (pretérito indefinido y pretérito perfecto de indicativo), no confligen con el carácter perfectivo de las acciones verbales "fue dado", "ha sido firmado", "fue saltada", pues la perfectividad del tiempo (pretérito indefinido y pretérito perfecto) atenúa la imperfectividad de "ser". Por tanto, los dos mecanismos empleados (perfectivo e imperfectivo) son compatibles con el carácter perfectivo del verbo y sirven para expresar una acción breve; mientras que en el primer caso los dos mecanismos empleados eran imperfectivos y, por tanto, incorrectos para enunciar la acción breve del verbo perfectivo empleado.

Los tiempos perfectos no presentan problema alguno en el uso de la voz pasiva ya sea con verbos perfectivos o imperfectivos, puesto que la perfectividad del tiempo contrarresta la imperfectividad del auxiliar "ser". Ejemplos: *La función ha sido suspendida hasta nuevo aviso; El café de Puerto Rico siempre ha sido muy apreciado en España.*

Los verbos imperfectivos tampoco ofrecen dificultad alguna en cuanto al uso de los tiempos en la voz pasiva, pues en el presente y pretérito imperfecto el carácter imperfectivo de "ser" y del tiempo usado no se oponen a la imperfectividad de la acción expresada por el verbo. Algunos ejemplos: *El profesor es muy querido entre sus alumnos; La cantante era muy admirada por el público.*

ESTILO. ANGLICISMOS. TRADUCCIONES.

Uno de los rasgos que más afea el estilo es el uso indebido y frecuente de la voz pasiva. En la prosa moderna es bastante común leer párrafos, artículos o libros diversos en donde la voz pasiva predomina como forma verbal; los periódicos y revistas constituyen la mejor referencia en lo que a esto se refiere. Tal parece como si el que escribe pensara que es más elegante o más culto hacer uso de esas perífrasis pasivas, que tanto sobrecargan el estilo y dificultan la comprensión del texto.

¿A qué se debe esta verdadera invasión de pasivas en nuestra lengua escrita? Sin duda podemos señalar dos factores muy importantes que contribuyen a este uso y abuso: la influencia del inglés y del francés —en menor grado—, lenguas que usan con una mayor frecuencia la voz pasiva, y las malas traducciones, pródigas en numerosos anglicismos sintácticos.

Antes de proseguir, se hace necesario dejar claro que el conocimiento y dominio de otra lengua —en este caso el inglés— en modo alguno resulta nocivo; por el contrario, todo idioma extranjero bien aprendido refuerza el dominio de la lengua vernácula. Lo que sí resulta perjudicial es el conocimiento a medias de las dos lenguas: la propia y la extranjera. De esta confusión provienen errores tanto en la expresión hablada como escrita. Por ejemplo, leemos con harta frecuencia construcciones como las siguientes: *Estos estudiantes están siendo considerados para una próxima evaluación; Su trabajo está siendo evaluado por un comité;* (estar siendo + participio pasivo). Oigamos la opinión de Gili Gaya:

> Las oraciones de este tipo repelen a la sensibilidad lingüística hispana por su extraordinaria pesadez. Si nuestra lengua es de ordinario refractaria al empleo de la pasiva con "ser", mucho más ha de serlo cuando ésta se enreda con la complicación sinuosa y machacona del gerundio. A pesar de ello, no es raro leer ahora frases semejantes en los periódicos de todos nuestros países. En su mayoría imputables a la traducción apresurada de telegramas redactados en inglés. Frases como: *El problema está siendo estudiado por los técnicos; Un puente estaba siendo construido sobre el río,* además de tener aire exótico, ganarían en brevedad y gracia en forma activa: *Los técnicos estudian el problema; Construían un puente sobre el río;* o bien en pasiva refleja: *Se estudia el problema por los técnicos; Se construye un puente sobre el río* (17).

No es raro encontrar en periódicos de habla hispana ejemplos similares a los que incluimos a continuación, los cuales están calcados de diversos periódicos y revistas con tan sólo algún leve cambio:

> La manifestación fue disuelta por la policía; Hoy será informado el Rey de los resultados de la votación; El presidente será elegido por la asamblea; Ha sido acusado de corrupción el gerente; Serán enviadas las noticias tan pronto como sea posible; Hoy ha sido dado a conocer el veredicto; El diputado ha sido cesado en sus funciones; El testigo podría ser encarcelado por negarse a declarar; Un reciente análisis ha sido realizado por expertos en la materia.

Estas oraciones no son incorrectas, pero su repetición continua afea el estilo; muy bien podrían cambiarse a la forma activa o a la pasiva refleja:

> La policía disolvió la manifestación; Se disolvió la manifestación por la policía. Hoy se informará al Rey de los resultados de la votación. La asamblea elegirá al presidente; Se elegirá al presidente por la asamblea. Se ha acusado de corrupción al gerente. Se enviarán las noticias tan pronto como sea posible. Hoy se ha dado a conocer el veredicto. El diputado ha cesado en sus funciones. Podría encarcelarse al testigo por negarse a declarar. Expertos en la materia han realizado un reciente análisis; Un reciente análisis se ha realizado por expertos en la materia.

---

(17) Samuel Gili Gaya, *Nuestra Lengua Materna,* pp. 70-71.

Las malas traducciones —el otro factor mencionado con anterioridad— propagan un español artificial y hasta extraño al idioma en sí mismo. Horroriza leer algunos libros o artículos traducidos, ya no sólo por el mal estilo, sino porque no se entienden. En estos lamentables casos, el traductor, si se encuentra veinte pasivas en un espacio limitado o en un artículo breve, las traduce todas literalmente con el consiguiente resultado desastroso. Las formas verbales son partes fundamentales de la oración; por consiguiente, el traductor deberá tener un dominio notable del sistema verbal en ambos idiomas y tener muy claro las formas que predominan en uno y otro. Volvemos a repetir unas palabras de Gili Gaya, directamente relacionadas con el problema de la traducción y el uso de la voz pasiva:

> Ténganse en cuenta estas observaciones al traducir textos del inglés o del francés, ya que estas lenguas hacen de la construcción pasiva un uso mucho más extenso e indiferenciado que el español. No podemos dar una regla fija, sino únicamente el consejo de que el traductor se pregunte a sí mismo: ¿lo diría yo así, si tuviera que redactar este párrafo por cuenta propia y sin dejarme influir por el texto extranjero que tengo delante? El consejo es aplicable en general al arte de traducir, y da buenos resultados, a condición de que las circunstancias no hayan embotado desde la infancia el sentido de la lengua propia (18).

Todo lo dicho en este capítulo no quiere decir que en español no se pueda usar la voz pasiva, repetimos: *se usa y es perfectamente correcto utilizarla cuando el sentido de la oración así lo requiere; lo que sí condenamos es el abuso o el uso indebido de la misma.* El español es un idioma que se inclina más por el uso de la voz activa y en muchos casos prefiere la forma pasiva con "se" a la pasiva regular. Desde el punto de vista estilístico, el exceso de la pasiva recarga el estilo, lo hace más monótono ya que mantiene una construcción mucho más rígida que la activa.

Aun a riesgo de que este texto pueda parecer por momentos algo repetitivo, vamos a finalizar esta parte con unas opiniones muy pertinentes al respecto:

> A veces las circunstancias imponen el uso de la pasiva, bien sea por ser desconocido el agente, bien por voluntad de callarlo por parte del que habla, o bien por ser totalmente indiferente para los interlocutores. Si no es así, el idioma español tiene marcada preferencia por la construcción activa. ... Aunque en materia de psicología lingüística es fácil confundir la causa con el efecto, podríamos aventurarnos a pensar que el carácter nominal, estático, de las construcciones pasivas

---

(18) *Ibid.,* pp. 69-70.

con "ser" (asimilables a las atributivas), choca con la tendencia idiomática a preferir la construcción verbal, dinámica y animada, que se manifiesta también en otros puntos de nuestra Sintaxis... Ya en el *Cantar de Mío Cid* la perífrasis con "ser" se usaba menos que en latín, y este uso relativamente escaso ha ido decreciendo desde entonces acá (19).

En comparación con otras lenguas modernas, el uso de la construcción pasiva es poco frecuente en español, y está sujeto a algunas restricciones que han influido en que ordinariamente se prefiera la construcción activa (20).

El uso de la voz pasiva, en las lenguas románicas, va quedando reducido al lenguaje oficial o periodístico, como medio de limitar la responsabilidad.
En español,de acuerdo con su tendencia personalista activa, la voz pasiva es menos usada que en francés, inglés o italiano, e incluso, en comparación con el español antiguo, se advierte en el lenguaje clásico y moderno una inclinación a sustituir las construcciones pasivas por las activas.
La decadencia moderna de la pasiva y su sustitución por otras construcciones (reflejas e impersonales) es común a todas las lenguas románicas. ... (21).

Nos empieza a invadir un modo de expresión que no está de acuerdo con el genio de nuestro idioma: el uso —mejor, abuso— de la voz pasiva. Han influido en este fenómeno las traducciones, sobre todo las del inglés y francés, idiomas éstos en los que la voz pasiva se emplea mucho más que en castellano (22).

CAMBIOS Y SUSTITUCIONES DE LA VOZ PASIVA

Con el propósito de poder eliminar la voz pasiva cuando sea necesario, incluimos cuatro maneras de hacerlo que, a su vez, están tomadas del libro de Martín Vivaldi (23).

1. Cuando el sujeto de la oración es un nombre de cosa, es preferible emplear la pasiva con "se" en lugar de la pasiva regular. Ejemplos: *El plato fue roto; El techo ha sido ya limpiado; — Se rompió el plato; Se ha limpiado el techo.*

2. Si la forma pasiva es un infinitivo, éste puede sustituirse por un nombre abstracto. Ejemplos: *Deseaba ser amada por aquel hombre; Rechazó ser perdonado por ti; — Deseaba el amor de aquel hombre; Rechazó tu perdón.*

---
(19) Samuel Gili Gaya, *Curso Superior de Sintaxis Española*, p. 122.
(20) Real Academia Española, *Op. cit.*, p. 379.
(21) Manuel Criado del Val, *Fisonomía del Idioma Español*, p. 96.
(22) Gonzalo Martín Vivaldi, *Op. cit.*, p. 123.
(23) *Ibid.*, p. 124.

3. Se puede reemplazar el participio pasivo por un sustantivo, pero se mantiene el verbo "ser" en el mismo o en otro tiempo. Ejemplos: *Este edificio ha sido construido por esta compañía; El distinguido visitante fue obsequiado por el alcalde;* — *Este edificio es obra de esta compañía; El distinguido visitante fue objeto de las atenciones del alcalde.*

4. La oración pasiva se puede cambiar a activa manteniendo el mismo sujeto, pero modificando, si es necesario, el verbo y alguna otra palabra. Ejemplos: *Los enfermos fueron atendidos rápidamente; El conferenciante fue aplaudido por la concurrencia;* — *Los enfermos tuvieron una atención rápida; El confereciente recibió el aplauso de la concurrencia.*

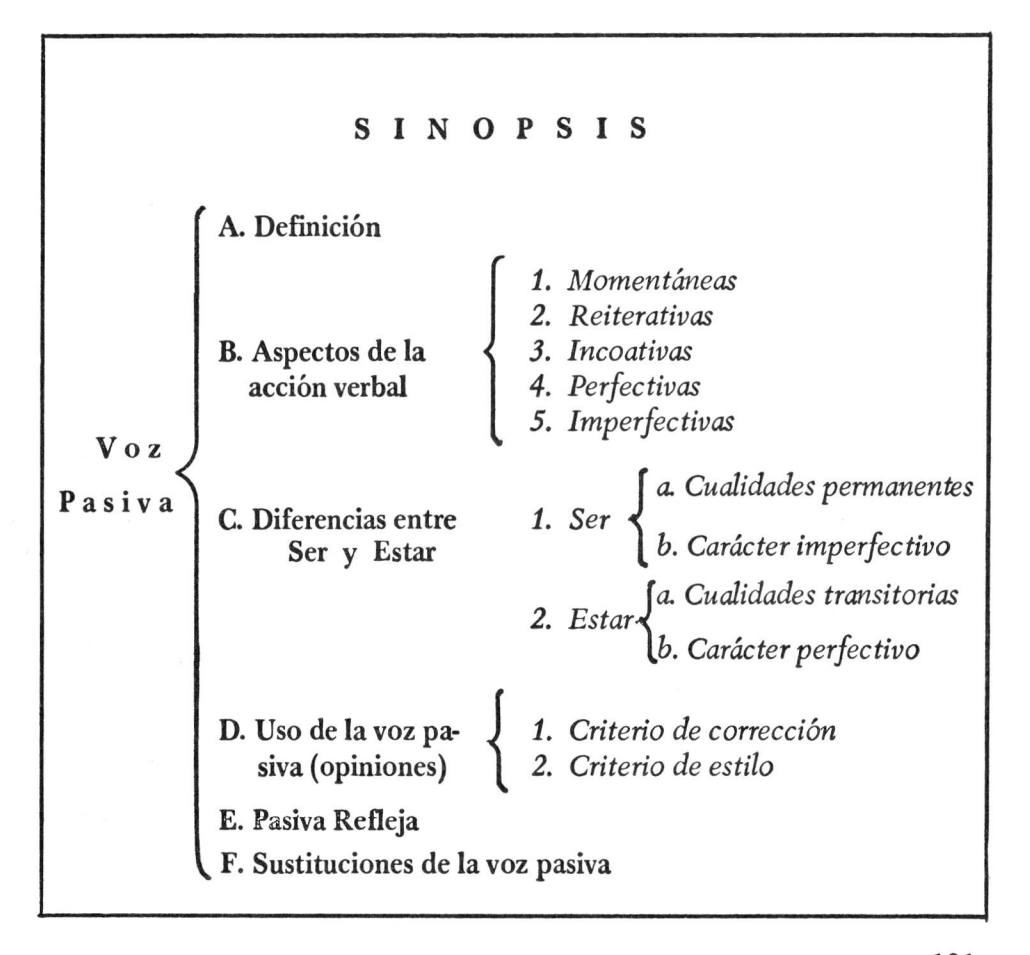

SINOPSIS

Voz Pasiva

- A. Definición
- B. Aspectos de la acción verbal
    1. *Momentáneas*
    2. *Reiterativas*
    3. *Incoativas*
    4. *Perfectivas*
    5. *Imperfectivas*
- C. Diferencias entre Ser y Estar
    1. Ser
        - a. *Cualidades permanentes*
        - b. *Carácter imperfectivo*
    2. Estar
        - a. *Cualidades transitorias*
        - b. *Carácter perfectivo*
- D. Uso de la voz pasiva (opiniones)
    1. *Criterio de corrección*
    2. *Criterio de estilo*
- E. Pasiva Refleja
- F. Sustituciones de la voz pasiva

EJERCICIOS

A. Cambie las siguientes oraciones en voz activa a voz pasiva.

1. María escribe la carta.
2. El admiraba a Carmen.
3. Estos jóvenes respetan a los ancianos.
4. Desde la ría, la niña contemplaba los barcos.
5. Al fin el médico descubrió la enfermedad.
6. Nunca aprobé esto.
7. Toda la familia respetaba la opinión de la madre.
8. El niño bebió toda la leche.
9. Elisa ha amado intensamente a Felipe.
10. El, en un acceso de ira, rompió el jarrón.

B. Clasifique las oraciones que van a continuación como primeras o segundas de pasiva.

1. La nave es dirigida por el astronauta.
2. La noticia fue difundida con rapidez.
3. Es encontrada la clave.
4. Grandes ladridos fueron escuchados por todos.
5. Toda la fruta fue recogida por los empleados.
6. Muchas personas fueron asfixiadas.
7. Las leyes son respetadas por los ciudadanos.
8. Estas imágenes han sido reverenciadas por todos.
9. El automóvil fue conducido por mí.
10. Las palabras fueron dichas sin intención.

C. Convierta las siguientes oraciones en pasivas reflejas.

1. Perdió el pasaporte.
2. Los libros fueron enviados.
3. Las paredes son empapeladas por el decorador.
4. Los niños comieron todos los dulces.
5. Ella fue injustamente castigada.
6. Un hermoso anillo le fue regalado.
7. La visita ha sido cancelada por el presidente.
8. Gastó el dinero alegremente.
9. Los cuadros son vendidos por el representante.
10. Los técnicos serán seleccionados por el gerente.

D. En las oraciones anteriores (Ejercicio C.), indique si son primeras o segundas de pasiva refleja.

E. Diga si la acción expresada en cada una de las siguientes oraciones es perfectiva o imperfectiva.

1. Amelia estudia para ampliar sus conocimientos.
2. Saltó el charco.
3. Ella amaba profundamente a sus hijos.
4. Chocó con el carro.
5. Soñaba siempre con pájaros y mariposas.
6. El juez firmó la sentencia de divorcio.
7. Investigaba con gran interés el caso.
8. El me abrió la puerta enseguida.
9. Cierro la ventana por el viento.
10. Cantaba hermosas óperas en los grandes teatros.

F. Cuando lo crea necesario, corrija las incorrecciones que Ud. encuentre en las siguientes oraciones.

1. La cinta es insertada en su lugar.
2. La puerta es abierta varias veces por el empleado.
3. El sello ha sido pegado al frente.

4. Fueron derramadas unas lágrimas de pesar.
5. Un brinco de alegría es dado por Luisito.
6. La llave es introducida en la cerradura.
7. La carta fue echada ayer.
8. La comida fue hecha con bastante lentitud.
9. La ventana fue cerrada con rapidez.
10. La carta es firmada por el director.
11. El lápiz es colocado sobre el escritorio.
12. Todos los regalos han sido devueltos.
13. Ella era protegida por la suerte en numerosas ocasiones.
14. Un grito de auxilio es escuchado por el caminante.
15. El acusado ha sido declarado inocente.

G. Señale los errores de estilo y mejore la redacción.

1. Los siguientes factores deben ser tenidos en cuenta.
2. Las causas del accidente han sido encontradas.
3. Tu petición ya ha sido aprobada.
4. Las áreas de pobreza están siendo expandidas hacia el sur.
5. Su solicitud está siendo examinada por la junta.
6. El mensaje será leído según lo acordado.
7. Las campanas de la iglesia fueron repicadas en señal de duelo.
8. El candidato ha sido aceptado por la mayoría.
9. La tripulación pudo ser rescatada por un equipo especial.
10. Entre los acusados han sido encontradas personas de renombre.
11 Aquellos individuos estaban siendo observados sin que ellos lo notaran.
12. Los envases no han sido hallados todavía.
13. Una primera medida ha de ser tomada de inmediato.
14. Los libros podrán ser consultados por los investigadores.
15. Los siguientes acuerdos han de ser respetados.

H. En las siguientes oraciones sustitúyase la forma pasiva regular por la pasiva refleja.

1. El aceite es utilizado en la cocina.
2. El niño fue salvado en el último momento.
3. Ha sido vendida toda la edición.
4. La alfombra fue manchada.
5. La casa fue edificada en tiempo atrás.
6. Estas puertas han sido cerradas definitivamente.
7. Todos los animales fueron vendidos.
8. Sus cartas son quemadas poco a poco.
9. La madera fue pintada con un tono natural.
10. Las solicitudes serán recibidas a tiempo.

I. Cambie el infinitivo pasivo por un nombre abstracto en los ejemplos que siguen.

1. El juez deseaba ser respetado por todos.
2. Tú buscabas ser distinguida por tus superiores.
3. El enemigo teme ser vencido.
4. El procuraba, ante todo, ser atendido por ti.
5. El artista quería ser comprendido por su público.
6. Los pueblos temen ser manipulados por los políticos.
7. Esperaba ser sentenciado en este juicio.
8. Sueña con ser admitido oficialmente.
9. El estudiante espera ser evaluado.
10. Temía ser olvidado por ti.

J. En las oraciones dadas a continuación, reemplace el participio por un sustantivo.

1. Esta silla antigua será regalada a la Sra. de Gómez.
2. El bordado fue hecho con mis manos.
3. La idea de esta empresa fue generada por Luisa.
4. Esta persona fue maltratada en la cárcel.
5. Este edificio fue diseñado por Carlos.

6. Este paquete es enviado por tu familia.
7. La cama ha sido donada por la familia Pereira.
8. Sus puntos de vista fueron discutidos.
9. El pincel será usado por el maestro.
10. Las flores serán obsequiadas a la señora del presidente.

K. Redacte de nuevo las siguientes oraciones en voz activa y mantenga el mismo sujeto de la oración pasiva (sujeto paciente).

1. Ana fue respaldada por todos nosotros.
2. Las estudiantes fueron instruidas al respecto.
3. La maestra es respetada por sus estudiantes.
4. Tu actitud terca fue criticada por la mayoría.
5. El viaje fue pagado por el gobierno.
6. Todos sus libros serán vendidos próximamente.
7. Las plantas serán regadas diariamente.
8. Este empleado fue expulsado de la empresa.
9. La universidad fue amenazada en varias ocasiones.
10. El escritor ha sido invitado a otro país.

CAPITULO IX

EL GERUNDIO

El gerundio, junto con el infinitivo y el participio, es una de las "formas no personales" del verbo, llamadas así porque no se conjugan en las diferentes personas gramaticales; también se les conoce como "formas nominales" y como "verboides". Cada una de estas formas participa de su valor verbal y, a su vez, el infinitivo equivale a un sustantivo verbal; el gerundio, a un adverbio verbal; y el participio a un adjetivo verbal.

Las formas en "ando" y "iendo", correspondientes al gerundio, tienen su forma simple y su forma compuesta, por ejemplo: *estudiando* y *habiendo estudiado*. La primera tiene un carácter imperfectivo y la segunda perfectivo. Cuando el verbo principal enuncia una acción imperfectiva, durativa, la acción expresada por el gerundio corresponderá con la duración del acto expresado en la oración principal. Cuando el verbo principal expresa una acción perfectiva, terminada, ésta queda ligada a la duración del gerundio. Ejemplos: *Estudiando se conocen mejor los hechos; Pensando en aquella escena de la película, oí sonar el timbre de la puerta.*

El gerundio simple denota una acción de carácter durativo, la cual debe ser simultánea o inmediatamente anterior o posterior a la del verbo principal. Ejemplos: *Me miró sonriendo; El conductor, viendo el peligro, frenó de inmediato; Abrió la ventana cerrándola enseguida debido al frío.* Si la acción del gerundio no es simultánea a la del verbo principal, tiene que ser "inmediatamente" anterior o posterior a la expresada por el verbo principal; esto es, que en la representación mental se sientan como simultáneas. En *Se fue de la casa dando un portazo*, aunque los dos actos no son estrictamente sincrónicos, pues primero "sale" y luego "da el portazo", los dos resultan tan inmediatos que dan la impresión de simultaneidad. Por tanto, se puede usar el gerundio para expresar posterioridad inmediata como hemos visto en este ejemplo. En *Alzando la mano pudo alcanzar la copa* ocurre lo mismo que en el ejemplo anterior: los dos actos no son simultáneos, pero se suceden tan rápidamente que dan la impresión de serlo. Sin embargo, en este ejemplo, hay una diferencia con respecto al anterior, aquí la acción expresada por el gerundio es inmediatamente anterior a la del verbo principal. Por consiguiente, el gerundio será apto para expresar anterioridad inmediata. La simultaneidad o coincidencia entre la acción expresada por el gerundio y la enunciada por el verbo principal podemos verla en ejemplos como los siguientes: *Hablaba gritando; Mientras estaba hablando sonó el teléfono;* situaciones en las que las acciones de cada ejemplo pueden coexistir perfectamente: a la vez que alguien habla suena el teléfono; hay personas que gritan al hablar.

De acuerdo con todo lo anterior, el gerundio no se podrá usar para indicar posteridad, consecuencia o efecto, como ya lo indicó, en su momento, Andrés Bello (1); en ejemplos como: *El ladrón se dio a la fuga, deteniéndolo la policía horas más tarde; Salí a la estación llegando el tren con bastante retraso;* las acciones expresadas por los gerundios están muy distantes de las enunciadas por el verbo principal. Al respecto comenta Gili Gaya: *Hay que decir, sin embargo, que tan censurables construcciones van siendo frecuentes, especialmente cuando llevan expresiones de tiempo (horas después, pronto), que neutralizan más o menos el aspecto imperfectivo del gerundio* (2).

En resumen, para usar bien el gerundio simple y entender su naturaleza habrá que tener en cuenta estos tres elementos: *Su carácter imperfectivo, el valor adverbial y que la acción expresada por el mismo sea simultánea o inmediatamente anterior o posterior a la del verbo principal.* El mal uso del mismo lo señala Criado de Val con las siguientes palabras:

> Viceversa, el uso del gerundio español será tanto más impropio cuanto más se aproxime a la función adjetiva, a la expresión de cualidades o estados (ya sean momentáneos o permanentes), o cuanto mayor sea el desacuerdo entre el tiempo de su acción (especialmente en el caso de ser posterior) y el del verbo o frase principal (3).

---

(1) Andrés Bello, *Gramática de la Lengua Castellana*, p. 162.
(2) Samuel Gili Gaya, *Curso Superior de Sintaxis Española*, pp. 192-193.
(3) M. Criado de Val, *Fisonomía del idioma español*, p. 88.

CONSTRUCCIÓN DEL GERUNDIO

El gerundio puede aparecer en el sujeto o en el predicado de la oración principal; si se encuentra en el sujeto modificará al sujeto de la principal; si figura en el predicado modificará ya al verbo o ya al complemento directo de la principal. A este tipo de construcción se le denomina "conjunta" porque el gerundio modifica al sujeto, al verbo o al complemento directo de la oración que forma parte. En contraste con este tipo de construcción, existe también la llamada "construcción absoluta", en la cual el gerundio mantiene una mayor independencia de la oración principal. En la "construcción conjunta" el gerundio y el verbo principal tienen un mismo sujeto, o bien el sujeto del gerundio es el complemento directo de la oración principal; esto dependerá de si la oración de gerundio modifica al sujeto, verbo o complemento de la principal. Veamos unos ejemplos: *La niña, mirando el retrato de su abuelita, lloraba con gran desconsuelo; Me miró sonriendo; Desde la ventana veía al pajarito revoloteando cerca del nido.* En cambio, en la "construcción absoluta" el gerundio tiene un sujeto distinto del que aparece en la oración principal. Ejemplos: *Habiendo terminado la sesión, nos fuimos a nuestras casas; Estando yo allí, no hablaron mal de ti.* Es evidente que los sujetos de las oraciones de gerundio son: *la sesión* y *yo*, mientras que los sujetos de las oraciones principales son: *nosotros* y *ellos*, ambos elípticos. Por lo general, estas oraciones de gerundio "absoluto" se ven de una manera tan independiente que suelen separarse con comas.

CONSTRUCCIÓN CONJUNTA

GERUNDIO QUE MODIFICA AL VERBO

Esta clase de gerundio modifica al verbo a la manera de un adverbio de modo. Ejemplos: *Me contestó gritando; Se pasaba la vida perdiendo el tiempo;* los gerundios "gritando" y "perdiendo" expresan el modo o la manera de producirse las acciones verbales enunciadas por los verbos "contestar" y "pasar".

A veces no es necesario el verbo en forma personal porque se sobreentiende, entonces el gerundio aparece solo y cobra un valor de participio activo; es éste, por ejemplo, el gerundio usado al pie de fotografías, cuadros, en títulos, etc.: *El ganador recibiendo el premio; Mujer mirando el mar; El presidente González recibiendo los aplausos de sus conciudadanos.* Todos estos gerundios se refieren a la acción en su transcurso, es decir, se pone de relieve el carácter durativo de la misma. También se puede usar el gerundio solo en oraciones independientes en las que está elíptico el verbo "estar"; en ocasiones estas oraciones son las respuestas a las preguntas; algunas oraciones exclamativas se expresan en forma de gerundio. Ejemplos: *Mi hermana, como siempre, durmiendo; Tomando un café; Paseando por el parque; ¡Siempre criticando!; Yo trabajando y él pasándolo bien!* Gili Gaya señala que *estos gerundios son normales y suelen llamarse "narrativos" porque denotan acción más o menos durativa en su producción o transcurso* (4).

En cuanto a los gerundios "ardiendo" e "hirviendo" se han transformado en adjetivos que pueden acompañar a cualquier sustantivo, conservando a su vez el matiz durativo. Ejemplos: *Hoguera ardiendo; Leche hirviendo.*

GERUNDIO QUE SE REFIERE Y MODIFICA AL SUJETO

Cuando el gerundio hace relación al sujeto de la oración principal, ambos, gerundio y verbo principal, tienen el mismo sujeto. Ejemplos: *El senador, dándose cuenta de su error, rectificó públicamente; Estando de visita en su casa, me percaté de toda la situación.* Cada uno de estos ejemplos tiene un mismo sujeto para el verbo principal y para el gerundio; en el primer ejemplo es el "senador" quien se da cuenta y rectifica; en el segundo "yo" (elíptico), al estar en su casa, me percato.

Este gerundio tiene un carácter explicativo, ya que aclara y explica la acción realizada por un sujeto ya determinado; por esta razón irá siempre entre comas. Para los efectos de la redacción, esta clase de gerundio puede sustituirse por una oración de relativo o a la inversa. Contrario a lo anterior, cuando el gerundio es especificativo, esto es, que determina al sujeto, especifica del todo la parte, se considera incorrecto el uso de este gerundio. Ejemplo: *Los estudiantes, observando la actitud del maestro, decidieron abandonar el salón de clase;* esta oración de gerundio, explicativa y correcta, expresa lo que todos los estudiantes observan y hacen. En cambio, si decimos: *Los estudiantes observando la actitud del maestro decidieron abandonar el salón de clase,* la oración de gerundio es especificativa e incorrecta, pues no se refiere a todos los estudiantes, sino que se especifica del todo la parte: del conjunto de todos los estudiantes, sólo un grupo observa la actitud del maestro y decide abandonar el salón de clase. En este caso la oración de gerundio se puede cambiar por una oración de relativo especificativa, de esta manera se evita el error. El gerundio especificativo se convierte en adjetivo y esto se opone a la naturaleza adverbial de gerundio.

En consonancia con lo anterior, se desaprueba el uso de oraciones como las siguientes: *Una compañera siendo buena traductora me tradujo toda la*

---

(4) Samuel Gili Gaya, *Nuestra Lengua Materna*, p. 89.

conferencia; Le pidió dinero prestado un amigo estando en Madrid; debe decirse: *Una compañera que era buena traductora me tradujo toda la conferencia; Le pidió dinero prestado un amigo que estaba en Madrid.* También se consideran incorrectas estas oraciones de gerundio especificativo, tan comunes en los escritos oficiales y administrativos: *La ley regulando la venta de bebidas alcohólicas...; La resolución del senado aprobando las medidas...; El decreto prohibiendo...;* su forma correcta es: *La ley que regula la venta de bebidas alcohólicas...; La resolución del senado que aprueba las medidas...; El decreto que prohibe...* Detengámonos a explicar la diferencia: *Las resoluciones del senado, aprobando las medidas de seguridad para proteger al Gobernador, son muy importantes; Las resoluciones del senado aprobando las medidas de seguridad para proteger al Gobernador son muy importantes.* En el primer ejemplo estamos ante un caso de gerundio explicativo, y nos referimos a todas las resoluciones del senado relativas a las medidas de seguridad para proteger al Gobernador, y expresamos una opinión sobre las mismas. En el segundo ejemplo tenemos ante nosotros un gerundio especificativo, ahora especificamos del todo la parte: sólo son importantes las resoluciones del senado que aprueban las medidas de seguridad para proteger al Gobernador; por tanto, en el primer caso el gerundio es correcto; en el segundo es incorrecto.

GERUNDIO QUE SE REFIERE Y MODIFICA AL COMPLEMENTO DIRECTO

Una oración de gerundio puede modificar al complemento directo de la oración principal y, a su vez, este complemento directo ser el sujeto de la oración de gerundio. Veamos unos ejemplos: *Desde su balcón, Elisa miraba las olas mojando la arena de la playa; Recordé a mi padre dibujando aquellos paisajes.* El sujeto de las oraciones principales son "Elisa" y "yo" (elíptico) y los complementos directos, "las olas" y "mi padre" que, al mismo tiempo, son los respectivos sujetos de las oraciones de gerundio: *(las olas) mojando la arena de la playa* y *(mi padre) dibujando aquellos paisajes.* La acción enunciada por el verbo principal y la acción expresada por el gerundio son simultáneas.

El gerundio tiene un sentido durativo y expresa siempre acciones imperfectivas en su desarrollo; por tanto,. no es apto para enunciar cualidades o acciones perfectivas ni debe usarse como adjetivo. Las oraciones de gerundio que indiquen cualidades o acciones perfectivas serán incorrectas, como, por ejemplo, las siguientes: *La legislatura examinó la ley autorizando el uso de grabadoras en los tribunales; Compró el edificio perteneciendo a sus abuelos;* debe decirse: *La legislatura examinó la ley que autoriza el uso de graba-*

doras en los tribunales; Compró el edificio que pertenece a sus abuelos. Sobre este uso del gerundio puntualiza Gili Gaya:

> Pero no olvidemos que el gerundio denota siempre una acción, transformación o cambio en transcurso perceptible, y no sirve para denotar cualidades o estados más o menos duraderos; es decir, no puede usarse como adjetivo. Por esto son incorrectas frases como: *Te envío una caja conteniendo libros; Se necesita una empleada hablando inglés; El Parlamento aprobó la ley regulando las importaciones; Conozco un propietario siendo muy rico,* etc., porque las cualidades o estados que se trata de enunciar en estas oraciones son incompatibles con el carácter de acción en curso propio del gerundio. Por esto hay que resolverlas por medio de oraciones de relativo: *Una caja que contiene libros; una empleada que hable inglés; ley que regula las importaciones; un propietario que es muy rico.* También es disparatado decir: *Asistiré a la sesión comenzando a las 4,* en vez de *que comienza,* o *comenzará, a las 4,* porque "comenzar la sesión" es un acto momentáneo incompatible con la naturaleza imperfectiva o durativa del gerundio español. Hay que tener presente que el gerundio nunca pierde su condición verbal, y, por lo tanto, no puede usarse como adjetivo ni como participio activo (5).

Los siguientes ejemplos están tomados del texto de Gili Gaya que acabamos de citar:

> Ley regulando las importaciones...; Orden reprimiendo el contrabando...; Poste indicando el camino...; Un medicamento estimulando el corazón...; debe decirse: Ley que regula las importaciones (o reguladora de las); Orden que reprime el contrabando (o represiva del); Poste que indica el camino (o indicador del); Un medicamento que estimula el corazón (o estimulante del) (6).

La Academia especifica:

> Sólo llevan gerundio los complementos directos de verbos que significan percepción sensible o intelectual ("ver, mirar, oír, sentir, notar, observar, contemplar, distinguir, recordar, hallar," etc.) o representación ("dibujar, pintar, grabar, describir, representar, remedar", etc.);p. ej.:*Encontré a tu padre escribiendo;Reconocimos a lo lejos la bandera española ondeando en la popa del buque* (7).

LA FRASE VERBAL "ESTAR + GERUNDIO"

Esta frase verbal o perífrasis expresa una acción en transcurso debido a la naturaleza durativa del gerundio. La diferencia entre dos oraciones de

---

(5) *Ibid.,* pp. 91-92.
(6) *Ibid.,* p. 92.
(7) Real Academia Española, *Esbozo de una Nueva Gramática de la Lengua Española,* p. 491.

verbos imperfectivos como: *Pinto el cuadro* y *Estoy pintando el cuadro* reside en que la segunda oración pone de relieve el carácter durativo de la acción.

El matiz de la locución "estar + gerundio" puede variar de acuerdo con el verbo que acompañe al auxiliar "estar": un verbo imperfectivo en gerundio subraya el aspecto durativo del propio verbo; mientras que un verbo perfectivo en gerundio cobra un sentido reiterativo. El gerundio pone de relieve la imperfectividad y duración de la acción de un verbo imperfectivo; por otra parte, el gerundio le adjudica un *valor reiterativo,* de repetición de la acción, a un verbo de naturaleza perfectiva. Veamos algunos ejemplos: en *Estoy limpiando la casa; Estoy pensando en este problema,* el uso del gerundio recalca la duración de las acciones de los verbos imperfectivos "limpiar" y "pensar"; en *Alguien está dando golpes en tu puerta* y *El gerente está firmando las cartas de 10 a 11* se alude a actos breves que se repiten; pero no podría decirse: *Alguien está dando un golpe en tu puerta* o *El gerente está firmando la carta de 10 a 11,* porque estas dos acciones de corta duración se oponen a la naturaleza durativa del gerundio.

Gili Gaya critica algunas construcciones que atentan contra el buen uso del gerundio castellano:

> Por influencia de ciertos manuales de correspondencia traducidos o adaptados del inglés, aparecen de vez en cuando en cartas comerciales, procedentes de algunos países hispanoamericanos, construcciones como ésta: *Estamos enviándole esta carta para comunicarle...,* en vez de *Le enviamos esta carta...* La acción de enviar una carta es de muy breve duración, y es disparatado expresarla con la frase durativa "estar enviando". De igual manera es erróneo escribir: *Por la presente estoy rogando a Ud. que...,* en lugar de *ruego a Ud. que.* Otra cosa sería si se tratara de un ruego repetido en cartas anteriores: *Desde hace tiempo estoy rogando a Ud. que...* La aplicación ciega de tales formularios epistolares no es sólo una incorrección gramatical, sino que falsea el pensamiento del que los escribe (8).

En esta misma parte censura el uso de estas oraciones: *El soldado estuvo disparando un tiro* y *Alguien está dando un grito.*

La Academia admite el uso de "estar + gerundio" para dar mayor fuerza expresiva, y cita el siguiente ejemplo: *¡Qué estás diciendo! ¿De modo que insistes?* (Rómulo Gallegos, **Canaima,** cap. VI) (9).

---

(8) S. Gili Gaya, *Curso Superior de Sintaxis Española,* p. 114. Similar opinión se encuentra en Real Academia Española, *Op. cit.,* p. 448.
(9) Real Academia Española, *Op. cit.,* p. 448.

CORRECCION Y ESTILO EN EL USO DEL GERUNDIO

Martín Vivaldi señala como correctos los siguientes usos del gerundio: modal, temporal, condicional, causal, concesivo y el gerundio con sufijo de diminutivo (10). Ejemplos: *Entró riéndose; Estando en Italia recibí la noticia; Siendo esto como dices, habrá que tomar una decisión: Presintiendo su contestación, se marchó; Aun sabiendo todas las dificultades, se fue de viaje; Se acercó callandito a la casa.* Los restantes usos del gerundio que el autor cita como correctos ya se han estudiado en este capítulo.

Las malas traducciones son el gran peligro y uno de los mayores obstáculos para el buen uso del gerundio castellano. De ahí la necesidad que tiene el traductor de conocer a cabalidad el idioma. Los capítulos dedicados al estudio del gerundio en el libro ya citado de Manuel Criado de Val, pueden resultar muy útiles por el enfoque comparativo con otros idiomas (11).

No resulta fácil hacer siempre un buen uso de esta forma verbal, por lo que recomendamos al alumno que repase sus conocimientos sobre el tema, consulte los textos autorizados y, si todavía persisten las dudas, opte por otro tipo de construcción. En este empeño por entender y dominar este aspecto del idioma, no cabe duda de que la lectura de los buenos textos literarios ayudan notablemente a mejorar el estilo. En cualquier situación problemática, el estudiante y también el escritor deben tener presente *el valor adverbial del gerundio, su carácter durativo y que la acción enunciada por el mismo sea simultánea, inmediatamente anterior o posterior a la del verbo principal.*

Finalizamos este capítulo con unas citas que corroboran lo que hasta aquí hemos expuesto; no pretendemos asustar al alumno, sino crearle conciencia de las dificultades que plantea este aspecto del idioma.

> La vida del gerundio castellano ha discurrido siempre entre divergencias y dudas. Su utilísima matización durativa (*Juan está escribiendo un libro*) y su aptitud para moderar la vieja propensión de nuestra lengua a cargarse de oraciones de relativo (*Había unos obreros pintando una pared*, en vez de *que pintaban una pared*), se ven contrapesadas por inconvenientes de orden estético. No puede negarse que la profusión de gerundios, con sus huecas terminaciones, da cierta aparatosidad a lo escrito. Afecta, además, al gerundio una evolución histórica que por una parte induce a confusión y que ha determinado, por otra, un casuismo gramatical no siempre claro ni fácilmente comunicable. El gerundio, dotado de

---

(10) G. Martín Vivaldi, *Curso de Redacción*, pp. 50-51; véase también: Real Academia Española, *Op. cit.*, pp. 492-493.

(11) Manuel Criado del Val, *Op. cit.*, pp. 85-95.

contenido verbal, es una forma que gira, como adverbio, en torno al verbo (*Los chicos hablaban gritando*) y que por pérdida de la antigua función del participio de presente (*cantante, creyente, escribiente*) tiende a ocupar el vacío dejado por éste —puesto que, como él, es de naturaleza activa— y a convertirse en modificante del sustantivo, es decir, en adjetivo. Esto, unido a la función de los gerundios del francés y del inglés —que coinciden formalmente con el participio activo—, así como a la creciente relación con estos idiomas y a las malas traducciones más o menos mecánicas de libros y noticias redactados en ellos, hace que hoy en día el gerundio sea la forma verbal en que los españoles se sienten menos seguros (12).

El uso correcto y oportuno del gerundio es una de las dificultades tradicionales del español, con la que luchan nuestros escritores y traductores, tanto clásicos como modernos. Unos, como el Padre Mariana, Fray Antonio de Guevara, Azorín, etc., huyen sistemáticamente de usarlo, y lo sustituyen por fórmulas más o menos equivalentes. Otros, por el contrario, hacen un uso excesivo del gerundio, atribuyéndole una amplitud de significado que no le corresponde.

Esta abundancia y la vacilación que inevitablemente se experimenta al utilizar el gerundio en español revelan la existencia en este punto de un problema no resuelto todavía por la conciencia lingüística española.

Esta dificultad es particularmente notable en algunas regiones de Hispanoamérica, en donde el uso del gerundio, ya sea por influjo francés o de las primitivas lenguas indígenas, ha alcanzado una frecuencia exagerada... (13).

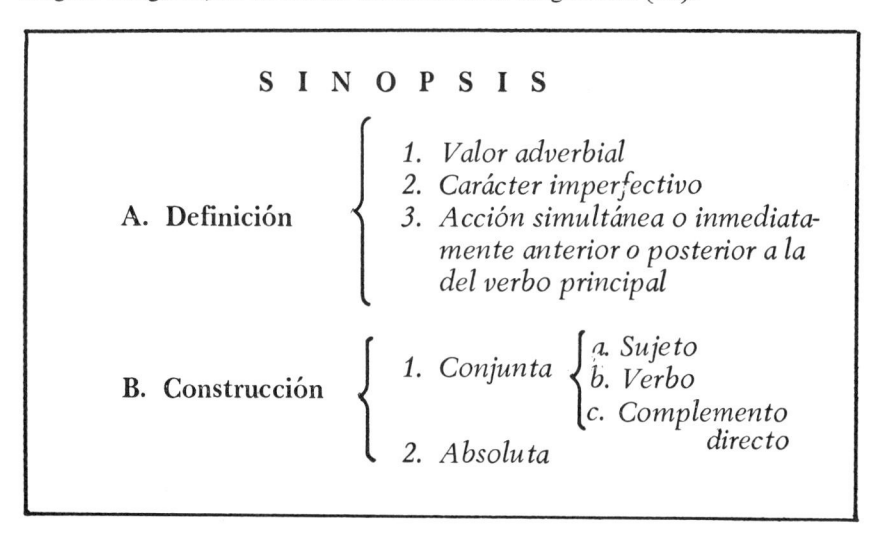

SINOPSIS

A. Definición
1. *Valor adverbial*
2. *Carácter imperfectivo*
3. *Acción simultánea o inmediatamente anterior o posterior a la del verbo principal*

B. Construcción
1. *Conjunta*
   a. *Sujeto*
   b. *Verbo*
   c. *Complemento directo*
2. *Absoluta*

---

(12) Ramón Carnicer, *Sobre el lenguaje de hoy,* pp. 119-120.
(13) M. Criado de Val, *Op. cit.,* pp. 85-86.

EJERCICIOS

A. En los siguientes ejemplos, ¿en qué lugar de la oración se encuentra el gerundio y a qué elemento oracional modifica?

1. El dueño de la tienda, viendo que se le acababa la mercancía, pidió más al almacén.
2. Se divertían alborotando a todo el vecindario.
3. Llegó a su casa y encontró durmiendo a todos.
4. Las bailarinas entraban bailando y se colocaban en el centro del escenario.
5. Contemplaba el barco surcando el océano.
6. El jefe entró trayendo en su mano la agenda de la reunión.
7. Desde su asiento, contemplaba a los patinadores deslizándose sobre la pista.
8. El perro, presintiendo el peligro, avisó con fuertes ladridos a su amo.
9. Ella lloraba lamentando su error.
10. El director de la obra, percatándose de todos los errores, pidió una reunión general con toda la compañía.
11. Los vecinos, sin poder hacer nada, contemplaban la casa ardiendo.
12. Me contestó dándome una opinión muy sabia.
13. Sentía la herida quemándole el brazo.
14. El alcalde, comprobando la importancia de la queja, procedió a realizar una investigación.
15. El piloto, dándose cuenta del enorme peligro, ordenó suspender el vuelo.

B. Corrija los gerundios empleados en los siguientes ejemplos cuando lo crea necesario; en caso de ser incorrectos, ofrezca una solución correcta.

1. Antonio Ayala, de origen español y actualmente residiendo en México, llegó ayer a Madrid.

2. El plan educativo se enriquece con un programa de computadoras empezando en los primeros grados de la enseñanza escolar.
3. El robo tuvo lugar a las dos de la madrugada, llegando la policía al lugar del suceso a las ocho de la mañana.
4. Enrique llegó silbando.
5. El doctor terminando su visita cotidiana abandonaba el hospital.
6. No se pierda la serie, comenzando el domingo 28 de marzo.
7. Dentro de un corto tiempo estaremos instalando las ventanas en el edificio.
8. Finalizando su visita de cortesía el Primer Ministro regresó a su país.
9. Paseando por el parque me encontré con tu primo.
10. Te envío esta caja conteniendo papeles importantes.
11. Tuvo un grave accidente, muriendo días después.
12. Cuando llegué a la biblioteca, estaba leyendo una novela.
13. Se necesita una persona bien informada durante las horas de apertura al público, incluyendo competencia para atender las llamadas y visitas de la prensa.
14. Domiciliando su sueldo en la Caja Postal, adquirirá unos altos intereses.
15. La representante de la entidad benéfica recibiendo el donativo.
16. El cantante, queriendo satisfacer al público, cantó otra canción.
17. Siempre pensando mal de los demás.
18. Los jóvenes, viendo de cerca el riesgo de la aventura, abandonaron la empresa.
19. ¿Dónde está Aura? Tomando el sol en la playa.
20. Mi jefe siendo una persona comprensiva me permitió salir antes de la oficina.
21. El decreto prohibiendo la salida de los extranjeros fue muy injusto.
22. Continuó creyendo en la inocencia del acusado.
23. La madre miraba a su hijito jugando con el barco.
24. El joven está haciendo sus asignaciones.
25. El fotógrafo, observando bien el lugar, tomó unas fotografías excelentes.
26. Te imaginaba arreglando las flores y las plantas que adornaban tu casa.
27. Por ahí encontrará usted una señal indicando el camino.
28. Todos censuraron la ley aumentando las contribuciones.
29. El oficial del banco está firmando el cheque.
30. El enfermo está gritando de dolor.

SEGUNDA PARTE
ESTILO

CAPITULO X

EL ESTILO

El concepto de estilo ha sido objeto de numerosas definiciones. Cada época ha dado su propia interpretación de acuerdo con las ideas estéticas prevalecientes. Se podría ir más lejos y admitir que, como ocurre con la poesía, cada persona ha elaborado con más o menos acierto su propia definición. Para unos el estilo consistirá en el cumplimiento de unas normas gramaticales y de unos criterios estilísticos; para otros, en la acertada selección de palabras y en la creación de unas originales metáforas; para algunos en el fluir espontáneo de la escritura; habrá también quien lo entienda como el perfecto equilibrio entre lo natural y lo artístico. En realidad todas estas concepciones son muy válidas, siempre que se entienda cada una de ellas como parte de una abarcadora definición de lo que es el estilo.

La disciplina que estudia el *estilo,* esto es, la *estilística,* se ha diversificado modernamente en varias orientaciones: la postura idealista de Benedetto Croce, Karl Vossler y Leo Spitzer, que defiende la estilística genética o del individuo; la orientación positivista-sociológica, propuesta por Ferdinand de Saussure y Charles Bally, llamada estilística "descriptiva" o "de la expresión"; las diversas tendencias estructuralistas y hasta la más reciente hermenéutica con sus variados enfoques. Wolfgang Kayser, al estudiar las diferentes corrientes estilísticas, hace una síntesis muy importante de esas posturas para entender bien "la unidad" y lo "individual" del estilo:

> Todos, sin embargo, coinciden en que el estilo es algo individual· lo peculiar de un hombre, de una época, etc. Todos, además, consideran el estilo como una unidad: todas las características pertenecientes al estilo, es decir, los rasgos estilísticos, se armonizan entre sí de algún modo. Pero la idea de la unidad tiene un

papel poco importante en la práctica. Esto puede verse con especial claridad en el análisis psicoanalítico del estilo, que sólo se proponía desmostrar la existencia de determinados complejos y defectos. El carácter complejo de la "unidad" y la dificultad de su aprehensión conceptual es, por tanto, sólo parcialmente la causa de que la idea de la unidad del estilo haya pasado a un plano secundario. Hay todavía un tercer punto esencial en todas las corrientes: que el estilo es expresión, y que todos sus caracteres son también expresión de lo íntimo. Lo "íntimo" que se expresa a sí mismo es de carácter psíquico, en el sentido más amplio de la palabra (1).

Ese contenido "íntimo" e "individual" del estilo lo expresa muy bien Ernesto Sábato en las siguientes palabras:

> El estilo es el hombre, el individuo, el único: su manera de ver y sentir el universo, su manera de "pensar" la realidad, o sea, esa manera de mezclar sus pensamientos a sus emociones y sentimientos, a su tipo de sensibilidad, a sus prejuicios y manías, a sus tics (2).

Asimismo, J. Middleton Murry al decir:

> ... Por tanto, un verdadero estilo debe ser único, si entendemos por "verdadero estilo" la expresión verbal, completamente adecuada, de la manera de sentir de un escritor. Desde este ángulo, el acento personal parece ser lo esencial al estilo, y, por tanto, a primera vista, lo plenamente valioso. Pero, a decir verdad, lo valioso de un estilo personal dependerá de que sea o no la expresión de un auténtico sentimiento individual. ...
>
> Expondremos la cuestión en pocas palabras de la manera siguiente: un estilo tiene que ser individual, porque es la expresión de una manera individual de sentir (3).

Sin duda el aspecto individual es fundamental en lo que al estilo se refiere; sin embargo, a la par con éste debemos tener en cuenta el aspecto social: el marco sociocultural de la época. Nada se da en el vacío: las normas, los gustos, las costumbres, la expresión y hasta las ideas que se generan en una época determinada, son productos de unos específicos movimientos culturales. Hasta los estratos más íntimos de la personalidad también están conformados por el medio social. Cada época genera su propio estilo, de ahí los diferentes estilos literarios y personales. Admiramos hoy a Garcilaso de la Vega y a Rubén Darío, pero nadie escribe tal y como lo hicieron estos dos

---

(1) Wolfgang Kayser, *Interpretación y análisis de la obra literaria*, p. 374;
(2) Ernesto Sábato, *El escritor y sus fantasmas*, p. 206.
(3) J. Middleton Murry, *El estilo literario*, pp. 19-20.

grandes maestros de la literatura. La clave es sencilla: son dos modelos estéticos, pero su lenguaje y su sensibilidad son diferentes del lenguaje y de la sensibilidad actual. Este "determinismo" y "evolución" se pueden observar también en un mismo autor: su estilo se modificará de acuerdo con las influencias literarias a que esté expuesto y, desde luego, debido a los cambios sociales y personales. Como bien dice Theodor W. Adorno, al referirse a la relación entre lírica y sociedad: *La referencia a lo social no debe apartar de la obra de arte, sino introducir más profundamente en ella* (4).

En conclusión, el estilo es la manera propia de expresar cada individuo sus ideas y sentimientos dentro de un marco social específico; por tanto, el factor individual y el factor social serán las dos coordenadas que enmarcarán el estilo.

LENGUAJE: ARTE Y DISCIPLINA. LENGUAJE CREATIVO Y LENGUAJE EXPOSITIVO

El arte y la disciplina de la escritura ni siguen siempre los mismos caminos ni suelen tener un mismo origen. Escribir un poema y un ensayo son dos procesos de escritura que requieren no sólo diferentes puntos de partida ideológicos y estados afectivos muy distintos, sino, además, una posición muy diferente ante el lenguaje. El poeta goza de toda la libertad creadora en cuanto a sentimiento y expresión se refiere; con todo esto podrá escribir un poema bueno o malo, pues la libertad no le garantiza la calidad, ésta última será directamente proporcional al talento del autor. Por el contrario, al escribir un ensayo el autor habrá de ceñirse a un tema y a una exposición lo más clara posible, con el propósito de hacerse entender. Para lograr esto a cabalidad, su lenguaje seguirá también esas pautas: tendrá que ser claro y preciso.

Podemos deducir del planteamiento anterior que, en términos generales, existen dos maneras de concebir el lenguaje y, como consecuencia, dos formas de usarlo: nos referimos al *lenguaje creativo* y al *lenguaje expositivo*. Sin duda alguna, somos conscientes de que todo uso del idioma conlleva una buena dosis de creatividad, pero esta división se ajusta bien al enfoque metodológico del capítulo y, a su vez, resulta muy válida si se aplica en un sentido amplio.

El *lenguaje creativo* exige del escritor toda su fuerza imaginativa, el poder de transformar la palabra, de enriquecerla con otros contenidos. La polivalencia y movilidad de esta clase de lenguaje logra forjar un mundo ficticio y autónomo; por medio de la palabra se construye otra realidad con sus propias normas. El narrador o el poeta crean y componen sus obras gra-

---

(4) Theodor W. Adorno, *Notas de Literatura*, p. 54.

cias a ese carácter "proteico" del lenguaje, que hace posible la realidad de "Don Quijote, de "Sancho" o de "Macondo"; más aún, la presencia narrativa y luego el mito de "Dulcinea", personaje inventado a su vez por otro personaje. La autonomía literaria, su significado real, está indiscutiblemente ligado al lenguaje. ¿Qué es la invención literaria sino lenguaje?, ¿qué sentido tendría el proceso poético, su mundo simbólico sin el recurso de la palabra?, la cual si bien no puede revelar todo, al menos logra descubrir una parte.

El proceso creativo no puede ni debe regirse por unas normas precisas; él mismo, autónomo, impondrá sus propias leyes, diferentes y únicas. El creador sabrá muy bien intuirlas y respetarlas. Así la obra de arte, "abierta" y "cerrada" (5), en este caso la obra literaria, mantendrá su autonomía en todos sus aspectos.

Frente a esta libertad artística, también es preciso consignar otro aspecto: el "oficio" del escritor, su trabajo con el lenguaje, la creación de un estilo propio. Middleton Murry opina: *Todo estilo es artificial en el sentido de que todos los buenos estilos se logran por artificio* (6). Por lo general, detrás de un buen estilo, ya sea sencillo o barroco, hay una gran labor de revisión, una técnica de particular cuidado en el uso de las palabras, en las estructuras sintácticas, en los diversos recursos estilísticos, en el ritmo. Ahora bien, para lograr un buen estilo literario no existen reglas efectivas ni fórmulas mágicas. El *lenguaje creativo*, si bien participa del arte y del oficio, es más talento que adiestramiento, más disposición natural que lección aprendida. Desde luego, un conocimiento profundo del idioma siempre favorecerá la labor creativa.

El *lenguaje expositivo* requiere otro punto de vista, plantea otras exigencias. Si al escribir un ensayo o un artículo queremos exponer nuestras ideas o explicar las de otros, por fuerza tendremos que usar un lenguaje lo suficientemente claro como para que sea fiel transmisor de nuestro pensamiento. Resulta absurdo leer un texto que pretende aclarar las ideas de un autor determinado y llega a ser más complicado que los textos estudiados. ¿Dónde está entonces la función iluminadora del texto crítico? El *lenguaje expositivo*, el que usamos para explicar nuestros conceptos, el que utilizamos para escribir una carta, un informe, un ensayo, una monografía, etc. tiene que ser un discurso lógico, apto para presentar el proceso del pensamiento racional.

El *lenguaje expositivo*, a diferencia del *lenguaje creativo*, puede aprenderse; que esto se logre a cabalidad o sólo parcialmente dependerá de las do-

---

(5) Sobre este concepto de "obra abierta" véase: Umberto Eco, *Obra Abierta*, pp. 71-225.
(6) J. Middleton Murry, *Op. cit.*, p. 22.

tes intelectuales y del interés del estudiante. La persona que lee buenas obras literarias, que escribe con cierta regularidad y pone en práctica las normas y consejos de la buena redacción, está en el camino correcto para adquirir o formar un buen estilo expositivo. El trabajo de este *lenguaje expositivo* nos obliga a poner especial atención en ciertos elementos de estilo que son precisamente la base sobre la cual se sustenta toda esta concepción estilística. Dichos elementos son: la "estructura sintáctica" y la "selección adecuada de las palabras claves que componen el discurso: el nombre y el verbo".

Una "estructura sintáctica lógica y sencilla" es esencial para los fines que persigue este tipo de lenguaje. Los párrafos cargados de subordinaciones adolecen de cierta pesadez y, en muchas ocasiones, resultan difíciles para el lector. Además, no todas las personas dominan la construcción subordinada, que requiere siempre no sólo la continuidad del razonamiento, sino también un mayor cuidado con los enlaces y un acertado uso de los tiempos verbales, con el fin de lograr la debida cohesión de ideas y la conexión lógica entre las partes que componen ese discurso. De este modo, pensamiento y palabra formarán un todo coherente: el *lenguaje expositivo,* en el cual ideas y signos guardan una perfecta correspondencia. Debido a las dificultades que puede plantear el uso de una extensa construcción subordinada, recomendamos al principiante, sobre todo, la preferencia por una organización sintáctica sencilla de tres o cuatro oraciones, cuya estructura coordinada o subordinada sea fácil y clara. Siempre se ha puesto de relieve la elegancia de un buen periodo subordinado; sin embargo, el periodo coordinado y el periodo subordinado corto suelen alcanzar una gran precisión y, por su estructura sencilla, logran presentar una clara visión de conjunto. En general son muy válidas ahora todas las normas y consejos expuestos en el capítulo dedicado al párrafo, dada la importancia que éste tiene en el proceso de la redacción y en el trabajo del estilo.

Una "selección acertada de los nombres y los verbos" viene a ser la clave del buen estilo expositivo-descriptivo. Sabemos que un discurso se compone de palabras con diferente función y significado. Conocemos también que hay palabras vacías, sin contenido propio, que cobran significado al entrar en relación con otra a la cual califican, determinan o le sirven de enlace. Estos vocablos sin contenido propio tienen una función necesaria en la escritura, pero no son los más importantes. Intentemos dar sentido a un párrafo construido sólo con artículos, adverbios, preposiciones, pronombres, adjetivos y conjunciones; el caos será total. Ocurrirá algo parecido cuando leemos un escrito y el verbo aparece en un lugar muy alejado; hasta que no lo encontramos, no logramos captar el significado y la función específica de las palabras.

Todo sustantivo designa ideas, personas, animales, objetos, cualidades, acciones, sentimientos; por todo esto, es una palabra portadora de significado propio. Al escoger un sustantivo tenemos que poner especial cuidado en su precisión, su correspondencia con el concepto que expresa. Esta selección es muy importante ya que de ella depende la claridad del texto; la inexactitud en los sustantivos lleva de inmediato a la confusión de las ideas.

El verbo es la palabra que da vida y significado al texto, los sustantivos adquieren su significado específico textual cuando aparece el verbo. Por esta razón, debemos fijarnos bien en la selección de los verbos, que éstos expresen a cabalidad las acciones o cambios de las personas o cosas designadas por el sustantivo. Al escoger el verbo, es preciso tener en cuenta el modo y tiempo en que habrá de usarse, con el propósito de alcanzar una mayor exactitud.

Un descuido que puede estropear el trabajo del estilo es la repetición innecesaria de los mismos nombres y verbos. La monotonía, que puede provenir tanto de las ideas como de las palabras, cansa y puede aburrir al lector. Usar siempre los mismos términos es indicativo de pobreza de estilo. Para remediar este problema, podemos ayudarnos consultando un buen diccionario de sinónimos —aunque ya sabemos que la sinonimia perfecta no existe— o bien dejamos "descansar" el ensayo y, en el momento de la revisión, quizá estemos mejor preparados para poder eliminar esas feas repeticiones. Sólo por razones de "comprensión" o de "estilo" debemos permitir la repetición.

La presentación lógica de las ideas, el estilo claro y preciso y la fluidez de un texto descansan en la adecuada selección de estas formas: "nombres" y "verbos". El estilo se aligera si no lo recargamos con el uso de modificadores u otras palabras "vacías". Si, por contrario, en nuestra escriura prevalece el uso acertado de los nombres y verbos, nuestro estilo ganará en claridad, agilidad y elegancia.

CUALIDADES DEL ESTILO

1. CLARIDAD

La primera exigencia que nos debemos hacer al escribir es la obtención de la *claridad,* cualidad indispensable para que se nos entienda. Lógicamente, previo a esto, habremos procedido ya a establecer ese "orden mental" en nuestras ideas, condición imprescindible para alcanzar la organización verbal.

El *estilo expositivo*, el que usamos para expresar nuestras ideas o describir personas, situaciones o cosas habrá de perseguir el sentido denotativo de la palabra. Si las ideas no se exponen con las palabras precisas, no podremos lograr la *claridad* deseada; si usamos términos difíciles, oscuros o ambiguos, tampoco podremos transmitir con exactitud nuestro pensamiento; si nuestro lenguaje es incoherente o excesivamente compleja la sintaxis empleada, habremos gastado nuestra energía en un esfuerzo inútil por comunicar nuestro pensamiento. Así concibe Martín Vivladi la *claridad* en el estilo:

> Claridad, que quiere decir pensamiento diáfano, conceptos bien "digeridos", exposición limpia, es decir, con sintaxis correcta y vocabulario o léxico al alcance de la mayoría: ni preciosista ni excesivamente técnico. Dicho de otro modo: "un estilo es claro cuando el pensamiento del que escribe penetra sin esfuerzo en la mente del lector". Porque se puede ser profundo y claro, y superficial y oscuro (7).

2. CONCISION

Esta cualidad nos obliga a usar sólo las palabras necesarias para expresar el contenido de nuestro pensamiento. Cada palabra tiene su significado y función en el texto. Lo contrario al estilo conciso es el estilo retórico, lleno de ambigüedades y de palabras innecesarias carentes de un sentido preciso dentro del texto, a no ser el falso sentido que pueda dar la propia imprecisión. Para lograr un estilo conciso es necesario buscar la precisión en la selección de los vocablos. Se debe cuidar también la repetición inútil de los mismos términos, las "muletillas", las palabras "vacías" de contenido.

3. SENCILLEZ

Escribir con sencillez no suele ser una tarea fácil; en muchas ocasiones esa *sencillez* es el producto de un laborioso trabajo de estilo, que persigue como meta la naturalidad. El poder de síntesis, la exposición clara y directa y un lenguaje natural no son dones que se prodigan. Dentro del concepto de *lenguaje expositivo* no cabe la excesiva ornamentación o el barroquismo, muy propio de algunos estilos literarios, pero contrario a un discurso que pretende explicar y esclarecer. Recordemos las palabras de Juan de Mairena, muy oportunas en este momento:

> — Señor Pérez, salga usted a la pizarra y escriba: "Los eventos consuetudinarios que acontecen en la rúa".
>
> El alumno escribe lo que se le dicta.

---

(7) Gonzalo Martín Vivaldi, *Curso de Redacción,* p. 255.

— Vaya usted poniendo eso en lenguaje poético.
El alumno, después de meditar, escribe: "Lo que pasa en la calle".
Mairena: — No está mal. (8)

4. EL RITMO

Un buen estilo debe tener su propio ritmo, que estará a su vez condicionado por la misma estructura sintáctica y una sabia combinación de las palabras. Cuando escribimos, debemos preocuparnos por lograr periodos rítmicos y mantener esta pauta a lo largo de nuestro trabajo. Al releer lo escrito, podremos comprobar las partes que violentan la armonía del texto, en el caso de que así sea. Azorín, maestro del estilo, define así el proceso de la escritura:

> En términos latos, lo que debemos desear al escribir es ser *claros, precisos y concisos*. No olvide el lector estas tres condiciones. A esas tres condiciones debemos sacrificarlo todo, absolutamente todo. Esas tres condiciones son la vida, y ante la vida no hay nada que pueda oponerse: ni consideraciones gramaticales, ni purismos, ni cánones estéticos. Cada cosa en el lenguaje escrito debe ser nombrada con su nombre propio; los rodeos, las perífrasis, los circunloquios embarazarán y recargarán y ofuscarán el estilo. Pero para poder nombrar cada cosa con su nombre... debemos saber los nombres de las cosas.
>
> Azorín: *La palabra y la vida* en **Clásicos y Modernos**

A continuación presentamos algunas selecciones de diferentes estilos con el propósito de que estos ejemplos complementen la exposición e ilustren el *lenguaje creativo* y el *lenguaje expositivo*.

¡Oh bella Galatea, más süave
que los claveles que tronchó la Aurora;
blanca más que las plumas de aquel ave
que dulce muere y en las aguas mora;
igual en pompa al pájaro que, grave,
su manto azul de tantos ojos dora
cuantas el celestial zafiro estrellas!
¡Oh tú que en dos incluyes las más bellas!

Deja las ondas, deja el rubio coro
de las hijas de Tetis, y el mar vea,
cuando niega la luz un carro de oro,
que en dos la restituye Galatea.

---

(8) Antonio Machado, *Juan de Mairena I*, p. 7.

> Pisa la arena que en la arena adoro
> cuantas el blanco pie conchas platea,
> cuyo bello contacto puede hacerlas,
> sin concebir rocío, parir perlas.

Luis de Góngora: Fábula de Polifemo y Galatea

El mocito se impulsó hacia las últimas piezas de la casa de los arácnidos. Numerosas macetas con una hoja de yagruma sostenida por su tallo en la tierra húmeda, mostraban el verde como mojado de la hoja y en su envés un blanco de plata y de cal mezclados. Contrastaban el verde vivaz y la plata cansada. Causaban la impulsión de la vida y la muerte como en acecho, aliadas, dispuestas a precipitarse sobre una contingencia desconocida, dispuestas también a mostrar una terrible venganza contra el agua y el fuego entrelazados. Parecía como si esas hojas hubieran crecido a un ensalmo ordenancista de las manos. Los hojas mostraban ya un tamaño inalterable, su crecimiento recurvaba sobre una espera, sonaba inaudiblemente el crecimiento invisible de las redes de las arañas, unido a la espera secular de la hoja. Era el tiempo liberado de la movilidad, una secreta boca mojaba los hilos, un árbol cabellera se metamorfoseaba en una coliflor que se movía en el sueño de una tortuga.

José Lezama Lima: Oppiano Licario

De plata los delgados cuchillos, los finos tenedores; de plata los platos donde un árbol de plata labrada en la concavidad de sus platas recogía el jugo de los asados; de plata los platos fruteros, de tres bandejas redondas, coronadas por una granada de plata; de plata los jarros de vino amartillados por los trabajadores de la plata; de plata los platos pescaderos con su pargo de plata hinchado sobre un entrelazamiento de algas; de plata los saleros, de plata los cascanueces, de plata los cubiletes, de plata las cucharillas con adorno de iniciales...

Alejo Carpentier: Concierto Barroco

Aunque el amor y la admiración de la belleza no respondiesen a una noble espontaneidad del ser racional y no tuvieran, con ello, suficente valor para ser cultivados por sí mismos, sería un motivo superior de moralidad el que autorizaría a proponer la cultura de los sentimientos estéticos, como un alto interés de todos. Si a nadie es dado renunciar a la educación del sentimiento moral, este deber trae implícito el de disponer el alma para la clara visión de la belleza. Considerad al educado sentido de lo bello el colaborador más eficaz en la formación de un delicado instinto de justicia. La dignificación, el ennoblecimiento interior, no tendrán nunca artífice más adecuado.

José Enrique Rodó: Ariel

La forma es capital en la obra de arte, de ella depende su existencia, y en eso están de acuerdo autores realistas y fantásticos. Algunos sostienen que ella no es disociable de su materia, pero Camus no era de éstos: *Dar una forma a lo que no lo tiene es el objetivo de toda mi obra,* afirma. *En ella no sólo hay creación, sino corrección. De ello deriva la importancia de la forma y la necesidad de un estilo para cada tema.* Y, según él, de la forma depende exclusivamente la unidad de una obra. La obsesión del estilo, que caracteriza también al creador, asume en Camus una dimensión insospechada, y las anotaciones sobre este asunto ocupan, sobre todo, los años 1942 a 1945, en los que se publicaron sus primeros libros. Es muy curioso un texto suyo sobre el estilo propio de la novela, el que, según Camus, se diferencia de los otros, porque en este género el estilo cumple una especie de servidumbre, debe "someterse integralmente a la materia", lo que no ocurre en la poesía.

Mario Vargas Llosa: *Camus y la literatura*
en **Entre Sartre y Camus**

Alguien preguntó a Mairena: ¿por qué han de ser los escépticos los encargados de investigar nuestras creencias? Respondió Mairena: nuestras creencias últimas, a las cuales mi maestro y yo nos referimos, no son, no pueden ser aquellos ídolos de nuestro pensamiento que procuramos poner a salvo de la crítica, mucho menos las mentiras averiguadas que conservamos por motivos sentimentales o de utilidad política, social, etc., sino el resultado, mejor diré los residuos, de los más profundos análisis de nuestra conciencia. Se obtienen por una actividad escéptica honda y honradamente inquisitiva que todo hombre puede realizar —quién más, quién menos— a lo largo de su vida. La buena fe, que no es la fe ingenua anterior a toda reflexión, ni mucho menos la de los pragmatistas, siempre hipócrita, es el resultado del escepticismo, de la franca y sincera rebusca de la verdad. Cuánto subsiste, si algo subsiste, tras el análisis exhaustivo o que pretende serlo, de la razón, nos descubre esa zona de lo fatal a que el hombre de algún modo presta su asentimiento. Es la zona de la creencia, luminosa u opaca —tan creencia es el sí como el no—, donde habría que buscar, según mi maestro, el imán de nuestra conducta.

Antonio Machado: *Juan de Mairena II*

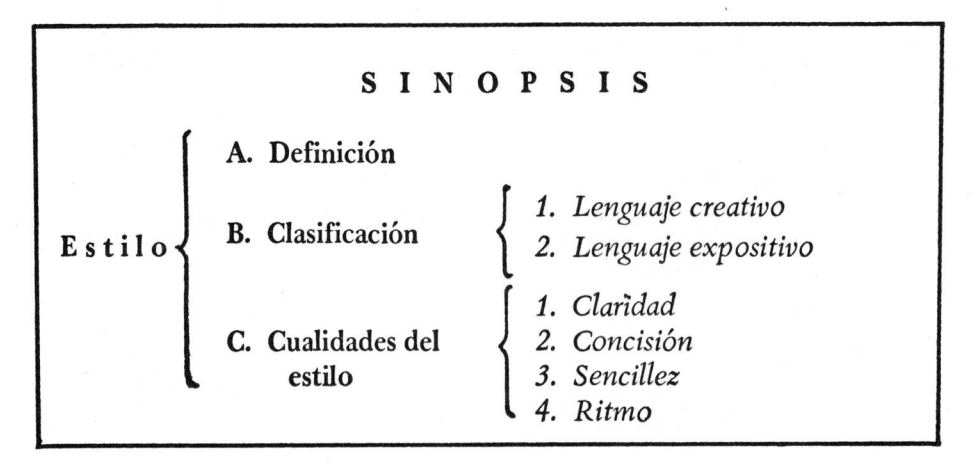

SINOPSIS

Estilo
- **A. Definición**
- **B. Clasificación**
  - 1. *Lenguaje creativo*
  - 2. *Lenguaje expositivo*
- **C. Cualidades del estilo**
  - 1. *Claridad*
  - 2. *Concisión*
  - 3. *Sencillez*
  - 4. *Ritmo*

CAPITULO XI

LA REDACCION

REDACCION: ASPECTOS TEMATICOS Y ASPECTOS FORMALES

El ejercicio de la escritura supone siempre, junto a una buena dosis de información, originalidad e inspiración, un cierto dominio del lenguaje; esta última, es condición indispensable para el éxito de la empresa. De poco sirve tener unas magníficas ideas si no se dispone del instrumento apto para expresarlas debidamente.

Ambos aspectos: *el temático y el formal,* son como las dos caras de la misma moneda, sin el apoyo de uno el otro se debilita; de poco vale manejar con habilidad el lenguaje si no hay nada sustancial que dé sentido a este conjunto de palabras. La disociación de fondo y forma es, en realidad, aparente, tan solo una manera de abordar un plan de trabajo o de examinar sus resultados. El *qué* y el *cómo* son las dos partes esenciales y complementarias que forman el *todo.* Con este sentido "práctico" o "utilitario" aplicaremos estos dos conceptos al proceso de la redacción.

LA ELECCION DE UN TEMA

Al seleccionar un tema determinado es imprescindible que el alumno lo conozca parcialmente, de lo contrario caerá en la improvisación y en la total anarquía. ¿De qué sirve escribir, emborronar papeles cuando no se tiene nada que decir? Sería absurdo que alguien pretendiera escribir sobre el cine polaco sin haberlo estudiado o haber visto un número considerable de películas polacas. Algunas personas quizá piensen que podrían improvisar unas oraciones o hasta un breve ensayo sobre cualquier tema sin tener un cierto dominio de esa materia; tal actitud no es recomendable, pues lo que se suele producir es un escrito de muy escaso valor. Cabe hacer la salvedad de que, en ciertas ocasiones, sí es posible lograr una "improvisación" aceptable o artística. Por ejemplo, un biólogo marino podrá escribir sin dificultad sobre determinados aspectos generales o específicos del mundo marino porque este tema ha sido objeto de estudio por su parte; un abogado criminalista podrá también abordar unos temas legales en específico, puesto que forman parte de su especialidad. En realidad, en estos casos no existe la tal "improvisación", estas personas escriben sobre materias previamente estudiadas y conocidas a través de la experiencia. La expresión poética, tanto en prosa como en poesía, es otro sector propicio para una peculiar "improvisación", sobre todo la lírica por lo que tiene de personal e intimista.

Las recomendaciones de Unamuno en el ensayo *A lo que salga* (1) sobre los beneficios de la espontaneidad al escribir, su distinción entre escritores "ovíparos" y "vivíparos" y su entusiasmo por el escrito natural e íntimo, son muy apreciables cuando van dirigidas a escritores de una cierta experiencia o a personas con un considerable bagaje cultural; pero hay que tener mucha cautela si estas recomendaciones se dirigen a personas con poca experiencia en el arte de escribir y con una escasa cultura general; en estos casos siempre es preferible optar por el estudio o la reflexión en torno al tema que se quiera tratar.

Si determinado suceso o cierta persona nos ha impresionado, por la razón que sea, es éste un buen punto de partida; pero esto no basta, tenemos que saber qué nos impresionó, por qué, cuándo, cómo y dónde nos impresionó. En resumen, habremos de contestarnos las preguntas más importantes desde el punto de vista formal y temático. Para poder dar unas respuestas aceptables hay que reflexionar, pensar detenidamente en estos aspectos, de alguna manera crear una atmósfera particular que nos vincule al tema y nos permita describir y, quizá en ocasiones, hasta descubrir el "misterio" de por qué precisamente ese suceso o esa persona capturó nuestra atención y no otro suceso u otra persona.

Cuando nos enfrentamos a un tema ajeno a nuestro interés y fuera de nuestra área de competencia, lo recomendable es investigar, leer, informarnos sobre el mismo. Quizá el trabajo nos resulte un poco pesado y el resultado no sea todo lo satisfactorio que hubiéramos deseado; no obstante, si hemos entendido el tema, la redacción tendrá sentido y coherencia; nos habremos alejado de la peligrosa "improvisación".

Sin duda, resulta más agradable escribir sobre un tema conocido, de nuestro interés, y con el cual podemos establecer una relación afectiva y pro-

---

(1) Miguel de Unamuno, *A lo que salga*, en *Obras Completas*, pp. 605-619.

ductiva. Como práctica es aconsejable seleccionar temas que hayan despertado nuestra atención. Sin embargo, el ejercicio de tener que escribir sobre un tema nuevo, distinto y, en cierta medida, ajeno a nosotros, nos obliga a una disciplina y estudio muy provechosos.

PLAN PREVIO. ESQUEMA

La organización de las ideas es una parte fundamental en el proceso de toda redacción. Antes de lanzarnos a escribir sobre el tema escogido, conviene siempre poner en orden las ideas, elaborar un plan previo que, en determinados casos y durante el transcurso de la redacción, puede modificarse si conviene para una mejor exposición del tema. Algunos autores consideran que el plan de trabajo previo, el esquema mental, llega a ser tan importante como el propio ejercicio de la escritura, así lo entienden Rudolf Flesch y A. H. Lass cuando se expresan de la siguiente manera:

> Therefore, in learning how to write, what's most important is learning how to plan *before* writing. You may have thought that grammar and usage and punctuation are most important, but that isn't so. If you don't know any grammar, you will have much trouble with your writing; but if you don't know how to plan, *you simply can't write.* (1)

En no pocas ocasiones suele ocurrir que un mismo tema puede enfocarse desde distintos ángulos, como consecuencia esto da lugar a diversos esquemas; conviene entonces reflexionar para así lograr una acertada selección. En cierta forma esta pluralidad de enfoques resulta muy positiva, ya que no sólo es índice de una familiaridad con el tema, sino que, al presentarnos diversas perspectivas, también nos provee de varias alternativas.

Otras veces la producción de un plan de trabajo puede presentarnos ciertas dificultades, bien por el escaso conocimiento del tema o bien por la visión problemática que de éste tengamos. En estos casos es necesario meditar más sobre el tema, dejar pasar el tiempo y de esta manera madurar un poco más las ideas. Recordemos que la "prisa" nunca es buena consejera ni en ésta ni en otra situaciones. El tiempo para escribir un artículo, un cuento o un ensayo lo debe determinar el propio autor, siempre y cuando opere dentro de unos límites temporales razonables. Un periodista tiene que escribir con cierta premura, pero este escollo se salva gracias al contacto directo que mantiene con las personas o sucesos. Ahora bien, en cualquiera otra situación la pausa y la reflexión son imprescindibles para poder terminar con relativo éxito el ejercicio de la escritura.

---
(1) Rudolf Flesch y A. H. Lass: *A New Guide to Better Writing*, p. 19.

Supongamos que queremos relatar algunas de nuestras experiencias durante las últimas vacaciones; con un poco de esfuerzo e imaginación enseguida podremos elaborar algunos esquemas:

A. — 1. Preparación del viaje.
2. Estadía en el o los lugares de vacaciones.
3. Sucesos importantes acaecidos durante ese tiempo.
4. Fin de las vacaciones.

B. — 1. Llegada al lugar o lugares de vacaciones.
2. Descripción de los mismos.
3. Descripción más detallada de los sitios más importantes.
4. Reacción personal ante el lugar y el ambiente.

C. — 1. Las vacaciones desde el punto de vista de las relaciones humanas.
2. Mi vida social durante las vacaciones.
3. Nuevas y viejas amistades.
4. Alguna relación personal en particular.
5. Mis relaciones humanas antes y después de las vacaciones.

D. — 1. Necesidad de descanso y de unas vacaciones.
2. Mi actitud psicológica al inicio de las vacaciones.
3. Experiencias o personas que ayudaron a resolver mi crisis o a mejorar mi salud mental durante ese tiempo.
4. Nuevas perspectivas vitales.

Estas son sólo algunas maneras de enfocar este tema. Por lo general, los temas tan abarcadores como el que hemos tomado como ejemplo, debido a su misma amplitud, ofrecen varias alternativas. Por el contrario, si la materia sobre la que vamos a escribir es más específica, disminuyen las alternativas. Por ejemplo, si queremos escribir sobre los personajes que aparecen en el cuadro *El Velorio*, de Francisco Oller, tendremos que limitarnos a lo que son o representan dichos personajes, cómo fueron concebidos por el autor, qué técnicas utilizó para crearlos, etc. Nuestra labor girará, pues, en torno a un tema muy específico, y los otros subtemas que se integren en el trabajo estarán directamente relacionados con el tema central.

De lo hasta aquí expuesto podríamos concluir que "a mayor amplitud temática más alternativas, y a menor amplitud temática menos alternativas".

EL COMIENZO

La página en blanco y la mente en blanco no es una situación exclusiva de principiantes en el arte de escribir, suele ser más común de lo que se piensa, incluso escritores de renombre han pasado también por este momento.

Lo primero que se debe hacer es no asustarse demasiado por esto, recordar que es una etapa dentro del proceso y que, al igual que otras personas, también nosotros la superaremos con nuestros propios esfuerzos y recursos. ¿Qué recursos? Tenemos varios a nuestra disposición. En primer lugar, es el momento de hacer o de revisar el esquema de trabajo, releerlo, detenernos en la parte inicial, quizá escribir de manera espontánea las ideas que acudan a nuestra mente y que estén relacionadas con esta primera parte. En segundo lugar, nunca viene mal reflexionar sobre el tema, acostumbrarnos a pensar en él, a "convivir" mentalmente con él. En tercer lugar, siempre podemos acudir a la lectura, a la investigación que amplíe nuestro conocimiento sobre ese tema en particular. En cuarto lugar, pueden ser muy útiles unas conversaciones en torno al tema con una persona conocedora del mismo o de nuestro trabajo; por lo general, este tipo de intercambio suscita nuevas ideas.

Como acabamos de ver, tenemos recursos propios para salir del "atolladero"; sobre todo, desde el principio, no debemos de perder nunca la seguridad de que "nosotros sí podremos escribir satisfactoriamente sobre el tema que nos ocupa, no importa las veces que haya que corregir o rehacer el trabajo"; esta es también una parte de nuestro aprendizaje. Recordemos que un buen comienzo es esencial para captar la atención del lector desde el principio, y también para nosotros lograr la seguridad necesaria en nuestro trabajo.

EL DESARROLLO

Esta parte se identifica como el "cuerpo del trabajo"; en realidad es lo fundamental, el centro de interés de la totalidad del escrito. Aquí es necesario desarrollar el tema o los temas, proceder a su exposición o discusión, presentar diversos enfoques. Este es el momento de modificar el bosquejo si fuera necesario, lo cual suele ocurrir también con cierta frecuencia; recordemos que "una cosa es diseñar un plan de trabajo y otra realizarlo". En el primer caso mantenemos siempre una distancia del tema; en el segundo nos metemos de lleno en él, y esto trae consigo una comprobación y revisión de nuestros primeros planteamientos. A veces en esta etapa se pueden generar nuevas ideas y, en algunos casos, hasta cambiar totalmente el enfoque inicial para dar paso a una nueva versión del trabajo; pero hay que tener mucho cuidado al efectuar el cambio y estar muy seguros de que ese "cambio" es el más conveniente.

Podría ocurrir también que en esta parte nos quedáramos en algún momento "en blanco"; en general, las recomendaciones anteriores pueden aplicarse también en esta etapa.

EL FINAL

Cuando ya hemos llegado a esta etapa, nuestro trabajo escrito está ya casi hecho y, después de haber salvado no pocas dificultades, nuestra labor llega a su fin.

Al terminar un ensayo, un artículo o una monografía, es necesario pensar en unas "conclusiones" que se desprenderán lógicamente de todo lo expuesto. Estas "conclusiones" pueden ser de distinta naturaleza: "tematicas" y "formales." Las primeras provienen de manera directa de la exposición o argumentación sobre el tema o los temas desarrollados a lo largo del trabajo. Esta "conclusión" o "conclusiones" deben ser pocas y deben estar expresadas en un lenguaje preciso, con el fin de que el lector pueda recordarlas como una parte fundamental del texto. Nada más confuso y errático que unas conclusiones ilógicamente traídas o expuestas en un lenguaje impreciso o demasiado complejo. La "conclusión formal" es de orden más bien externo y viene a ser una manera de terminar el artículo o cualquier tipo de trabajo escrito. En ocasiones, al comenzar a escribir, no tenemos el propósito de llegar a conclusión alguna y ni siquiera ésta se ha producido de manera natural. En estos casos es preciso finalizar la redacción del trabajo de una manera puramente formal, de modo que el mismo no resulte incompleto. A este tipo de "conclusión" la podemos denominar también "abierta" por su marcado carácter libre y subjetivo; en realidad viene a ser el "párrafo de cierre" con el que finalizamos nuestro artículo.

LA REVISION: TEMATICA Y FORMAL

Nuestro ejercicio de redacción, nuestro artículo, nuestro ensayo, nuestra monografía o cualquier tipo de trabajo escrito no estará completo si no lo revisamos una o varias veces. La lectura y, si es necesario, la "relectura" es esencial para poder apreciar los planteamientos temáticos así como el tono y las distintas matizaciones de la expresión.

Ahora bien, ¿cuándo conviene hacer esta revisión? Es imposible fijar un tiempo exacto para llevar a cabo esta tarea, ya que depende de circunstancias muy particulares como pueden ser: el tema, la extensión del trabajo escrito, la facilidad del autor para poder distanciarse del mismo y así poder ejercitar su sentido crítico. *Lo que sí resulta imprescindible para realizar esta tarea con eficiencia, es lograr un prudente distanciamiento entre nosotros y el trabajo con el fin de poder ejercitarnos en una autocrítica objetiva.* Si bien es muy cierto que debemos tener confianza en nuestro propio esfuerzo para realizar ese trabajo en particular, también es verdad que la "supervaloración" de nuestra obra o una "excesiva sensibilidad" ante la crítica, perjudican en gran medida nuestra labor de revisión. No debemos tener miedo a rehacer o a romper, pensemos siempre que nuestro trabajo, al no ser una obra maestra, contiene imperfecciones, sobre todo si hemos comenzado recientemente ese laborioso ejercicio de la escritura.

La revisión ha de abarcar la totalidad del escrito en su doble aspecto: temático y formal. Por este motivo es recomendable que se hagan dos tipos de lectura: una para revisar las ideas y otra para revisar la expresión y el estilo. Insistimos en que estas lecturas se hagan separadas para atender mejor cada uno de los aspectos; este consejo va especialmente dirigido a las personas que se inician en el arte de escribir. Por ejemplo, en la lectura temática habrá que tener en cuenta la exposición del tema o de los temas, su desarrollo, las posibles interpetaciones, los alcances de las conclusiones, etc. La lectura formal se concentrará en el uso del lenguaje, su estructura morfológica y sintáctica, los recursos del estilo, el tono, etc. Por supuesto que, en muchas ocasiones, una lectura conjunta es suficiente, pero esto ya depende de la naturaleza del trabajo y de la habilidad del autor.

Como "regla de oro" conviene siempre tener presente que ningún trabajo escrito, no importa su naturaleza, está completamente terminado y pulido si no se ha revisado. Recordemos: para los principiantes en el ejercicio de la escritura resulta *imprescindible* esta labor de revisión.

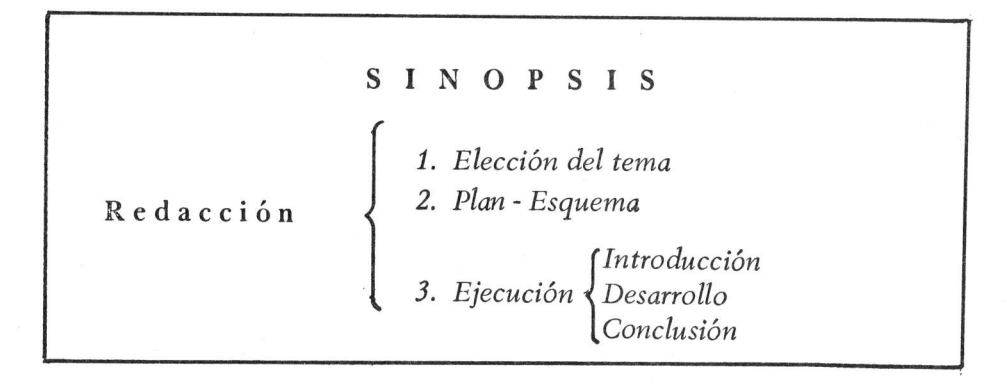

SINOPSIS

Redacción
1. *Elección del tema*
2. *Plan - Esquema*
3. *Ejecución* { *Introducción* / *Desarrollo* / *Conclusión* }

EJERCICIOS

El estudiante puede ejercitarse desarrollando los siguientes temas de redacción; los diez primeros son más abarcadores, los otros se centran en temas más específicos.

1. El mar.
2. La liberación femenina.
3. El desarme y la carrera armamentista.
4. La universidad.
5. La familia.
6. La pena de muerte.
7. Los problemas de la sociedad actual.
8. La felicidad.
9. Las ventajas de la educación.
10. El amor.

1. El uso y el abuso de las drogas en nuestra sociedad.
2. Las relaciones materno-filiales durante los primeros años del hijo.
3. Las causas del desempleo en Puerto Rico.
4. La función social de Amnistía Internacional.
5. Mi pueblo o ciudad de origen.
6. Las nuevas tendencias de la novela actual en Puerto Rico.
7. La persona que más admiro.
8. Los orígenes del cine puertorriqueño.
9. Las Malvinas, Gibraltar y el Derecho Internacional.
10. El libro que más ha influido en mi formación como ser humano.

CAPITULO XII

LA MONOGRAFIA

Se denomina *monografía* al trabajo de investigación que versa sobre un tema específico. Una monografía puede circunscribirse a un tema o aspecto de una obra literaria o puede abarcar el estudio de un tema o aspecto en las obras de diversos autores. En este último caso pueden estudiarse las obras de distintos autores, pero a partir de un mismo tema, aspecto o enfoque; este denominador común es el que le da el carácter monográfico al estudio. Para Umberto Eco "una monografía es el tratamiento de un solo tema y como tal se opone a una 'historia de', a un manual, a una enciclopedia" (1). Sería monográfico un estudio sobre el uso de la parodia en *La guaracha del Macho Camacho*, de Luis Rafael Sánchez; el concepto del amor-erotismo en la poesía de Julia de Burgos; la perspectiva infantil en *Un mundo para Julius*, de Alfredo Bryce Echenique; las variaciones del barroco en *Paradiso*, de José Lezama Lima, y *Concierto Barroco*, de Alejo Carpentier; un estudio comparativo de las ideas feministas de Concepción Arenal, Rosalía de Castro y Emilia Pardo Bazán.

Un buen trabajo monográfico se caracteriza fundamentalmente por *la labor de investigación* y por *la aportación personal.* Son estas dos condiciones indispensables para la realización de la empresa. La investigación, además de ser imprescindible, resulta muy útil, pues pone en contacto al estudiante con las "fuentes primarias" y "secundarias", con las "fuentes de primera y segunda mano". Si se quiere realizar un estudio en torno a las técnicas literarias usadas en *Conversación en la Catedral*, de Mario Vargas Llosa, la "fuente primaria" será la propia obra y las "fuentes secundarias" vendrán

---

(1) Umberto Eco, *Cómo se hace una tesis*, p. 31.

a ser los estudios críticos sobre este aspecto de *Conversación en la Catedral;* la "fuente de primera mano" habrá de ser la edición original o la edición crítica, en caso de que sea imposible obtener alguna de éstas, se debe buscar una edición lo más fiel posible; las "fuentes de segunda mano" pueden ser los artículos aparecidos en periódicos, las grabaciones hechas por terceras personas (esto es, ni por el autor estudiado ni por el investigador), las citas de terceros; en todos estos casos no se tiene control directo del material, pues el artículo muy bien ha podido ser censurado o recortado en el periódico. En realidad, una fuente pasa a ser de "segunda mano" cuando no nos ofrece la confiabilidad necesaria o no la podemos corroborar. Lo deseable es que en un trabajo de investigación las fuentes sean de "primera mano" o "confiables". Si no es posible verificar un dato o haber leído un original, no se debe usar una fuente de segunda mano en su lugar; esto equivaldría a no hacer una buena investigación, a falsear su sentido original.

Una buena investigación obliga al estudiante a pensar y le evita la equivocación o la necedad. Cuando se lee y se estudia lo que otros han dicho ya sobre un tema específico, este proceso por sí mismo lleva a no repetir y menos a "plagiar" ideas o palabras; sobre esto es preciso recalcar que siempre que se "tomen prestadas ideas" o se "citen palabras de otro" es "obligatorio" señalarlo con una nota al calce. La lectura de los textos críticos incita a la reflexión, a un examen riguroso de nuestras ideas "originales". Cuando se estudia a los clásicos es muy difícil la originalidad, sobre todo en un principiante; por esto hay que poner particular cuidado en ver si nuestras ideas son propias o si, por el contrario, pertenecen a otro crítico. Por tal motivo el estudio de un autor contemporáneo siempre nos ofrece más posibilidades de originalidad.

La otra condición indispensable para que se lleve a cabo la monografía es la aportación personal, la originalidad. Después de haber leído toda la crítica y de haber reflexionado sobre el tema, es necesaria la voz del autor para expresar sus propias ideas. Una buena monografía no puede descansar únicamente en citas y opiniones de otros; esto es importante, pero no suficiente. La aportación del investigador al estudio del tema consiste en esa perspectiva personal que, si se ha elaborado con los resultados de una investigación rigurosa y una reflexión seria, enriquecerá el estudio de ese tema en específico.

ELECCION DEL TEMA

En términos generales podríamos afirmar que la elección del tema para una monografía no debe ser tarea difícil si el estudiante está algo familiarizado con la materia; por ejemplo, si ha asistido a cursos especializados, si ha leído sobre el tema, si ha reflexionado o dialogado en torno al mismo, se sentirá más seguro en el momento de llevar a cabo la "selección". Cuando ocurre lo contrario, el estudiante carece de los conocimientos imprescindibles para llevar a cabo esta tarea; en estos casos lo más acertado es esperar hasta que llegue el momento propicio en que se haya adquirido un mínimo de conocimiento para realizar una buena elección. Suele ser de gran utilidad mantener algunas conversaciones con el profesor del curso, en el caso de que la monografía fuera parte del mismo, o bien dialogar sobre el tema con personas preparadas en esa materia.

Al seleccionar un tema hay que tener en cuenta también las posibilidades reales de la investigación; en muchas ocasiones las bibliotecas están muy surtidas en determinadas materias, pero carecen de fuentes elementales en otras. Se debe, pues, elegir un tema que tenga posibilidades reales de investigación en la o las bibliotecas accesibles; de lo contrario, se caerá en una improvisación más o menos interesante.

Otro criterio de selección muy importante es la simpatía que dicho tema nos inspire. Hacer una monografía sobre lo que no nos atrae o para lo cual no tenemos la suficiente preparación o no hemos podido desarrollar la sensibilidad necesaria, no es haber tomado la decisión más sabia. Por el contrario, si el tema nos atrae, no importa las dificultades de índole intelectual que tengamos que afrontar, ya habremos establecido una corriente de simpatía y buena comunicación que, de seguro, nos facilitará la empresa.

Dentro de la selección del tema entra también la delimitación del mismo. Escoger un tema muy general no puede conducir a otro resultado que no sea el de repetir ideas conocidas, ya registradas en manuales u otros textos de información general. Una monografía debe tener bien delimitada su área de trabajo, de manera que el estudiante pueda hacer una verdadera aportación o, si esto no es posible, al menos un trabajo decoroso. Cuanto más se precise el tema y el enfoque que se le ha de dar, mayores serán las probabilidades de éxito.

PLAN DE TRABAJO

Una vez seleccionado el tema, es necesario trazar un "plan de trabajo" o unos "posibles esquemas", en el caso de que todavía hubiera ciertas vacilaciones. Este "plan de trabajo" puede alterarse durante el curso de la investigación y de la redacción si esto fuera necesario.

Cuando una monografía tiene la importancia de ser el trabajo final de un curso universitario, conviene que el estudiante consulte con el profesor el tema elegido y le presente el "plan de trabajo". De este intercambio pueden surgir nuevas ideas o reafirmar las que ya se tienen; ambas situaciones siempre serán de provecho para el estudiante.

El "plan de trabajo resulta imprescindible pues, a partir de ese esquema, el investigador irá construyendo el andamiaje teórico-crítico; a su vez, la investigación tomará un sesgo más ordenado que conducirá a una reflexión más provechosa. Incluso un buen proyecto mejorará el ritmo de trabajo, ya que las lecturas críticas se harán en relación con la parte del bosquejo que se trabaje; de esta manera se distribuye con más acierto la labor investigativa y se aprovecha mejor el tiempo.

El alumno puede revisar todo lo que en el capítulo de *La Redacción* se dice con respecto a la "ejecución" del trabajo; aquellos conceptos pueden aplicarse muy bien a la "monografía".

ASPECTOS TECNICOS DE LA MONOGRAFIA

Todo trabajo de investigación requiere lecturas y relecturas de carácter general o específico. Para obtener un mayor beneficio de esas lecturas en función de la monografía, es necesario que el alumno adopte un sistema de investigación. Para cada libro leído deberá hacer una ficha bibliográfica en la que se incluirán los siguientes datos: apellidos y nombre del autor, título de la obra, edición, lugar de publicación, casa editora, año de publicación y número de páginas. En el caso de que el artículo o el libro leído contengan información directamente relacionada con el trabajo o algún fragmento de interés, resulta muy útil hacer otra ficha más grande (explicativa, de resumen), en la que se copien los textos importantes, se anoten las ideas principales o se resuma el contenido del libro o del artículo. En esta ficha aparecerá el nombre del autor y el título de la obra ya que el resto de la información se recogerá en la ficha de autor. La ficha temática contiene todos los datos de la ficha de autor y, además, una breve información relativa al tema de que trata la obra.

Las citas textuales también requieren una especial atención en este proceso. Hay dos maneras de hacer una cita: "directa" e "indirecta". La cita "directa" o "textual" irá siempre entre comillas —al principio y al final— y precedida por los dos puntos. Si la cita ocupa unas tres o cuatro líneas, más o menos, estará incorporada al texto; cuando es una cita larga, se separa del texto y se escribe a espacio sencillo en maquinilla. La cita "indirecta" se introduce con la partícula "que", no lleva las comillas ni los dos puntos.

Cada vez que se haga una cita, se mencione algún texto o se haga referencia a alguna información extratextual, se deberá poner una nota al calce, que llevará la siguiente información: nombre y apellidos del autor, título de la obra, número de la página o páginas si es una cita; en el caso de que se haga sólo una mención general de alguna obra, no es necesario incluir el número de páginas; el resto de la información irá en la ficha bibliográfica. Se usarán las siguientes abreviaturas en los casos que se explican a continuación:

Ibid., del latín *Ibidem*, que quiere decir en el mismo lugar, se utiliza cuando se hace referencia al texto anteriormente citado; si la página varía, se añade el número de la página citada.

La abreviatura *Op. cit.*, del latín *Opere citato*, que significa "citado en en el trabajo", se usa si se cita una obra ya anteriormente mencionada, en este caso solamente se añade el número de la página.

Loc. cit., del latín *Loco citato*, que indica "en el lugar citado", se emplea cuando se hace referencia a las mismas páginas de un texto ya citado; nunca se agrega el número de la página.

Todo trabajo de investigación habrá de ir acompañado de una "bibliografía", la parte que informa sobre las fuentes usadas. Para un trabajo breve será suficiente con una bibliografía; una tesis o cualquier otro trabajo extenso requerirá dos tipos de bibliografía: la general y la especializada (2). A continuación incluimos algunos ejemplos de estos aspectos técnicos.

FICHAS

Eco, Umberto, *La definición del arte*, 2da. ed., Trad. de R. de la Iglesia, Barcelona, Martínez Roca, S.A., 1972, 285 págs.

Fuentes, Carlos, *Juan Goytisolo: la lengua común* en *Juan Goytisolo*, Madrid, Fundamentos, 1975, pp. 144-150.

Henríquez Ureña, Pedro, *Desagravio a Borges*, "Sur", Buenos Aires, 1942, XII, n. 94, pp. 13-14.

López Suria, Violeta, *Campos de Nijar*, "El Mundo", Puerto Rico, 3 de abril de 1961, p. 16.

Wellek, René y Austin Warren, *Teoría Literaria*, 4ta. ed. Trad. de José M. Gimeno, Prólogo de Dámaso Alonso, Madrid, Gredos, 1966, 430 págs.

---

(2) Para mayor información sobre los aspectos técnicos de la tesis y monografías, recomendamos la lectura de los textos que citamos a continuación: Eugene Ehrlich and Daniel Murphy, *Writing and Researching Term Papers and Reports: A New Guide for Students;* Kate L. Turabian, *A Manual for Writers of Term Papers, Theses, and Dissertations;* Janice L. Gorn, *Style Guide for Writers of Term Papers, Masters' Theses, and Doctoral Dissertations; MLA Handbook for Writers of Research Papers, Theses and Dissertations.* Umberto Eco, *Op. cit.*

NOTAS AL CALCE

Guillermo de Torre, *Historia de las literaturas de vanguardia*, p. 55.

Ibid., p. 96.

José Emilio González, *La poesía contemporánea de Puerto Rico*, p. 90.

José Emilio González, *Op. cit.*, p. 102.

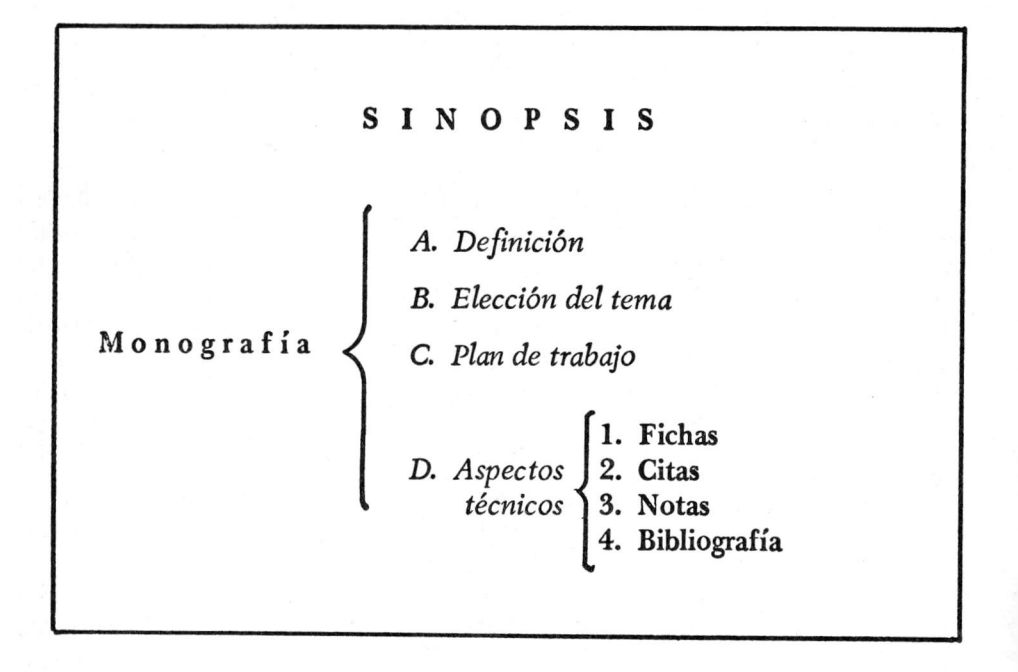

```
┌─────────────────────────────────────────────────┐
│                  S I N O P S I S                │
│                                                 │
│                        ⎧ A. Definición          │
│                        ⎪                        │
│                        ⎨ B. Elección del tema   │
│    Monografía          ⎪                        │
│                        ⎩ C. Plan de trabajo     │
│                                                 │
│                                    ⎧ 1. Fichas       │
│                        D. Aspectos ⎨ 2. Citas        │
│                           técnicos ⎩ 3. Notas        │
│                                      4. Bibliografía │
└─────────────────────────────────────────────────┘
```

CAPITULO XIII

LA CARTA

La redacción de cartas es un tema bastante amplio ya que se pueden escribir diferentes tipos de cartas de acuerdo con la intención y propósito de las mismas. Una carta comercial tendrá objetivos muy distintos de los que pueda perseguir una carta de invitación o la carta puramente personal. Ahora bien, todas ellas mantienen en común el *ser un mensaje personal, de índole diversa, y el ir dirigidas a alguien.* En casi todas ellas, excepto quizá en las de carácter más personal, existen también unas partes o elementos formales comunes como lo son: "el lugar y la fecha, el nombre y la dirección del destinatario, el saludo, una breve introducción, el planteamiento y desarrollo del tema o de los temas, la despedida y la firma".

A tenor con la diversidad antes mencionada, y para un mejor estudio del tema, vamos a dividirlo en dos grandes apartados: *las cartas personales, y las cartas comerciales, de negocios y oficiales.* Esta sencilla división servirá a los objetivos del capítulo: transmitir con claridad y efectividad los variados propósitos del arte epistolar, así como enseñar al alumno las técnicas necesarias para la redacción de las distintas clases de cartas.

CARTAS PERSONALES

Debido a su fundamental carácter subjetivo, resulta contradictorio señalar unas pautas precisas y un formato específico para las cartas de naturaleza personal. En términos generales podemos afirmar que la *naturalidad* y la *sinceridad* son las características esenciales de este tipo de comunicación. Escribir a un amigo en un estilo grandilocuente o pedante, va contra la propia esencia de la amistad; a no ser, claro está, que el que escribe sea grandilocuente o pedante por naturaleza, en cuyo caso el destinatario ya tendrá conocimiento de esta condición y, en honor a la amistad, sabrá disculpar y entender esa peculiaridad del amigo. La *sinceridad* también es otro rasgo fundamental, pues en una carta personal, equivalente o sustituto de una sincera conversación, debe prevalecer un diálogo franco y verdadero, el que se hubiera mantenido a lo largo de la conversación. Es muy importante mantener en toda la carta un tono coloquial, que facilite la *naturalidad* y la *sinceridad*.

El lenguaje y estilo de la carta dependerá de quién sea el destinatario de la misma. Es éste un punto muy importante que puede aplicarse en general a toda correspondencia. Dentro de los límites de una carta personal, el lenguaje, el estilo y el acercamiento afectivo pueden variar; por ejemplo, una carta dirigida a un hijo pequeño por fuerza habrá de ser muy distinta de la que se escribe a una amiga de muchos años o a una persona con quien se mantienen estrechos vínculos amorosos.

Las cartas personales pueden ser de índole diversa, podemos escribir cartas de amor, de felicitación, de pésame, de petición de un favor, de invitación a una fiesta familiar, confidencial, amistosa, etc. Dentro de esta categoría de *cartas personales* podemos distinguir dos clases: las que guardan cierta formalidad, bien sea por el objeto de la carta, por el destinatario o por el lenguaje empleado; las que son más subjetivas y en las que se utiliza una expresión más coloquial, más afectiva.

Escribir cartas personales, hermosas cartas personales, es un talento poco común. Por lo general escribimos con naturalidad y sencillez a nuestros seres queridos, pero esas cartas, sin estar por ello mal redactadas, no pasan de ser un sincero acto de comunicación, lo cual, desde el punto de vista humano, ya es bastante. Un limitado número de personas, incluso escritores de fama, posee el don de escribir hermosas cartas personales en donde propósitos y afectos logren una síntesis feliz. Entre los escritores que han hecho del género epistolar un arte podemos mencionar a: Santa Teresa, José Cadalso, Gertrudis Gómez de Avellaneda, José María Blanco White, Emilia Pardo Bazán, Ramón Emeterio Betances, Eugenio María de Hostos, etc.

A continuación incluimos algunos ejemplos de cartas personales de diversos estilo y temas; pero en todas ellas podemos observar una agradable proporción entre el pensar y el decir.

10 de octubre 95

Mi querido amigo: le remito unos recortes que han de interesarle. En el Paraguay, en el Brasil, reciben con entusiasmo la idea de la independencia de las Antillas, como la han recibido en el Perú y en Chile. Bueno sería, me parece a mí, que "El Porvenir" y "Patria" enviaran un saludo a los iniciadores de esos sentimientos de simpatía tan acertadamente traídos a la práctica por el Dr. Lucio de Mendoza.

También he pedido varias veces que dedicaran cuatro líneas a dar las gracias al periódico de Rochefort "L'Intransigeant" y al periódico de Meulemans, "La Reveu Diplomatique". No me han hecho caso y ha sido mal hecho. "L'Intransigeant" ha estado a punto, en estos días, de abandonar la campaña a favor de Cuba. Otros periódicos, "L'Estafette", "Le Jour", "Le Soir", "L'Echo de Paris" han publicado artículos favorables, pero ninguno con la frecuencia de los dos primeros.

Aquí seguimos trabajando; pero ¡qué difícil es sacarle a los ricos algún dinero! Me dicen que el Sr. Terry (101) cuenta que Maceo le impuso $30,000, que se los entregó, y que luego Maceo le pegó fuego a una finca suya. De eso se vale para decir: *No daré ni un centavo.* En estos días hemos de hacer con Cisneros (102) nuevas tentativas para reunir una pequeña cantidad. Veremos lo que sale. Por el momento aquí tenemos dos jóvenes a quienes hay que pagarles pasaje; pues son de los que se sublevaron y llegan de España.

Sé que en Cuba se muestra un heroísmo extranatural y que en los Ests. Uns. hay entre cubanos una abnegación admirable. Cuba será libre.

De corazón

Betances

_____

(101) Emilio Terry, acaudalado hacendado cubano.
(102) Francisco Javier Cisneros.

Ramón Emeterio Betances: *Epistolario*

Hoy miercóles 6 de Octubre (152)

Recibo en cama todavía tu contestación a la mía de anoche, y veo en ella palabras y aún párrafos enteros, que no puedo dejar un momento sin respuesta. Dices que *haciéndote entender que me pareces de poco valer no espere yo jamás que tú deduzcas la consecuencia de que te quiero.* Desde luego es indudable que no podía yo esperar tan anómala consecuencia, ni creo que, si ella existiera, tú aceptarías ni estimarías en nada un cariño semejante. ¿Qué es el afecto que no se funda en la estimación?: pero tú tergiversas de una manera increíble el sentido de mis palabras, y te agravias y me agravias al interpretar mis sentimientos. ¡Yo creerte de poco valer!... ¿En qué fundas tan inconcebible suposición? Yo, es verdad, te he dicho, más o menos acaloradamente, que no hallaba en tu corazón aquel grado de calor en los afectos que el mío siente y busca en los corazones que ama; te he dicho (no sé si con justicia, pero sí sé que con indicios claros de no ser absurda mi creencia), que tú no posees una de aquellas almas expansivas y tiernas, que simpatizan con todos los ajenos pesares, adivinan todos los combates y borrascas del sentimiento y suavizan con su ternura activa y férvida las mismas pasiones que excitan. He creído, y lo he dicho con mi natural veracidad, que eres más sentimental que sensible profundamente, más amable que amante; que tienes más bondad que pasión y menos ternura que talento. ¿Pero se deduce de esto que te tenga por de poca valía? ¿Es la facultad de amar, por ventura, la sola excelencia del hombre?

Tu honradez, tu veracidad, tu clara inteligencia, tu lealtad de alma, tu carácter, frío si se quiere, pero noble y digno son cualidades de poca valía? ¿Tan vulgares las crees, que puedas suponer, que pasen para mí desapercibidas? No; siempre te he visto digno de ser amado, aun cuando alguna vez haya creído que tú no *sabes amar.* Acaso ni aun eso he creído sólo he comprendido que *a mí no me amabas.* Pero ni tu falta de amor a mí, ni aun la tibieza, que en general pudiera tener tu corazón en la región de las pasiones, es motivo para que yo piense que vales poco. ¡Qué absurdo, amigo mío! Napoleón no sabía amar, y ciertamente que a nadie se le ha ocurrido, que por razón de su poca ternura dejase de ser el primer hombre mundo. Newton, dicen que jamás tuvo una querida (153), y yo me hubiera enorgullecido de tenerlo por amigo.

Yo no creo que Tasso, porque amó hasta morir de amor y sin juicio, valiese más que Newton o Napoleón; diré, sí, que el alma de Tasso simpatiza más con la mía; que lo comprendo mejor; que si lo hubiera conocido y amado, lo hubiera creído más capaz de hacerme dichosa que lo fueron Newton y Napoleón. El gran genio de Tasso nacía de un alma eminentemente apasionada; el de los otros, de un espíritu altivo y profundo; todos valían mucho y se asemejaban un poco.

Perdona esta especie de digresión: yo no he pretendido nunca que puedas *ser otro de lo que Dios te hizo,* ni menos he pensado que debas estar descontento de lo que eres. ¡Oh, no!: al contrario: poseer lo necesario para hacerse estimar y estar exento de la cruel facultad de amar mucho es un privilegio envidiable que sólo reciben los que nacen para ser felices. Puedo haberme engañado al creerle de este número, pero ciertamente que no te he ultrajado; que mi creencia exacta o errónea no te es en manera alguna ofensiva. Esto sólo he querido probarte.

Yo misma soy juzgada mal: muchos, que creen conocerme, dicen que yo soy lo que creo de ti, esto es, que tengo más espíritu que corazón: se engañan torpemente, pero jamás les acuso de que me agravian: me desconocen, esto es todo.

Dices, además, que te parezco singular, y creo que lo soy por mi mal. No pretendo que mis singularidades sean virtudes; sé, sí, que nacen de origen elevado. Impetuosa y sincera, puedo parecer inconsecuente, pero lo que hallarás siempre en el fondo es *verdad.* Ni quiero pasar por mejor de lo *que soy,* ni siendo lo que soy me hallo descontenta de mi suerte. Sé que hay en mí mucho bueno y mucho malo; que todo el que me conozca debe forzosamente estimarme como yo me estimo, y no más, ni menos. Estimarme, no como a ser perfecto, no lo soy ni quiero parecerlo, pero sí como alma elevada, incapaz de bajezas; capaz de extravíos y de grandes virtudes. No sé si soy siempre prudente; temo alguna vez no lo seré nunca; pero desafío que se me pruebe que he sido falsa, o mezquina. Mis defectos tienen la talla de mis cualidades, y tal cual soy me he presentado a ti. ¿Me amaste tú como soy? ¿Me crees digna?... no lo sé; pero sí sé que, tal cual soy yo, no hallarás otra en el mundo. Serán peores o mejores, pero no serán como

Tula

Gertrudis Gómez de Avellaneda: *Autobiografía y Cartas*

Amigo mío del alma: su carta de V. del 5 llegó a tiempo y con oportunidad; gracias por su delicadeza, y por su bondad nunca mayor, me parece, que ahora. Creo que hace un siglo que no la veo, ni oigo su voz tan querida, ni comunico con ese espíritu que había llegado a ser como la mitad del mío propio: siento un vacío muy grande, y para mayor desazón oigo decir que ha estado V. en la cama. ¿Qué ha sido? ¿Jaqueca? ¿Resfriado? Quiera Dios que nada de importancia. ¿Verdad que no lleva V. a mal que le escriba con este afecto y este abandono, ni duda V. de que le quiero entrañablemente y de que me hace V. falta?

Leí Torquemada, el final digo, en galeras, y creo que lloré un poco, porque me acordaba de la fiebre de mi Jaime. Si pienso en eso lloro todavía. ¡Qué novela tan sentida y tan hermosa! Con todo el desarrollo suyo (se me figura que no podría pasar de unos 200 a 300 págs.) sería una joya, la cosa más bonita y original del mundo.

Dios mío, cuánto tiempo ya sin verle. Desde el 17 y estamos a 13. Casi un mes, aunque Febrero tiene menos días. Sería para mí una alegría tan grande encontrarle a V. en la calle por casualidad; tenga V. por cierto que le pararía y que me daría el gustazo de verle a V. siquiera diez minutos. Ya verá V. como no tengo esa suerte.

Respecto a Academia y cartas, me sucede lo que a V.; tan aburrida estoy de esas tonterías que ya, después de decir en alto y a voz en cuello que *no he gestionado,* me estomaga que me hablen de eso. He visto la pequeñez de muchas gentes a quienes la fama llama grandes; he oído mentir a varones en el mismo instante en que reclamaban la superioridad de su seso; he perdido un amigo en quien creía, porque debía creer (hablo de Daniel) ya ve V. si la cuestión es o no es para mí enojosa y amarga. Ojalá nadie resuelle, y no escriban en pro ni en contra. Con mi temperamento batallador, me encontrarán si me buscan, y hoy por hoy preferiría vivir tranquila y cultivar, como C., mi jardín literario.

Lo que me duele es no poder desahogar con V, todas estas cosas. Creo que a eso se debe mi excitación nerviosa cuando de Academia se trata. De lo que V. y yo hacíamos asunto de risa, ahora hago yo tela de mal humor, y me echo a perder el hígado tontamente. De aquí a ochenta años, la gente se reirá de tantas cosas! Y nuestros huesos estarán tan reducidos a polvo!

Amigo querido, por Dios cuídese V. que esa salud tan completa como V. merece y como yo le pido a Dios, aunque no valga de gran cosa mis peticiones.— Echaré esta carta al correo por la tarde, a fin de que la reciba V. por la mañana: para que yo sepa que ha llegado a manos de V., contésteme o por mejor decir escríbame una carta sin misterio alguno, pública, y que no se refiera a ninguna mía, sino al contrario se extrañe de no haber recibido respuesta mía a la de V. del día 5. ¿Quiere V. hacer esto? Con eso me persuadiré de que lee V. sin enojo estos renglones y reincidiré.

¡Qué ganas tengo de verle!
Hace un siglo.
Un beso en la mano.

Emilia Pardo Bazán: *Cartas a Galdós.*

Mi querídisima Pitusa: Aquí me tienes demorada por los apuros de otro semestre académico. En esta ocasión he tomado menos cursos para poder dedicar tiempo largo y corrido a la escritura de la tesis. Ya aprendí en el pasado que no se escribe y se enseña "a tiempo completo" cinco cursos distintos. El enseñar quita muchas energías que no se reponen fácilmente. No recibes la satisfacción que inspire lo suficiente como para impulsarte a crear o, al menos, a sostener una disciplina de trabajo. Tengo, por el momento, tres días seguidos más el fin de semana para escribir.

La ciudad, aunque desalmada y feroz, me ha cautivado de una manera algo extraña. Ya ni siquiera me asusta, le he perdido el miedo. Había oído decir que esto pasaba al cabo de los cinco años. Yo ya tengo los cinco años de residencia. No me ahoga el silencio bajo cero que antes se me imponía como parte del espesor y la contaminación del medio. Creo que aquí perdí mis miedos ancestrales y aprendí a luchar de frente. Conquisté mi soledad sin proponérmelo. Ya ningún otro recuerdo me es suficiente para conjurar ese destino de la ciudad monstruo. Parece que mi sino es buscar la libertad de la manera más arriesgada. Tal vez se lo debo a mis tendencias astrológicas. Como ves acabo de entrar en el desorden organizado a sabiendas. Las viejas quimeras que me acompañan por más de tres décadas ya no insisten en apoderarse de mis greñas y de mis violetas. Renuncio a los jardines prohibidos y al ruido tumultuoso del desorden sicológico. He perdido, por consiguiente, el encanto de la "loca de Bequelof". Me desearía, si pudiera, una "edad plena de libertad creadora", pero no quiero engañarme; ya estas cosas no se dan como antes y quizá es un poco tarde... Estoy todavía conquistando mi libertad, sé que no habrá, como antes, complicaciones y enrevesamientos. Estas cosas han dejado de encantarme. Evoco el "hallazgo" psicoanalítico que descubre que no hay libertad real sin transferencia, por lo tanto, tampoco libertad; "hallazgo" que no entiendo muy bien en el nivel intelectual, pero que emocionalmente no rechazo.

Me alegró sobremanera recibir tu carta comunicativa y blanca. Me puso un trozo de sonrisa en los ojos y me fui en busca de lo cierto. Que hay días que son prestados como las reglas de la gramática y la estilística, que no se reparte en ellos nuestra verdad más llana. Quiero para ti la perpetuidad del mar, el centro de un poema y un tiempo a salvo de todo lo mezquino donde depositar tus esencias; la soledad del descanso para que sigas escribiendo versos y desgranes tu leyenda; el murmullo silencioso de las tardes en el trópico frente al mar; la transparencia de la tarde, hija del sol bebido, que te abra nuevas puertas para ver un tiempo distinto en otras latitudes.

Querida gallega de las morriñas y las saudades, estoy cara a cara con la escritura y de veras que le temo. Le temo porque me hace sentir muy insegura. Es cosa vieja, muy vieja. Tengo que convencerme día a día de que no me voy a quedar muda, hermética y dura; de que no me voy a paralizar como antes. Es curioso, la escritura siempre me desespera. Me he preguntado por qué, qué me hace sentir tan extranjera. Es algo así como si lo imposible, por costumbre, se hiciese inalcanzable. No puedo agarrar el lenguaje con mis manos. En eso estoy ahora, intentando perder la sensación de impotencia y de esterilidad. Pero he comenzado, valga la aclaración. Tengo varias páginas escritas del primer capítulo. Mientras tanto recuerdo un decir de un amigo poeta mexicano, que es necesario encontrar flores para no estar solos. Espero poder salir y darle la mano al lenguaje desde el andamio quebrado del invierno.

Te encomiendo por ahora a mi ángel nuevo, y que la magia de la palabra te descubra otros jardines, y que con ella seduzcas la tierra. Si herir la paz, te abrazo también a ti, llevando en mis manos mi nombre y mi leyenda.

Ligia

(Cortesía de la profesora *Ligia Delgado*)

CARTAS COMERCIALES, DE NEGOCIOS Y OFICIALES

Hoy en día el mundo del comercio, de los negocios, de la empresa pública o privada prefieren la comunicación escrita como medio eficaz para mejorar sus relaciones públicas o comerciales. Sin temor a equivocarnos, podemos afirmar que el viejo proverbio latino: "verba volant, scripta manent" (las palabras vuelan, lo escrito permanece) ha recobrado toda su vigencia y se ha modernizado en expresiones como ésta: "Escríbalo, no lo diga". Tal parece como si la "carta oficial" fuera el comienzo de una solución. Se solucione o no el problema, lo cierto es que la "carta oficial" rompe una barrera e inicia una comunicación, paso previo para llegar a una solución final o temporal. Por todo esto, la redacción de una carta oficial debe ser objeto de sumo cuidado, de manera que ésta sea un eficaz instrumento para lograr unos determinados propósitos.

Dentro de este apartado vamos a estudiar las cartas que, por su contenido y forma, tienen un carácter oficial y un fin específico en el área comercial, profesional o de negocios. Estas comunicaciones son de capital importancia para el buen desarrollo no sólo de las relaciones públicas de una agencia de gobierno o empresa privada, sino también para el mejoramiento profesional de la agencia o empresa. La carta oficial debe llegar a ser una digna representante de esos organismos; por tanto, ha de ser portadora tanto de un mensaje correcto como de un estilo profesional; debe responder, en la medida de lo posible, a la personalidad de la empresa que representa.

A tenor con todo lo anterior, cabe deducir que la redacción correcta de una carta oficial excluirá todo lo que sea lugar común, esas fórmulas arcaicas que se siguen usando por rutina y falta de imaginación. Sin embargo, a la hora de escribir una "carta oficial" es preciso tener en cuenta el lugar de destino de la misma, pues en cada país existen algunas fórmulas de cortesía que, si bien algunas personas ya no las usan, sí están vigentes para algunas agencias gubernamentales o privadas. Por ejemplo, el "Muy señor mío" todavía mantiene cierto uso en algunos organismos oficiales españoles. En general, las fórmulas: "Distinguido señor", "Estimada señora", sin perder el sentido de respeto, resultan mucho más naturales.

FORMA Y ORDEN DE LA CARTA

Las cartas oficiales deben seguir las pautas ya establecidas para esta clase de comunicación. La presentación de esta clase de cartas es esencial para alcanzar el objetivo de la misma. Una carta oficial mal redactada, carente del orden necesario, sin duda produce una mala impresión en el destinatario; por otro lado, una carta bien redactada y presentada de acuerdo con el orden establecido, ya de primera intención logra una actitud positiva por parte del destinatario para la lectura de la misma.

A continuación enumeramos las partes de que consta una "carta oficial": *Membrete, fecha, dirección del destinatario, referencia, saludo, introducción, texto o cuerpo del escrito, despedida, firma, nombre del remitente, cargo o título, adjunto o anexos, nota o posdata, iniciales de identificación.*

Procedemos a explicar estas partes más detenidamente:

a. **Membrete.—** Es el nombre o el título de una persona o entidad, seguido de su dirección bien local o bien postal, a veces se incluyen las dos, y el teléfono. En ocasiones forma parte del membrete el "logos" de la entidad o cualquier diseño alusivo a la misma. Por lo general, en la correspondencia oficial moderna el papel trae ya impreso el "membrete"; suele colocarse en la parte superior izquierda de la carta, aunque a veces va en la parte superior central.

b. **Fecha.—** Se refiere al lugar, día, mes y año en que se escribe la carta.

c. **Dirección.—** Comprende el domicilio o la dirección postal del individuo o entidad a quien se dirige la carta.

d. **Referencia.—** Se usa principalmente en las cartas y otras comunicaciones de tipo comercial o administrativo, debe expresar de manera concisa el asunto de la carta; de ahí su nombre de "referencia" ya que hace referencia al contenido de la carta. Se coloca en la parte derecha de la carta, bien entre la fecha y la dirección o bien entre la dirección y el saludo.

e. **Saludo.—** Es la palabra o palabras de cortesía o de afecto, según se requiera, con que se inicia una carta. Se suele llamar también a esta parte "tratamiento" o "encabezamiento"; aunque también se usa este último término para designar al conjunto de las primeras partes que componen una carta; esto es, las que hasta aquí hemos explicado. Con relación al uso y selección del saludo se debe tener en cuenta el tipo de carta, el rango de la persona, el puesto que ocupa, etc.; entre los saludos más usuales podemos mencionar: *Estimado Sr., Distinguido Sr. Ministro, Honorable Sr. Juez, Honrable Senador, Ilustrísimo Sr., Muy señor mío*, etc. Todos estos saludos irán precedidos de los dos puntos. Como señalamos anteriormente, conviene siempre tener en cuenta los usos y costumbres de cada país en lo que a esto se refiere, ya que lo que es correcto en un país puede resultar extraño en otro.

f. Introducción.— Contiene unas oraciones breves que anuncian de manera general el tema. En algunas cartas se puede eliminar esta parte.

g. Texto o cuerpo de la carta.— Esta es la parte más importante de la carta, pues aquí se expone el asunto que se quiere tratar. Por esta razón, se debe poner especial cuidado en usar un lenguaje claro y preciso, a fin de que el lector pueda entender con exactitud el contenido de la carta y no tenga que hacer un esfuerzo por desentrañar un lenguaje complicado y unos conceptos oscuros. Si se trata de una carta de "petición", se usará un tono persuasivo y convincente, sin "imponer nunca" al destinatario obligación alguna. Suele terminarse esta parte dejando el asunto o los asuntos expuestos ante la consideración del destinatario. Cuando se van a tratar varios temas, conviene usar un párrafo para cada uno de ellos.

h. Despedida.— Es la palabra o conjunto de palabras con que se finaliza la carta. Entre las "despedidas" más usuales figuran las siguientes: *Atentamente, Cordialmente, Afectuosamente, Atentos saludos, Le saluda atentamente*, etc. Existen numerosos textos de redacción en los cuales el alumno puede consultar en caso de duda sobre el saludo o la despedida de una carta; no obstante, tendrá que tener en cuenta dos cosas: los usos de los diversos países en lo que a este punto se refiere, y habrá de poner especial cuidado en huir de las despedidas empalagosas o demasiado protocolarias y, por ello, faltas de sencillez.

i. Firma.— Se refiere al nombre y apellidos de la persona que escribe la carta. Siempre se requiere que la firma sea de puño y letra del remitente. En el caso de que esto sea imposible, debajo de la firma autorizada se pone el nombre de la persona ausente, precedido de las iniciales: p. a. (por autorización), p. p. (por poder).

j. Nombre del remitente.— Escrito a máquina y debajo de la firma debe aparecer el nombre y apellidos del remitente.

k. Cargo o título.— Aquí se especifica el cargo o título del remitente.

l. Adjunto o anexos.— En este apartado se indican los documentos que se adjuntan a la carta, en el caso de que esto fuera necesario. Se suele utilizar la abreviatura "Adj." o la palabra "anexo" en la parte izquierda de la carta y encima o debajo de las iniciales de identificación. En el caso de enviar copias de la carta se usará la abreviatura "c. c." (copia carbón; con copia) y se colocará en el mismo lugar que las anteriores.

m. Iniciales de identificación.— Se colocan al final y en la parte izquierda unas iniciales que corresponden a quien redactó y dictó la carta y a quien la escribió a maquinilla; las primeras irán en letras mayúsculas, las segundas en minúsculas, y ambas iniciales estarán separadas por dos puntos o una breve línea diagonal.

n. Nota o posdata.— Contiene algún dato, idea o nombre que haya quedado fuera del texto. Se usan las iniciales: P. D. ("post datam", esto es, "después de la fecha"; antes se ponía la fecha al final de la carta); P. S. (después de lo escrito); y se colocan al final de la carta en la parte izquierda. Después del texto, se suelen escribir las iniciales de quien escribe la carta.

Con el fin de que el alumno pueda visualizar mejor esta parte teórica, vamos a incluir un modelo de carta oficial con todas las partes de que se compone.

1. *Zenit de Puerto Rico*
   Sucursal de Plaza Las Américas
   Hato Rey, Puerto Rico 00932
   Apartado 143429
   San Juan, Puerto Rico 00901
   Tel. 722-98754

   2. *Puerto Rico, 10 de abril de 1984*

3. *Sr. D. Carlos Rodríguez Meléndez*
   Gerente General de Zenit
   de Puerto Rico
   Apartado 211457
   San Juan, Puerto Rico 00902

   4. *Ref.: Devolución de mercancía*

5. *Estimado Sr. Rodríguez:*

6. *Me dirijo a usted por el siguiente motivo.*

7. *La semana pasada, en las tiendas "Zenit" de Plaza Las Américas, hemos recibido numerosas quejas de nuestros clientes, debido al mal estado en que se encontraban algunos artículos recientemente adquiridos por ellos en esta sucursal. Entre esta mercancía se hallaba el vino francés, de marca Chateau, y el licor de café, marca "Cafetal", este último importado hace unas semanas de Miami.*

   De inmediato hemos procedido a recoger la mercancía y a devolver el dinero a todos nuestros clientes. Con el propósito de aminorar la mala impresión que pueda causar nuestra empresa, debido a este desagradable percance, hemos obsequiado a nuestra clientela con unas cajas de galletas fabricadas en el país, marca "Cacica".

   Pongo esto ante su consideración con el propósito de mantenerlo informado de todo lo que sucede en esta sucursal, para que proceda en tan delicado asunto como Ud. estime oportuno.

   8. *Atentamente,*

   9. *Rogelio Pérez Estrada*

   10. Rogelio Pérez Estrada
   11. Gerente Tiendas Zenit
   Sucursal Plaza Las Américas

12. *Adj.: Ordenes de compra.*
13. *RPE/mrl*

(Véase la explicación en la página siguiente)

233

1. Membrete
2. Fecha
3. Dirección del destinatario
4. Referencia
5. Saludo
6. Introducción
7. Texto o cuerpo del escrito
8. Despedida
9. Firma
10. Nombre del remitente
11. Cargo o título
12. Adjunto o anexos
13. Iniciales de identificación
14. Posdata

CUALIDADES DE UNA CARTA

Toda carta, sea personal u oficial, debe tener como fin primordial la comunicación; la carta que no logra este objetivo se puede decir que ha fracasado desde el inicio. Para lograr una buena comunicación no basta con tener ideas geniales o atrevidos planes de negocios, hay que saber expresarlos correctamente. Una carta bien redactada puede "abrir muchas puertas", bien en el ánimo personal, en el campo administrativo o en el mundo de los negocios.

Las cualidades esenciales de toda carta bien redactada son: *claridad, concisión, precisión y corrección.*

    a. **Claridad.—** Si esta cualidad resulta imprescindible en toda redacción, cuánto más lo será en una comunicación como la carta, cuyo objetivo es el rápido y eficaz intercambio de unos conceptos, planes o decisiones. La "claridad" se logra, en primer lugar, teniendo una idea exacta de lo que se quiere comunicar, sin esto es imposible lograr una transmisión clara del mensaje. En segundo lugar, se alcanza la "claridad" mediante la utilización de una sintaxis regular y sencilla, la coherencia necesaria entre las oraciones, la debida corrección en el uso de formas como el gerundio y la voz pasiva, la parquedad en el empleo de los modificadores y una selección adecuada de las palabras.

    b. **Concisión.—** El arte de la "concisión" no es común ni fácil de lograr; sin embargo, se deben hacer todos los esfuerzos posibles por alcanzarlo. Cuando se puede decir algo con dos palabras, no hay razón para emplear seis o siete, pecado capital en una carta de tipo administrativo, comercial o de negocios. El estilo de las oraciones ayuda, sin duda, a conseguir la debida "concisión"; en las oraciones demasiado largas, si no se domina bien el idioma, con facilidad se cae en la falta de "concisión"; aunque también podría darse el caso de poca "concisión" en una oración relativamente corta. La "concisión" tiende a la exactitud mediante el uso de pocas palabras y una presentación ordenada de los conceptos; deben evitarse, pues, la repetición innecesaria de las ideas o la vaguedad en su presentación.

c. **Precisión.**— Equivale este término al uso adecuado de cada palabra en su sentido propio. Si una carta posee la debida "concisión", por fuerza habrá de tener también "precisión" en el empleo de las palabras. En las cartas oficiales se debe huir siempre del sentido metafórico que pueda darse a una palabra; cuanto más denotativo sea su significado, mayor será la "precisión" en el uso específico de esa palabra.

Especial cuidado hay que poner en la selección de sinónimos ya que, como la sinonimia perfecta no existe, habrá que tener en cuenta el contexto.

También hay que mantener un alto grado de precisión en el empleo de las cifras y los datos que se incorporan al texto.

d. **Corrección.**— La "corrección" de una carta hay que entenderla en su doble aspecto: el interno y el externo. El aspecto interno, o de fondo, se relaciona con la exposición lógica de las ideas, la inclusión de unos datos ciertos o la explicación de unos proyectos concretos. El razonamiento debe ser coherente y verdadero. El aspecto externo, o de forma, se refiere a la presentación de la carta; deben evitarse los errores ortográficos, el mal uso de los signos de puntuación, el empleo de una sintaxis incorrecta, las tachaduras y los borrones, la falta de simetría en la escritura y disposición de los márgenes.

Recordemos: Toda carta, sea de la clase que sea, significa un *intento de comunicación;* tengamos esto presente en el momento de redactar nuestras cartas.

SINOPSIS

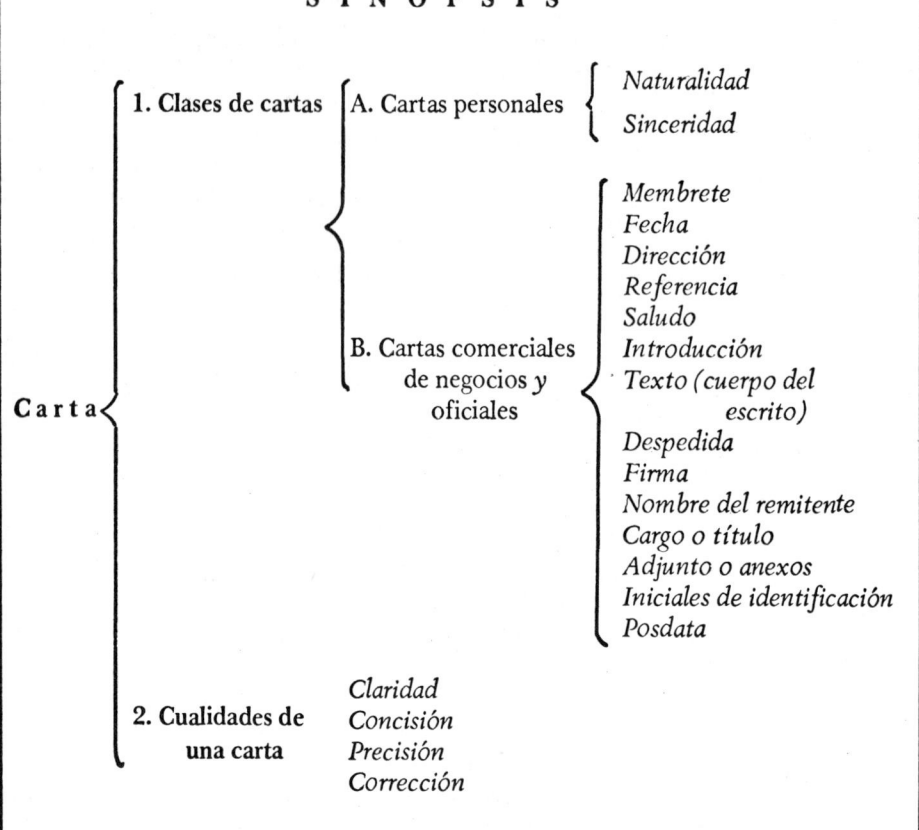

Carta
- 1. Clases de cartas
  - A. Cartas personales
    - *Naturalidad*
    - *Sinceridad*
  - B. Cartas comerciales de negocios y oficiales
    - *Membrete*
    - *Fecha*
    - *Dirección*
    - *Referencia*
    - *Saludo*
    - *Introducción*
    - *Texto (cuerpo del escrito)*
    - *Despedida*
    - *Firma*
    - *Nombre del remitente*
    - *Cargo o título*
    - *Adjunto o anexos*
    - *Iniciales de identificación*
    - *Posdata*
- 2. Cualidades de una carta
  - *Claridad*
  - *Concisión*
  - *Precisión*
  - *Corrección*

EJERCICIOS

De acuerdo con lo estudiado en este capítulo, corrija los errores que contienen las cartas incluidas a continuación.

Sr. Ramiro Sánchez Fuertes
Madrid, España
Asociación de Profesores
de Lenguas Modernas
Paseo de Recoletos 97

Estimado Sr. Sánchez:

Hace escasamente dos días más o menos he recibido su carta; en su carta me comunica que la Comisión Ejecutiva acordó en la junta concederme la cantidad de unos $200, con el fin de que yo pudiera ir al próximo congreso que la Asociación de Profesores de Lenguas Modernas celebrará próximamente en la ciudad de Santiago de Compostela, de los días 1 al 6 de agosto.

Desgraciadamente su carta, que está fechada el 11 de junio y tiene matasellos del 24 de junio, ha llegado a mi poder el 25 de julio. Desconozco el motivo de tan enorme retraso, quizá sea debido a la huelga de los pilotos de Iberia o a algún otro percance semejante. Debido a todo esto que le explico, me es imposible acceder a su invitación por ésta haber llegado muy tarde; ya es un poco tarde para poder hacer los arreglos pertinentes, ya que en la Universidad de Puerto Rico el próximo curso académico comenzará durante la segunda semana de agosto.

Le reitero mi agradecimiento por su invitación y espero que el próximo año pueda asistir al congreso que la Asociación organice.

     Atentamente,

              Isabel Meléndez Ruiz

Puerto Rico 1-V-84

Sra. Teresa Batista Hernández
Directora del Instituto de
Cultura Puertorriqueña
San Juan, Puerto Rico

Distinguida Sra. Batista:

Es para mí un honor el poder dirigirme a Ud. tan distinguida dama puertorriqueña.

El motivo de la presente carta me lleva a poner en su conocimiento lo que la estudiante Ada Gómez Cancio me ha comunicado que se propone continuar ya sus estudios hacia el grado de Maestría en Comunicaciones en la prestigiosa Universidad de Nueva York.

La joven Gómez Cancio asistió a mis cursos de Literatura y Comunicación, impartidos en las Facultades de Humanidades y Comunicación Pública de la Universidad Interamericana. Durante este tiempo siempre observé en esta distinguida estudiante una notable disposición para las labores intelectuales así como un notable también desarrollo intelectual, sin duda muy superior al de la gran mayoría de los estudiantes que asisten a la Universidad Interamericana. Ambos cursos los finalizó con calificaciones de excelencia.

La Srta. Gómez Cancio está dotada de una gran inteligencia y sensibilidad para entender debidamente las disciplinas humanísticas y, a su vez, poder formular sus propios juicios. Posee, además, un alto dominio del idioma en los aspectos más importantes el oral y el escrito; durante mis cursos pude observar su capacidad para expresarse con la debida corrección, sabiendo exponer sus pensamientos con orden, claridad y precisión.

No tengo la menor duda de que esta inteligente joven terminará con todo éxito los estudios que ella se propone llevar a cabo. Por todo esto que le he expuesto, la recomiendo muy favorablemente para la beca que ella ha solicitado ya a la Institución que Ud. preside.

Respetuosos y atentos saludos,

Dra. Amelia Redondo Morgade

4 de enero de 1984

Dra. Isabel Pimentel Fernández
Directora del Hospital San Francisco de Asís
Santurce, Puerto Rico

Distinguida Dra. Pimentel:

Por la presente quiero solicitar la plaza que he visto anunciada en el periódico y que me ha interesado mucho la oferta que hay disponible en el Hospital San Francisco de Asís de esta localidad.

Me he graduado de tecnólogo médico de la Universidad de Puerto Rico en el 1979 y he trabajado aquí en la Clínica San José en donde se recibe toda clase de gente con diversas enfermedades muchas de ellas contagiosas; enfermedades que siempre, por su naturaleza, conllevan un peligro para el tecnólogo médico por el acercamiento que hay que tener con los pacientes. Después he trabajado en un hospital en Miami y también me fue muy bien, pues siempre he tenido muy buenas relaciones con los médicos, pacientes y enfermeras; no han tenido quejas de mí. Este hospital me pareció el mejor de Miami, pues visité otros y solicité sólo en éste. Ahora estoy de nuevo en Puerto Rico y me gustaría volver a trabajar aquí, por eso le solicito la plaza que hay en ese Hospital San Francisco de Asís.

En espera de que acceda a mi petición, le saluda desde aquí,

Eduardo Martínez Irizarry

Licenciado Andrés Cintrón Canales
Edificio Las Américas
Piso 6, Oficina 301
Hato Rey, Puerto Rico

Distinguido Sr. Licenciado Cintrón Canales:

De nuevo me dirijo a Ud. para que me envíe los papeles. No sé si mi hermana pasó por su oficina como quiera que los papeles no los tengo en mi poder y no he podido ver a mi hermana pues me dijeron que había salido ya de viaje. Por tal motivo le requiero el envío de los papeles, pues siendo tan importantes para mí no es el caso que no los tenga en mi poder; la familia necesita tener la evidencia de todo el resultado de nuestra reunión tan importante con Ud que mi hermana y yo tuvimos en su oficina para aclarar todo lo que tenía que ver con el asunto que le encargamos nos resolviera. Le solicito el envío de esos papeles.

    Quedo de usted

Fermín Díaz Peña

Sr. D. Antonio López Ramos
Director de la Oficina
de Servicios al Abonado
Compañía Telefónica de
Puerto Rico
Santurce, Puerto Rico

Estimado Sr. López:

Me dirijo a Ud. con el propósito de dilucidar y poner fin al problema que me ha motivado el cobro incorrecto de una posible llamada a España desde mi teléfono propio.

Durante los meses de julio y parte de agosto me encontraba pasando mis vacaciones de verano en la Costa del Sol (España). Por tal motivo y razón, mi apartamento permaneció cerrado y ninguna persona tuvo acceso al apartamento; por tanto, la llamada en cuestión del 1 de agosto no pudo haberse hecho desde mi teléfono, ya que no había nadie en el apartamento.

Le ruego que pueda realizar las investigaciones pertinentes para poder poner fin a tan enojoso asunto. También le agradecería que me enviaran la cantidad de $50, cantidad que tuve que pagar por la llamada que no hice durante el pasado mes de agosto.

Gracias por la atención que Ud. pueda dar a este asunto.

Atentamente,

Claudia Pereira Gómez
Claudia Pereira Gómez

* * *   * * *   * * *

El alumno debe practicar lo estudiado en este capítulo; recomendamos que escriba varias cartas con diferente tema y enfoque, nos referimos tanto a cartas oficiales como personales.

CAPITULO XIV

LA DESCRIPCION

Describir un objeto, una persona, una situación o un lugar requiere siempre una buena dosis de *conocimiento* y *observación* por parte del que escribe. El objeto descrito ha de conocerse ya directa o indirectamente. Si contemplamos un edificio que nos impresiona por la belleza y el equilibrio de sus partes, tendremos un conocimiento directo de esa realidad; si, por el contrario, alguien nos relata su experiencia en un naufragio o nosotros leemos acerca de esta clase de tragedias, estaremos ante un conocimiento indirecto o una experiencia vicaria, esto es, la que recibimos a través de otros. La experiencia directa impresiona nuestra conciencia, sobre todo si se trata de una situación en la que estamos inmersos afectivamente; no obstante, la experiencia indirecta, cuando la asimilamos bien, nos proporciona unos excelentes resultados. Recordemos que una buena parte de lo que describen los autores es resultado del conocimiento indirecto; sería absurdo pensar que todo lo que el escritor describe lo ha conocido a través de su propia experiencia. La reconstrucción del pasado en las novelas históricas se logra, por ejemplo, mediante la lectura o la observación de cuadros relacionados con la época. Sea por medio de una manera o de otra, la descripción debe de producir en el lector la impresión de realidad.

Despertar la imaginación del lector, convencerlo de la autenticidad de ese mundo nuevo que constituye el fin último de toda descripción. Gracias a las palabras se logrará crear ese mundo textual, semejante al mundo real y tan auténtico como él mismo. Las palabras son los elementos primarios para llevar a cabo esta tarea, la materia "prima" de la cual se nutre la descripción. En cierta manera, una buena parte de este proceso descriptivo recae sobre las palabras, ya que el producto final depende tanto de la observación e información como de la acertada selección de los vocablos; del ajuste entre el pensamiento y palabra se forjará la nueva realidad: *la textual* o *el texto*.

PROCESO Y MECANISMO DESCRIPTIVO

A.− OBSERVACION

La realidad no es la misma para todas las personas ni éstas captan una misma realidad, aunque ésta sea común para todos. Por tanto, la realidad se observa, como es bien sabido, desde un ángulo: nuestro propio punto de vista.

La observación de datos, detalles, características, etc. debe hacerse de manera amplia y minuciosa. En este proceso debe tenerse en cuenta no sólo la parte intelectual, sino también la sensorial: la vista, el gusto, el olfato, el oído y el tacto. De este modo podremos describir la realidad interior o espiritual y la realidad exterior o material. Un buen observador habrá de captar, además, la impresión que el objeto descrito pueda causar en él o en un sujeto específico relacionado con la descripción misma. Este aspecto emotivo de la observación resulta muy importante ya que puede modificar la forma de presentar el objeto descrito.

B. − SELECCION Y ESTRUCTURA

Toda la información recogida debe pasar por una especie de tamiz para *seleccionar* lo que el observador cree que es más representativo del objeto descrito. Cada persona, animal o cosa tienen cualidades diferentes, incluso los productos fabricados en serie pueden presentar alguna variación dependiendo del lugar y de la posición en que se encuentren, pues estos detalles modificarán su presentación. Luego en esta etapa es muy importante el "cómo" yo veo el objeto porque, de hecho, no voy a describir el objeto en abstracto, sino el que "yo veo". Aun en la literatura más objetiva, siempre existe un lente especial, una mente selectiva: la del propio escritor.

A esta altura del trabajo ya conviene pensar en la *estructura* de la descripción, la cual viene determinada por la selección misma. Podemos describir partiendo de los datos más generales hasta llegar a los más específicos o bien proceder a la inversa. La fragmentación temporal y espacial, esto es, la presentación del objeto en diferentes tiempos y lugares, suele ser una técnica descriptiva de gran actualidad. En fin, la estructura lleva ya el sello del autor, ya que la libertad de selección le permitirá expresar a cabalidad su versión del objeto descrito.

C. — REALIZACION

Esta última etapa se centra en la parte ejecutora de la descripción: el acto de realizar la descripción misma, de darle una realidad textual a lo que sólo estaba en la imaginación.

La elección de las palabras es aquí tan importante como lo fue en la etapa anterior la selección de los datos y detalles observados. La labor de corrección y estilo requiere ahora una atención constante por parte del autor.

LA DESCRIPCION Y SUS CLASES

Existen varios tipos de descripción, pero aquí nos limitaremos a mencionar las clasificaciones más generales y citadas en otros textos de redacción.

1.— A. **Descripción científica, técnica u objetiva.—** Tiene siempre como propósito la presentación del objeto, las diferentes partes que lo componen y su finalidad. Este tipo de descripción, por su carácter instructivo y pedagógico, requiere un lenguaje sencillo, preciso y conciso.

B. **Descripción literaria.—** Su objetivo es crear una realidad textual que conmueva al lector y despierte sus sentimientos y afectos. El autor goza de una total libertad en el uso del lenguaje.

2.— A. **Descripción estática o pictórica.—** En esta clase de descripción tanto el objeto descrito como el sujeto que describe carecen de movimiento, como ocurre al pintor ante un paisaje o un modelo estático. Por lo general estas descripciones suelen ser detalladas, llenas de colorido y, a veces, minuciosas..

B. **Descripción dinámica o topográfica.—** El objeto aquí descrito permanece inmóvil, pero el sujeto que describe está en movimiento. Es esta la situación que se percibe desde un avión, barco, automóvil o tren en movimiento. La descripción presenta una secuencia dinámica debido a la movilidad del autor, quien captará los rasgos más sobresalientes y característicos del objeto descrito.

C. **Descripción móvil o cinematográfica.—** La técnica de este tipo de descripción opera de manera opuesta a la anterior. Aquí el objeto descrito está en movimiento y el sujeto que describe queda inmóvil. Esta descripción, a la manera de una cámara cinematográfica, produce la impresión de movimiento, sonido y relieve.

3.— **A. Descripción de objetos.—** Se puede enfocar desde una visión general del objeto hasta una exposición detallada de sus partes, así como su importancia y utilidad. Puede hacerse de una manera objetiva y también de forma subjetiva; dependiendo esto del enfoque que tenga el contexto donde se inserta la descripción.

B. Descripción de animales.— Se describirá aquí no sólo las partes principales y rasgos externos, sino también la forma de vida del animal y su relación con el medio que lo rodea.

C. Descripción de lugares y ambientes.— El medio ambiente y su localización temporal requieren en esta descripción que el autor posea una buena dosis de intuición para, de alguna forma, poder captar por medio de la palabra el lugar imaginario y, además, lograr que el lector penetre en un determinado ambiente.

D. Descripción de personas.— Es ésta la descripción más compleja porque requiere fundir los rasgos físicos junto con las características y peculiaridades internas que individualizan al personaje. Un buen retrato literario tiene que proveer no sólo los datos y detalles para poder imaginar el exterior del sujeto descrito, sino también dar algunas claves y echar alguna luz sobre su mundo interior.

Finalizamos este capítulo con un consejo muy útil: en toda descripción se deben evitar los lugares comunes y, en cambio, poner de relieve todo lo que ayude a individualizar al objeto descrito. Sólo cuando el autor quiera tipificar una figura o un grupo social, se podrá recurrir a las generalizaciones; de no ser así, lo particular y lo individual adquirirán la importancia que les corresponde.

A continuación incluimos diferentes clases de descripciones con el fin de ilustrar la parte teórica de este capítulo.

Descripción científica, técnica, instructiva.

> El verso determina en principio su figura y límites mediante la combinación de sílabas, acentos y pausas. Los versos españoles con ritmo definido requieren cuatro o más sílabas. Los de dos o tres sílabas, en lo que se refiere al ritmo acentual, sólo poseen una individualidad aparente, sostenida por los que le preceden o siguen. Los versos de uso más arraigado y consistente son los que mejor se acomodan por su extensión silábica al marco en que alternan

los principales grupos fónicos de la prosa ordinaria. La línea que separa el campo del verso del de la prosa se funda en la mayor o menor regularidad de los apoyos acentuales. El lenguaje adquiere forma versificada tan pronto como tales apoyos se organizan bajo proporciones semejantes de duración y sucesión.

Tomás Navarro Tomás: Arte del verso

Descripción literaria

Presentación en sociedad de Graciela Alcántara y López de Montefrío y otros quince capullos acrisolados en el seno de la distinción: introito del heraldo andaluz que, años tras año, con fanfarria de plumas, pecherín y medias calzas, presenta a los capullos acrisolados en el seno de la distinción, introito del heraldo andaluz una vez dados tres varazos en el suelo; vara de la autoridad en los burgos medievales. Locución del heraldo andaluz: los quince capullos bordarán con el hechizo de sus pies y el embrujo gracioso de sus brazos, la elegancia palatina del palatino cotillón: lágrimas de madre y padre eternizadas en cajitas lagrimales de Battersea, bandada de tules, bandada de organdíes, bandada de piqués, pucha de miosotis, pucha de hortensias, pucha de bromelias: cortesanías dibujadas por la inclinación leve y el leve paseo. Locución del heraldo andaluz: quince efebos favorecidos por la esquiva Diosa Fortuna sorprenderán el milagro de los quince capullos acrisolados en el seno de la distinción para dar forma vienesa a ese *Danubio azul* impaciente en las cuerdas del violín: lágrimas de madre y padre eternizadas en cajitas lagrimales de Fabergé. Locución del heraldo andaluz: los quince capullos acrisolados en el seno de la distinción, promesa de rosas de un mañana rosáceo, se abandonan con el decoro abonado por jardineros devotos a su noche primera en sociedad, oh crema congregada, oh nata instituida, salva de vivas solicito para la gala de Medina, para la flor de Olmedo.

Luis Rafael Sánchez: La guaracha del Macho Camacho

Descripción estática o pictórica

En un lugar de la Mancha, de cuyo nombre no quiero acordarme, no ha mucho tiempo que vivía un hidalgo de los de lanza en astillero, adarga antigua, rocín flaco y galgo corredor. Una olla de algo más vaca que carnero, salpicón las más noches, duelos y quebrantos los sábados, lentejas los viernes; algún palomino de añadidura los domingos, consumían las tres partes de su hacienda. El resto della concluían sayo de velarte, calzas de velludo para las fiestas, con sus pantuflos de lo mesmo, y los días de entresemana se honraba con su vellorí de lo más fino. Tenía en su casa una ama que pasaba de los cuarenta, y una sobrina que no llegaba a los veinte, y un mozo de campo y plaza, que así ensillaba el rocín como tomaba la podadera. Frisaba la edad de nuestro hidalgo con los cincuenta años; era de complexión recia, seco de carnes, enjuto de rostro, gran madrugador y amigo de la caza. Quieren decir que tenía el sobrenombre de Quijada, o Quesada, que en esto hay alguna diferencia en los autores que deste caso escriben; aunque por conjeturas verosímiles se deja entender que se llamaba Quejana. Pero esto importa poco a nuestro cuento; basta que en la narración dél no se salga un punto de la verdad.

Miguel de Cervantes: *Don Quijote de la Mancha*

Descripción dinámica o topográfica

Si queréis ir allá, a la casa del Henar, salid del pueblo por la calle de Pellejeros, tomad el camino de los molinos de Ibangrande, pasad junto a las casas de Marañuela y luego comenzad a ascender por la cuesta de Navalosa. En lo alto, asentada en una ancha meseta, está la casa. La rodean viejos olmos; dos cipreses elevan sobre la fronda sus cimas rígidas, puntiagudas. Hay largos y pomposos arriates en el jardín. Hay en la verdura de los rosales rosas bermejas, rosas blancas, rosas amarillas. Desde lo alto se descubre un vasto panorama: ahí tenéis a la derecha, sobre aquella lomita redonda, la ermita de Nuestra Señora del Pozo Viejo; más lejos, cierra el horizonte una pincelada zarca de la sierra; a la izquierda, un azagador hace serpenteos entre los recuestos y baja hasta el río, a cuya margen, entre una olmeda aparecen las techumbres rojizas de los molinos. Mirad al cielo: está limpio, radiante, azul; unas nubecillas blancas y redondas caminan ahora lentamente por su inmensa bóveda. Aquí en la casa, las puertas están cerradas; las ventanas están cerradas también. Tienen las ventanas los cristales rotos y polvorientos. Junto a un balcón hay una alcarraza colgada. En el jardín, por los viales de viejos árboles, avanzan las hierbas viciosas de los arriates. Crecen los jazmineros sobre los frutales; se empina una pasionaria hasta las primeras ramas de los cipreses y desde allí deja caer flotando unos floridos festones.

Azorín: *Una lucecita roja* en **Castilla**

Descripción móvil o cinematográfica

Ningún aposentamiento para viandantes había en Toledo más apacible que el mesón del *Sevillano*. Lo que siglos más tarde habían de ser unos mesones fastuosos llamados grandes hoteles, eso era entonces —relativamente— la posada del *Sevillano* y su mujer. La plata labrada que se guardaba en la casa "era mucha". Si en otros paradores los arrieros y almocrebes veíanse precisados a ir al río para dar de beber a las bestias, aquí podían abrevarlas en anchos barreños puestos en el patio. Numerosa y diligente era la servidumbre; mozos de cebada, mozos de agua, criadas, fregonas, iban y venían por el patio y los altos corredores. El tráfago del mesón era continuo y bullicioso. Venían aquí a aposentarse caballeros, clérigos, soldados, estudiantes. Veíase una sotana de seda junto a la ropilla pintoresca de un capitán; las plumas bermejas, verdes y gualdas de un airón, rozaban las negras tocas de una dueña. Un grave oidor que había descendido de una litera, entraba apoyándose en un bastón de muletilla; poco después surgía un militar que hacía sonar en el empedrado el hierro de sus espuelas. Rezaba silencioso en su breviario un clérigo, y de un cuarto, allá arriba, se escapaban carcajadas de unos soldados que departían sobre lances de amor, o sonaban en el tablero los dados con que unos estudiantes jugaban. Ni hora del día ni de la noche había quieta; ni un momento estaba cerrada la puerta de la casa. Sonaban sobre los cantos del patio, lo mismo a la madrugada que al ocaso, las pisadas recias y acompasadas de los caballos; igual al mediodía que a prima noche, se escuchaban en toda la casa los gritos e improperios de un hidalgo que denostaba a un criado —estos criados socarrones de Tirso y de Lope— por su haraganería y su beodez. La vida, varia y ancha, pasaba incensantemente por el mesón del *Sevillano*. Allí estaba lo que más ávidamente amamos: lo pintoresco y lo imprevisto.

Azorín: *La fragancia del vaso* en **Castilla**

Descripción de un objeto

La puerta, de impresionante tamaño para la era republicana, contenía la puerta mayor, cerrada de noche, con la otra pequeña puerta que se abría, cuando la familia regresaba de la ópera, de bailes o de fiestas familiares. El aldabón de bronce, limpiado una vez a la semana, representaba un león, hirsutamente enmarañado, pero su nariz, breve y respingada, lo asemejaba a un gato. Cuando el metal se abrillantaba por la limpieza reciente, los reflejos lanzados sobre la diminuta nariz, la oscurecían, haciéndola desaparecer en un remolino de oscilante oscuro. Cuando era pulsado con fuerza, la resonancia de sus ondas se propagaba hasta la cocina, donde los cazos y las sartenes recibían aquella vibración, tan semejante al temblor que los recorría cuando recibían algún fantasma sencillo, que no deseaba otra cosa que reflejarse en los metales trabajados de la cocina. Allí las criadas, cocinera y sirvienta, sobreponiéndose a aquella llamada surgida del rastro del leoncillo, corrían a calmar al solicitante, vendedor, limosnero o familias que habían anunciado su visita.

José Lezama Lima: *Paradiso*

Descripción de un animal

Sombra imborrable del Josco sobre la loma que domina el valle del Toa. La cabeza erguida, las aspas filosas estoqueando el capote en sangre de un atardecer luminoso. Aindiado, moreno, la carrillada en sombras, el andar lento y rítmico. La baba gelatinosa le caía de los belfos negros y gomosos, dejando en el verde enjoyado estela plateada de caracol. Era hosco por el color y por su carácter reconcentrado, huraño, fobioso, de peleador incansable. Cuando sobre el lomo negro del cerro Farallón las estrellas clavaban sus banderillas de luz, lo veía descender la loma, majestuoso, doblar la recia cerviz, resoplar su aliento de toro macho sobre la tierra virgen y tirar un mugido largo y potente para las rejoyas del San Lorenzo.

— Toro macho, padrote como ése, denguno; no nació pa yugo— me decía el jincho Marcelo, quien una noche negra y hosca le parteó a la luz temblona de un jacho. Lo había criado y lo quería como a un hijo. Su único hijo.

Abelardo Díaz Alfaro: *El Josco* en **Terrazo**

Descripción del lugar y del ambiente

La gruta de María Quadrado se convirtió en lugar de devoción y, junto con el Calvario, en el sitio más visitado por los peregrinos. Ella la fue decorando, a lo largo de meses. Fabricó pinturas con esencia de plantas, polvo de minerales y sangre de cochinilla (que usaban los sastres para teñir la ropa). Sobre un fondo azul que sugería el firmamento pintó los elementos de la Pasión de Cristo: los clavos que trituraron sus palmas y empeines; la cruz que cargó y en la que expiró; la corona de espinas que punzó sus sienes; la túnica del martirio; la lanza del centurión que atravesó su carne; el martillo con el que fue clavado; el látigo que lo azotó; la esponja en que bebió la cicuta; los dados con que jugaron a sus pies los impíos y la bolsa en que Judas recibió las monedas de la traición. Pintó también la estrella que guió hasta Belén a los Reyes Magos y a los pastores y un corazón divino atravesado por una espada. E hizo un altar y una alacena donde los penitentes podían prender velas y colgar exvotos. Ella dormía al pie del altar, sobre un jergón.

Mario Vargas Llosa: *La guerra del fin del mundo*

Descripción de una persona

El era un clérigo cerbatana, largo sólo en el talle, una cabeza pequeña, pelo bermejo. No hay más que decir para quien sabe el refrán que dice "Ni gato ni perro de aquella color". Los ojos avecinados en el cogote, que parecía que miraba por cuévanos; tan hundidos y oscuros, que era buen sitio el suyo para tienda de mercaderes; la nariz entre Roma y Francia, porque se le había comido de unas buas de resfriado; que aun no fueron de vicio, porque cuestan dinero; las barbas descoloridas de miedo de la boca vecina, que, de pura hambre, parecía que amenazaba a comérselas; los dientes le faltaban no sé cuántos, y pienso que por holgazanos y vagamundos se los habían desterrado; el gaznate, largo como avestruz, con una nuez, tan salida, que parecía se iba a buscar de comer, forzada de la necesidad; los brazos secos; las manos como un manojo de sarmientos cada una. Mirado de media abajo, parecía tenedor o compás con dos piernas largas y flacas; su andar muy de espacio; si se descomponía algo, se sonaban los huesos como tablillas de San Lázaro; la habla hética; la barba grande, por nunca se la cortar, por no gastar, y él decía que era tanto el asco que le daba ver las manos del barbero por su cara, que antes se dejaría matar que tal permitiese; cortábale los cabellos un muchacho de los otros.

Traía un bonete los días de sol, ratonado con mil gateras y guarniciones de grasa; era de cosa que fue paño, con los fondos de caspa. La sotana, según decían algunos, era milagrosa, porque no se sabía de qué color era. Unos, viéndola tan sin pelo, la tenían por de cuero de rana; otros, decían que era ilusión; desde cerca parecía negra y desde lejos entre azul; llevábala sin ciñidor; no traía cuellos ni puños; parecía, con los cabellos largos y la sotana mísera y corta, lacayuelo de la muerte. Cada zapato podía ser tumba de filisteo. Pues, ¿su aposento? Aun arañas no había en él: conjuraba los ratones, de miedo que no le royesen algunos medrugos que guardaba; la cama tenía en el suelo, y dormía siempre de un lado por no gastar las sábanas; al fin, era archipobre y protomiseria.

Francisco de Quevedo: Historia de la Vida del Buscón
llamado Don Pablos

Homero, en *La Ilíada*, nos ha dejado excelentes ejemplos de descripciones llenas de vida y movimiento. El detallismo individualizado con que describe las muertes de los guerreros es un indicio del conocimiento que debía de tener del cuerpo humano, así como de las diversas formas de morir, ya que cada muerte se describe de forma diferente. Veamos algunos ejemplos:

> Entonces envasóle a Pronoo la lanza en el pecho, donde éste quedaba sin defensa al lado del escudo, y le dejó sin vigor los miembros; el teucro cayó con estrépito. Luego acometió a Testor, hijo de Enope, que se hallaba encogido en el lustroso asiento y en su turbación había dejado que las riendas se le fueran de la mano: clavóle desde cerca la lanza en la mejilla derecha, se la hizo pasar a través de los dientes y levantóle por encima del barandal. Como el pescador sentado en la roca saca del mar un pez enorme valiéndose de la cuerda y del anzuelo, así Patroclo, alzando la reluciente lanza, sacó del carro a Testor con la boca abierta y le arrojó de cara al suelo; el teucro al caer perdió la vida. Después hirió de una pedrada en medio de la cabeza a Erilao, que a acometerle venía, y se le partió en dos dentro del fuerte casco: el teucro dio de manos en el suelo y le envolvió la destructora muerte.

> A Erimante metióle Idomeneo el cruel bronce por la boca: la lanza atravesó la cabeza por debajo del cerebro, rompió los blancos huesos y conmovió los dientes; los ojos llenáronse con la sangre que fluía de las narices y de la boca abierta.

También Homero fue un maestro en el arte de la descripción del rostro femenino y, en lugar de describir con lujo de detalles la belleza de Helena, se limita a reproducir lo que comentan los ancianos al mirar el rostro de aquella mujer: *cuando vieron a Helena que hacia ellos se encaminaba, dijéronse unos a otros hablando quedo, estas aladas palabras: "No es reprensible que los troyanos y aqueos de hermosas grebas sufran prolijos males por una mujer como ésta, cuyo rostro tanto se parece al de las diosas inmortales"*. Este método indirecto es mucho más elocuente que toda una larga descripción de los encantos de Helena; como muy bien afirma Luis Alonso Schökel: *Decir que la be-*

lleza de Helena justifica la guerra cruel de diez años, es decir mucho más que detenerse en todos los rasgos de la fisonomía, que no logramos imaginar (1).

SINOPSIS

Descripción
- A. Definición
- B. Proceso y mecanismo descriptivo
  1. Observación
  2. Selección y estructura
  3. Realización
- C. Clases de descripción
  1. Científica, técnica
  2. Literaria
  3. Estática o pictórica
  4. Dinámica o topográfica
  5. Móvil o cinematográfica
  6. De objetos
  7. De animales
  8. De lugares y ambientes
  9. De personas

---

(1) Luis Alonso Schökel: *La formación del estilo*, p. 147.

EJERCICIOS

Diga a qué clase de descripción corresponden los fragmentos literarios que aparecen seguidamente y exprese su opinión sobre cada una de estas descripciones.

Quedaban para los que la amábamos aquellas otras explosiones de amor y de intensa pena que la abrumaban, el saber a qué grandes dolores se refería en sus versos. Los tiene que son amargos gemidos, en cuyas entrañas se encerraba, si puede decirse así, el dolor de los dolores que la abrumaban. Porque si hubo ser sensible que al menor roce se sintiese herido; si hubo alguien que en los momentos de desgracia se irguiese altivo como héroe que antes de caer vencido intenta levantarse y luchar todavía, fue ella... Quien hablase a Rosalía, vería que era la mujer más benévola y sencilla, porque en su trato todo era bondad, piedad casi, para los defectos ajenos. Mas cuando la herían, ya como enemiga, ya como acosada por el infortunio, era tal su dignidad, que pronto hacía sentir al que había inferido la herida todo el peso de su enojo. Pero, pero ansia de brillar, pero empeño de llenar este o el otro cenáculo, pero deseo de aparecer como mujer superior, eso, jamás lo sintió. ...¿Qué se podía esperar de una mujer delicada de salud, sensible, que cada emoción la hería hondamente? Que siendo en ella tan sincera la producción literaria, reflejase con toda intensidad el estado de su alma. Así lo hizo. Poeta moderno, fruto del dolor de su tiempo, cuyas carnes herían con largas y penosas vibraciones las penas que la ahogaban y las que veía soportar, ni una sola de sus poesías dejo de ser la viva expresión de la emoción que la embargaba.

Manuel Murguía: Rosalía de Castro

Paró en seco a la entrada del campus. No le costó más remedio que eso: parar en seco..., y maravillarse de su suerte. Porque fue como si, atrapado entre las lianas y los ruidos extraños de una tupida selva, de pronto hubiera dado un mágico tropezón o una cabalística vuelta en redondo que le librara de la fiebre y las sombras y lo situara ante el más bello prado que invocara en su delirio. Así, de pronto, sin previo aviso, había aparecido aquello: hectáreas y más hectáreas de verdes, flores y pájaros, paseos frecuentados por personas que caminaban con libros bajo el brazo, graves edificios de variada arquitectura, preciosas estudiantes que leían o conversaban a la sombra... De pronto, todo eso. Una ciudad nueva, distinta, selecta, al borde de aquella selva comercial que se extendía desde la plaza: letreros bilingües, música ramplona de altoparlantes, puertas giratorias, relucientes baratijas en las vidrieras, gente que acudía dando empellones a los baratillos...

Pedro Juan Soto: *Ardiente suelo, fría estación*

Benny ocupa las mañanas en el lustre meticuloso de su Ferrari. Un cuidado pormenorizado con atención atenta a los guardafangos, los parabrisas, los tapabocinas, los aros, la capota: atención atenta con amonia para el brillado, cera para la carrocería, aspiradora para los asientos, escobilla para los rincones inaccesibles a la aspiradora. La gran tarea toca a su fin cuando la carrocería lanza cuchillos de luz por toda la marquesina. Benny almuerza en el comedor de diario habilitado en un rincón sobrante de la gran cocina: mimbre y cristal y cestones de frutas del cosecho inmediato y pareja de almireces. El comedor de diario habilitado en la cocina se separa de la marquesina enrejada que acomoda tres carros por un ventanal que oculta treinta o cuarenta celosías: o sea que me gusta que mi Ferrari me vea comiendo, o sea que me gusta ofrecerle cucharaditas de comida a mi Ferrari. O sea que el Ferrari me dice que no quiere comida porque el Ferrari tiene un tigre en el tanque: jipea, rojos los cachetes, ríe. Benny ocupa las tardes en llevar al Ferrari de San Juan a Caguas y de Caguas a San Juan. Benny ocupa las noches en acostarse, arroparse y rezar.

Luis Rafael Sánchez: *La guaracha del Macho Camacho*

Hace más de tres años que se han acostumbrado a oír estadísticas de muertos, de asesinatos, de casas destruidas y ciudades bombardeadas. La metralla y las balas han sido sus juguetes. Aquí, en la escuela, han creado un verdadero reino de terror, con sus jefes, lugartenientes, espías y soplones. Ya sé que es difícil creerme viéndoles la cara infantil y las mejillas aún sin bozo. Pero es la pura verdad. Sé perfectamente que tienen un código para castigar los "delitos" y un sistema coactivo para obtener la obediencia. Durante la noche, el dormitorio se convierte en una guarida de serpientes y leopardos, en una verdadera celda de tortura. A veces he descubierto a algunos de los pequeños con las uñas quemadas y el brazo cosido a alfilerazos, pero por mucho que haya interrogado jamás he obtenido informe alguno. Incluso los más dóciles y buenos evitan mostrarse amables conmigo por temor de despertar las iras de los otros. Pedro el vigilante quiso averiguar el significado de sus tatuajes: los dragones, centauros, martillos y flechas grabados en los brazos, según un escalafón riguroso. Aquella misma noche, mientras hacía una ronda por el jardín, estuvo a punto de recibir un impacto en la cabeza. Cuando subió al dormitorio, los niños estaban dormidos y no hubo forma de despertarlos: fingían soñar en alta voz y roncaban abrazados a las almohadas y a las sábanas, sonrientes como arcángeles.

Juan Goytisolo: *Duelo en el Paraíso*

Cuando los peones estaban ya trabajando recorrí los campos de labor con la mirada. En los cañaverales, ya crecidos, regaban agua unos mozos y desyerbaban algunos hombres. Estaban con la ropa completamente mojada por la humedad de las plantas. Movíanse entre la multitud de matas formando ruido de paja. Aún yo no sabía apreciar lo ardua que es dicha tarea. En los terrenos sembrados pocos días atrás, en cuyos surcos acababan de abrotoñar las semillas, movíanse también regadores, abriendo y tapando acequias con la pala de corte, en tanto que el agua iba ennegreciendo la tierra rojiza. Los regadores apenas daban tregua a su faena. Un grupo de rapaces y mujeres regaban el abono, que formaba ceniscientos caminitos.

Enrique Laguerre: *La Llamarada*

El hombre era alto y tan flaco que parecía siempre de perfil. Su piel era oscura, sus huesos prominentes y sus ojos ardían con fuego perpetuo. Calzaba sandalias de pastor y la túnica morada que le caía sobre el cuerpo recordaba el hábito de esos misioneros que, de cuando en cuando, visitaban los pueblos del sertón bautizando muchedumbres de niños y casando a las parejas amancebadas. Era imposible saber su edad, su procedencia, su historia, pero algo había en su facha tranquila, en sus costumbres frugales, en su imperturbable seriedad que, aun antes de que diera consejos, atraía a las gentes.

Mario Vargas Llosa: *La guerra del fin del mundo*

La verdad era que el archivo había producido en el alma de Julián la misma impresión que toda la casa: la de una ruina, ruina vasta y amenazadora, que representaba algo grande en lo pasado, pero en la actualidad se desmoronaba a toda prisa. Era esto en Julián aprensión no razonada, que se transformaría en convicción si conociese bien algunos antecedentes de familia del marqués.

Emilia Pardo Bazán: *Los pazos de Ulloa*

Vosotros, los que no hayáis sentido nunca esas pasiones devoradoras en donde muere el orgullo y se pisan los celos, en donde no se vive otra vida que la del ser que amamos; vosotros, los que no os hayáis olvidado de vosotros mismos para pedir de rodillas al tirano que os domina una sola mirada de amor o una efímera promesa que sabemos morirá mañana con el desencanto de una ilusión, quizá no comprenderéis a Teresa; pero sabed que esto sucede y que tales tormentos son los más horribles de la vida, los que hieren de muerte.

Ella se arrodilló a los pies de Alberto, arrastró en el polvo su frente y pasó largas noches de insomnio y desesperación, en que rogaba a su esposo y se olvidaba del Cielo.

Tuvo momentos de locura y borrascas turbulentas en que sus pensamientos y los latidos de su corazón y sus lágrimas se mezclaban tumultuosamente... Aquello era ya más que un vértigo, era una cosa sin nombre, que parecía no tener término ni aun en la muerte; era una chispa del infierno, una gota de amargura destilada del corazón de Luzbel en el de aquella infeliz destinada a vivir muriendo.

Rosalía de Castro: La hija del mar

Golondrina Sinhá, además de bella, era un poco loca. Loquita, le vendría mejor. A pesar de que frecuentaba todavía la escuela de los pájaros, donde el Loro dictaba cátedra de religión, y de ser tan jovencita hasta el punto de que sus respetables padres no la dejaban salir sola por la noche con sus admiradores, era ya resuelta e independiente, enorgulleciéndose de mantener relaciones con todo el mundo en el parque. Era amiga de las flores y de los árboles, de los patos y de las gallinas, de los perros y de las piedras, de las palomas y del lago. Con ellos conversaba, con aires de suficiencia, sin darse cuenta de las pasiones que despertaba a su alrededor.

El mismísimo Reverendo Loro, que hacía el autoelogio de sus propias virtudes, considerado por los demás un tanto eclesiástico debido al tiempo pasado en el seminario, la miraba durante las clases con ojos soñadores.

Jorge Amado: El Gato Manchado y la Golondrina Sinhá:
Una historia de amor

Gurdelia no era hermosa. Una murallita de dientes le combinaba con los ojos saltones y asustados que tenía, ¡menos mal! en el sitio en que todos tenemos los ojos. Su nariguda nariz era suma de muchas narices que podían ser suyas o prestadas. Pero lo que redondeaba su encanto de negrita bullanguera era el buen par de metáforas —princesas cautivas de un sostén cuarenticinco— que encaramaba en el antepecho y que le hacían un suculento antecedente. Por eso, a las siete, las mujeres decentes y cotidianas, oscurecían sus balcones y sólo quedaba, como anuncio luminoso, el foco de la Gurdelia.

Luis Rafael Sánchez: Tiene la noche una raíz
en En cuerpo de camisa

... por la fantasmal aparición de un mendigo que viene hacia ti trabajosamente, abreviando en su lastimera persona todo el humano rigor de las desdichas: el cráneo cubierto de pupas: un ojo tracomoso estrecho como un ojal y el otro adornado con un ojo de muñeca de color turquino, engastado en la órbita con demencial fijeza de resucitado, fabuloso cíclope: una androjosa chaqueta sobre el torso hundido y raquítico: calzones moriscos sujetos a las corvas: piernas desnudas, normal una y encogida la otra, con un pie casi vertical que apoya solamente en el suelo la punta de los dedos descalzos, como si caminara de puntillas: cuando te tiende la mano y le das unas monedas tu gesto te parece en seguida sacrílego: limosna a un rey?

el pordiosero se aleja oscilando como una peonza y su pie contraído tal pezuña de chivo cobra de pronto, al andar, la gracia alada de una Pawlowa o un Nijinsky: perdiéndose en el gentío con su súbita y esbelta hermosura...

Juan Goytisolo: Reivindicación del Conde Don Julián

Vosotros, los que vivís en las ciudades y que no podéis comprender enteramente toda la beleza de que están llenos esos cariñosos días que preceden al estío, venid conmigo, atravesad esa montaña cubierta de pinos, desde cuya cumbre se descubre un inmenso valle, cuyos lejanos horizontes se pierden entre vapores azules y transparentes, y después descended por un pequeño sendero áspero y torcido, detenos un momento bajo una bóveda de verdura naciente y fresca que forman los sauces de ramas extendidas, las floridas acacias y algarrobos, todos ellos amorosamente enlazados. Pero seguid, a pesar de que la hermosura del sitio os convide al descanso, hasta llegar a aquella elegante verja, a través de la cual se ven el cerrado y encendido botón de la rosa de Alejandría entre las lustrosas hojas del mirto, y la flor del azahar y el granado que florece al mismo tiempo y exhalan un delicado perfume.

Rosalía de Castro: La hija del mar

Más abajo los muchachos de Puerta de Tierra han sacado un cruzacalles que dice: "Adiós Don Luis". Las muchachas se han recogido el pelo con pañuelos. La más afligida viste un sencillo traje de luto, los pómulos hinchados por el llanto, la mirada enternecida por algún recuerdo agradecido. El muchacho que creció con fama de títere de la ocho, gevo quitao de gafas oscuras, gorra, camiseta blanca y mahón, sostiene uno de los palos del pequeño cruzacalles. A su lado ese prieto de gorra que fue palafranero en Quintana allá por los años cuarenta... Un molletón de camiseta Adidas, afro moderado y "champions" con medias a la rodilla le señala algo a la mujer; ella se ha traído a la nena, la lleva al hombro; bajo el camisón, una preñez de cuatro meses; bajo el pañuelo de la aflicción, una mirada inquieta y husmeadora.

Edgardo Rodríguez Juliá: Las tribulaciones de Jonás

Llegamos por fin a las habitaciones de Bringas. Comprendimos que habíamos pasado por ella sin conocerla, por estar borrado el número. Era una hermosa y amplia vivienda, de pocos pero tan grandes aposentos, que la capacidad suplía al número de ellos. Los muebles de nuestro amigo holgaban en la vasta sala de abovedado techo; pero el retrato de don Juan de Pipaón, suspendido frente a la puerta de entrada, decía con sus sagaces ojos a todo visitante: "Aquí sí que estamos bien". Por las ventanas que caían al Campo del Moro entraban torrentes de luz y alegría. No tenía despacho la casa; pero Bringas se había arreglado uno muy bonito en el hueco de la ventana del gabinete principal, separándolo de la pieza con un cortinón de fieltro. Allí cabían muy bien su mesa de trabajo, dos o tres sillas, y en la pared los estantillos de las herramientas con otros mil cachivaches de sus variadas industrias. En la ventana del gabinete de la izquierda se había instalado Paquito con todo el fárrago de su biblioteca, papelotes y el copioso archivo de sus apuntes de clase, que iba en camino de abultar tanto como el de Simancas. Estos dos gabinetes eran anchos y de bóveda, y en la pared del fondo tenían, como la sala, sendas alcobas de capacidad catedralesca, sin estuco, blanqueadas, cubiertos los pisos de estera de cordoncillo. Las tres alcobas recibían luz de la puerta y de claraboyas con reja de alambre que se abrían al gran corredor-calle de la ciudad palatina. Por algunos de estos tragaluces entraba en pleno día resplandor de gas. En la alcoba del gabinete de la derecha se instaló el lecho matrimonial; la de la sala, que era mayor y más clara, servía a Rosalía de guardarropa, y de cuarto de labor; la del gabinete de la izquierda se convirtió en comedor por su proximidad a la cocina. En dos piezas interiores dormían los hijos.

Benito Pérez Galdós: La de Bringas

La isla está ceñida por un mar maravilloso, verde claro en la costa, azul cobalto cerca del horizonte; mar amplio, fuerte y tranquilo que recuerda al Mediterráneo en su luz y en su hermosura viril. Sus espumas se deshacen sobre la arena dorada y luminosa de la costa. Las palmeras, con sus troncos morenos y sus penachos oscuros a manera de flores gigantescas, estilizan en ágiles líneas el paisaje. En la tarde, el mar parece de ópalo porque recoge los matices delicados del cielo; en la noche se vuelve azul profundo con espumas de plata.

El cielo de Puerto Rico es bajo, tan bajo que podría tocarse con la mano. Parece volcarse sobre las hondonadas y los valles, vaciarse en ellos. Sólo se dilata y eleva sobre las llanuras de la costa. También es azul cobalto como el mar y tiene una fosforescencia metálica. Muy pocas veces posee la limpidez absoluta del cielo de Castilla; sus nubes redondas y blancas repiten la ondulante variedad de la tierra.

Predomina el día sobre la noche. La luz tremenda del sol da calidad de metal bruñido a cuanto toca; su reverberación encandila y nos parece que miramos a través de una gasa que diluye los contornos. El rápido crepúsculo pasa de la luz a la oscuridad en minutos; pero esos minutos de la transición descubren una belleza imponderable. El sol baja de prisa, enorme disco color naranja; el cielo se incendia en rojo, oro, verde, gris, rosa pálido; los tonos pasan por todos los grados de la escala de intensidad, y aunque están llenos de luz, fingen la consistencia de lo material. La noche viene de golpe; las estrellas bajas se mecen sobre la copa de las palmeras y casi se confunden con las luces verdosas de los cucubanos. La luna del trópico ilumina los cielos con una clarísima luz de plata. El encanto de nuestras noches podría describirse con los conocidos versos del Nocturno Tercero de José Asunción Silva...

Margot Arce de Vázquez: El paisaje de Puerto Rico

Recomendamos al alumno que practique las diferentes clases de descripción aquí expuestas. A continuación le sugerimos los siguientes ejercicios de descripción:

> Mi mejor amiga o amigo.
>
> Mi casa.
>
> Una persona a quien admiro.
>
> Una persona de la cual estuve o estoy enamorada o enamorado.
>
> Mi ciudad o mi pueblo.
>
> Mi animal preferido.
>
> Un contraste entre lo que una persona es y lo que quisiera ser.
>
> Mi país.
>
> Mi pasatiempo predilecto.
>
> El mar.
>
> La montaña.

La lista no se acabaría nunca porque hay temas muy interesantes, sobre los cuales se pueden realizar descripciones bien logradas. En general, cualquier persona, situación, objeto o lugar que nos hayan impresionado de una manera u otra, son los temas ideales para una buena descripción.

CAPITULO XV

LA NARRACION

Los hechos pasados, presentes y futuros, ciertos o imaginarios, pueden ser relatados de diversas maneras; a este proceso se le denomina *narración*. Los límites de la misma no son fijos y su extensión puede variar desde un cuento corto a una novela extensa, incluyendo las otras formas narrativas de extensión intermedia.

La diferencia entre la narración y la descripción reside en la presencia o ausencia de la anécdota; esto es, mientras en la descripción se expresa mediante palabras la impresión que causan los sucesos, las personas o cosas en el que describe, cómo éste las percibe; en la narración se relata una anécdota, se cuenta una historia real o imaginaria, presente, pasada o futura. Ambos procedimientos se suelen combinar para lograr una mayor efectividad literaria; por ejemplo, en las novelas y cuentos el autor no sólo tiene que contar los sucesos, la "anécdota", sino que tiene también que presentar a los personajes que la realizan y situarlos en un lugar y tiempo determinados; para lograr esto necesita fundir o alternar las partes narrativas con las descriptivas.

ASPECTOS DE LA NARRACION

CARACTER CIERTO O FICTICIO

Una narración puede basarse en hechos ciertos o ficticios. Esta diferencia no determina la calidad de la misma ya que puede haber tanto novelas como relatos históricos de gran o escaso valor literario o documental. Lo que sí determinará el juicio estético o histórico será el cómo se haya desarrollado el material narrativo.

ATENCION E INTERES

Toda narración debe de ganar la atención del lector desde el comienzo de la misma. Si se trata de un cuento, este consejo cobra particular importancia pues, si de una historia de tres páginas, dos de ellas carecen de interés y aburren al lector, el cuento como tal habrá fracasado. Cuando se aplica a una novela, el consejo puede tomarse con una mayor flexibilidad, puesto que si en una obra de 400 páginas, 20 de ellas son innecesarias o poco interesantes, el fallo no es tan notable como en el caso de un cuento, las restantes páginas de la novela capturan de nuevo la atención del lector; pero esta alternativa no es viable en una narración breve.

El interés de la narración debe mantenerse durante el transcurso de la misma hasta culminar en un final adecuado. No resulta fácil ni siquiera recomendable dar consejos de cómo terminar una narración, cada una pide su propia solución.

BREVEDAD Y EXTENSION

Cada relato requiere una extensión diversa. El número de palabras "nunca" puede determinar el valor de un proceso narrativo dado. La novela, al presentar la cosmovisión del autor, tiene que tener, por fuerza, mayor extensión que un cuento, que se centra en un ángulo o aspecto de la realidad.

VERDAD Y VEROSIMILITUD

La obra narrativa es un mundo autónomo con su propia lógica y sus propias leyes, iguales o diferentes a las de la realidad, según sea la narración real o ficticia. Lo importante es que, dentro del microcosmos narrativo, los hechos guarden una coherencia entre sí y, por tanto, se sientan como verosímiles dentro del marco narrativo. Recuérdese que lo "verosímil" no es necesariamente verdadero, basta con que parezca posible; un hecho verosímil es el que parece real y verdadero porque puede suceder. Lo verosímil llegará a ser verdadero si se realiza; en ocasiones, la verdad paradójicamente puede parecer inverosímil y lo verosímil, verdad. Para los efectos de una narración, la verosimilitud es tan o más importante que la verdad, según se trate de un hecho real o ficticio.

ESTRUCTURA DE LA NARRACION

La estructura clásica de la narración es la siguiente: *introducción o exposición, nudo o desarrollo, clímax y desenlace.* La novela actual ha variado y enriquecido esta estructura; en ocasiones, el desenlace puede aparecer al principio y no por ello perder interés la novela, recuérdese, por ejemplo, *El Túnel,* de Ernesto Sábato. Hay autores que conciben la narración con una estructura fija, otros van delineando la estructura conjuntamente con el crecimiento de la obra.

ELEMENTOS DE LA NARRACION

Toda acción se lleva a cabo por alguien en un lugar y tiempo determinado; de aquí podemos deducir que los elementos integrantes de la narración son: *la acción* (los hechos), *los caracteres* (los personajes) y *el ambiente* (el lugar y tiempo).

ACCION

Los hechos que acontecen en un relato constituyen la acción. Estos hechos se pueden ordenar de una forma ascendente hasta llegar al punto culminante y al desenlace, esto es, siguiendo un patrón cronológico tradicional de causa y efecto; en este caso la acción tendrá una "composición" o "trama lógica". Si, por el contrario, el orden de los hechos no respeta la secuencia lógica y la narración comienza por el final o en un punto intermedio la acción tendrá una "composición" o "trama libre" o "artística".

Por lo general, en una narración —especialmente el cuento o la novela— se presenta un conflicto de fuerzas, que es el que mueve toda la acción hasta que el mismo se resuelve. Este conflicto de fuerzas puede ser: "interno" o "subjetivo", el que tiene el personaje consigo mismo, ya sea por un problema moral, una tensión psicológica, una manifestación emotiva, una pasión dominante, etc.; "externo" u "objetivo", el que mantiene el personaje con el ambiente, con otro personaje, con la sociedad, etc.

La acción de un cuento o de una novela contiene el "tema" o "idea central", que es la visión de vida que presenta el autor, su cosmovisión plasmada en el interior del mundo cerrado novelesco. En una novela o cuento puede haber un tema central y otros secundarios.

CARACTERES

Son los diversos personajes que intervienen en la acción. En toda narración puede variar el número de los personajes dependiendo de la extensión de la misma. Según la participación de los personajes, éstos se dividirán en "principales" o "protagonistas" y "secundarios".

El carácter es aquello intransferible e individual que el personaje posee y que lo distingue de los otros. Los personajes de un relato histórico seguirán con más o menos fidelidad los modelos reales; los personajes de un relato de ficción serán una nueva versión del hombre y de la vida, por esta razón, el autor no debe copiar exactamente sus personajes de la vida real, pero sí debe de tomar unos rasgos para que le ayuden a crear su personaje.

Siempre existe una relación bastante directa entre los personajes y el autor. Hay personajes que se identifican con su creador, representan sus deseos, sus sueños, sus ideas; otros provienen de la relación que el autor entabla con el medio, de la observación y el análisis que realiza el autor; otros personajes son el producto de la imaginación del escritor.

El autor cuenta con diversas técnicas para presentar a sus personajes, vamos a referirnos a las principales. *Caracterización directa*, por medio de esta técnica el autor nos dice cómo es el personaje, el mismo autor describe interna y externamente al personaje. *Caracterización indirecta*, aquí el autor no nos dice nada acerca del personaje, sino que lo deja actuar libremente, y el lector lo conoce por sus actos y por lo que otros personajes piensan de él. *Caracterización estática* es la que no muestra una evolución o cambio en el carácter del personaje; los sucesos diversos ponen de manifiesto su carácter ya formado. *Caracterización dinámica* es la que sí muestra un cambio o evolución en el carácter del personaje; los diferentes sucesos ayudan a formar y delinear su personalidad.

Los personajes de una novela o relato pueden también clasificarse como *tipos* y *caracteres;* los primeros encarnan y simbolizan a un grupo o clase de individuos, los segundos poseen una individualidad y una particular forma de vida.

AMBIENTE

El lugar y el tiempo dentro de los cuales se lleva a cabo la acción es lo que denominamos "ambiente"; también se conoce como "marco escénico". Este marco tempo-espacial puede variar de un relato a otro, en algunas novelas se extenderá a múltiples lugares, en otras se limitará a un espacio muy reducido; pensemos en el contraste que ofrecen en este aspecto las novelas de aventuras y las novelas psicológicas.

El tiempo de una novela dependerá siempre del asunto que trata, tanto puede referirse a una época actual, como pasada o futura, en concordancia con los hechos narrados; así tenemos novelas históricas, novelas actuales y novelas de ciencia-ficción.

Toda pieza narrativa se halla inmersa en una "atmósfera" particular, que es el clima espiritual de la obra. La "atmósfera" viene a ser la impresión y el sentimiento que produce la lectura de la narración, impresión y sentimiento que provienen de la interacción entre la acción, los personajes y el ambiente. Así, habrá novelas o relatos que se desarrollen en una atmósfera poética, angustiosa, trágica, filosófica, trivial, etc.

A continuación incluimos unos ejemplos que ilustran los elementos integrantes de la narración:

> La familia Esteves se encuentra reunida en la escribanía del doctor Franklin Lins para asistir a la solemne ceremonia de la escritura definitiva de compra y venta de la casa, antes propiedad de doña Zulmira, que pasará a pertenecer, después de tales formalidades y el correspondiente pago a doña Antonieta Esteves Cantarelli. El único que falta es el seminarista Ricardo, de vacaciones en Mengue Seco, ocupado con encargos de la tía paulista y rica (y loca).
>
> Jorge Amado: *Tieta de Agreste*

Esta narración relata un hecho que forma parte de la composición "lógica" o "lineal" de la novela.

> Bastará decir que soy Juan Pablo Castel, el pintor que mató a María Iribarne; supongo que el proceso está en el recuerdo de todos y que no se necesitan mayores explicaciones sobre mi persona.
>
> Ernesto Sábato: *El Túnel*

Este es el comienzo de la novela, la cual tiene una composición "libre" o "artística".

* * *   * * *

> Cuando me jubile, creo que no escribiré más este diario, porque entonces me pasarán sin duda mucho menos cosas que ahora, y me va a resultar insoportable sentirme tan vacío y además dejar de ello una constancia escrita. Cuando me jubile, tal vez lo mejor sea abandonarme al ocio, a una especie de modorra compensatoria, a fin de que los nervios, los músculos,

la energía, se relajen de a poco y se acostumbren a bien morir. Pero no. Hay momentos en que tengo y mantengo la lujosa esperanza de que el ocio sea algo pleno, rico, la última oportunidad de encontrarme a mí mismo. Y eso sí valdría la pena anotarlo.

Mario Benedetti: La Tregua

Este fragmento pone de relieve el conflicto "interno" del protagonista.

* * *   * * *

Aquellas abstracciones formaban para él una segunda vida, y, en ella, con frecuencia, una lucha formidable se entablaba. Los viajes y el estudio le habían enseñado a pensar, y su cultivada inteligencia le había elevado sobre el montón social que veía en torno. Tuvo ojos y corazón, protestando cien veces de las torcidas corrientes que arrastraban hombres y cosas, sentimientos y aspiraciones. ¡Cómo! ¿Era aquello un conjunto social? ¿Estaban aquellas clases reguladas por las leyes generales de la moral, de la justicia y del deber? ¿Las gentes que veía agrupadas en las estribaciones del monte eran seres humanos o jirones de vida lanzados al acaso? ¿Eran gentes, eran muchedumbres, eran piara, eran rebaños? ¿Qué les movía? ¿Adónde iban? ¿Eran cuerpos rodando o almas muriendo?

Manuel Zeno Gandía: La Charca

Aquí podemos oberservar el conflicto "externo" entre el personaje y la sociedad.

* * *   * * *

— La Naturaleza es lo que tiene; cuando trata de reventar a uno, lo revienta a conciencia. La justicia es una ilusión humana; en el fondo, todo es destruir, todo es crear. Cazar, guerrear, digerir, respirar, son las formas de creación y de destrucción al mismo tiempo.

Pío Baroja: El árbol de la ciencia

En este breve ejemplo se expone uno de los temas centrales de la novela: una concepción cínica y pesimista de la realidad.

* * *   * * *

¿Será ella? Peto duda. No puede ser, la tía debería estar de luto, con un velo fúnebre que le tape la cara, igual que su madre, de ninguna manera puede ser esa artista de cine, esa Gina Lollobrigida. En la puerta, sobre el escalón está Antonieta Esteves, majestuosa —Antonieta Esteves Cantarelli, por favor—, exige Perpétua. Deslumbrante. Alta, fuerte, con una larga cabellera rubia que aparece bajo el turbante colorado. Colorado, sí, colorado igual que la blusa sport, de red, elegante y simple, que marca la belleza de sus voluminosos pechos, de los cuales se ve una apreciable muestra que aparece por el escote de botones abiertos. El pantalón Lee azul se ajusta a las piernas y al trasero dando realce a volúmenes y salientes, ¡qué volúmenes! ¡Qué salientes! En los pies luce unos finos mocasines color habano. El único detalle oscuro en toda su vestimenta de viuda, son los anteojos ahumados, de armazón cuadrada, última moda, firmados por Christian Dior. El asombro dura una fracción mínima de tiempo que se hace interminable, una eternidad.

Jorge Amado: *Tieta de Agreste*

Caracterización directa de la protagonista.

* * *   * * *

— Todos tenemos dos lados, uno bueno y uno malo. Peor que un robot, usted es un hombre por la mitad, un torturador de presos. ¿Usted no tiene esposa e hijos, personas a las que ame? No lo creo. ¿Alguien que lo ame? Nadie, los que lo sirven lo hacen por miedo y por interés. ¿Algún día usted habrá amado, sentido afecto por una mujer, le habrá sonreído a un niño, habrá tenido un minuto de ternura? ¿O siempre fue así, un desgraciado? Usted huele mal, está podrido. ¿Mi voto? ¿Cómo pudo imaginar que yo votaría por la Gestapo?

Jorge Amado: *Uniforme, Casaca, Camisón*

Caracterización indirecta de un personaje.

* * *   * * *

Mi madre murió de pena. De pena porque la Estación El Olivo se iba para abajo, porque ya no era lo que fue. Tanto que habló de la electrificación con don Alejo. Y nada. Después anduvieron diciendo que el camino pavimentado, el longitudinal, iba a pasar por El Olivo mismo, de modo que se transformaría en un pueblo de importancia. Mientras tuvo esta esperanza mi mamá floreció. Pero después le dijeron la verdad, don Alejo creo, que el trazado del camino pasaba a dos kilómetros del pueblo y entonces ella comenzó a desesperarse. La carretera longitudinal es plateada, recta como un cuchillo: de un tajo le cortó la vida a la Estación El Olivo, anidado en un amable meandro del camino antiguo. Los fletes ya no se hacían por tren, como antes, sino por camión, por carretera. El tren ya no pasaba más que un par de veces por semana. Quedaba apenas un puñado de pobladores.

José Donoso: *El lugar sin límites*

Este ejemplo describe el lugar en donde transcurre la acción con el propósito de crear el ambiente.

* * *   * * *

Tres años me tuvieron encerrado, tres años lentos, largos como la amargura, que si al principio creí que nunca pasarían, después pensé que habían sido un sueño; tres años trabajando, día a día, en el taller de zapatero del penal; tomando, en los recreos, el sol en el patio, ese sol que tanto agradecía; viendo pasar las horas con el alma anhelante, las horas cuya cuenta —para mi mal— suspendió antes de tiempo mi buen comportamiento.

Camilo José Cela: *La familia de Pascual Duarte*

Aquí se describe el tiempo en el que transcurre la acción, lo cual ayuda a elaborar el ambiente.

* * *   * * *

Se iba el ruido alcanzando el confín nocturno, apagándose como una luz lejana, invadiendo la tierra dormida en la distancia.

Continuaban callados.

En la noche, llena de presagios, se sentía nacer el silencio.

Arturo Uslar-Pietri: *Las lanzas coloradas*

Este es un fragmento que indica la atmósfera de tensión en que se desarrollan los hechos.

* * *   * * *

TECNICAS NARRATIVAS

PUNTO DE VISTA NARRATIVO:

PUNTO DE VISTA EN PRIMERA PERSONA

Un personaje en primera persona, esto es, usando el pronombre personal de primera persona "yo", narra su historia, su vida, de la cual es el protagonista. También puede ocurrir que un personaje secundario o incluso un observador relaten en primera persona unos hechos que conocen muy bien por haber participado en ellos o haber sido testigos de los mismos.

PUNTO DE VISTA EN SEGUNDA PERSONA

Una segunda voz, siempre presente, aparece en la narración haciendo uso del pronombre personal de segunda persona "tú". Esta segunda persona narra la acción y, en ocasiones, penetra en la psique del personaje, se dirige a éste como si lo conociera; funciona como su "alter ego".

PUNTO DE VISTA EN TERCERA PERSONA

El autor, que conoce bien los hechos y los personajes, relata todos los sucesos. Este autor puede saber la totalidad de los hechos hasta el mínimo detalle, y hasta adentrarse en la interioridad del personaje o de los personajes; en este caso se trata de un autor "omnisciente". Puede suceder también que el autor conozca los hechos parcialmente y, por esta razón, cuente de la acción y de los personajes sólo lo que sabe; en este otro caso se le denomina autor "observador".

OTRAS TECNICAS NARRATIVAS

Técnica lineal.— El autor usa esta técnica cuando relata los hechos en forma directa y siguiendo un orden cronológico tradicional.

Técnica epistolar.— La narración se presenta por medio de cartas y a través de éstas el lector conoce los sucesos y los personajes.

Técnica dialogada.— El relato se estructura mediante el diálogo entre los personajes. Esta técnica proviene del drama.

Técnica de memorias y técnica de diario.— El protagonista cuenta su vida usando la primera persona. El personaje puede narrar hechos de su vida pasada hasta el presente (Memorias), o bien relatar los sucesos que le acontecen día a día (Diario).

Técnica de las versiones.— Se usa cuando una misma historia es narrada desde varios puntos de vista, es decir, varios personajes dan su "versión" sobre un mismo hecho o personaje.

Simultaneidad de acción. Contrapunto.— Recibe este nombre la técnica por la cual el autor puede narrar dos hechos simultáneos, bien para compararlos o bien para contraponerlos desde un punto de vista temático.

Retrospección.— Cuando el autor o algún personaje relata en detalle hechos pasados, usa entonces la técnica de la retrospección.

Relato dentro del relato.— Las historias más breves que se incluyen dentro del "corpus" de la narración son relatos dentro del gran relato; éstas ayudan al desarrollo general de la obra.

Seguidamente insertamos algunos ejemplos ilustrativos de las técnicas narrativas. Estos dos fragmentos ejemplifican el punto de vista en primera persona:

> Otro día, no pareciéndome estar allí seguro, fuime a un lugar que llaman Maqueda, adonde me toparon mis pecados con un clérigo, que, llegando a pedir limosna, me preguntó si sabía ayudar a misa. Yo dije que sí, como era verdad. Que, aunque maltratado, mil cosas buenas me mostró el pecador del ciego, y una dellas fue ésta. Finalmente, el clérigo me recibió por suyo.
>
> Escapé del trueno y di en el relámpago. Porque era el ciego para con éste un Alejandro Magno, con ser la misma avaricia, como he contado. No digo más sino que toda la laceria del mundo estaba encerrada en éste. No sé si de su cosecha era o lo había anexado con el hábito de

267

clerecía.

Lazarillo de Tormes. Anónimo

Me vestí torpemente porque el dolor de la herida me impedía mover el brazo con libertad. Fueron patios y más patios los que tuve que cruzar, pasadizos, meandros de adobe, habitaciones vacías, estancias inútiles, la anarquía de construcciones levantadas hace siglos con propósitos olvidados, perderme en estos corredores de barro revenido y deteriorado, pero no perderme, Madre Benita, porque a medida que iba avanzando el dolor me soltaba el brazo indicándome que sí, que ésta era la dirección cierta, la Peta me iba conduciendo hasta aquí, trayéndome, arrastrándome hasta el fondo de estos pasadizos y estos patios de barro. Me di cuenta de que ésta era la puerta porque de repente el brazo dejó de dolerme. Abrí esta puerta. El escondrijo estaba oscuro, lleno de la humareda de un trozo de azúcar quemándose en las brasas y del salto menudo del tordo en su jaula. Afuera, la casa y el campo conspiraban con una quietud total. Detrás de mí se abrió esta puerta y después se cerró.

José Donoso: *El obsceno pájaro de la noche*

* * *   * * *

Aquí podemos ver dos ejemplos del punto de vista en segunda persona:

Te habías quedado dormido y, al abrir los ojos, te incorporaste. El reló marcaba las siete menos diez. Sobre la mesa de mármol había una botella de vino y en la galería sonaban, majestuosos y graves, los primeros compases del *Requiem* de Mozart. Buscabas con la vista a Dolores, pero Dolores no estaba. Podías beber un trago de Fefiñanes, helado y rubio, justo para humedecer los labios, y no te decidías. Las nubes habían escampado durante tu sueño y el sol se obstinaba en el cielo enardecido del crepúsculo.

Juan Goytisolo: *Señas de identidad*

Debiste haberte quedado en Yauco, nunca haber realizado el sueño de tu vida, nunca haberte inscrito en esta excursión de lujo a la Madre Patria, nunca haber dejado la seguridad de tus lecturas preferidas en *Cosmopolitan* y *Vanidades,* claro está, esas nunca te habrían revelado verdades tan frustrantes, al contrario, mensualmente te distraían con sus despampanantes consejos culinarios y su chismografía entretenida sobre los del Jet Set, no como estas otras revistillas que se dan pisto a costa de una aristocracia raquítica y fuera de moda: nada más ver el desfile interminable de incoloras marquesas, duquesas, princesas venidas a menos o a más. La única nota atractiva en aquella galería de momias provenía de las páginas repletas con las fotos de las Saritas, las Lolas, las Massieles y Marisoles folklóricas, quienes de pronto, sin habérselo propuesto, te han revelado el gran secreto, aquello que te ocultaron siempre y que te habría salvado diez años atrás, pero que ahora es sólo un rudo golpe, como decir la estocada final, peor aún, la lúcida comprensión de la vaciedad, de la nada, de la inutilidad de tu vida.

Carmen Lugo Filippi: *Entre condicionales e indicativos*
en **Vírgenes y Mártires**

* * * * * *

Los dos ejemplos muestran el punto de vista en tercera persona; el primero es de autor "observador", el segundo, de autor "omnisciente".

Había sido muy hermosa, pero la chágara que escondía bajo los largos pliegues de gasa de sus faldas la había despojado de toda vanidad. Se había encerrado en la casa rehusando a todos sus pretendientes. Al principio se había dedicado a la crianza de las hijas de su hermana, arrastrando por toda la casa la pierna mosntruosa con bastante agilidad. Por aquella época la familia vivía rodeada de un pasado que dejaba desintegrar a su alrededor con la misma impasible musicalidad con que la lámpara de cristal se desgranaba a pedazos sobre el mantel raído de la mesa del comedor. Las niñas adoraban a la tía. Ella las peinaba, las bañaba y les daba de comer. Cuando les leía cuentos se sentaban a su alrededor y levantaban con disimulo el volante almidonado de su falda para oler el perfume de guanábana madura que supuraba la pierna en estado de quietud.

Rosario Ferré: *La muñeca menor*

Hecho curioso (curioso desde el punto de vista de los acontecimientos posteriores), pocas veces Martín fue tan feliz como en las horas que precedieron a la entrevista con Molinari. Alejandra estaba de excelente humor y tenía ganas de ir al cine: ni siquiera se disgustó cuando aquel Bordenave malogró esa intención citando a Martín a las siete. Y en momentos en que Martín se disponía a preguntar por el bar americano, ella lo arrastró de un brazo, como quien conoce el lugar: primer episodio que enturbió la felicidad de aquella tarde.

Ernesto Sábato: *Sobre héroes y tumbas*

* * * * * *

Ejemplo de técnica lineal.

No durmió aquella noche, y cuando la primera luz definió el rectángulo de la ventana, ya estaba perfecto su plan. Procuró que ese día, que le pareció interminable, fuera como los otros. Había en la fábrica rumores de huelga; Emma se declaró, como siempre, contra toda violencia. A las seis, concluido el trabajo, fue con Elsa a un club de mujeres, que tiene gimnasio y pileta. Se inscribieron; tuvo que repetir y deletrear su nombre y su apellido, tuvo que festejar las bromas vulgares que comentan la revisación. Con Elsa y con la menor de las Kronfuss discutió a qué cinematógrafo irían el domingo a la tarde. Luego, se habló de novios y nadie esperó que Emma hablara. En abril cumpliría diecinueve años, pero los hombres le inspiraban, aún, un temor casi patológico... De vuelta, preparó una sopa de tapioca y unas legumbres, comió temprano, se acostó y se obligó a dormir. Así, laborioso y trivial, pasó el viernes quince, la víspera.

Jorge Luis Borges: *Emma Zunz*
en **Nueva antología personal**

* * *   * * *

Ejemplo de técnica epistolar.

CARTA XLIX
DE GAZEL A BEN-BELEY

¿Quién creyera que la lengua, tenida universalmente por la más hermosa de todas las vivas dos siglos ha, sea hoy una de las menos apreciables? Tal es la prisa que se han dado a echarla a perder los españoles. El abuso de su flexibilidad, digámoslo así, la poca economía en figuras y frases de muchos autores del siglo pasado, y la esclavitud de los traductores del presente a sus originales, han despojado este idioma de sus naturales hermosuras, cuales eran laconismo, abundancia y energía. Los franceses han hermoseado el suyo al paso que los españoles lo han desfigurado. Un párrafo de Montesquieu y otros coetáneos tiene tal abundancia de las tres hermosuras referidas, que no parecían caber en el idioma francés; y siendo anteriores con un siglo y algo más los autores que han escrito en buen castellano, los españoles del día parecen haber hecho asunto formal de humillar el lenguaje de sus padres. Los traductores e imitadores de los extranjeros son los que más han lucido en esta empresa. Como no saben su propia lengua, porque no se sirven tomar el trabajo de estudiarla, cuando se hallan con una hermosura en algún original francés, italiano o inglés, amontonan galicismos, italianismos y anglicismos, con lo cual consiguen todo lo siguiente:

1. Defraudan el original de su verdadero mérito, pues no dan la verdadera idea de él en la traducción.

2. Añaden al castellano mil frases impertinentes.

3. Lisonjean al extranjero haciéndole creer que la lengua española es subalterna a las otras.

4. Alucinan a muchos jóvenes españoles, disuadiéndoles del indispensable estudio de su lengua natal.

Sobre estos particulares suele decirme Nuño: —Algunas veces me puse a traducir, cuando muchacho, varios trozos de literatura extranjera; porque así como algunas naciones no tuvieron a menos el traducir nuestras obras en los siglos en que éstas lo merecían, así debemos nosotros portarnos con ellas en lo actual. El método que seguí fue éste. Leía un párrafo del original con todo cuidado; procuraba tomarle el sentido preciso; lo meditaba mucho en mi mente, y luego me preguntaba yo a mí mismo: ¿si yo hubiese de poner en castellano la idea que me ha producido esta especie que he leído, cómo lo haría? Después recapacitaba si algún autor antiguo español había dicho cosa que se le pareciese. Si se me figuraba que sí, iba a leerlo y tomaba todo lo que me parecía ser análogo a lo que deseaba. Esta familiaridad con los españoles del siglo XVI, y algunos del XVII, me sacó de muchos apuros; y sin esta ayuda, es formalmente imposible el salir de ellos, a no cometer los vicios de estilo que son tan comunes.

José Cadalso: Cartas Marruecas

* * *   * * *

Ejemplo de técnica dialogada. En esta novela el autor usa frecuentemente esta técnica.

Lucita dijo:
— Fernando no se ha portado bien contigo...
— No lo sé –dijo Tito–. No me hables ahora de Fernando.
— Es que la culpable de todo ha sido Mely, ¿verdad?
Los dos estaban tendidos bocabajo, de codos sobre la tierra. Tito hizo un gesto con los hombros:
— O quien sea. Igual da.
— Oye, ¿a ti qué te parece de la Mely?
— ¿La Mely?, ¿en qué sentido?
— Si te resulta simpática y esas cosas; no sé.
— A ratos.
— Tiene buen tipo.
— Seguramente.
— De todas formas presume demasiado, ¿no lo crees tú también?
— Y yo qué se, hija mía. ¿Por qué me haces hablar de la Mely, ahora? Vaya preocupación.
— De algo hay que hablar...
Había puesto una voz compungida, como replegándose. Tito se volvió a ella y la miró con una sonrisa de disculpa:
— Perdóname, monina. Es que ahora me daba rabia que hablásemos de Mely. Haces tanta pregunta...
— A las chicas nos gusta saber lo que opináis los chicos de nosotras; si os parecemos presumidas y demás.
— Pues tú no lo eres.
— ¿No?
Se detuvo como esperando a que Tito continuase; luego añadió:
— Pues sí; sí que lo soy algunas veces, aunque tú no lo creas.
Pasaron unos momentos de silencio; después Luci volvía a preguntar:
— Tito, ¿y a ti, qué te parece que una chica se ponga pantalones? Como Mely.

Rafael Sánchez Ferlosio: El Jarama

* * *   * * *

Ejemplo de técnica de diario.

Martes 28 de enero

En la libreta hay tantas otras cosas, tantos otros rostros: Vignale, Aníbal, mis hijos, Isabel. Nada de eso importa, nada de eso existe. Mientras estuvo Avellaneda, comprendí mejor la época de Isabel, comprendí mejor a Isabel misma. Pero ahora ella no está, e Isabel ha desaparecido detrás de un espeso, de un oscuro telón de abatimiento.

Viernes 31 de enero

En la oficina defiendo tenazmente mi vida (mi muerte) esencial, entrañable, profunda. Nadie sabe qué pasa exactamente en mí. Mi colapso del 23 de septiembre fue, para todos, una explicable conmoción y nada más. Ahora ya se habla menos de Avellaneda y yo no saco el tema Yo la defiendo con mis pocas fuerzas.

Lunes 3 de febrero

Ella me daba la mano y no hacía falta más. Me alcanzaba para sentir que era bien acogido. Más que besarla, más que acostarnos juntos, más que ninguna otra cosa, ella me daba la mano, y eso era amor.

Mario Benedetti: *La Tregua*

* * *   * * *

Ejemplo de técnica de las versiones.

Todo esto comenzó, señor mío, hará unos seis meses, aquella mañana en que el cartero trajo un sobre rosa con un detestable perfume a violetas. O quizá no, quizá será mejor que diga que empezó hace doce años, cuando vino a vivir a mi honrada casa un nuevo huésped que confesó ser pintor y estar solo en el mundo.

* * *

Los domingos, en cambio, los pasaba en casa, porque no era hombre de andar por allí tirando el dinero en diversiones. Yo comencé a cobrarle afecto, porque pronto me di cuenta de que era un pan de Dios, sin ninguna malicia, inocente como un niño. A mí me trataba con mucho respeto. "Señora" para todo, desde el primer día hasta hoy. En cambio, a los otros huéspedes les escapaba. Les tenía mucho miedo. Le diré, los huéspedes de entonces no eran como los de ahora. No se podía ser tan exigente. Pero, con todo, él exageraba. Su timidez, especialmente con las mujeres, era casi una enfermedad. Recuerdo que tenía yo una pensionista, mujer de rompe y rasga, artista de teatro. La Chelo, le decían. ¡Ay, Jesús! El terror que infundía en Camilo la sola presencia de La Chelo, es cosa de no creerlo.

* * *

En cambio, y permítame la vanidad, yo no, yo soy de aquellos que no ignoran que la realidad tiene dos caras, qué, dos caras, veinte caras, cien caras, y que la cara que más a menudo nos muestra es falsa y hay que saber buscarle la verdadera. A Camilo Canegato lo ha rodeado un biombo, un biombo de simulación, de mimetismo, pero yo le quitaré para ustedes esa pantalla y ustedes lo verán tal cual es. Claro, le advierto que lo que yo les voy a decir es lo que fui elaborando, induciendo, usted me entiende, a través de muchos hechos, de muchos indicios. Ahora les presento la teoría completa y corroborada, ratificada, demostrada. Les expongo la tesis, la hipótesis, la demostración. Pero antes, hubo un tiempo en que yo también estaba desconcertado, estudiaba el caso, reunía elementos de juicio. Ahora, con todos los hilos en la mano, puedo hablar *sopra sicuro*. Físicamente ustedes lo conocen. Un gurrumino. Las piernas, el cuerpo, los brazos, todo tiene hecho a escala reducida. No es un hombre. Es la *maquette* de un hombre, la muestra gratis. Un estudiante de medicina lo ve y siente la tentación de viviseccionarlo para estudiar anatomía sin necesidad de recurrir a un cadaver. Pero no se engañen, no se engañen. Bueno, a ustedes no los habrá engañado. Pero a la gente, a la gente así, lega en estas cosas, la embauca. Lo ven con ese aspecto de garza asustada y dispuesta al vuelo, con esos ojillos que no saben qué hacer con la mirada, y lo creen un pobre diablo. No, señores, desconfíen de ese pobre diablo. Desconfíen de ese hombrecito al parecer tímido y linfático, y descofíen precisamente a causa de su vulnerabilidad física.

Marco Denevi: *Rosaura a las diez*

* * *   * * *'

Ejemplo de simultaneidad de acción y contrapunto temático: los criados y los amos tienen opiniones muy diferentes con respecto de la guerra.

... ...
— Natividad, ¿te gustaría ser amo?
El esclavo no acertaba a responder.
— ¿Te gustaría? ¡Dímelo!
— Pues, tal vez sí, señor.
Presentación Campos guardó silencio un instante, y luego, iluminándosele el rostro con una sonrisa brusca:
— ¿Tal vez? ¡Amo es amo y esclavo es esclavo!
Natividad asintió tímidamente.
—Por eso es que es buena la guerra. De la guerra salen los verdaderos amos.
Una media luna frágil maduró en el lomo de un cerro.
Presentación Campos regresaba seguido del esclavo. Su voz se hilaba entre la sombra de la tarde.
— La guerra...
— La guerra...
Dijo dentro de la casa un mozo grueso a una muchacha pálida que dejaba correr la mano so-

bre el teclado de un clave.
— La guerra, Inés, es algo terrible de que tú no puedes todavía darte cuenta.
En el salón decorado de rojo y dorado sonó la voz fresca de la mujer:
— ¿Qué nos importa a nosotros la guerra, Fernando, si vivimos felices y tranquilos en "El Altar"? ¿Qué puede hacernos a nosotros la guerra?

Arturo Uslar-Pietri: *Las lanzas coloradas*

* * *   * * *

Ejemplo de retrospección.

A mí, tan luego, hablarme del finado Francisco Real. Yo lo conocí, y eso que éstos no eran sus barrios porque él sabía tallar más bien por el Norte, por esos laos de la laguna de Guadalupe y la Batería. Arriba de tres veces no lo traté, y ésas en una misma noche, pero es noche que no se olvidará, como que en ella vino la Lujanera porque sí, a dormir a mi rancho y Rosendo Juárez dejó, para no volver, el Arroyo. A ustedes, claro que les falta la debida esperiencia para reconocer ese nombre, pero Rosendo Juárez el Pegador era de los que pisaban más fuerte por Villa Santa Rita. Mozo acreditao pal cuchillo y era uno de los hombres de D. Nicolás Paredes, que era uno de los hombres de Morel. Sabía llegar de lo más rumboso a la timba, en un oscuro, con las prendas de plata; los hombres y los perros lo respetaban y las chinas también; nadie ignoraba que estaba debiendo dos muertes; usaba un chambergo alto, de ala finita, sobre la melena cuidada; la suerte lo mimaba, como quien dice. Los mozos del lugar le copiábamos hasta el modo de escupir. Sin embargo, una noche nos ilustró la verdadera condición de Rosendo.

Jorge Luis Borges: *Hombre de la esquina rosada*
en **Nueva antología personal**

* * *   * * *

Ejemplo de la técnica del relato dentro del relato.

Llevábase la maleta y los libros el ventero; mas el cura le dijo:
— Esperad, que quiero ver qué papeles son esos que de tan buena letra están escritos.
Sacólos el huésped, y dándoselos a leer, vio hasta obra de ocho pliegos escritos de mano, y al principio tenían un título grande que decía: *Novela del Curioso impertinente.* Leyó el cura para sí tres o cuatro renglones, y dijo:
— Cierto que no me parece mal el título desta novela, y que me viene voluntad de leella toda.

... ...   * * *

CAPITULO XXXIII

Donde se cuenta la novela del Curioso impertinente

En Florencia, ciudad rica y famosa de Italia, en la provincia que llaman Toscana, vivían Anselmo y Lotario, dos caballeros ricos y principales, y tan amigos que, por excelencia y antonomasia, de todos los que los conocían *los dos amigos* eran llamados. Eran solteros, mozos de una misma edad y de unas mismas costumbres; todo lo cual era bastante causa a que los dos con recíproca amistad se correspondiesen. Bien es verdad que Anselmo era algo más inclinado a los pasatiempos amorosos que el Lotario, al cual llevaban tras sí los de la caza; pero cuando se ofrecía, dejaba Anselmo de acudir a sus gustos, por seguir los de Lotario, y Lotario dejaba los suyos, por acudir a los de Anselmo; y desta manera, andaban tan a una de sus voluntades, que no había concertado reloj que así lo anduviese.

Miguel de Cervantes: *Don Quijote de la Mancha*

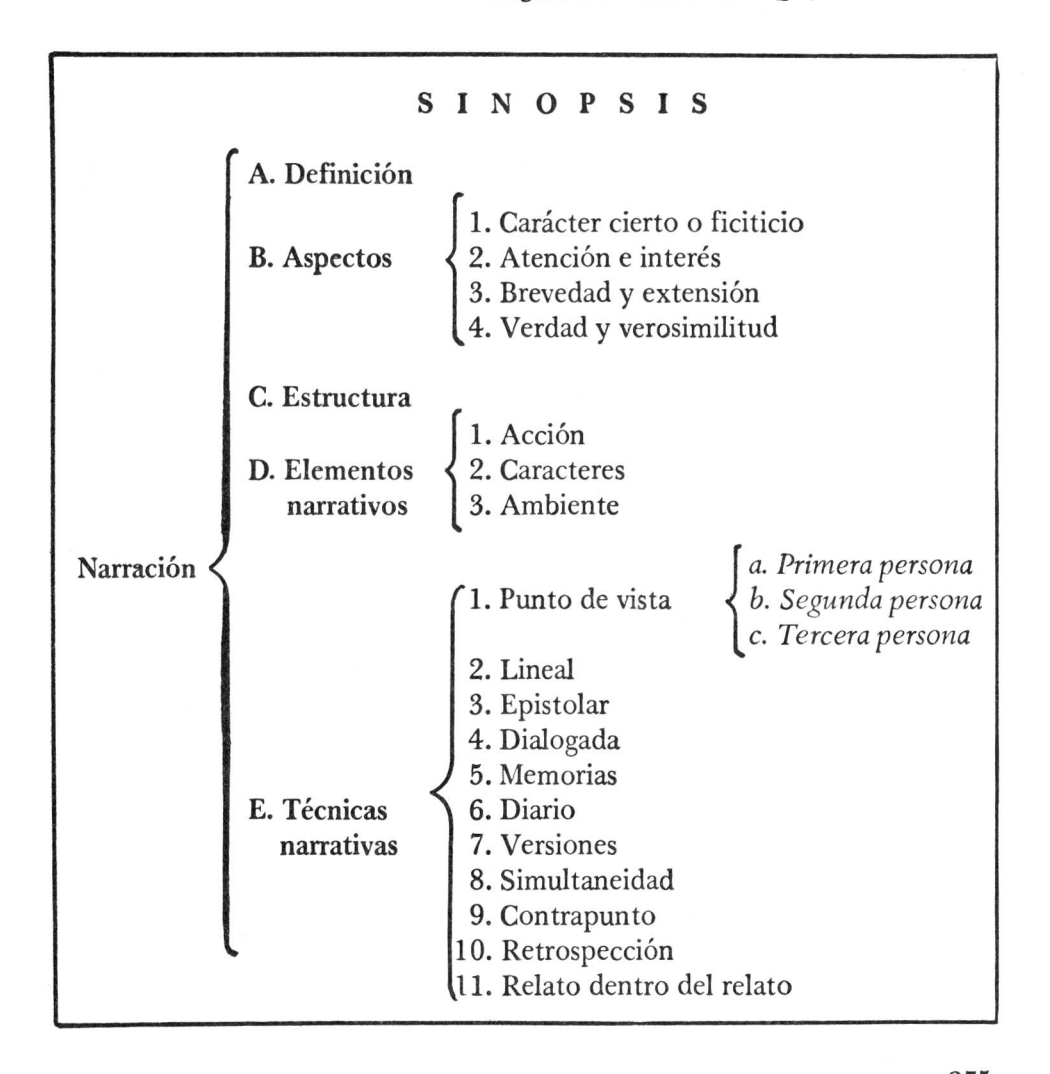

SINOPSIS

Narración
- A. Definición
- B. Aspectos
  1. Carácter cierto o ficiticio
  2. Atención e interés
  3. Brevedad y extensión
  4. Verdad y verosimilitud
- C. Estructura
- D. Elementos narrativos
  1. Acción
  2. Caracteres
  3. Ambiente
- E. Técnicas narrativas
  1. Punto de vista
     - a. *Primera persona*
     - b. *Segunda persona*
     - c. *Tercera persona*
  2. Lineal
  3. Epistolar
  4. Dialogada
  5. Memorias
  6. Diario
  7. Versiones
  8. Simultaneidad
  9. Contrapunto
  10. Retrospección
  11. Relato dentro del relato

EJERCICIOS

Diga qué elementos de la narración o qué técnicas literarias ejemplifican los siguientes fragmentos:

1. Cerca de un mes entero he estado sin escribir; tumbado boca arriba sobre el jergón; viendo pasar las horas, esas horas que a veces parecen tener alas y a veces se nos figuran paralíticas; dejando volar libre la imaginación, lo único que libre en mí puede volar; contemplando los desconchados del techo; buscándoles parecidos, y en este largo mes he gozado —a mi manera— de la vida como no había gozado en todos los años anteriores: a pesar de todos los pesares y preocupaciones.

   Camilo José Cela: *La familia de Pascual Duarte*

2. El catorce de enero de 1922, Emma Zunz, al volver de la fábrica de tejidos Tarbuch y Loewenthal, halló en el fondo del zaguán una carta, fechada en el Brasil, por la que supo que su padre había muerto. La engañaron, a primera vista, el sello y el sobre; luego, la inquietó la letra desconocida. Nueve o diez líneas borroneadas querían colmar la hoja; Emma leyó que el señor Maier había ingerido por error una fuerte dosis de veronal y había fallecido el tres del corriente en el hospital de Bagé. Un compañero de pensión de su padre firmaba la noticia, un tal Fein o Fain, de Río Grande, que no podía saber que se dirigía a la hija del muerto.

   Jorge Luis Borges: *Emma Zunz*
   en **Nueva antología personal**

3. En sus palabras ingenuas estaba vivo el desasosiego de la guerra. Estremecía las almas, vibraba en el aire, sacudía las hojas de los árboles en los lejanos campos. Estaba desatada la guerra. En todos los rincones, mujeres llorosas decían adiós a los hombres. Por los pue-

blos pasaba la caballería floreciendo incendios. En aquel minuto, alguien moría de mala muerte.

Arturo Uslar-Pietri: *Las lanzas coloradas*

4. — ¡Por Dios y por la Virgen! —imploró Julián—. ¡Van a matar a esa criatura! Hombre, no se empeñe en emborrachar al niño; es un pecado, un pecado tan grande como otro cualquiera. ¡No se pueden presenciar ciertas cosas!
Al protestar, Julián se había incorporado, encendido de indignación, echando a un lado su mansedumbre y timidez congénitas. Primitivo, en pie también, mas sin soltar a Perucho, miró al capellán fría y socarronamente, con el desdén de los tenaces por los que se exaltan un momento. Y metiendo en la mano del niño la moneda de cobre y entre sus labios la botella destapada y terciada aún de vino, la inclinó y la mantuvo así hasta que todo el licor pasó al estómago de Perucho. Retirada la botella, los ojos del niño se cerraron, se aflojaron sus brazos, y no ya descolorido, sino con la palidez de la muerte en el rostro, hubiera caído redondo sobre la mesa, a no sostenerle Primitivo. El marqués, un tanto serio, empezó a inundar de agua fría la frente y los pulsos del niño; Sabel se acercó y ayudó también a la aspersión; todo inútil: lo que es por esta vez, Perucho "la tenía".
— Como un pellejo —gruñó el abad.
— Como una cuba —murmuró el marqués—. A la cama con él en seguida. Que duerma, y mañana estará más fresco que una lechuga. Esto no es nada.
Sabel se acercó cargada con el niño, cuyas piernas balanceaban inertes a cada movimiento de su madre. La cena se acabó menos bulliciosa de lo que empezara: Primitivo hablaba poco, y Julián había enmudecido por completo.

Emilia Pardo Bazán: *Los pazos de Ulloa*

5. — No; no sólo es absurdo, sino que es práctico. Antes para mí era una gran pena considerar el infinito del espacio; creer el mundo inacabable me producía una gran impresión; pensar que al día siguiente de mi muerte el espacio y el tiempo seguirían existiendo, me entristecía, y eso que consideraba que mi vida no es una cosa envidiable; pero cuando llegué a comprender que la idea del espacio y del tiempo son necesidades de nuestro espíritu, pero que no tienen realidad; cuando me convencí por Kant que el espacio y el tiempo no significan nada; por lo menos que la idea que tenemos de ellos puede no existir fuera de nosotros, me tranquilicé. Para mí es un consuelo pensar que, así como nuestra retina produce los colores, nuestro cerebro produce las ideas de tiempo, de espacio y de causalidad. Acabado nuestro cerebro, se acabó el mundo. Ya no sigue el tiempo, ya no sigue el espacio, ya no hay encadenamiento de causas. Se acabó la comedia, pero definitivamente. Podemos suponer que un tiempo y un espacio sigan para los demás. Pero ¿eso qué importa, si no es nuestro, que es el único real?

Pío Baroja: *El árbol de la ciencia*

6. Déjame huir, oh selva, de tus enfermizas penumbras, formadas con el hálito de los seres que agonizaron en el abandono de tu majestad. Tú misma pareces un cementerio enorme donde te pudres y resucitas. ¡Quiero volver a las regiones donde el secreto no aterra a nadie, donde es imposible la esclavitud, donde la vista no tiene obstáculos y se encumbra el espíritu en la luz libre! ¡Quiero el calor de los arenales, el espejo de las canículas, la vibración de las pampas abiertas! ¡Déjame tornar a la tierra de donde vine, para desandar esa ruta de lágrimas y sangre, que recorrí en nefando día, cuando tras la huella de una mujer me arrastré por montes y desiertos, en busca de la Venganza, diosa implacable que sólo sonríe sobre las tumbas!

José Eustaquio Rivera: *La Vorágine*

7. Como decía, me llamó Juan Pablo Castel. Podrán preguntarse qué me mueve a escribir la historia de mi crimen (no sé si ya dije que voy a relatar mi crimen) y, sobre todo, a buscar un editor. Conozco bastante bien el alma humana para prever que pensarán en la vanidad. Piensen lo que quieran: me importa un bledo; hace rato que me importan un bledo la opinión y la justicia de los hombres. Supongan, pues, que publico esta historia por vanidad. Al fin de cuentas estoy hecho de carne, huesos, pelo y uñas como cualquier otro hombre y me parecería muy injusto que exigiesen de mí, precisamente de mí, cualidades especiales; uno se cree a veces un superhombre, hasta que advierte que también es mezquino, sucio y pérfido.

Ernesto Sábato: *El túnel*

8. Los ladridos tirantes le recordaron que no podía, aún, descansar. Desordenó el diván, desabrochó el saco del cadáver, le quitó los quevedos salpicados y los dejó sobre el fichero. Luego tomó el teléfono y repitió lo que tantas veces repetiría, con esas y con otras palabras: *Ha ocurrido una cosa que es increíble... El señor Loewenthal me hizo venir con el pretexto de la huelga... Abusó de mí, lo maté...*

La historia era increíble, en efecto, pero se impuso a todos, porque sustancialmente era cierta. Verdadero era el tono de Emma Zunz, verdadero el pudor, verdadero el odio. Verdadero también era el ultraje que había padecido; sólo eran falsas las circunstancias, la hora y uno o dos nombres propios.

Jorge Luis Borges: *Emma Zunz*
en **Nueva antología personal**

9. El paisaje de Lexington le resulta dulce suavemente familiar con sus bares de madera oscura, drugstores, anuncios de whisky y cocacola, perros y gentío, niños chillando, jugando adolescentes rebeldes, afros, jeans, ligeros abrigos de entretiempo; sobresalen a la distancia los nue-

vos edificios altísimos de apartamientos, ya totalmente terminados y recién pintados, otros encuadrados todavía por las formaletas con máquinas pegadas a sus estructuras como garrapatas, y él pensó que con el tiempo Harlem cambiaría de fisonomía con nuevos quizás aburridos habitats, pensó sintiendo el latido del chichón en su frente ligeramente heroica, los ojos resistiendo la luz cegantemente blanca de un cielo encapotado septembrino, luz incómoda en la que vio pasar una bomba de incendios haciendo sonar su rabiosa sirena espeluznante, sobresaltado por ese aullido que le ponía los pelos de punta, ese gemido amplificadamente subhumano que lo despertaba de madrugada acompañado por el sonido de la campana;

Emilio Díaz Valcárcel: Harlem todos los días

10. Mirella querida:
Recibí tu cartica tan cariñosa y te agradezco desde lo más profundo del alma las palabras de consuelo que me dedican tú y Norberto. Espero que esta amarga experiencia nuestra sirva para evitar más tragedias. Por eso, tú, hija, date tu viajecito por Las Vegas y olvídate del mundo. Que Mirellita se quede en casa de Babé y ya. Total, mientras más la protejas, más rápido se te va con el primer guanajo que le caiga arriba. Sí, vieja, uno se quita el pan de la boca para dárselo a los hijos, uno los cría como oro en paño, porque tú sabes que Martica estudió nada menos que en La Inmaculada de Cuba, que no es poco decir y que cuando Guillermo y yo llegamos aquí no escatimamos para matricularla en el College de Las Madres, donde se supone que va la crema de la crema de este país. Pero cría cuervos, chica. Ya yo estoy que ni en congrí con yuca creo. Después de lo que nos hizo la muy malagradecida. No quiero acordarme porque se me hierve la sangre gallega que llevo en las venas por parte de Mamá y me entran unas ganas de arrancarle los ojos al primer mico que se me ponga enfrente...

Ana Lydia Vega: Trabajando pal inglés
en Vírgenes y Mártires

11. Siempre recordaré aquella luz rosada, donde todo parecía sumergido en un vino maravillosamente dorado. Aunque ya no estuvieran las magnolias y se hubieran muerto las flores —excepto las rosas encarnadas tan oscuras y profundas que parecían negras, como de una sangre seca pero aún viva, estremecedora—, estaba todo el aire lleno de un aroma intenso.

Ana María Matute: Primera Memoria

12. — No hay pero ni Dios que valga. ¡Vete!
— ¿Conque no, ¿eh? —me dijo—. ¿Conque no? No quiere usted dejarme ser yo, salir de la niebla, vivir, vivir, vivir, verme, oírme, tocarme, sentirme, dolerme, serme. ¿Conque no lo quiere? ¿Conque he de morir ente de ficción? Pues bien, mi señor creador don Miguel:

también usted morirá, también usted, y se volverá a la nada de que salió... ¡Dios dejará de soñarle! Se morirá usted, sí, se morirá, aunque no lo quiera; se morirá usted y se morirán todos los que lean mi historia, todos todos, todos sin quedar uno. ¡Entes de ficción como yo, lo mismo que yo! Se morirán todos, todos, todos. Os lo digo yo, Augusto Pérez, ente ficticio como vosotros, *nivolesco* lo mismo que vosotros. Porque usted, mi creador, mi don Miguel, no es usted más que otro ente *nivolesco*, y entes *nivolescos* sus lectores, lo mismo que yo, que Augusto Pérez, que su víctima.
— ¿Víctima? —exclamé.
— ¡Víctima, sí! ¡Crearme para dejarme morir! ¡Usted también se morirá! El que crea se crea, y el que se crea se muere. ¡Morirá usted, don Miguel; morirá usted, y morirán todos los que me piensen! ¡A morir, pues!

Miguel de Unamuno: *Niebla*

13. El calor me hizo despertar al filo de la medianoche. Y el sudor. El cuerpo de aquella mujer hecho de tierra, envuelto en costras de tierra, se desbarataba como si estuviera derritiéndose en un charco de lodo. Yo me sentía nadar entre el sudor que chorreaba de ella y me faltó el aire que se necesita para respirar. Entonces me levanté. La mujer dormía. De su boca borbotaba un ruido de burbujas muy parecido al del estertor.
Salí a la calle para buscar el aire; pero el calor que me perseguía no se despegaba de mí. Y es que no había aire; sólo la noche entorpecida y quieta, acalorada por la canícula de agosto.
No había aire. Tuve que sorber el mismo aire que salía de mi boca, deteniéndolo con las manos antes de que se fuera. Lo sentía ir y venir, cada vez menos; hasta que se hizo tan delgado que se filtró entre mis dedos para siempre.
Digo para siempre.
Tengo memoria de haber visto algo así como nubes espumosas haciendo remolino sobre mi cabeza y luego enjuagarme con aquella espuma y perderme en su nublazón. Fue lo último que vi.

Juan Rulfo: *Pedro Páramo*

14. Lo que yo no sé es cómo se podía meter en la cabeza tanta loquera de literatura, tanto nombre y tanto enredo... Yo le hacía el favor de oírlo de vez en cuando por aquello de que se entretuviera, pero ya al final me iba por mi cuenta a que me contara novelas gufias, viste, le preguntaba cosas y él, imagínate, como si fuera un maestro de allá de la universidá... ¿Que cuáles me contó? Muchacho... un paquetón. Deja ver de cuál te hablo así a la carrera... Oye, ¿y por qué mejor no te vas pagando una fría en lo que me acuerdo de algo, ah cangrimán?

Juan Antonio Ramos: *Papo Impala está quitao*

15. FEDERICO.– *(Con acritud y ligeramente turbado.)* ¡Ignominias! ¡Qué absurdo! ¿Acaso se habrá atrevido alguien a calumniarme...?
AUGUSTA.– No, no he oído nada... Era una deducción que yo hacía de esas amistades confesadas por ti.
FEDERICO.– *(Impaciente.)* ¡Qué tontería invertir estas cortas horas en divagar sobre hechos imaginarios, querida mía! Tú tienes la culpa, con tus celos y tus vacilaciones. Y, en último caso, si yo te quiero a ti sola, si por más que rebusque tu suspicacia, no podrá encontrar un dato en contra, ¿qué te importa lo demás?
AUGUSTA.– *(Con cariño.)* ¿Pues no ha de importarme? Cuando se ama de veras, gusta mucho absorber toda la vida de la persona amada. Tú no me ofreces más que la flor de la vida, y eso no me satisface; yo quiero también las hojas, el tronco, las raíces... ¿Qué te parece la figurilla?
FEDERICO.– Buena, buena.
AUGUSTA.– ¿El amor es acaso una ilusión pasajera? No; si es de ley, ha de completarse con la compañía y el apoyo moral recíproco, con la confianza absoluta, sin ningún secreto que la merme, y con la comunidad de penas y alegrías... Una queja he tenido siempre de ti, y es que nunca has querido confiarme secretos penosos que te oprimen el corazón. Yo sé que hay esos secretos, yo sé que padeces callandito por la falsa idea que tienes de la dignidad. ¿Para qué sirve el amor si no sirve para que los amantes se consulten y se apoyen en sus desgracias? Dices que me quieres. Pues pruébamelo... ¿Cómo? Clavando en mi corazón parte de las espinas que tienes clavadas en el tuyo. ¡Si no puedes negar que las tienes, si todo el mundo lo sabe! ¡Ay! Algunas de esas espinas verás qué pronto me las sacudo yo.
FEDERICO.– *(Para sí.)* Corazón inmenso, no merezco poseerte. *(Alto, abrazándola.)* ¡Qué buena eres, qué talento tienes, vida mía, y qué indigno soy de ti!

Benito Pérez Galdós: *Realidad*

16. Al empezar a escribir esta especie de memorias me daba buena cuenta de que algo habría en mi vida —mi muerte, que Dios quiera abreviar— que en modo alguno podría yo contar; mucho me dio que cavilar este asuntillo y, por la poca vida que me queda, podría jurarle que en más de una ocasión pensé desfallecer cuando la inteligencia no me esclarecía dónde debía poner punto final. Pensé que lo mejor sería empezar y dejar el desenlace para cuando Dios quisiera dejarme de la mano, y así lo hice; hoy, que parece que ya estoy aburrido de todos los cientos de hojas que llené con mi palabrería, suspendo definitivamente el seguir escribiendo para dejar a su imaginación la reconstrucción de lo que me quede todavía de vida, reconstrucción que no ha de serle difícil, porque, a más de ser poco seguramente, entre estas cuatro paredes no creo que grandes nuevas cosas me hayan de suceder.

Camilo José Cela: *La familia de Pascual Duarte*

17. Un mes, dos meses, tres, cuatro...
Desapareció de las habitaciones que daban a la calle sumergida por el peso de la pena, que se la fue jalando hacia el fondo de la casa. Y es que se sentía un poco cachivache, un poco leña, un poco carbón, un poco tinaja, un poco basura.
"No son antojos, son pruritos", explicó una vecina algo comadre a las criadas que le consultaron el caso más por tener que contar que por pedir remedio, pues en lo de remedio, ellas sabían lo suyo para no quedarse atrás; candelas a los santos y alivio de la necesidad por disminución del peso de la casa, que iban descargando de las cositas de valor.

Miguel Angel Asturias: *Señor Presidente*

18. Jueves 6 de febrero
Se me ocurrió la otra noche y hoy lo llevé a cabo. A las cinco me escapé de la oficina. Cuando llegué al 368 e hice sonar el timbre, sentí una picazón en la garganta y empecé a toser.
Se abrió la puerta y yo estaba tosiendo como un condenado. Era el padre, el mismo padre de las fotos, pero más viejo, más triste, más cansado. Tosí más fuerte, para sobreponerme definitivamente a la tos, y conseguí preguntar si él era el sastre. Inclinó la cabeza hacia un costado para responder que sí. "Bueno, yo quería hacerme un traje". Me hizo pasar al taller. "Nunca vayas a hacerte un traje con él", había dicho Avellaneda, "los hace todos a la medida del maniquí". Allí estaba —impertérrito, burlón, mutilado— el maniquí. Elegí la tela, enumeré algunos detalles, arreglé el precio. Entonces se acercó a la puerta del fondo y llamó sin gritar: "Rosa". "Mi madre sabe lo nuestro", había dicho ella, "mi madre sabe todo lo mío". Pero Lo Nuestro no incluía mi apellido, mi rostro, mi estatura. Para la madre, Lo Nuestro era Avellaneda y un amante sin nombre. "Mi mujer", presentó el padre, "el señor, ¿cómo dijo que se llamaba?" "Morales", mentí. "Cierto, el señor Morales". Los ojos de la madre tenían una tristeza penetrante. "Se va a hacer un traje". Ninguno de los dos usaba luto. Había una amargura liviana, natural. La madre me sonrió. Tuve que mirar hacia el maniquí, porque era superior a mis fuerzas soportar esa sonrisa que había sido de Avellaneda.

Mario Benedetti: *La tregua*

19. Es lenta la vida de la casa, y hay algo ruinoso, más que en las viejas paredes, más que en las vigas húmedas, en el aire que durante las noches descansa y acumula el polvo entre los pliegues de las cortinas. Esta es la casa de los cortinajes: de terciopelo verde detrás de los balcones principales, de brocado antiguo entre las salas, otra vez de terciopelo —rojo, manchado— en las habitaciones matrimoniales, de algodón en las demás. Cuando el alto viento de la montaña gime, estos brazos de tela se levantan y azotan y hacen caer por tierra las mesitas y los adornos cercanos. Se diría que alas espesas abrazan las paredes y se aprestan a levantar la casa en vuelo. Mas el viento se aquieta y el polvo busca otra vez los rincones.

Carlos Fuentes: *Las buenas conciencias*

20. Tras la desgracia, los padres de Ivelisse vendieron todo y se la llevaron a Nueva York. Paco se encerró por largas semanas, gritó dando puños en las paredes, rechazó la mano amiga del profesor de sicología, repudió los platos esmerados de su madre, creó ojeras y mal aliento, permitió el florecimiento desordenado de una barba hirsuta, y amenazó con cortarse las venas.

Juan Antonio Ramos: *Un sábado más*
en **Hilando mortajas**

21. Fue siendo en olas o cristales que una brazada más vehemente, un desesperado golpe de talón la lanzó a un espacio frío y encerrado, como si el mar la vomitara en una gruta de penumbra y de humo de Gitanes. Sentado en el camastro Robert miraba el aire, el cigarrillo quemándose olvidado entre los dedos. Janet no se sorprendió, la sorpresa no tenía curso ahí, ni la presencia ni la ausencia; un tabique transparente, un cubo de diamante dentro del cubo de la celda la aislaba de toda tentativa, de Robert ahí delante bajo la luz eléctrica. El arco de sí misma tendido hasta lo último no tenía cuerda ni flecha contra el cubo de diamante, la transparencia era silencio de materia infranqueable, ni una sola vez Robert había alzado los ojos para mirar en esa dirección que solamente contenía el aire espeso de la celda, las volutas del tabaco. El clamor Janet, la voluntad Janet capaz de llegar hasta ahí, de encontrar hasta ahí se estrellaba en una diferencia esencial, el deseo Janet era tigre de espuma translúcida que cambiaba de forma, tendía blancas garras de humo hacia la ventanilla enrejada, se ahilaba y se perdía retorciéndose en su ineficacia. Lanzada en un último impulso, sabiendo que instantáneamente podía ser otra vez reptación o carrera entre follajes o granos de arena o fórmulas atómicas, el deseo Janet clamó la imagen de Robert, buscó alcanzar su cara o su pelo, llamarlo de su lado. Lo vio mirar hacia la puerta, escrutar un instante la mirilla vacía de ojos vigilantes. Con un gesto fulminante Robert sacó algo de debajo del cobertor, una vaga soga de sábana retorcida. De un salto alcanzó la ventanilla, pasó la soga. Janet aullaba llamándolo, estrellaba el silencio de su aullido contra el cubo de diamante.

Julio Cortázar: *El anillo de Moebius*
en **Queremos tanto a Glenda**

22. Terminó por perder todo contacto con la guerra. Lo que en otro tiempo fue una actividad real, una pasión irresistible de su juventud, se convirtió para él en una referencia remota: un vacío. Su único refugio era el costurero de Amaranta. La visitaba todas las tardes. Le gustaba contemplar sus manos mientras rizaba espumas de olán en la máquina de manivela que hacía girar Remedios, la bella. Pasaban muchas horas sin hablar, conformes con la compañía recíproca, pero mientras Amaranta se complacía íntimamente en mantener vivo el fuego de su devoción, él ignoraba cuáles eran los secretos designios de aquel corazón indescifrable.

Gabriel García Márquez: *Cien años de soledad*

23. Cuando empezaron a arrojar las paletadas de tierra sobre el ataúd, Jaime no podía contener la amarga alegría que le inundaba el pecho. Como no podía comprender el sentimiento de liberación que le asaltaba a medida que los restos de su padre iban desapareciendo bajo la segunda mortaja de lodo. Había llovido durante los últimos días, y la caja del muerto parecía flotar sobre el fondo arcilloso, como una carabela dispuesta a partir apenas se retirase el cortejo fúnebre.

Carlos Fuentes: *Las buenas conciencias*

24. Camila atalayaba al cartero en una de las ventanas de la sala, oculta tras las cortinillas para que no la vieran desde la calle; había quedado encinta y cosía ropitas de niño.
El cartero se anunciaba, antes de aparecer, como un loco que jugara a tocar en todas las casas. Toquido a toquido se iba acercando hasta llegar a la ventana. Camila dejaba la costura al oírlo venir y al verlo, el corazón le saltaba del corpiño a agitar todas la cosas en señal de gusto. ¡Ya está aquí la carta que espero! "Mi adorada Camila. Dos puntos..."
Pero el cartero no tocaba... Sería que... Tal vez más tarde... Y reanudaba la costura, tarareando canciones para espantarse la pena.
El cartero pasaba de nuevo por la tarde. Imposible dar puntada en el espacio de tiempo que ponía en llegar de la ventana a la puerta. Fría, sin aliento, hecha todo oídos, se quedaba esperando el toquido y al convencerse de que nada había turbado la casa en silencio, cerraba los ojos de miedo, sacudida por amagos de llanto, vómitos repentinos y suspiros. ¿Por qué no salió a la puerta? Acaso... Un olvido del cartero —¿y a santo de qué es cartero?— y que mañana puede traerla como si tal cosa.
... ...

Miguel Angel Asturias: *Señor Presidente*

25. Acodado en la balaustrada contemplabas las domesticadas colinas ceñidas de viña y algarrobos, las aves que hendían la tenue transparencia del aire, el lejano mar de ondas calladas que la distancia suavizaba y embellecía. Bastaba ladear la cabeza para abarcar de una sola ojeada los esbeltos cipreses del jardín, el cónclave de gorriones posados sobre las ramas del cedro, los juguetes olvidados por los sobrinos de Dolores tras de una distracción nueva y absurda. (Recordabas su alada aparición de la víspera, solemnemente vestidos con dos casullas sustraídas del oratorio en un instante de descuido de la criada, delicados y ágiles, levemente sacrílegos, con un rostro disipado y risueño que te había llenado de arrobo.)

Juan Goytisolo: *Señas de identidad*

26. Y así Martín trataba de rescatar fragmentos, recorría calles y lugares, hablaba con él, insensatamente recogía cositas y palabras; como esos familiares enloquecidos que se empeñan en juntar los mutilados destrozos de un cuerpo en el lugar donde se precipitó el avión; pero no

en seguida, sino mucho tiempo después, cuando esos restos no sólo están mutilados sino descompuestos.

Ernesto Sábato: *Sobre héroes y tumbas*

27. Amaranta se sentía turbada por la perseverancia, la lealtad, la sumisión de aquel hombre investido de tanta autoridad, que sin embargo se despojaba de sus armas en la sala para entrar indefenso al costurero. Pero durante cuatro años él le reiteró su amor, y ella encontró siempre la manera de rechazarlo sin herirlo, porque aunque no conseguía quererlo ya no podía vivir sin él.

Gabriel García Márquez: *Cien años de soledad*

28. En la creciente oscuridad, Emma lloró hasta el fin de aquel día el suicidio de Manuel Maier, que en los antiguos días felices fue Emanuel Zunz. Recordó veraneos en una chacra, cerca de Gualeguay, recordó (trató de recordar) a su madre, recordó la casita de Lanús que les remataron, recordó los amarillos losanges de una ventana, recordó el auto de prisión, el oprobio, recordó los anónimos con el suelto sobre "el desfalco del cajero", recordó (pero eso jamás lo olvidaba) que su padre, la última noche, le había jurado que el ladrón era Loewenthal. Loewenthal, Aarón Loewenthal, antes gerente de la fábrica y ahora uno de los dueños. Emma, desde 1916, guardaba el secreto.

Jorge Luis Borges: *Emma Zunz*
en **Nueva antología personal**

29. Quizás por eso te hiciste maestra de Historia y hasta pensaste escribir sobre la inmigración de corsos y catalanes en Yauco, creyendo que ibas a esclarecer todos aquellos linajes perdidos que tanto te fascinaban. Quizás por eso también aceptaste la proposición de matrimonio que él, descendiente de catalanes, te hizo un Día de Reyes en el Casino. Te pareció el colmo de la elegancia el maridaje de apellidos. Cierto que no vivirían en una legendaria quinta, sino en la destartalada casona de ocho dormitorios que tu suegro alquilara a tu marido por cuarenta dólares mensuales. "Viejo tacaño —gruñía tu flamante novio—, pero no te apures que soy su único heredero y ese tiene más de un cuarto de millón, créelo, es accionista en el Banco de Ponce, quién lo diría, mira cómo nos tiene a mamá y a mí, mendigándole unos puercos pesos".

Carmen Lugo Filippi: *Entre condicionales e indicativos*
en **Vírgenes y Mártires**

30. Fue por esa época que el coronel Gerineldo Márquez empezó a sentir el hastío de la guerra. Apeló a sus reservas de persuasión, a su inmensa y reprimida ternura, dispuesto a renunciar por Amaranta a una gloria que le había costado el sacrificio de sus mejores años. Pero no logró convencerla. Una tarde de agosto, agobiada por el peso insoportable de su propia obstinación, Amaranta se encerró en el dormitorio a llorar su soledad hasta la muerte, después de darle la respuesta definitiva a su pretendiente tenaz: "Olvidémonos para siempre —le dijo— ya somos demasiado viejos para estas cosas".

Gabriel García Márquez: *Cien años de soledad*

CAPITULO XVI

TECNICAS NARRATIVAS DE LA NOVELISTICA ACTUAL

La literatura es una aproximación a la realidad, mas no a una realidad general, sino a otra más concreta y precisa. El filósofo o el hombre de ciencia, al estudiar el medio que lo rodea, procede con cierto rigor, intenta sistematizar sus hallazgos o descubrimientos. El artista, el escritor, por lo general, elude la precisión denotativa en la ficción creadora y, en lo que se refiere al lenguaje, huye del mero sistema de símbolos e inicia un nuevo intento de descodificación de la lengua. Este proceso conduce al artista al acto de la creación o, quizá, en muchos casos pueda ser a la inversa: el acto de la creación obliga al artista a presentar una realidad particular, que es su propia realidad.

El escritor tiene a su disposición algunos recursos que, sin duda, son los medios de que dispone para trabajar la obra literaria. Por ejemplo, un interesante argumento y una acertada selección de personajes, pueden ser la base de una buena novela; unos simples recuerdos o unas breves impresiones, quizá a nivel inconsciente, pueden dar lugar a unos excelentes versos; o también un grupo de personajes más un lenguaje vivo e interesante llegarán a ser el soporte escénico de una obra de teatro. Así vemos que, a primera vista, los "recursos" de que dispone el creador son variados y diversos. Sin embargo, si nos situamos desde la perspectiva del artista, en ocasiones ni existe tanta variedad ni hay tantas posibilidades; ya que su visión de la realidad es particular y particularizada, y no resulta sencillo encontrar la expresión adecuada y propia en formas y fórmulas que ya han sido usadas anteriormente. Para el artista serio, el problema de la originalidad creadora es algo más que la mera innovación o la novedad; la originalidad artística tiene que ver con su propia intimidad afectiva, con su peculiar visión de mundo; y para ser lo más fiel posible a todo esto, el artista ha de esforzarse en buscar la forma de exponer sin deformar, de develar sin alterar.

Pues bien, entre los medios de que dispone el narrador para dar a conocer al lector su obra artística, se encuentran las técnicas narrativas, tema central de este capítulo.

Desde un principio conviene desterrar la idea de que las diversas técnicas narrativas tengan como intención primordial hacer laberíntica la lectura y, así, atentar contra la paciencia del lector. Mas bien el uso específico de las técnicas narrativas representa el particular y personal lenguaje literario de un autor en un momento dado. Son las técnicas o recursos narrativos los elementos formales y flexibles con que el escritor intenta dar a conocer parte del proceso creador que, a su vez, no es otra cosa que su particular aproximación a la realidad.

A continuación nos detendremos en tres técnicas de la narrativa actual, éstas son: *monólogo interior, montaje de tiempo y espacio, alusión y adición de textos foráneos.*

MONOLOGO INTERIOR

Debido a las variadas definiciones de *monólogo interior*, se hace necesario precisar la que seguiremos en este breve comentario, con el fin de lograr una mayor claridad en el uso del término. Entendemos por monólogo interior la técnica narrativa que permite la expresión coherente e incoherente de los procesos psíquicos en los diferentes estados de conciencia. Robert Humphrey califica al monólogo interior como una expresión de la "corriente de la conciencia" y aclara "... se trata de una técnica para representar el contenido psíquico y sus procesos a los varios niveles del control consciente, es decir, que se trata de representar la conciencia" (1). Lógicamente para entender este proceso psíquico y, por tanto, la técnica literaria que lo recrea, es preciso partir de las teorías de Freud sobre el "consciente" e "inconsciente" (2). Sólo así se puede valorar el esfuerzo realizado por los novelistas que intentan reflejar la complejidad interior del hombre.

Julio Cortázar, en la novela *Los premios*, nos presenta una muestra de un monólogo interior, bastante coherente, cuando Claudia conoce la muerte

---

(1) Robert Humphrey, *La corriente de la conciencia en la novela moderna,* p. 36.
(2) Sigmund Freud, *Metapsicología* en *El malestar de la cultura,* pp. 125-231.

de Medrano, un amigo reciente con quien había podido establecer una auténtica comunicación:

> Perdón por decirte todo esto —pensó desesperada—, pero estabas empezando a ser algo mío, ya entrabas por mi puerta con un paso que yo reconocía desde lejos. Ahora seré yo la que huya, la que pierda muy pronto lo poco que tenía de tu cara y de tu voz y de tu confianza. Me has traicionado de golpe, eternamente; pobre de mí, que perfeccionaré mi traición todos los días, perdiéndote de a poco, cada vez más, hasta que ya no seas ni siquiera una fotografía, hasta que Jorge no se acuerde de nombrarte, hasta que otra vez León entre en mi alma como un torbellino de hojas secas, y yo dance con su fantasma y no me importe.
>
> Julio Cortázar: Los premios

Con facilidad seguimos en este texto el proceso psíquico que se desarrolla en Claudia; las palabras siguen un relativo orden sintáctico correspondiente al desahogo expresivo. Quizá lo más peculiar de este monólogo —en lo que tiene de manifestación y expresión de unos sentimientos privativos de Claudia— sea la relación establecida entre muerte y traición. El porqué la protagonista considera la muerte de Medrano como una traición es un asunto espinoso sobre el cual sólo podemos ofrecer conjeturas: quizá Claudia adivinó el temor de Medrano ante una nueva situación vital; quizá para ella la muerte fue otro escape más de él; o también se sintió traicionada al comprobar que otra vez tendría que continuar sola. Así podríamos dar otras sugerencias a la relación muerte-traición, pero sólo serían unas sugerencias más. No obstante, aunque en este ejemplo el monólogo haya servido, entre otras cosas, para expresar esa peculiar asociación, creemos que su uso está justificado.

Reivindicación del Conde Don Julián, una de las novelas más importantes de la narrativa de Juan Goytisolo, es de por sí un continuo monólogo interior por lo que expresa sobre los deseos, las fantasías y las obsesiones del protagonista; toda la obra descansa básicamente en esta técnica. En el ejemplo seleccionado el protagonista-narrador, en el libre uso de su conciencia y con una dinámica visión de la historia, satiriza el pasado hispánico. Como podrá notarse, este tipo de monólogo interior —en términos verbales— refleja un estado de conciencia menos articulado que el expuesto como ejemplo de la novela *Los premios*. Veamos directamente el fragmento:

> ... sentado ya en tu pupitre y compendiando, en breve y certera ojeada, la enjundiosa perspectiva: genio español del romancero, logro de caballería, auto sacramental: obras plétoricas de sustancia inconfundiblemente vuestra: estrellas fijas de impoluto firmamento hispánico: del espíritu unido por las raíces a lo eterno de la casta: prosapia de hoy, de ayer y de mañana, asegurada siglo a siglo por solar y ejecutoria de limpios y honrados abuelos:

desde Indibil, Séneca y Lucano hasta la pléyade luminosa de varones descubridores de la ancestral esencia histórica, del escueto monoteístico paisaje: Castilla! Llanuras pardas, páramos huesosos, descarnadas peñas erizadas de riscos: seca, dura, sarmentosa: extensas y peladas soledades: patria rezumando pus y grandeza por entre agrietadas costras de cicatrices...

Juan Goytisolo: *Reivindicación del Conde Don Julián*

A primera vista nos llama la atención en este párrafo el uso de la segunda persona del singular y la constante reiteración de los dos puntos. La primera observación podemos explicarla como la consecuencia de un desdoblamiento, una mejor expresión del yo, el cual se refiere al tú por oposición y, a la vez, como necesidad complementaria (3). La utilización de los dos puntos refuerza el sentido fluido del texto.

MONTAJE DE TIEMPO Y ESPACIO

La segunda técnica literaria que vamos a estudiar es el *montaje*, procedimiento de origen cinematográfico, pero que pasa a la narrativa debido a la interinfluencia entre estos dos medios artísticos. Fundamentalmente el "montaje" se usa para alterar y transformar la presentación tradicional de tiempo y espacio. Con esta técnica se expresa, de forma rápida, la relación o relaciones entre diversas ideas, por medio de la sucesión de varias imágenes o presentando una imagen principal y otras secundarias debidamente relacionadas entre sí. El montaje provee a la pantalla de multiplicidad, de diversos planos; y esto mismo es lo que produce en la novela: la ilusión o la realidad —depende de como quiera interpretarse— de la simultaneidad de los hechos no sólo presentes, sino también pasados y futuros. Como se deduce de su función, el montaje mantiene un estrecho vínculo con el monólogo interior; ambos intentan transformar los acercamientos tradicionales a la realidad y develar otra cara más de esa realidad.

La novela *Para comerte mejor,* de Eduardo Gudiño Kieffer, ofrece un interesante ejemplo de montaje. Al principio de la obra, en la parte titulada: *Prólogo que puede servir de epílogo,* se da la noticia del suicidio de Sebastián; y a continuación el autor incluye una serie de "conjeturas" para explicar el suceso. Estas "conjeturas" no son otra cosa que las opiniones de las personas que conocieron a Sebastián. A modo de un gran montaje, se suceden las "conjeturas" produciendo un efecto de simultaneidad; el lector recibe una impresión global al oír conjuntamente distintas hipótesis sobre un

---

(3) Para entender mejor la oposición dialéctica yo-tú y, como consecuencia, la novela a la que pertenece el ejemplo, véase Emile Benveniste, *De la subjetividad del lenguaje,* en *Probelmas de Lingüística General,* p. 181.

mismo suceso. En realidad lo que se mueve o se transforma aquí es el espacio, mientras que el tiempo es el mismo, no se altera; es necesario modificar el espacio ya que las personas referidas se encuentran en diferentes lugares en el momento de conocer la noticia: es éste, pues, un "montaje de espacio". He aquí el ejemplo:

> Conjeturas de la policía, siempre tan inteligente, tan sutil, tan guardiana de nuestros esquemas democráticos, tan tranquila porque este tipo estaba fichado aunque de él no se pudo nunca afirmar nada, y justamente por eso resultaba sospechoso.
> Conjeturas de madre desmelenada, desesperada, desconsolada por carencia de ataúd para abrazar y misa de cuerpo presente (el cadáver no fue recuperado).
> Conjeturas de amigos pero cómo si ayer nomás te acordás hermano.
> Conjeturas de cualquiera que se quedó plantado, esperando a Sebastián en una esquina, por qué no vendrá este coso falluto, me dijo a las cinco menos cuarto.
> Conjeturas de Flor de Irupé, mezcladas con plegarias a Ceferino, a Gardel y a Evita.
> Conjeturas de Robbie al leer el cuaderno roñoso donde Sebastián escribía aquello destinado a ser su novela roñosa, su novela irritante...
> Conjeturas de Ana todavía incrédula, todavía no decidida a caer en el abismo de la ausencia desesperante, todavía pensando si me baño se me irá del cuerpo el último rastro de su cuerpo y entonces mejor no me baño, no me bañaré nunca más, nunca más, nunca.
> Conjeturas de todos los que lo conocieron. Y también de los que no lo conocieron y leyeron la noticia (o la oyeron) y seguramente pensaron ah esta juventud de hoy sin ideales, en mis tiempos nadie se suicidaba...
> Y conjeturas del que escribe esto y al escribirlo no sabe aún por qué lo escribe...

Eduardo Gudiño Kieffer: *Para comerte mejor*

Otra forma de trabajar el "montaje" consiste en variar el tiempo convencional y traer ante el lector una serie de imágenes pasadas relacionadas con el presente; es éste el "montaje de tiempo" y su principal función es ofrecer, en secuencia rápida, multiplicidad de planos temporales. En el ejemplo siguiente, que pertenece a la novela *Señas de identidad*, de Juan Goytisolo, el protagonista, Alvaro Mendiola, está tomando una película en un encierro; en el instante que advierte el color rojo de la capa de brega, recuerda de inmediato otros momentos significativos en su vida, asociados con la lucha por la libertad en España. Todo esto ocurre en un tiempo muy breve, pero rico en asociaciones varias. Por medio del montaje de tiempo podemos ver casi simuláneamente los tres momentos relacionados: la novillada, los antiguos días de la lucha heroica y la proyección de los documentales.

> Rescata esta imagen del olvido: la asamblea acecha la bocacalle en silencio y dos hombres apuntan por un zaguán con una bandera roja. Su color se destaca intenso en el polvo, re-

salta sobre el blanco enlucido de las paredes. La flama del sol parece enardecerlo aún mientras ondea y vibra en el aire como por efecto de un espejismo. Es el grito de la antigua y amordazada libertad, del viejo tiempo en que la esperanza de los tuyos se cifraba en su símbolo elemental y hermoso. Tú asistías, alucinado, a su despliegue insólito al cabo de tantos años sidos y no vividos, vacíos y privados de su sustancia con la misma emoción con que en la cinemateca presenciaste los documentales de Ivens y Karmen sobre la guerra civil: la defensa de Madrid, la lucha en el Jarama, los acordes conmovedores de La Santa Espina. Los dos hombres caminaban con la bandera entre los aplausos de la mutitud y la sangre te zumbaba en las sienes. Cegado por el sol denso y obsceno, borracho y delirante habías saludado la milagrosa irrupción del símbolo con lágrimas en los ojos, perdido todo dominio sobre ti mismo, murmurando, con qué amor dios mío, qué dulzura: pueblo, oh pueblo mío recobrado...

No, no era una bandera roja, sino una capa de brega. Te habías servido otro vaso de Fefiñanes y lo apuraste de un sorbo.

Juan Goytisolo: Señas de identidad

ALUSION Y ADICION DE TEXTOS FORANEOS

La tercera y última técnica narrativa corresponde a la *alusión y adición de textos foráneos*. Se entiende por este término el recurso narrativo que consiste en incluir o aludir a otros textos, liteararios o no, dentro del gran texto novelesco. Esta técnica puede tener diversos sentidos que oscilan desde lo admirativo a lo paródico. Hemos seleccionado para la explicación unos ejemplos que pertenecen a dos novelas de Juan Goytisolo, puesto que la *alusión y adición de textos foráneos* es una técnica recurrente y caracterizadora del estilo goytisoliano durante su segunda fase novelesca. Algunos críticos han preguntado al autor el motivo de estas citas integradas al conjunto de la obra; por ejemplo, en una entrevista sostenida entre Claude Couffon y Goytisolo, éste responde señalando la relación entre cualquier obra literaria y la literatura que le precede. Dice así Goytisolo: ... *la conexión de una novela con el "corpus" general de las obras publicadas anteriormente a ella es siempre más intensa que la que le une a la "realidad"...La existencia de una obra vinculada sólo a la realidad, sin ningún lazo con las restantes obras de su género, es totalmente inconcebible* (4). En la misma conversación Goytisolo recuerda que esta técnica es de gusto cervantino y, ya con un sentido actual de la terminología crítica, dice al referirse a una de sus novelas: *Este elemento intertextual es fundamental para la comprensión de Don Julián* (5).

---

(4) Claude Couffon, *Una reivindicación* en *Juan Goytisolo*, p. 118.
(5) *Ibid.*

Más adelante, al referirse a su vinculación con la crítica francesa, puntualiza muy oportunamente:

> En otros casos, más que de influencia, se trata de simple concordancia: cuando aparecieron el ensayo de Todorov *¿Qué es el estructuralismo?*, en el que habla del "discurso connotativo", y los textos de Sollers y Julia Kristeva sobre el concepto de "intertextualidad", había redactado yo la totalidad de mi novela en la que, como he dicho antes, el diálogo intertextual, connotativo, desempeña un papel primordial (6).

Es oportuno en este momento tener presente la interrelación entre los textos literarios, según lo vieron los formalistas rusos, así como también el sentido que Julia Kristeva da al concepto de "intertextualidad" (7), y lo que quiere decir Todorov al hablar de "discurso polivalente"(8). Sin duda, no hay palabra vacía, ni gesto sin significado; negar las influencias, interrelaciones o "intertextualidad" —como mejor se entienda— sería ingenuo. Al considerar este aspecto comunicativo del lenguaje y nuestras relaciones con el pasado por vía lingüística, hay que admitir toda la carga afectiva y semántica de un idioma y, como derivación, la "intertextualidad' en el campo literario.

Después de haber aclarado estos puntos relacionados con la técnica que nos ocupa, pasamos a estudiar los ejemplos. En *Señas de identidad*, cuando Alvaro rememora sus años infantiles, correlativamente se insertan fragmentos de conocidas oraciones, aparecidas en manuales religiosos y aprendidas por todos los escolares españoles de aquella época. En realidad, esto es un "collage" muy oportuno para resaltar la ridícula y enfermiza actitud de una educación obstinadamente católica (9). Otro ejemplo de adición textual, de "collage", se puede observar en las palabras de recordación a "cinco caballeros españoles asesinados por la canalla roja de Yeste" (10). En ambas ocasiones el autor ha añadido los textos de manera abrupta sin pretender acomodarlos a la parte narrativa de la obra, aunque sí integrarlos a ella.

El "Programa Oficial de Fiestas de Yeste" se presenta primero de una manera cruda (11). Más adelante vemos el mismo programa, pero ya no sólo

---

(6) *Ibid.*, p. 120.
(7) Julia Kristeva, *Problèmes de la structuration du texte,* Linguistique et Littérature, p. 61.
(8) Tzvetan Todorov, *¿Qué es el estructuralismo?*, en "Poética", --. 49-53.
(9) Juan Goytisolo, *Señas de identidad,* p. 57.
(10) *Ibid.*, p. 108.
(11) *Ibid.*, pp. 126-127.

como un simple "collage", sino como fundido con la conversación sostenida entre el policía y Alvaro; a su vez, esto resulta un buen ejemplo de "pastiche" del habla policial española. Veamos el fragmento:

> "A las cinco de la tarde Gran Cabalgata Juvenil de apertura de Feria con asistencia de "sus documentos "la Banda de Música y la Comparsa de Gigantes y "residen ustedes en el extranjero con qué autorización "Cabezudos" cuándo entraron la última vez en España "Día 21 a las 7 de la mañana Floreada Diana por" desde qué año vive en París "la Banda de Música" a qué han venido ustedes al pueblo "a las cinco de la tarde Festejos Populares en el Real de la Feria" esta cámara de cine es suya pueden decirnos por qué desde su llegada se han puesto en contacto con "a las 8 Concierto por la Banda de Música en el Kiosko de la plaza" sólo los encierros qué fueron a hacer ayer por la carretera de La Graya se detuvieron ustedes en el lugar donde "a las 11 Verbenas" personas de toda confianza les oyeron hablar con el Arturo de República y de la guerra no saben ustedes qué clase de elemento es no me harán creer que un tipo fichado en toda la comarca por su desafección a "día 22 a las 7 de la mañana la Banda de Música recorrerá las principales calles de la población interpretando Alegres Dianas" hemos seguido sus pasos uno a uno desde que entraron en el pueblo y sabemos perfectamente con quién se han relacionado "a las 10 solemne Función Religiosa y Procesión"...

> Juan Goytisolo: *Señas de identidad*

Gracias a este "fundido-pastiche" observamos la contradicción entre la alegría dirigida de las fiestas y la continua vigilancia estatal. Esta impresión conjunta de acontecimientos simultáneos sólo podemos percibirla si alteramos el tradicional orden del lenguaje y buscamos otras formas que reflejan la polivalencia estilística. Los dos textos, por separado, son algo muy distinto al tercero y final, donde se logra la perfecta síntesis de pensamiento y forma.

De gran fuerza dramática es el *Diario* del obrero catalán, José Bernabeu; por medio de dos objetos, "el cesto y la silla", se representa y concreta la tragedia de un hombre desamparado por todos los regímenes; esta prosa, de notable valor poético y rítmico, se convierte en una de las piezas más recordadas del libro; he aquí unos fragmentos:

> Esta silla y el cesto de mimbre que hay encima de ella
> valen para mí más que todos los amigos del mundo y
> han sido más fieles que ellos pues cuando este cesto
> pasaba las rejas de la cárcel siempre llevaba dentro algo
> de comida y esta silla es la misma en la que me hicieron sentar los falangistas antes de meterme en la cárcel
> ....
> esta silla y este cesto no tienen que agradecer nada a nadie pues muchos republicanos de antes andaban por la
> calle y el cesto no recibía de ellos ni un miserable céntimo
> este cesto que iba a pedir limosna de puerta en puerta
> para llevarme de comer y esta silla a la que me ataron

> delante de mi mujer dicen que todo esto es verdad la
> silla en la que me pegaron con una fusta y el cesto con
> el que mi mujer pidió limosna
> ....
> y esta silla y este cesto saben que cuanto digo es verdad
> verdadera pues ellos recuerdan los golpes que me dieron
> con la fusta y el poco pan que mi mujer recogía por
> las casas y al cabo de un año me pasaron de la cárcel al
> hospital y de allí me soltaron con un papel que decía
> José Bernabeu ha estado preso por rojo... (12)
>
> Juan Goytisolo: *Señas de identidad*

Conviene señalar que tanto en este texto comentado como en el anterior, el carácter foráneo de los mismos debe interpretarse con un doble sentido: primero, por ser documentos y, segundo, por no formar parte imprescindible de la acción. Sin embargo, la conexión entre ellos y el contenido novelesco ilustran el enfoque intertextual a que antes aludía el autor de los mismos.

Si *Señas de identidad* se nutre en gran parte de la adición y alusión a otros textos, *Reivindicación del Conde Don Julián*, quizá la novela central de toda la novelística goytisoliana, es otra prueba del interés del autor en las relaciones intertextuales. El propio autor afirma: *...Don Julián es un texto que se alimenta de la materia viva de otros textos (13)*. La alusión, la simple imitación y la parodia conforman gran parte de *Reivindicación del Conde Don Julián*. Al final del libro, Goytisolo incluye la "Advertencia" en estos términos: *La presente obra ha sido realizada con la participación póstuma e involuntaria...*", y a continuación se citan 52 nombres de escritores (en su mayoría españoles), y agrega: *... y con materiales tomados de diversos periódicos, textos escolares y enciclopedias de divulgación médica. El autor agradece muy especialmente a Carlos Fuentes, Julio Cortázar y Guillermo Cabrera Infante por su amistosa y solidaria colaboración* (14). Sin duda esta "Advertencia" es la manera más contundente de probar las relaciones intertextuales.

Llegado ya el término de este capítulo, conviene preguntarnos si el uso de estas tres técnicas literarias fue efectivo y logró presentar esa particular cosmovisión del autor, ese mundo único y común, abierto y cerrado. Si algo

---

(12) José Ortega corrobora la autenticidad de este diario, dice así: *Angel Bastomeu Palacios dejó el diario a su hijo José como testimonio de los horribles años de la década de los cuarenta, y Goytisolo (a quien José se lo confió cuando hacían el servicio militar juntos) lo utilizó como documento de la época.* José Ortega, *Juan Goytisolo*, pp. 69-70.
(13) Juan Goytisolo, *Declaración de Juan Goytisolo* en *Juan Goytisolo*, p. 141.
(14) Juan Goytisolo, *Reivindicación del Conde Don Julián*, pp. 241-242.

captó nuestra atención y nos obligó a detenernos en una nueva o antigua imagen, ahora renovada y recuperada; si una idea alteró nuestra esquemática forma de razonar; o si alcanzamos a ver o entender algo más que nuestra cotidiana y convencional realidad, entonces podemos conceder cierta virtualidad a estos recursos narrativos.

SINOPSIS

Técnicas narrativas
- A. Monólogo interior: *Expresión coherente e incoherente de los procesos psíquicos en los diferentes estados de conciencia.*
- B. Montaje de tiempo y espacio: *Transformación de la presentación tradicional de tiempo y espacio por medio de la sucesión rápida de imágenes temporales o espaciales.*
- C. Alusión y adición de textos foráneos: *Inclusión o alusión a otros textos, literarios o no, dentro del gran texto novelesco.*

CAPITULO XVII

EL DIALOGO

DEFINICION DEL TERMINO

Una conversación o plática entre dos o más personas recibe el nombre de *diálogo*. Los interlocutores manifiestan sus ideas, dudas, razones y sentimientos por medio del diálogo. Cuando leemos un cuento, una novela, una entrevista, o asistimos a la representación de una obra teatral, conocemos a los personajes por lo que dicen. La expresión propia es de capital importancia si se quiere conocer bien a una persona o a un personaje ficticio. Ejemplo:

LA PONCIA.— ¿Puedo hablar?
BERNARDA.— Habla. Siento que hayas oído. Nunca está bien una extraña en el centro de la familia.
LA PONCIA.— Lo visto, visto está.
BERNARDA.— Angustias tiene que casarse en seguida.
LA PONCIA.— Claro; hay que retirarla de aquí.
BERNARDA.— No a ella. ¡A él!
LA PONCIA.— Claro. A él hay que alejarlo de aquí. Piensas bien.
BERNARDA.— No pienso. Hay cosas que no se pueden ni se deben pensar. Yo ordeno.
LA PONCIA.— ¿Y tú crees que él querrá marcharse?
BERNARDA.— *(levantándose.)* ¿Qué imagina tu cabeza?
LA PONCIA.— El, ¡claro!, se casará con Angustias.
BERNARDA.— Habla, te conozco demasiado para saber que ya me tienes preparada la cuchilla.
LA PONCIA.— Nunca pensé que se llamara asesinato al aviso.

BERNARDA.— ¿Me tienes que prevenir algo?
LA PONCIA.— Yo no acuso, Bernarda. Yo sólo te digo: abre los ojos y verás.

Federico García Lorca: *La casa de Bernarda Alba*

CARACTERISTICAS DEL DIALOGO

Todo buen diálogo debe tener las siguientes características: *Viveza, naturalidad, propiedad y significación;* si posee estas cualidades, el diálogo será *vivo, natural, propio y significativo.*

VIVEZA

Los interlocutores dejan ver sus ideas y sentimientos por medio del diálogo; por lo tanto, éste debe tener la fuerza necesaria para que ideas, sentimientos y acciones cobren vida en el texto. Estas ideas y emociones habrán de ser expresadas por medio de un diálogo "vivo" y animado para que así puedan logran ese sentido de realidad necesaria. En el ejemplo siguiente podemos ver cómo las interlocutoras manifiestan sus pensamientos y emociones con una gran fuerza y vivacidad.

AMELIA.— ¿Te fijaste? Adelaida no estuvo en el duelo.
MARTIRIO.— Ya lo sabía. Su novio no la deja salir ni al tranco de la calle. Antes era alegre; ahora ni polvos se echa a la cara.
AMELIA.— Ya no sabe una si es mejor tener novio o no.
MARTIRIO.— Es lo mismo.
AMELIA.— De todo tiene la culpa esta crítica que no nos deja vivir. Adelaida habrá pasado mal rato.
MARTIRIO.— Le tiene miedo a nuestra madre. Es la única que conoce la historia de su padre y el origen de sus tierras. Siempre que viene le tira puñaladas en el asunto. Su padre mató en Cuba al marido de su primera mujer para casarse con ella. Luego aquí la abandonó y se fue con otra que tenía una hija y luego tuvo relaciones con esta muchacha, la madre de Adelaida, y se casó con ella después de haber muerto loca la segunda mujer.
AMELIA.— Y ese infame, ¿por qué no está en la cárcel?
MARTIRIO.— Porque los hombres se tapan unos a otros las cosas de esta índole y nadie es capaz de delatar.
AMELIA.— Pero Adelaida no tiene culpa de esto.
MARTIRIO.— No. Pero las cosas se repiten. Yo veo que todo es una terrible repetición. Y ella tiene el mismo sino de su madre y de su abuela, mujeres las dos del que la engendró.
AMELIA.— ¡Qué cosa más grande!
MARTIRIO.— Es preferible no ver a un hombre nunca. Desde niña les tuve miedo. Los veía en el corral uncir los bueyes y levantar los costales de trigo entre voces y zapatazos y siempre tuve miedo de crecer por temor de encontrarme de pronto abrazada por ellos. Dios me ha hecho débil y fea y los ha apartado definitivamente de mí.

AMELIA.— ¡Eso no digas! Enrique Humanas estuvo detrás de ti y le gustabas.
MARTIRIO.— ¡Invenciones de la gente! Una vez estuve en camisa detrás de la ventana hasta que fue de día, porque me avisó con la hija de su gañán que iba a venir y no vino. Fue todo cosa de lenguas. Luego se casó con otra que tenía más que yo.
AMELIA.— ¡Y fea como un demonio!
MARTIRIO.— ¡Qué les importa a ellos la fealdad! A ellos les importa la tierra, las yuntas, y una perra sumisa que les dé de comer.

Federico García Lorca: La casa de Bernarda Alba

NATURALIDAD

Todo diálogo debe reflejar con naturalidad la condición de los personajes y el lugar y tiempo en que transcurre la acción. Como dice Martín Vivaldi: *"Natural" significa que huyamos del rebuscamiento, del barroquismo expresivo, del amaneramiento, de la pedantería en suma* (1). En algunos casos específicos el autor habrá de elaborar un lenguaje rebuscado o especial, que corresponda a un personaje determinado o a una época específica; por esta razón, la "naturalidad" del diálogo estará siempre en concordancia con el personaje y su tiempo; así lo podemos observar en el siguiente ejemplo, en el cual el diálogo corresponde a unos personajes de determinada clase social:

Cuando calló Jaramillo el silencio era un bache de lágrimas machamente contenidas.
— La madre, bródel, no hay más ná, dijo Eddie, alzando la caneca para auténtico brindis del bohemio. Las pestañas subieron y bajaron y volvieron a subir en húmedo e hirsuto push-up.
— A Cambucha, como quien dice, la encontré en la calle. En la calle Méjico, pol si las dudas. La fila del Desempleo le daba la vuelta al bloque. Había más gente que pa una pelea e Wilfredo. Pa entretenelme un rato, me puse a tasal el material que había. La colé polque tenía una mata e pelo preciosa y parecía una misma vilgen de estampita con la cara lavá, sin na de esos emplastes que se ponen las mujeres cuando quieren mangal bien a uno. Y tenía una medallita e la Inmaculada Concepción guindá al cuello. No le faltaba más que el hábito con las bolas colgando.
— Esas son las peores, dijo Angelito, haciendo un buche de cerveza.
— Seis meses enteritos estuve detrás della. Llevándole bizcocho Sarah Lee a la mai y riéndole los chistes mongos al pai. Ella se daba a respetal por el libro. No se dejaba tocal ni la manga 'el traje.
— Ni que fuera Miss Universo, dijo Puruco, desabotonándose la guayabera para hacerle sitio a la catarata de cerveza que le venía bajando por el esófago.
— Por eso fue que me cogió de mangó bajito, men. Me casé con ella pa darle una mai decente a mis futuros hijos. Yo no quería lleval cualquiel cuero a mi casa.
— Eso es lo más que hay por ahí, dijo Mochín, sobándose la panza inundada.

(1) Gonzalo Martín Vivaldi, *Curso de Redacción*, p. 396.

Pero la vieja tiene un ojo e guaraguao, mano. La caló seguida. En cuantito la vio me dijo: Edipo José Zapata, ésa no es mujel pa ti. Yo no le hice caso, men, y ahora la estoy pagando con multa y con intereses.

Carmen Lugo Filippi y Ana Lydia Vega:
Cuatro selecciones por una peseta en **Vírgenes y Mártires**

PROPIEDAD

Cada personaje debe hablar de una manera peculiar, al igual que en la vida real cada persona tiene su propia manera de expresarse. La propiedad se refiere a los diversos modos de hablar de los personajes; esto es, cada uno se expresará como corresponde a su condición y situación social; así el gobernante, el artista, el obrero, el profesor y el estudiante usarán lenguajes diferentes que reflejen su personalidad y, además, su ubicación dentro del medio social. Observemos cómo en el ejemplo siguiente, los dos personajes tienen lenguajes muy diferentes y uno de ellos recalca su posición de autoridad por medio del lenguaje:

CREON.— El Generalísimo sigue siendo el Generalísimo. La escalera sigue siendo la escalera. Los prisioneros siguen siendo los prisioneros. Para haraganear es bastante la noche. Suficiente. Demasiado. El ocio tiene la consecuencia funesta de envenenar. *(Seco.)* Levántate.

Antígona Pérez se levanta sin gestos, sin desafíos y camina hasta el primer plano.

ANTIGONA.— *(Al público.)* Característica de Creón es la ofensiva. Es su política de lucha.
CREON.— *(Bajando a ras del piso.)* Quiero que me atiendas. *(Pausa.)* Se atiende mirando de frente.
ANTIGONA.— Creón es un luchador formidable.
CREON.— Es un viejo modal que tú no habrás aprendido, ocupada como estás en jugar a los conspiradores.
ANTIGONA.— *(Al público.)* Creón refina el decir con afectada elegancia. El tono le da una seguridad que postra a la milicia. Postrada la milicia se hace sentir la bota y aquí paz y en el cielo gloria y en la República de Creón, el orden.
CREON.— Hoy se vence el plazo que mi piedad te diera. Por doce largos días he requerido de ti el cumplimiento de un deber ciudadano ineludible. Aquel que reconoce en el estado la autoridad suprema. Con tolerancia se te ha reclamado la devolución de unos cuerpos que a nadie pertenecen, llámese Antígona, llámese Creón, porque pertenecen al Estado, cabeza del cual es su Generalísimo. El Generalísimo ha condescendido a posponer día a día tu declaración, motivado por una virtud que le es muy cara: la paciencia. Pero el Generalísimo es ponderado... equilibrado... exacto en la repartición de sus virtudes y no sabe extremar ninguna de ellas. El Generalísimo hubiera preferido una confesión pronta, confesión que dejara fuera los excesos de...

> ANTIGONA.– Tortura...
> CREON.– Disciplina...
> ANTIGONA.– Tortura...
> CREON.– Rigor.
> ANTIGONA.– Tortura...
>
> Luis Rafael Sánchez: *La pasión según Antígona Pérez*

SIGNIFICACION

En todo diálogo hay unas partes más importantes que otras, debido al momento o situación en específico. No obstante, debe procurarse que el diálogo, incluso en sus partes menos importantes, sea significativo, que las palabras adquieran un sentido dentro del contexto, ya sea para adelantar, retardar o mantener en un punto la acción. Un diálogo sin sentido o trivial no aporta nada al texto, a no ser que el autor lo use deliberadamente para recrear un ambiente o unos personajes triviales o mediocres, como ocurre con una gran parte de los diálogos que aparecen en la novela *El Jarama*, de Rafael Sánchez Ferlosio; y, en estos casos, la aparente "trivialidad" cobra una significación muy especial. Veamos ahora un ejemplo de diálogo significativo por su contenido temático:

> MELIBEA.– Tantas veces me nombrarás ese tu caballero, que ni mi promesa baste ni la fe que te di a sufrir tus dichos. ¿De qué ha de quedar pagado? ¿Qué le debo yo a él? ¿Qué le soy en cargo? ¿Qué ha hecho por mí? ¿Qué necesario es él aquí para el propósito de mi mal? Más agradable me sería que rasgases mis carnes y sacases mi corazón, que no traer esas palabras aquí.
> CELESTINA.– Sin te romper las vestiduras se lanzó en tu pecho el amor; no rasgaré yo tus carnes para le curar.
> MELIBEA.– ¿Cómo dices que llaman a este mi dolor, que así se ha enseñoreado en lo mejor de mi cuerpo?
> CELESTINA.– Amor dulce.
> MELIBEA.– Esto me declara qué es, que en sólo oírlo me alegro.
> CELESTINA.– Es un fuego escondido, una agradable llaga, un sabroso veneno, una dulce amargura, una delectable dolencia, un alegre tormento, una dulce y fiera herida, una blanda muerte.
> MELIBEA.– ¡Ay, mezquina de mí! Que si verdad es tu relación, dudosa será mi salud. Porque, según la contrariedad que esos nombres entre sí muestran, lo que al uno fuere provechoso acarreará al otro más pasión.
>
> Fernando de Rojas: *La Celestina.*
> *Tragicomedia de Calisto y Melibea*

EL DIALOGO DRAMATICO

El diálogo es uno de los elementos esenciales del teatro. Por medio del diálogo el autor desarrolla una trama y presenta unos personajes. Además de las cualidades ya mencionadas, el diálogo dramático debe ser rico en contenido ya que, al desaparecer el autor, el sentido de la obra y la complejidad de los personajes recae en el diálogo.

El dramaturgo debe poseer un especial dominio del lenguaje, además de facilidad y diversidad en la creación de variadas formas de expresión que identifiquen a los personajes. No resulta fácil poseer estas dotes, por ello se considera al género dramático como uno de los más difíciles.

El diálogo dramático puede estar escrito en verso o en prosa. Tanto en una como en otra forma cada palabra debe de estar cargada de significado. En ocasiones, el elemento simbólico unido al contenido lírico logran crear hermosos diálogos de gran sentido poético. Veamos ahora dos ejemplos, uno en verso y otro en prosa, en los que se pone de manifiesto el sentido poético sin perder la cualidad dramática:

NOVIA.— Con los dientes,
con las manos, como puedas,
quita de mi cuello honrado
el metal de esta cadena,
dejándome arrinconada
allá en mi casa de tierra.
Y si no quieres matarme
como a víbora pequeña,
pon en mis manos de novia
el cañón de la escopeta.
¡Ay, qué lamento, qué fuego
me sube por la cabeza!
¡Qué vidrios se me clavan en la lengua!

LEONARDO.— Ya dimos el paso: ¡calla!,
porque nos persiguen cerca
y te he de llevar conmigo.

NOVIA.— ¡Pero ha de ser a la fuerza!

LEONARDO.— ¿A la fuerza? ¿Quién bajó
primero las escaleras?

NOVIA.— Yo las bajé.

LEONARDO.— ¿Quién le puso
al caballo bridas nuevas?

NOVIA.— Yo misma. Verdad.

LEONARDO.— ¿Y qué manos
me calzaron las espuelas?
NOVIA.— Estas manos que son tuyas,
pero que al verte quisieran
quebrar las ramas azules
y el murmullo de tus venas.
¡Te quiero! ¡Te quiero! ¡Aparta!
Que si matarte pudiera,
te pondría una mortaja
con los filos de violetas.
¡Ay, qué lamento, qué fuego
me sube por la cabeza!
LEONARDO.— ¡Qué vidrios se me clavan en la lengua!
Porque yo quise olvidar
y puse un muro de piedra
entre tu casa y la mía.
Es verdad. ¿No lo recuerdas?
Y cuando te vi de lejos
me eché en los ojos arena.
Pero montaba a caballo
y el caballo iba a tu puerta.
Con alfileres de plata
mi sangre se puso negra,
y el sueño me fue llenando
las carnes de mala hierba.
Que yo no tengo la culpa,
que la culpa es de la tierra
y de ese olor que te sale
de los pechos y las trenzas.
NOVIA.— ¡Ay qué sinrazón! No quiero
contigo cama ni cena,
y no hay minuto del día
que estar contigo no quiera,
porque me arrastras y voy,
y me dices que me vuelva
y te sigo por el aire
como una brizna de hierba.
He dejado a un hombre duro
y a toda su descendencia
en la mitad de la boda
y con la corona puesta.
Para ti será el castigo
y no quiero que lo sea.

¡Déjame sola! ¡Huye tú!
¡No hay nadie que te defienda!
LEONARDO.— Pájaros de la mañana
por los árboles se quiebran.
La noche se está muriendo
en el filo de la piedra.
Vamos al rincón oscuro,
donde yo siempre te quiera,
que no me importa la gente,
ni el veneno que nos echa.
(La abraza fuertemente.)
NOVIA.— Y yo dormiré a tus pies
para guardar lo que sueñas.
Desnuda, mirando al campo,
(Dramática.)
como si fuera una perra,
¡porque eso soy! Que te miro
y tu hermosura me quema.
LEONARDO.— Se abrasa lumbre con lumbre.
La misma llama pequeña
mata dos espigas juntas.
¡Vamos!
(La arrastra.)
NOVIA.— ¿Adónde me llevas?
LEONARDO.— A donde no puedan ir
estos hombres que nos cercan.
¡Donde yo pueda mirarte!
NOVIA.— *(Sarcástica.)*
Llévame de feria en feria,
dolor de mujer honrada,
a que las gentes me vean
con las sábanas de boda
al aire como banderas.
LEONARDO.— También yo quiero dejarte
si pienso como se piensa.
Pero voy donde tú vas.
Tú también. Da un paso. Prueba.
Clavos de luna nos funden
mi cintura y tus caderas.

Federico García Lorca: *Bodas de sangre*

CREON.— Antígona, las leyes han de cumplirse aunque no complazcan nuestra exigencia. Es la única garantía de la vida social. Fíjate que vengo a buscar tu última palabra. Te he presentado dos soluciones a una misma altura y distancia. De un lado, la salvación. De otro lado, la condena. Escoge. Debemos liquidar esta cuenta con premura.
ANTIGONA.— Escojo. La salvación me la dará la muerte.
CREON.— La decisión es tuya.
ANTIGONA.— *(fuerte.)* ¿A dónde irás, tío Creón, cuando la crisis de tu gobierno tome forma de huelga general o levantamiento o golpe de estado, cuando tengas que escapar precipitadamente en un avión de tu fuerza aérea?
CREON.— El pueblo está conmigo, Antígona.
ANTIGONA.— *(Violenta.)* ¿Qué harás? No hay tierra franca para ti.
CREON.- El ejército es mío, la República es mía.
ANTIGONA.— El mundo, el universo son tuyos. ¿A dónde irás, Creón, destronado? A tocar los tambores de Papa Doc o asilarte en algún país europeo bajo estricta promesa de no iniciar actividades políticas. Derrochador vagabundo de garitos y ruletas, extranjero despreciado, ridículo ex-emperador de América.
CREON.— Guarda tu energía para cuando el soldado dispare. Con un solo tirador bastará para liquidar a la irresponsable. No habrá necesidad del escuadrón de fusilamiento.
ANTIGONA.— Tendrás que matar no sólo a la muchacha irresponsable que enterró los cadáveres de sus amigos sino a todas las muchachas irresponsables que te saldrán al paso para jugarse la vida, la vida, Creón, que exige principios hasta a aquellos que insisten en negarlos. Antígona es otro nombre para la idea viva, obsesionante, eterna de la libertad. Las ideas no sucumben a una balacera ni retroceden desorientadas por el fuego de un cañón amaestrado. Ni recortan su existencia porque un tirano inútil decrete pomposamente su desaparición. *(Fogosa.)* Matarme es avivarme, hacerme sangre nueva para las venas de esta América amarga. *(Urgente.)* Aligera, Creón, aligera. Dame, dame la muerte.

Luis Rafael Sánchez: *La pasión según Antígona Pérez*

SINOPSIS

Diálogo
- A. Definición
- B. Características
  1. *Viveza*
  2. *Naturalidad*
  3. *Propiedad*
  4. *Significación*
- C. Diálogo dramático

EJERCICIOS

En los siguientes ejemplos el alumno deberá indicar las características del diálogo que ilustran los textos; así como también hará una breve síntesis de la acción que se lleva a cabo, o de las ideas y sentimientos expuestos por los personajes.

1. INES.— *(Irritada.)* Allá afuera en el mundo hay hombres estúpidos que hacen reglamentos y leyes, Emilia.
EMILIA.— Pero nosotros no vivimos en el mundo de afuera.
INES.— Es igual.
EMILIA.— No, no es igual. Está bien que nos cercaran de hambre. Y de tiempo. Pero aquí, dentro, nada pueden. Nadie manda sobre nosotras.
INES.— No estés tan segura.
EMILIA.— Tú lo impedirás. Como siempre. Te fingirás loca, como otras veces. Para echarlos. A los acreedores. Y a los que quieran comprar nuestras ruinas. Y a los turistas. Impidiendo que violen el recinto en su búsqueda bárbara de miseria. Alejando los husmeantes hocicos ajenos de la ruina nuestra, y el dolor.
INES.— ¿Y por cuánto tiempos crees que podremos llamar nuestras estas ruinas? Seguirán el camino de la hacienda. Habrá una subasta... Si no es que la ha habido ya. *(Irritada.)* ¿Piensas que puedo estar al tanto de todo? Y entonces...
EMILIA.— ¿Y entonces?
INES.— Nos echarán, claro.
EMILIA.— *(Aterrada.)* ¡No, Inés!
INES.— ¡Qué importa que lo hagan! Ya Hortensia no estará con nosotras. Nos llevarán al asilo...
EMILIA.— *(A gritos.)* ¡Cállate! ¡Cállate!
INES.— *(Suavemente irónica.)* Nos cuidarán, Emilia.
EMILIA.— ¡No quiero que nadie me cuide! ¡Lo que quiero es *morirme* si esta casa deja de ser nuestra!

René Marqués: *Los soles truncos*

2. JUEZ.	Ese muchacho
aprieta. Perro, yo sé
que lo sabes. Di quién fue.
¿Callas? Aprieta, borracho.
NIÑO.— *(Dentro.)*
Fuenteovejuna, señor.
JUEZ.— ¡Por vida del rey, villanos,
que os ahorque con mis manos!
¿Quién mató al comendador?
FRONDOSO.— ¡Que a un niño le den tormento
y niegue de aquesta suerte!
LAURENCIA.— ¡Bravo pueblo!
FRONDOSO.— ¡Bravo y fuerte!
JUEZ.— Esa mujer al momento
en ese potro tened.
Dale esa mancuerda luego.
LAURENCIA.— Ya está de cólera ciego.
JUEZ.— Que os he de matar creed
en ese potro, villanos.
¿Quién mató al comendador?
PASCUALA.— *(Dentro.)*
Fuenteovejuna, señor.
JUEZ.— Dale.
FRONDOSO.— Pensamientos vanos.
LAURENCIA.— Pascuala niega, Frondoso.
FRONDOSO.— Niegan niños: ¿qué te espantas?
JUEZ.— Parece que los encantas.
Aprieta.
PASCUALA.— ¡Ay Cielo piadoso!
JUEZ.— Aprieta, infame. ¿Estás sordo?
PASCUALA.— Fuenteovejuna lo hizo.

Lope de Vega: *Fuenteovejuna*

3. — No hay por qué asustarse —aseguró Felipe con sequedad, y añadió—: Lo importante es no caer en contradicciones. Tú no tocaste nada, ¿verdad?, Rosita? Bien. Pues ya saben...
— Felipe...
— ¿Qué pasa?
— Es lo del papelito...
— ¿Qué hay con el papelito?
— Yo no sé... es que...

— Mira, Rosita, el asunto del papelito lo vas a dejar quieto. Que sean ellos los que breguen que para eso les pagan, y que se fastidie el estúpido que lo puso. ¿Entendido? Cerrarás el pico, ¿lo oyes? Y tú también, Graciela. Controlan los nervios y me dejan hablar a mí. Y no quiero más discusión.

Juan Antonio Ramos: Lo que Doña Rosita vió
en Hilando mortajas

4. MARICA DEL REINO.— ¡Así dejas que la mujer se te vaya extraviada!
PEDRO GAILO.— Tiene quien le cubre la honra.
MARICA DEL REINO.— ¡Ay hermano mío, otro tiempo tan gallo, y ahora te dejas picar la cresta! ¿Qué te dio esa mala mujer que de tu honra no miras?
PEDRO GAILO.— ¡Llegas como la serpiente, Marica!
MARICA DEL REINO.— ¡Porque te hablo verdad, me motejas!
PEDRO GAILO.— ¡Te dejas mucho llevar de calumnias, Marica!
MARICA DEL REINO.— ¡Calumnias! ¡Ojalá lo fueran, que esa mala mujer, con su conducta, es oprobio de nuestras familias!
PEDRO GAILO.— ¡Tanto hablar, tanto hablar, pudiese acontecer que diese fin de mi prudencia! Ya no le queda más que el rabo.
MARICA DEL REINO.— ¡Acaba de desollarlo, y paga en esta tu hermana, que lo es, la rabia de tu honra!
PEDRO GAILO.— No iban por ti mis palabras, aunque bien pudiera ir. ¡Son muchas las malas lenguas!
MARICA DEL REINO.— ¡Ya se te caerá la venda, hermano mío!
PEDRO GAILO.— ¿Qué puñela quieres que haga? ¡Tú buscas que tu hermano se pierda!
MARICA DEL REINO.— ¡Busco que no sea consentido!
PEDRO GAILO.— ¡Que se pierda!
MARICA DEL REINO.— ¡Tendrás honra!
PEDRO GAILO.— ¡La honra de una cárcel!
MARICA DEL REINO.— No te digo que la mates, pero májala.
PEDRO GAILO.— Se me vuelve.
MARICA DEL REINO.— No le darás a ley.
PEDRO GAILO.— ¡Estoy resentido del pecho! ¡Considera!
MARICA DEL REINO.— ¡Por qué considero!
PEDRO GAILO.— Para alcanzar alguna cosa tendría que matarla. Las tundas no bastan, porque se me vuelve. ¡Considera!
MARICA DEL REINO.— Pues desuníos.
PDREO GAILO.— Nada se remedia.
MARICA DEL REINO.— Esa mala mujer te tiene avasallado.
PEDRO GAILO.— Si un día la mato, me espera la cadena.
MARICA DEL REINO.— ¡Eres bien sufrido!

PEDRO GAILO.— ¡Tú quieres que yo me pierda, y tanto harás que me subirás a la horca! ¡Me hilan el cáñamo las malas lenguas y llaman sobre mí al verdugo! ¡Por perdido me cuento! ¡Tendrás, Marica, un hermano ahorcado! ¡Esta noche saco los filos al cuchillo! ¡No quisiera sobre mi alma tus remordimientos!
MARICA DEL REINO.— ¡A mí no me culpas! Si tienes perdida la honra y miras por cobrarla, será tu sino que así sea.
PEDRO GAILO.— El sino que dan las lenguas murmuradoras. ¡Abrasadas sean tantas malas lenguas! ¡Así se pierde a un hombre de bien que iba por su camino sin faltar! ¡Cuidado de mí! Marica, hermana mía, ¿cómo de considerarlo no te entra la mayor pena?
MARICA DEL REINO.— El corazón tengo cubierto.
PEDRO GAILO.— ¡Ay, qué negro calabozo el que me dispones!
MARICA DEL REINO.— ¡En qué hora triste fuiste nacido! ¡Jamás de los jamases me quitaré el luto de encima si llevas a cabo tu mal pensamiento! ¡Ay, hermano mío, antes quisiera verte entre cuatro velas que sacando filo al cuchillo! ¡Celos con rabia a la puerta de la casa, nunca dictaron buen consejo! ¡Ay hermano mío, sentenciado sin remedio! ¡Cuando quieres mirar por tu honra, te echas encima una cadena! ¡Esconde el cuchillo, hermano mío, no le saques filo! ¡No te comprometas, que solamente de considerarlo toda el alma se me enciende contra esa mala mujer! ¡La gran Anabolena se desvaneció con el carretón! ¡Ay hermano mío! ¿Por qué es tan tirana la honra que te ordena cachear, en busca de esa mujer, hasta los profundos de la tierra?

Ramón del Valle Inclán: *Divinas Palabras*

5. Cuando toco a la puerta de Sara, asoma ella con sus ojotes resentidos.
— Creí que nunca llegarías. ¿Qué tal?
Fría recepción de una melancólica llanera.
— Merry Christmas —digo, y le extiendo la corona de muérdago—. Se supone que haya un beso bajo el palio este.
Poso la corona en alto y adelanto los labios hacia Sara. Desganado picotazo. Continúa contrariada.
— En Navidad es lo menos que piensas. —Señala hacia la mesa junto al sofá—. Seguramente la pasarás bebiendo como un loro en un café madrileño. A la semana estarás de regreso.
— ¿Beben los loros? Licor, digo.
— Déjame en paz.
En paz la dejo. Quito las manos de su cara y recojo el pasaje de Iberia, que examino.
— ¿Dos días más, aquí?
— ¡Ni que fuera asunto de vida o muerte! —Le tiembla la barbilla, ahora—. ¡Te pudrirás en Madrid!
— No creo —digo, y me arrellano en el sofá—. Bueno —guardo el pasaje, busco un cigarrillo dentro de mi saco—, tengo cosas que empacar, y tengo que hablar conmigo mismo, y tengo que...
— Ocupado, como siempre. ¿Es mucho pedir cenar juntos mañana?

— Quizá —digo, evadiendo su mirada—. Detesto las despedidas.
— ¡No te dejarán entrar! ¡Y si entras, no has de vivir mucho!
— No asumas el pesimismo que se le achaca siempre al artista, querida. ¿No hay un trago en la casa?

Va hacia la cocina para no mirarme más, para que me vaya de una vez.
— El valor no se encuentra en el fondo de una botella, Tomás.
— Cierto, cierto — Considero el dicho por un instante, mirando por entre los brazos que he posado en mis rodillas y por fin me incorporo para irme a la alacena—. Pero un trago no me viene mal. Dolencia del oficio, tú sabes.

Pedro Juan Soto: *El Francotirador*

6. CARA DE PLATA.— ¡Isabel!
SABELITA.— ¡No me hables!
CARA DE PLATA.— Levanta los ojos para mí.
SABELITA.— No quiero mirarte.
CARA DE PLATA.— ¿Tanto me aborreces?
SABELITA.— ¡Espanto me das!
CARA DE PLATA.— ¿Sabes de dónde vengo?
SABELITA.— De alguna obra mala.
CARA DE PLATA.— De brindarle las paces a tu tío.
SABELITA.— Eres tú muy soberbio para ello.
CARA DE PLATA.— Soy más enamorado.
SABELITA.— ¡Tarde del amor acordaste! ¿Y mi tío, a tus paces, qué ha respondido?
CARA DE PLATA.— El trabuco sacó de la sotana como si fuese un Santo Cristo.
SABELITA.— ¡Lástima no haberte matado!
CARA DE PLATA.— ¿Por qué quieres vestirte de luto?
SABELITA.— ¡Me vestiría de grana!
CARA DE PLATA.— ¡Embustera! ¡Isabel, bodas sellan paces!
SABELITA.— ¡Las cruces te hago!
CARA DE PLATA.— ¡Por el asilo de la iglesia no te prendo ahora por la cintura y te llevo robada sobre mi caballo!
SABELITA.— ¡Pirata!
CARA DE PLATA.— ¡Isabel, adiós!
SABELITA.— ¡Adiós, Carita de Plata!

Ramón del Valle Inclán: *Cara de Plata*

7. Milagritos llegó gritando como loca. ¡Prepara la fiesta, Eladia, que Buenaventura salió de la cárcel!
— Le dejaron en libertad por buena conducta —chillona tu voz, Milagritos.

— Eso es lo único que tiene, palabrería —resignada suspiró, Eladia. Cuando llegó Buenaventura Clemente hasta Jovita salió a besarlo.
— ¿Dónde está el dientú que no lo veo? —Déjalo que está durmiendo todavía, dice Eladia. Buenaventura fue a despertarle. Sí, sí, me alegro mucho, ¿cómo saliste?
— ¡Inmortal, mi hermano, que soy inmortal!
Todavía te ríes igual, Buenaventura. ¡Cómo se sufre, mi hermano, cómo se sufre! Milagritos colgada de su cuello. Ahora sí que nos iremos a Niu Yor, ¿ah, negrito? Eladia lo abraza. ¡Cuánto tiempo, condenao!
— Un añito a la sombra, eso no es na pa mí, vieja.
Fue a los seis meses, Eusebio. Nadie creyó que fuera accidente.
— Oyeme, qué pena, ahora me hacía falta ese empleíto tuyo.
A unos vecinos se les ocurrió la idea. ¡Ah, no te apures, yo te lo di pero no te lo quito! Un caballo de saltos Buenaventura Clemente. Bailaron hasta el amanecer. Buenaventura me puso la mano en el hombro.
— Oye, ¿me puedes prestar cinco pesitos?
A las ocho de la mañana Milagritos lo metió en su cuarto.

Tomás López Ramírez: *Juego de las revelaciones*

8. — ¿Se siente mal la señora?
— Es la emoción —dijo Oliveira—. Ya se le está pasando. ¿Dónde está su abrigo?
Entre vagos tableros, mesas derrengadas, un arpa y una percha, había una silla de donde colgaba un impermeable verde. Oliveira ayudó a Berthe Trépat, que había agachado la cabeza pero ya no lloraba. Por una puertecita y un corredor tenebroso salieron a la noche del boulevard. Lloviznaba.
— No será fácil conseguir un taxi —dijo Oliveira que apenas tenía trescientos francos.- ¿Vive lejos?
— No, cerca del Panthéon, en realidad prefiero caminar.
— Sí, será mejor.
Berthe Trépat avanzaba lentamente, moviendo la cabeza de un lado y otro. Con la caperuza del impermeable tenía un aire entre guerrero y Ubu Roi. Oliveira se enfundó en la canadiense y se subió bien el cuello. El aire era fino, empezaba a tener hambre.
— Usted es tan amable —dijo el artista—. No debería molestarse. ¿Qué le pareció mi "Síntesis"?
— Señora, yo soy un mero aficionado. A mí la música, por así decir...
— No le gustó —dijo Berthe Trépat.
— Una primera audición...
— Hemos trabajado meses con Valentín. Noches días, buscando la conciliación de los genios.
— En fin, usted reconocerá que Délibes...
— Un genio —repitió Berthe Trépat—. Erik Satie lo afirmó un día en mi presencia. Y por más que el doctor Lacour diga que Satie me estaba... cómo decir. Usted sabrá sin duda

cómo era el viejo... Pero yo sé leer en los hombres, joven, y sé muy bien que Satie estaba convencido, sí, convencido. ¿De qué país viene usted, joven?
— De la Argentina, señora, y no soy nada joven dicho sea de paso.
— Ah, la Argentina. Las pampas ... ¿Y allá cree usted que se interesarían por mi obra?
— Estoy seguro, señora.
— Tal vez usted podría gestionarme una entrevista con el embajador. Si Thibaud iba a la Argentina y a Montevideo, ¿por qué no yo, que toco mi propia música? Usted se habrá fijado en eso, que es fundamental: mi propia música. Primeras audiciones casi siempre.
— ¿Compone mucho? —preguntó Oliveira, que se sentía como un vómito.
— Estoy en mi opus ochenta y tres... no, veamos... Ahora que me acuerdo hubiera debido hablar con madame Nolet antes de salir... Hay una cuestión de dinero que arreglar, naturalmente. Doscientas personas, es decir... —Se perdió en un murmullo, y Oliveira se preguntó si no sería más piadoso decirle redondamente la verdad, pero ella la sabía, por supuesto que la sabía.

Julio Cortázar: *Rayuela*

9. — ¿Ustedes saben el cuento de cuando Silvestre Acá se quedó desnudo en un parque?
Buen comienzo. Lección de la rueda aprendida. Interés femenino en el nudismo, a secas, no por mí.
— Por favor, Cué no cuentes eso —falso rubor en mi voz.
Más interés femenino.
— Cué cuenta
Más interés.
— Cuenta, cuenta.
— Bueno.
— Por favor, Cué.
— Estábamos (risita) Acá y Eribó... Bustrófedon (risita) y Eribó y yo en el parque...
— Cué.
— Estábamos (risita) Acá y Eribó...
— Por lo menos si lo vas a contar, cuéntalo bien.
— (Risas) Estábamos Acá y, tienes razón (risita), Eribó no estaba.
— Tú sabes que no podía estar.
— No, no estaba. (Risas) Estábamos Bustrófedon y Acá.
— ¿Bustrófedon estaba?
— No sé. El cuento es tuyo no mío.
— No, el cuento es tuyo.
— Es tuyo.
— Es mío pero es sobre ti de manera que es tuyo.
— De los dos.
— Bueno, vaya, de los dos. El cuento es que (risitas) estábamos éste (risiticas) y yo y creo que Códac. No, no era Códac. Era Eribó. ¿Era Eribó?
— No era Eribó.
— No. Parece que Eribó no estaba. Estábamos entonces Acá (risita) y Códac...
— Códac no estaba.
— ¿No estaba?

— No estaba.
— Bueno mejor haces tú el cuento, ya que te lo sabes mejor que yo.
— Gracias. Tengo una memoria inflable. Estábamos (risas) éste y Bustrófedon y yo, nosotros cuatro...
— Ahí no hay más que tres.
— ¿Tres?
— Tres, sí. Cuenta. Tú y Bustrófedon y yo.
— Entonces somos dos, porque Bustrófedon no estaba.
— ¿El no estaba?
— No, yo no lo recuerdo y tengo una gran memoria. ¿Tú te acuerdas si estaba?
— No, yo no sé. Yo no estaba.
— Cierto. Bueno, estamos (risas) estábamos (risas) quedábamos en el parque (risas) Códac y yo... ¿Yo estaba?
— Tú eres el Memorión, ¿recuerdas? Mr. Memory. Memory Blame.
— Sí, sí estaba. Estábamos. No, no estaba. Debía de estar. ¿No? Si no estaba, ¿dónde estaba? ¡Socorro! ¡Auxilio! ¡Me perdí desnudo en el parque! ¡Ataja!

Guillermo Cabrera Infante: *Tres tristes tigres*

10. INES.— Emilia, ¿qué ocurre? ¿Por qué gritas?
EMILIA.— ¡Estás aquí, Inés! ¡Ay, qué bueno que estás aquí, Inesita!
INES.— Cálmate, criatura. ¿Por qué lloras?
EMILIA.— Esos hombres...
INES.— ¿Quiénes? ¿Qué hombres?
EMILIA.— *(Dominándose, logra hablar con voz entrecortada.)* Los que están abajo... Fui a abrir... Como tú no estabas... Y el sol me dio en la cara... Y hablaron de la casa... Les dije que estaban equivocados... Pero no tuvieron consideración... El sol, así, de frente...
INES.— ¿De qué casa hablaron?
EMILIA.— La de la calle del Cristo, la de los soles truncos...
INES.— ¿Qué dijeron de la casa?
EMILIA.— *(En voz baja, como en secreto.)* ¡Ya no es nuestra!
INES.— ¿Qué estás diciendo?
EMILIA.— *(Alejándose de INES, señalando a los soles de las tres puertas del fondo.)* La de los soles truncos... Ya no es nuestra... otra subasta, ¿sabes? Debíamos tantos, tantos años. ¡Otra vez el tiempo jugando suciamente! ¡Igual que la hacienda de Toa Alta! ¡Igual que Estrasburgo, que se la dio a Francia! Otra jugada sucia del tiempo. ¡Ya no es nuestra! Lo dijeron ellos, los emisarios del tiempo. Y será hostería de lujo, para los turistas y los banqueros, y los oficiales de la armada aquella que bombardeó a San Juan. Ya no es nuestra casa. Ya no podremos combatir al tiempo, Inés. ¡Ya no tenemos casa!
INES.— ¿Están abajo esos hombres?
EMILIA.— Sí. No los dejé subir. *(Animándose.)* Esperan por ti, Inés. Y tú sabrás lo que deba hacerse, como siempre. No está perdida nuestra casa, ¿verdad? *(Sacudiéndola por los*

hombros.) Tú sabrás luchar. Te fingirás loca, como otras veces...
INES.— *(Desprendiéndose de EMILIA.)* No será necesario esta vez, Emilia. *Cruza decidida hacia la izquierda.)* ¡Te lo juro! No será necesario. *(Sale izquierda.)*
EMILIA.— *(Yendo hacia la izquierda.)* Eso es, Inés. Defiende tu casa. La casa de mamá Eugenia. De papá Burkhart. La de la nana negra que nos lloraba, y nos cantaba, y nos mecía, sin oponerse al tiempo. La de Hortensia y Emilia. La casa nuestra.

René Marqués: *Los soles truncos*

TERCERA PARTE
LENGUAJE TECNICO

CAPITULO XVIII

REDACCION PERIODISTICA

La función primordial de un periódico consiste en ofrecer a sus lectores las noticias más importantes del medio local y extranjero; esto es, en la medida de lo posible mantener informado al público de lo que sucede a su alrededor. Para llevar a cabo esta misión, el periodista tiene que usar un lenguaje *claro, preciso* y *conciso*. Sobre este tema se expresa Martín Vivaldi:

> El periódico es, ante todo y sobre todo, información: desde el artículo de fondo hasta el más modesto anuncio todo responde —debe responder— a la más perfecta técnica informativa. En los diarios se escribe fundamentalmente para dar las más variadas noticias. Y todo ello dirigido a un gran público, a un tipo medio de lector, al que se pretende decir todo lo que de interés sucede en el mundo del modo más correcto, breve y claro posible.[1]

El lector, por lo general, cuenta en su vida diaria con un tiempo muy limitado para dedicarlo a la lectura del periódico. Por tanto, el periodista habrá de tener esto en cuenta a la hora de redactar. La información debe ser fácil de leer y asimilar, de lo contrario no cumple con su función más elemental.

Al profesional de los medios informativos le interesa, sin duda, divulgar la noticia, dar a conocer su historia bien sea por medio de la crónica o

---
1. G. Martín Vivaldi, *Curso de Redacción,* p. 345.

el reportaje; esto es fundamental en esta profesión; y es muy loable que así sea, gracias a esta actitud se mantiene informado al público lector. A la par con este objetivo, el peroiodista debe preocuparse también por alcanzar un correcto dominio del idioma, que, a todas luces, le ayudará a difundir su noticia con una mayor eficacia. De igual manera que el periodista investiga y corrobora la veracidad de la noticia, así también debe asegurarse que su lenguaje sea correcto. La prisa no es buena aliada en estos menesteres y, con mayor razón, por si éste fuera el caso, habrá de poseer el reportero un dominio del lenguaje tal que le permita utilizar las palabras con un atinado sentido de la propiedad, para así lograr una mayor concisión en las párrafos y, de esta forma, difundir su noticia con la máxima eficacia. *Contenido* y *lenguaje,* pareja inevitable en el lenguaje periodístico.

CUALIDADES DEL ESTILO PERIODISTICO

CLARIDAD

El lenguaje periodístico corresponde a lo que ya definimos como lenguaje expositivo; esto es, el que se usa para exponer ideas, explicar situaciones o describir personas o cosas. Tiene un carácter esencialmente denotativo —significa algo en específico— frente al lenguaje literario que persigue la interpretación textual y la polivalencia del signo.

La *claridad* exige: precisión al seleccionar las palabras que exponen los conceptos, una breve explicación de los términos relativos a materias muy especializadas, la unidad temática del párrafo, la coherencia entre el pensamiento y la palabra, la corrección en el orden sintáctico y la concisión en el estilo. Veamos un ejemplo:

> "Para expresarse, un periódico ni siquiera tiene que editorializar. Un periódico dirigido sin sentido ético generalmente escribe editoriales insulsos: deja pasar los acontecimientos y situaciones significativos y opina sobre generalidades, sobre asuntos de pasajera importancia, sobre asuntos que entiende a medias. Pero sus verdaderas intenciones, se reflejan en los titulares, en las informaciones torcidas, en ignorar o singularizar noticias, según sea el caso, en la actuación del redactor anónimo que toma partido a tono con la idea de los intereses creados... Un periódico dirigido por gentes sin responsabilidad moral, es un Frankestein peligroso". Es por todas esas razones que lamento la desaparición de un periódico cualquie-

ra que, con su desaparición, disminuya la variedad de opiniones y la posibilidad de educación pública.

Enrique Laguerre: *La misión de la prensa*
en **Pulso de Puerto Rico.**

PRECISION

El ajuste adecuado entre el pensamiento y la palabra, la armonía entre ambos se traduce en *precisión* lingüística. Todos los vocablos deben usarse en su sentido más preciso, pero especial cuidado habrá de ponerse en el uso de los nombres y verbos, las palabras portadoras de nuevos significados, las que mueven la acción. El lenguaje periodístico exije un particular cuidado en este aspecto del idioma ya que, por su función misma, tiende a la síntesis y, para lograrla, es imprescindible la palabra precisa.

El periodista debe combinar *la exactitud de la noticia con la precisión de la palabra;* por lo mismo es recomendable que abandone el estilo metafórico y pase directamente a presentar los hechos. Los rodeos lingüísticos innecesarios pueden debilitar el mensaje. En el ejemplo siguiente, un artículo periodístico, **Información y Cultura**, el autor entra de inmediato a plantear un tema bastante polémico: la libertad de prensa versus el estado y la cultura; la opinión se manifiesta con claridad y firmeza en la precisión del estilo; de haber utilizado rodeos innecesarios, su tesis se habría debilitado al menos en el aspecto formal:

> Yo no veo por qué el periódico puede tener amplia libertad para escoger el material de lectura que desee y hasta pueda tener amplia libertad para limitarse a sí mismo, según sus conveniencias, sin que el estado, que gasta enormes cantidades de dinero en la educación popular, pueda emitir opinión. Y no son pocos los periódicos que limitan, según su propia conveniencia, su campo de acción. O dicen que publican lo que el público desea, o defienden una libertad de prensa sin tener en mucha cuenta la libertad integral del hombre, o dan importancia a aquello que pueda traerles beneficios económicos.

Enrique Laguerre: *Información y Cultura*
en **Pulso de Puerto Rico.**

CONCISION

Es ésta una cualidad indispensable del lenguaje periodístico; la misma consiste en expresar con brevedad las ideas haciendo uso de las palabras necesarias que corresponden a los conceptos específicos. Lo opuesto a la *concisión* sería la ampulosidad, que suele retardar la comprensión y aburrir al lector, lo cual resulta, a todas luces, contrario al propósito del trabajo periodístico.

La virtud de la *concisión* no es fácil, sino don de pocos; no obstante, la persona que se esfuerce por adquirirla obtendrá buenos resultados. Si se puede expresar una idea o relatar una noticia con pocas palabras, no hay motivo para emplear más. Resulta innecesario y aburrido leer la misma información con distintas palabras; o retardar el mensaje por el abuso de modificadores en las oraciones. Estos errores periodísticos se pueden y se deben corregir.

El estilo de las oraciones contribuye a obtener la debida concisión; si las oraciones son muy largas y, además, no se domina lo suficiente el idioma, probablemente se caerá en la falta de concisión; aunque este error también puede darse en oraciones cortas ya que la consición está vinculada con el proceso lógico. La selección adecuada de los términos y la presentación ordenada de las ideas o los hechos conducen a la *concisión* en el estilo. A continuación veamos un ejemplo:

> Borremos, pues, de nuestro lenguaje la humillante expresión que no nombra a este país sino para denigrarle; volvamos los ojos atrás, comparemos y nos creeremos felices. Si alguna vez miramos adelante y nos comparamos con el extranjero, sea para prepararnos un porvenir mejor que el presente, y para rivalizar en nuestros adelantos con los de nuestros vecinos: sólo en este sentido opondremos nosotros en algunos de nuestros artículos el bien de fuera al mal de dentro.

Mariano José de Larra:
En este país en **Antología.**

La información vertida en un periódico por fuerza tiene que ser de interés para el público. Por tanto, el periodista habrá de poner especial cuidado al seleccionar el *"que"* y el *"como"*; esto es: la noticia en sí misma y la manera de decirla. En ocasiones la noticia o el artículo podrá ser interesante, pero si no se expresa de tal manera que cautive la atención del lector, no se habrá cumplido a cabalidad la función informativa. Sobre este aspecto comenta Martín Vivaldi:

> Mal informador será quien no sepa captar esa atención. Máxime en estos tiempos dinámicos y veloces en que vivimos. Cientos, miles de acontecimientos solicitan nuestra atención constantemente en nuestros días. Vivimos en continuo sobresalto ante las más diversas noticias. Por algo se afirma que la inquietud es uno de los signos característicos de nuestra época. Lógicamente, nuestra atención es "huidiza" y, para captarla, hay que emplear un arte especial.[2]

Existen diferentes maneras de escribir un artículo, un reportaje o una noticia; pero hay que saber seleccionar la más eficaz, la que capture la atención del lector desde el primer momento. Veamos un ejemplo:

> La explosión de un reactor nuclear en la ciudad de Chernobyl en Rusia ha enviado una nube de polvo radioactivo al resto del mundo y muy bien podría llegar hasta Puerto Rico. Pero también ha enviado un claro mensaje a las potencias occidentales que comparten la tecnología de la fisión del átomo, sobre el peligro que representa para la vida presente y futura un accidente en el manejo de material nuclear.
>
> Antonio J. González: "El desastre
de Chernobyl", *El Mundo*, Puerto Rico.

Si el autor de este artículo hubiera invertido el orden en la exposición y hubiera comenzado así: "Se ha enviado un claro mensaje a las potencias occidentales que comparten la tecnología de la fisión del átomo, sobre el peligro que representa para la vida presente y futura un accidente de material nuclear. La explosión de un raeactor nuclear" etc., etc.; le hubiera restado interés y efectividad a este párrafo con el que comienza el artículo. Al ha-

---

2. G. Martín Vivaldi, *Ibid.*, p. 350.

berlo hecho de la otra forma, es decir, de lo específico a lo general, logra una mayor efectividad en el contenido ético-moral de su mensaje ya que el mismo se apoya en un dato conocido por los lectores.

ACTUALIDAD

El periódico está obligado, por su propia naturaleza, a publicar noticias relativas a la fecha en que sale o directamente relacionadas; de no ser así, la actualidad de un artículo o noticia se deberá a su vinculación con el momento o al interés permanente que tenga para el lector.

Una noticia o un artículo carente de actualidad, por mejor escrito que esté, desde el punto de vista periodístico es un error; cuando no se aburre al lector, quien, desde el comienzo, echará de menos esa *motivación* tan importante para seguir leyendo: lo que se relaciona con su diario vivir o con sus intereses particulares.

Los sucesos del momento acaparan la atención y es misión insoslayable de la prensa el *informar;* pero también hay que recordar el valor testimonial que tiene toda la literatura periodística, testigo de una época y, en ocasiones, memoria de la sociedad en su lucha contra el olvido. Al respecto opina Fernando Savater en un artículo de interés, incluido en un número dedicado a Larra, en el que se pone de relieve la contribución periodística del escritor romántico:

> Un periódico es un papel *fechado,* y quien no sabe escribir de acuerdo con la fecha del día no debe ni intentar el artículo, lo mismo que quien tiene oído duro para la rima debe abstenerse de componer en octavas reales. Naturalmente, la fecha de un artículo asegura su oportunidad, pero no su caducidad: los artículos más convenientes en su momento suelen ser los más duraderos para ser gustados después. Pero aun la absoluta caducidad es preferible a no venir a cuento, que no consiste en ser *intempestivo* —lo intempestivo es una forma de atender a la hora presente—, sino en resultar *improcedente.*[3]

El ejemplo que incluimos a continuación si bien no contiene una noticia específica, sí recoge una preocupación actual y hasta diríamos que universal. La fuerza del estilo descansa en las repetidas preguntas —no retóri-

---

3. Fernando Savater, "La invención del artículo" en *El País,* Madrid.

cas en este caso— que intentan provocar respuestas individuales.

Lector amigo, contesta estas preguntas de la manera más sincera, allá en tu intimidad, y dime si no llevo razón en mis planteamientos. ¿Qué puede hacer un joven que proviene de un hogar destruido, cuyos padres han olvidado sus responsabilidades, y acude a la escuela para recibir la instrucción adecuada y allí también se tiene que enfrentar a otras dificultades no menos graves como: la escasez de libros, un currículo poco creativo, cierto desinterés por parte de algunos maestros, ausencias repetidas por parte de otros, un programa de clases con demasiado tiempo libre, escasas actividades escolares y hasta, quizá, pocos amigos?

¿Qué hará este joven si, a la salida de la escuela o dentro, le proporcionan el cigarrillo de mariguana o la pastilla para "estar en algo y ponerse en otra nota"? ¿Qué alternativa tendrá si va a la iglesia cercana, quizás con la esperanza de obtener comprensión y el apoyo que en esos momentos necesita y, por el contrario, es objeto de reproches y censuras? ¿Qué se puede hacer cuando fallan el hogar, la escuela, la iglesia y hasta los buenos amigos, y además se tienen doce, catorce, dieciséis o diecisiete años?

Matilde Albert Robatto: "Delincuencia juvenil", El Mundo, Puerto Riico.

LOS GENEROS PERIODISTICOS Y SUS TECNICAS: NOTICIA, REPORTAJE, CRONICA, EDITORIAL, ARTICULO: COMENTARIO-COLUMNA, RESEÑA.

NOTICIA

El periódico tiene como misión fundamental *informar*, mantener enterados a los lectores de lo que acontece en el ámbito nacional e internacional. Martín Vivaldi recoge en su libro una de las definiciones más conocidas de esta forma periodística: *Noticia es todo lo que el lector necesita saber.*[4]

La noticia debe ser breve dentro de unos términos razonables pues algunas, por su naturaleza, requerirán una mayor extensión que otras. Conviene recordar ahora que la *concisión* y *precisión* son cualidades imprescindibles en esta clase de escrito periodístico.

Brevedad de la noticia no quiere decir falta de información; por el con-

---

[4] G. Martín Vivaldi, *Op. cit.*, p. 346.

trario, la noticia debe ser completa. Bajo el criterio de la brevedad el reportero no puede esconder información que sea necesaria para conocer la totalidad del suceso. Es preciso dejar claro que este género periodístico es el más objetivo, la opinión del periodista —llámese reportero o editor— debe quedar fuera. Especial cuidado se habrá de poner en este tipo de información ya que una determinada manera de redactar o quizá una palabra podría revelar la opinión del reportero y, por tanto, estar ya ante una noticia *dirigida*. Es evidente que toda información nos viene dada desde una óptica y ya esto es determinante porque, aun dentro de un plano de objetividad, todos percibimos la realidad de una manera distinta; sin embargo, también es cierto que los hechos son siempre únicos, aunque varíen las interpretaciones; por lo tanto, se requiere para este tipo de trabajo que el periodista se adiestre en presentar la noticia dentro de los límites de una objetividad razonable. Veamos un ejemplo:

> El licenciado Agustín Fernández de la Puente dijo, de forma categórica, que la zona agrícola había quedado olvidada en el programa de gobierno del Dr. Francisco Medina Sánchez, durante una conferencia de prensa que tuvo lugar en las oficinas de su partido el pasado domingo, con motivo de presentarse ante la prensa y ante el pueblo como el candidato a la gobernación por su partido.

Si alteramos el orden de la presentación de la noticia cambiando la distribución de las oraciones, daremos la misma cantidad de información, pero de una forma dirigida; esto es, destacando la parte que políticamente nos interesa:

> "La zona agrícola quedó olvidada en el programa de gobierno del Dr. Francisco Medina Sánchez", dijo, de forma categórica, el licenciado Agustín Fernández de la Puente, durante una conferencia de prensa que tuvo lugar en las oficinas de su partido el pasado domingo, con motivo de presentarse ante la prensa y ante el pueblo como el candidato a la gobernación por su partido.

Es evidente que el comienzo varía, este cambio resalta un aspecto particular de la noticia y le da una connotación especial. El lenguaje posee unos mecanismos extremadamente sensibles que recogen todo tipo de modulación en la articulación del discurso; de ahí también la ventaja que tiene el periodista que conoce los recursos del idioma.

La exposición de la noticia sigue una línea descendente, a diferencia del discurso novelístico que requere una línea de interés ascendente. A esta manera de redactar se le denomina técnica de la *pirámide invertida;* esto es, los datos más importantes se mencionan al principio y los restantes aparecerán de acuerdo con su importancia; el más trivial se colocará al final. De este modo, si por alguna razón conviene al editor acortar la noticia, podría hacerlo eliminando las partes finales, esto es, las menos importantes.

Es recomendable que cada elemento de la noticia se redacte en párrafos distintos; sin embargo, también conviene advertir que en ocasiones la noticia puede aparecer con cortes innecesarios que se traducen en párrafos breves e incompletos debido a la falta de ilación y continuidad en el pensamiento. El periodista habrá de buscar el balance adecuado entre una redacción esquemática y la coherencia y cohesión que requiere todo párrafo bien construido. Así se expresa Wilfredo Braschi sobre un aspecto tan importante de la redacción periodística:

> En la medida en que el periodista adquiere la técnica en el quehacer diario, acepta la "eliminación de palabras que sobran". ¿Qué palabras sobran y cuáles demandan relieve y presencia? El redactor cuidadoso irá percantándose de lo *esencial,* de lo *imperativo,* en la medida y en la proporción en que aprenda en la práctica, más allá de los textos. Ningún texto le enseñará a *simplificar* lo *complicado.*[5]

La técnica de la noticia requiere el siguiente orden: la *entrada* o resumen, el *"lead",* y el *cuerpo* de la noticia o desarrollo de la misma. La *entrada* habrá de contener los elementos esenciales que responden a estas ya clásicas preguntas: *¿Quién?, ¿Qué?, ¿Cómo?, ¿Cuándo?, ¿Dónde?, ¿Por qué?,* preguntas relativas al *sujeto* que ejecuta la acción, al *hecho* que se describe, al *modo* como se lleva a cabo esa acción, al *tiempo* en que se realiza, al *lugar* en el que ocurren los hechos y al *motivo* para llevar a cabo la acción. No todas las noticias presentan un mismo foco de interés; en unas será más importante el *motivo,* en otras el *lugar* o quizá el *sujeto,* el *modo,* el *tiempo* o el *hecho* mismo. El reportero, ayudado por la experiencia directa y esa sagacidad peculiar que posee el buen periodista, determinará el orden de estas interrogantes de acuerdo con su criterio. No siempre se pueden contestar todas las preguntas en una sola oración; en ocasiones varias oraciones segui-

---

5. Wilfredo Braschi, *Las mil y una caras de la comunicación,* p. 110.

das y breves transmitíran el mensaje con una mayor claridad. Recuérdese también que el párrafo trabajado por medio de subordinaciones requiere un acertado manejo de la sintaxis y ésta no es una cualidad muy frecuente.

A continuación veamos un ejemplo de la redacción de una noticia, observemos la gradación del interés, de mayor a menor, en el orden de los hechos:

> Los estudiantes Pedro Ramírez y Angel Serrano defendieron con firmeza la autonomía universitaria en las vistas del Senado durante el pasado fin de semana, debido a la creciente amenaza de una mayor supervisión académica por parte de personas extrañas a la vida universitaria, en caso de aprobarse un proyecto del Senado.
>
> Los universitarios Segarra y Ramírez representan al estudiantado de las instituciones universitarias puertorriqueñas. Durante las vistas estos jóvenes defendieron el principio de la autonomía universitaria que sustentan las instituciones que representan. En estos momentos el cuerpo legislativo del país ha propuesto unas reformas para los distintos centros universitarios las cuales, según los representantes universitarios, violan la autonomía de las instituciones.
>
> Al finalizar las vistas públicas, un grupo numeroso de estudiantes, con pancartas alusivas a la precaria situación de la autonomía universitaria, esperaba a sus representantes a la salida del Capitolio.
>
> Distintos grupos de personas que allí se enconntraban, fuera del edificio, mostraron interés por conocer la opinión de los líderes estudiantiles y la estrategia que éstos pondrían en práctica para presionar al cuerpo legislativo a reconsiderar el proyecto.
>
> La policía seguía atenta el curso de los sucesos. No se registraron señales de violencia ni acto delictivo alguno.

Si por razón de espacio fuera necesario acortar esta noticia, los últimos párrafos podrían eliminarse y no se alteraría la información básica.

Finalizamos esta parte con unas opiniones de dos teóricos de la información y también periodistas:

> El arte periodístico reside en la *brevedad*. Obvio: una *brevedad* que suscite interés y que de entrada capte la atención del *lector* o del *oyente*. Tratar de responder en una oración a todo lo que se *debe* saber sobre algo, *puede* confundir. La oración reveladora y *significante* es la clave de una noticia bien escrita.

* * *

La estructura de la nota periodística, esa nota que se escribe para el periódico o para la TV o el noticiero radiofónico, responde a la pericia del redactor. Los que "hacen sus primeros pinillos" en las redacciones, a veces, por acatar la rigidez de la técnica, suelen perder de vista que la "noticia debe ser vida". Si no es vida, si no la refleja, el diario deja de ser una fuerza comunicante. Se nos convierte en una lectura pesada, en un fárrago, en un espejo oscuro, opaco al revés y al derecho.

No vamos ahora a explicar del *pé* al *pá* la diferencia entre la noticia llena de vida y la que parece una inscripción fría y sepulcral. Todo el mundo sabrá a qué nos referimos y habrá visto "periódicos y revistas" que se caen de las manos.

El concepto de la "pirámide invertida" en que el reportero enhebra los sucesos en orden descendente, puede, pese a que "cuente lo que pasó", derivar en un relato extenso e insulso. Y no es que se me antoje que la noticia no deba adornarse.

Dentro de lo senasato y razonable ¿por qué no iluminar la noticia y darle flexibilidad? El buen periodismo no *puede* ni *debe* ponerse una "camisa de fuerza".[6]

Martín Vivaldi también llama la atención sobre el riesgo de tomar al pie de la letra el uso preceptivo de la técnica de la *pirámide invertida*; si bien renoce su utilidad, recomienda también un toque de *estilo personal:*

Lo que se critica hoy es la sujeción absoluta a lo noticioso. Entre otras razones porque se puede informar correctamente, sin necesidad de tener siempre presente la circunstancia "equis" o "hache" (el "qué", el "quién" o el "cuándo") para colocarla en la primera línea de nuestro escrito.

El sistema de redactar periodísticamente la noticia siguiendo siempre y en todo caso el procedimiento llamado de "la pirámide invertida", suele ser considerado hoy como algo anacrónico. Hay quien llama a este modo de redactar, con el prurito de llevar lo más interesante siempre a la cabeza del escrito, como enfermedad inflamatoria que se tilda de "encabezaditis". Los que así opinan, afirman que la manía de la "pirámide invertida" da por resultado el relatar la misma noticia tres veces: en el encabezado, en la entrada y en el cuerpo de la nota... Y aunque la misión del buen redactor sea fundamentalmente la de informar, no la de divertir, hoy se deja ya cierto margen al estilo personal, siempre y cuando no se caiga en el orden histórico-cronológico.[7]

---

6. *Ibid.*, pp. 109, 113.
7. G. Martín Vivaldi, *Op. cit.*, p. 351.

Para Martín Vivaldi una noticia bien redactada habrá de tener las siguientes "condiciones" o características:

> VERAZ.— Es decir, que quien la redacta nos diga, sinceramente, la verdad del hecho; *su verdad,* tal como él la ve y la concibe.
>
> EXACTA.— O que responda a la realidad, lo más fielmente posible. Lo cual no quiere decir que el informador se convierta en una máquina fotográfica combinada con una cinta magnetofónica. Téngase en cuenta que la mente humana selecciona siempre, según las especiales dotes del observador, según su particular estimativa.
>
> INTERESANTE.— Que no se pierda en lo accesorio, en lo contingente. Ha de buscarse siempre lo fundamental, lo que constituye la esencia y sustancia de lo que acontece.
>
> COMPLETA.— Para que responda a las seis preguntas, precisas e imprescindibles, estudiadas anteriormente.
>
> CLARA.— En la exposición y en la concepción. Claridad significa expresión al alcance de un hombre de cultura media. Además: pensamiento diáfano, conceptos bien digeridos y exposición limpia, es decir, con sintaxis correcta y vocabulario no excesivamente técnico. Expresado de otro modo: *un estilo claro es* —según hemos dicho— *cuando el pensamiento del que escribe penetra sin esfuerzo en la mente del que lee.*
>
> BREVE Y RAPIDA.— Dos condiciones que se complementan. La brevedad lleva a la rapidez. (Véase lo expuesto en el capítulo "El arte de escribir").[8]

REPORTAJE

La función de este escrito periodístico es, al igual que la noticia, informar. Aquí la información es más extensa y el punto de vista del autor se hace notar.

El reportaje se asemeja a la noticia en que también se tienen en cuenta las preguntas fundamentales: *qué, quién, cómo, dónde, cuándo* y *por qué;* además, debido a esta estructura básica, se mantiene el ritmo descendente; sin embargo, se aleja de la misma en la importancia que aquí adquiere la perspectiva del periodista.

---

8. *Ibíd.,* pp. 353-354.

La técnica del reportaje es muy semejante a la de la noticia: el *"lead"*, *entrada, resumen* o *comienzo*, y el *cuerpo* o *desarrollo* de la noticia. La *entrada* del reportaje no siempre seguirá el patrón tradicional de responder a las preguntas que exige la noticia; aquí lo importante es que el *"lead"* despierte el interés del lector, reuna los elementos esenciales del reportaje o se centre en el aspecto fundamental del mismo. El *cuerpo* o *desarrollo* del reportaje presenta una mayor variedad que el de la noticia, debido a su propia función y naturaleza. El tema seleccionado, el hecho o el sujeto entrevistado determinarán, en gran medida, la organización de esta parte; incluso aquí en ocasiones también se puede alterar el concepto de ritmo *descendente*. Así concibe Martín Vivaldi el reportaje:

> En realidad, *reportaje e información* vienen a ser una misma cosa. Como *reportero* significa el periodista habitualmente dedicado a la tarea de informar a su público de lo que pasa en el sector en que tal periodista se mueve. No obstante, dentro de la técnica periodística y comparada con el reportaje, la información resulta más escueta, más ceñida a la noticia, al núcleo vital del informe.
>
> El reportaje —tal como nosotros lo entendemos— es una información de más altos vuelos, con más libertad expositiva. Aquí, el periodista, el escritor, no necesita someterse tanto a la técnica informativa, sobre todo en lo que se refiere al orden de su trabajo. La materia es la misma; las preguntas básicas a que ha de responder la información, han de respetarse. Lo que varía es el procedimiento.
>
> El reportaje es un relato informativo, una narración noticiosa, en donde la visión personal del periodista, su modo de enfocar el asunto influyen en la concepción del trabajo. Tiene, pues, de la técnica informativa y de la narrativa.
>
> * * *
>
> A pesar de lo dicho, siempre hay que respetar en el reportaje el ritmo descendente. Quiere decirse que no se debe nunca comenzar con estilo "histórico" o puramente narrativo.[9]

Un buen reportaje necesita de la concurrencia de tres condiciones: *información, síntesis* y *estilo*. Lo primero que el periodista necesita para realizar este tipo de trabajo es informarse lo mejor posible sobre el tema, suceso, persona o proyecto seleccionado. Un reportaje, no importa su exten-

---
9. *Ibíd.*

sión, requiere un nivel razonable de veracidad; esto obliga al autor a la recopilación e investigación de datos y opiniones. Si bien es cierto que en el reportaje el punto de vista del periodista adquiere una mayor importancia, el autor deberá poner especial cuidado en informar con objetividad para que el lector pueda formar una opinión correcta. Cuando este aspecto se descuida y no se realiza una investigación lo más completa posible, que cubra diversos ángulos y opiniones, el reportaje podría resultar incompleto o tener matiz propagandístico.

Una vez recopilada la *información*, se procederá a la *síntesis* de la misma. Si ésta se realiza con cierto grado de objetividad, y logra dar al lector una visión de conjunto en la que aparezcan los aspectos más importantes, se cumplirá a cabalidad con la función del reportaje.

La flexibilidad de que goza esta forma periodística permite una mayor libertad en el *estilo*. La visión del autor se puede encauzar dentro de su estilo personal, el cual, sin dejar de ser periodístico, adquiere una dimensión más literaria. De acuerdo con el tema y el tipo de reportaje, el periodista podrá desararrollar una forma de expresión adecuada a su trabajo.

Existen diversas maneras de realizar un reportaje, pero básicamente podemos agruparlas en dos clases: el reportaje *narrativo-descriptivo* y el reportaje *entrevista*. El primero puede centrarse sobre un hecho, una persona, un tema; en estos casos la *narración* en muchas ocasiones va acompañada de la *descripción*. Si, por ejemplo, se relata un suceso predominará la técnica narrativa; si se centra la atención en una situación, una persona o un lugar, y se presentan de una manera estática, se usará más la descripción.

El reportaje entrevista, conocido también como *entrevista*, combina el diálogo entre el entrevistado y el periodista con la descripción y la narración. Este reportaje, si bien en apariencia parece el más sencillo, a la hora de trabajarlo no resulta ser así. La persona que realiza este tipo de trabajo como requisito indispensable tiene que saber entrevistar, y esto no siempre resulta fácil, bien sea por el tema mismo o por la personalidad del sujeto entrevistado. Aunque parezca contradictorio, el periodista realizará la entrevista fundamentalmente para *escuchar;* si sus preguntas son importantes, más lo son las respuestas del entrevistado ya que, en última instancia, éstas constituyen la base y el motivo del reportaje.

Durante el diálogo el periodista debe hacer preguntas precisas y formularlas de una manera breve; no se trata aquí de exponer sus ideas, sino las del entrevistado; en ocasiones las preguntas del periodista son tan amplias o tan extensas que distraen al lector e impiden la fluidez de la entrevista; cuando esto sucede en una entrevista por televisión, el resultado puede ser desastroso. La formulación de las preguntas debe fluir de un modo natural, sin forzar, aunque siempre con un propósito; las preguntas muy vagas y generales no suelen aportar nada de interés.

A la hora de redactar la versión final se debe procurar ser fiel al texto y no desvirtuar las ideas del entrevistado, de tal manera que diga lo que nunca quiso decir. La subjetividad del periodista debe mantenerse al margen con el fin de lograr la máxima fidelidad, sin que esto impida ver la perspectiva del autor que realiza el reportaje. A continuación hemos seleccionado unos fragmentos de un reportaje entrevista con el propósito de ejemplificar algunos de los puntos aquí explicados. Para comenzar, observamos que el título del mismo ya resulta atractivo, dice así: **Al rescate de un documento histórico.** El *comienzo* pone de relieve que la periodista conoce muy bien el oficio pues no sólo recoge la información esencial de todo el reportaje, sino que lo hace de tal forma que despierta el interés del lector:

> Negativos de valor incalculable de películas tomadas en Puerto Rico durante los decenios de 1940 y 1950, mostrando la transformación insular de la era de la inocencia a la industrialización, fueron por poco destruidos debido a que el gobierno de la Isla no pagó la cuenta de $8,000 para costear el revelado de esas películas.
>
> Muchos de los negativos son los únicos que quedan. De no haber sido por la incansable persistencia de dos estudiantes puertorriqueños graduados de la Universidad de Nueva York, se hubiera perdido para siempre algo del más importante legado cinematográfico de Puerto Rico.
>
> Luis Rosario Albert, de 24 años y su esposa Inés Mongil Echandi, de 23, lucharon contra el peso de 40 años de burocracia y apatía para rescatar alrededor de 70 filmes que una compañía neoyorquina estaba a punto de destruir.

* * *

A continuación el reportaje toma un nuevo giro cuando se reproduce parte del diálogo:

> "Esas películas revelan las raíces de los cambios políticos y sociales de la Isla", comentó Mongil Echandi. "Sabíamos que teníamos que recuperarlas y que ninguna otra persona tendría esa oportunidad más tarde".

* * *

Mediante la técnica narrativa la periodista va dando al lector detalles más específicos sobre el tema de su reportaje: el rescate de los negativos de antiguas e importantes películas puertorriqueñas.

> Rosario y Mongil Echandi están reuniendo los negativos en estaciones de televisión y en bibliotecas universitarias en Estados Unidos y en Europa, para crear la mayor colección clasificada de películas puertorriqueñas.

> Las cintas regresarán a la Isla para formar parte de lo que se conocerá como la colección de la Fundación Luis Muñoz Marín. Estos filmes fueron proyectos favoritos del ex-gobernador.

* * *

También se hace uso de la técnica descriptiva en el siguiente párrafo:

> Se hubieran perdido documentos que retrataron una isla limpia, antes de los cambios industriales que la cubrieron de asfalto, neón y mares de urbanizaciones y residenciales.

Continúa el reportaje con un breve relato del pasado, muy necesario para entender y valorar la importancia que tienen estas películas:

> Muñoz Marín promovió los proyectos de cine, considerándolos una muestra del tiempo anterior al binestar público, cuando la comunidad puertorriqueña se unía para resolver sus propios problemas.

> En 1949 el Departamento de Instrucción tuvo la encomienda de desarrollar un programa insular de educación de la comunidad para resolver el analfabetismo y desarrollar la infraestructura que abriera el camino de la industrialización.

> Se requirió la movilización masiva de recursos humanos, materiales y artísticos. Productores de cine, historiadores, músicos, pintores y escritores produjeron libros, películas y carteles. Los trabajadores sociales fueron al campo a difundir el mensaje.

> Las películas se rodaron en comunidades pobres. Los técnicos pasaron meses viviendo con los campesinos y lugareños, quienes formaron el elenco. Las películas luego se convirtieron en foco de foros comunales sobre cómo resolver sus problemas.

* * *

Finaliza el reportaje entrevista con una parte fundamental de la conversación, que subraya el objetivo del reportaje y pone de relieve la necesidad del mismo:

> Estas películas ofrecen una intravisión de la mentalidad puertorriqueña en aquella época, dice Mongil Echandi. Los estereotipos son constantes. Los negros se pintan como supersticiosos y más interesados en fiestar que en trabajar. Las mujeres son tolerantes y sufridas.
>
> "La experiencia cinemática del pueblo puertorriqueño ha sido abandonada y olvidada tanto en Estados Unidos como en la Isla", comenta Rosario. "Hasta ahora no ha sido documentada en la historia fílmica", concluye.

Karen Lowe: "Al rescate de un documento histórico", El Mundo, Puerto Rico.

CRONICA

Se caracteriza este trabajo periodístico porque contiene en sí elementos *informativos* e *interpretativos*. Comparte con la noticia la base informativa y con el artículo o el editorial, el estilo subjetivo de *opinión*.

La crónica se escribe habitualmente por un cronista que centra su relato en situaciones, personas o temas de interés local o nacional; o también pueden escribir con regularidad varios periodistas sobre determinados temas: crónica social, crónica deportiva, crónica local, etc.

El cronista informa sobre unos hechos específicos —siempre desde su punto de vista— y también ofrece directa o indirectamente sus opiniones al lector. Así que en la crónica se combinan un estilo objetivo, por medio del cual el autor relata lo que ha visto, y una voz subjetiva que interpreta los hechos. Por lo general, el cronista procede primero a una exposición y luego a la explicación; o bien, a medida que expone una situación o presenta un personaje o un dato importante lo comenta.

El estilo de este escrito que, por su propia naturaleza requiere un acercamiento periódico entre el lector y el cronista, suele tener un tono más familiar que el de otros trabajos periodísticos. Veamos a continuación un fragmento de este tipo de escrito:

> El otro día, en los miércoles de la marquesa, se hablaba de los escándalos que tienen conmovida a la opinión. El caso Watergate en los Estados Unidos y el caso Lambton en Inglaterra.

— Para que luego diga usted que en España no se tiene informada a la gente— me apostrofó la marquesa— de esos dos lamentables escándalos, ya lo sabemos todo e incluso demasiado. ¿Qué más quiere usted?

Yo quería que también se informase sobre los escándalos nacionales, si los hubiere, mas parece que no los hay. En Maryland acaba de suicidarse un senador complicado en lo de Watergate, y eso es cosa que en España no ocurriría jamás. No ya suicidarse: ni siquiera dimitir. Aquí no dimite nadie, nunca, pase lo que pase. Como para pegarse un tiro por escándalo más o menos.

— El suicidio es una cobardía.

— Y usted que lo diga, señora marquesa.

* * *

Gracias a esta asepsia telefónica de nuestro país, en España no hay escándalos Watergate ni casos Profumo ni ballets azules. Aquí no disfrutamos otros ballets que los de los coros y danzas, y ésos parece que nunca han sido sospechosos de dedicarse al espionaje ni a la corrupción erótica de clase política.

La democracia y la telefonía son males del mundo moderno de los que España se ha mantenido libre siempre que ha podido, pues el mucho llamar por teléfono no puede traer nada bueno.

Francisco Umbral: *Los escándalos*
en **Crónicas antiparlamentarias.**

EL EDITORIAL

Un periódico responde a una ideología y la transmite a sus lectores por medio del editorial; esto es, un artículo de fondo, sin firmar, en el que se comenta el suceso o el tema más importante del día o del momento con el propósito de ofrecer una orientación al lector. En estos comentarios el editorialista asume una posición, expresa unas opiniones que responden a una determinada línea político-social del periódico.

Por lo general, la lectura de los artículos editoriales de un periódico dice mucho de la filiación del mismo. No obstante, en ocasiones un determinado editorial puede mostrar cierto grado de independencia, lo cual redunda en beneficio del mismo periódico pues contribuye a proyectar una imagen menos comprometida y, por tanto, más libre.

Un periódico no comprometido con alguna causa o ideología no sólo es inexistente, sino que resultaría imposible de realizar, ya que para entender adecuadamente cualquier hecho social hay que enmarcarlo dentro de un contexto histórico. Por tanto, es lógico que un periódico se identifique con una causa política, relgiosa, social o cultural. Ahora bien, en un momento dado este grado de identificación puede presentarse con más o menos fuerza. De hecho, esta posición paradójica no es más que eso: una aparente contradicción. Un periódico serio, que entiende su responsabilidad pública, cuidará mucho de no confundir su misión de *orientar* —el objetivo fundamental que debe perseguir el editorial— con la manipulación y propaganda.

El escritor que tiene a su cargo los artículos editoriales, además de identificarse con las posiciones del periódico, habrá de poner sumo cuidado en el estilo que utiliza; la forma es aquí de capital importancia y, en definitiva, todas las palabras son decisivas. Para un editorialista lo importante será lograr un punto medio entre la libertad que requiere su estilo personal y la lealtad que le exige su periódico. No resulta fácil enmarcar unas ideas —no siempre personales— en una escritura directa, objetiva, pero que, por fuerza, habrá de tener un grado mínimo de subjetividad; pues si bien el editorialista escribe en nombre del periódico sobre unos sucesos o temas específicos, en ese momento esos mismos temas o sucesos afectan directamente su ámbito personal y su entorno social. Lograr ese balance adecuado es el reto que acepta todo editorialista.

Particular cuidado se pondrá al escribir el artículo editorial en cuanto a las cualidades del estilo: la claridad, la precisión y la concisión siempre necesarias, resultan ahora imprescindibles. Atención especial se habrá de poner en la redacción del primer párrafo, que presentará de forma directa el tema del editorial; los párrafos siguientes se dedicarán a un examen breve pero completo del tema o suceso, en esta parte se puede proceder también a la defensa de los criterios que fundamentan la posición del editorial; el párrafo final adquiere aquí una mayor importancia pues debe ser una síntesis del artículo editorial, para que sea efectiva su función orientadora. El ejemplo que incluimos a continuación ilustra con acierto la teoría y práctica del editorial:

CON EL MISMO ESPIRITU

El editorial es la posición oficial u opinión de un periódico y tiene como propósito primordial ofrecer al lector un comentario razonable sobre asuntos de interés público. El editorial hace críticas constructivas, pero también elogia cuando la alabanza es merecida. Todo esto en la esperanza de contribuir a la formación de una opinión pública responsable, que fortalezca nuestro sistema democrático de gobierno.

Hoy, día en que celebramos nuestro sexagésimo octavo aniversario, vamos a tener un editorial que se aparta de los temas regulares para reflexionar brevemente sobre esta celebración, de tan hondo significado para todos los que laboramos en este periódico, y para los miles de lectores que nos buscan todos los días, ávidos de información.

Tal día como hoy, en 1919, salimos a la luz pública con la encomienda firmemente trazada de ofrecer a Puerto Rico, de la forma más responsable y veraz, lo más relevante e interesante del acontecer diario, no sólo local, sino también del exterior. Y, apartándonos del periodismo partidista que por décadas había caracterizado la prensa puertorriqueña, postulamos desde ese primer día nuestra independencia política, imponiéndonos como único propósito servir los mejores intereses de nuestro país.

Ese es un compromiso que hemos mantenido a lo largo de estos 68 años, en los que hemos sido testigos presenciales de grandes acontecimientos que para bien o mal han ido transformando a Puerto Rico.

Y el 1987 nos encuentra escribiendo con igual entusiasmo y dedicación este bosquejo crudo de nuestra historia, con el compromiso firme de seguir haciéndolo para nuestras futuras generaciones.

Todo esto en el mismo espíritu que da sustento a nuestro credo de ayer, de hoy y de siempre: Verdad y justicia.

Editorial: *El Mundo*, Puerto Rico

ARTICULO

Bajo esta denominación incluimos todos los escritos de carácter periodístico, de cierta extensión, que versan sobre distintos temas de actualidad y recogen la perspectiva del autor. Nos parece más adecuado el término *artículo* por su amplitud; el cual no tiene aquí una connotación valorativa, sino de pura clasificación. Se diferencia del *ensayo* en que éste, si bien tiene cabida en las páginas de un periódico, es un género fundamentalmente literario, que persigue una finalidad estética.

Un periódico tendrá espacio para el artículo de tema cultural, económico, político, social, etc. Todos estos trabajos, por ser de divulgación general, estarán escritos en un estilo sencillo y ameno, aunque no por ello habrán de caer en a trivialidad.

Bajo esta abarcadora clasificación incluimos el *comentario* y la *reseña* teniendo presente, desde luego, las diferencias y peculiaridades que caracterizan a estos trabajos periodísticos.

COMENTARIO-COLUMNA

En las páginas centrales de los periódicos suelen aparecer unos artículos conocidos también como *columnas,* cuyo principal propósito es examinar algún tema o suceso de interés, vinculado directa o indirectamente con el momento presente. Estos artículos, que comparten con el *editorial* la intención orientadora, se diferencian de aquéllos en que aparecen firmados y las ideas que expresan son de la entera responsabilidad del autor. Dentro de la terminología periodística, estos artículos cabe clasificarlos como de *opinión,* al igual que el *editorial;* a diferencia de la *noticia,* que se denomina de *información.* La *columna,* en cierta medida, sirve de complemento al editorial; de hecho, los periódicos suelen tener columnistas especializados en temas específicos, quienes escriben con regularidad.

El autor de esta clase de artículos tendrá siempre presente que se dirige al gran público y, en especial, al del periódico para el que escribe; por tanto, se alejará de los planteamientos rebuscados o demasiado técnicos; lo que sería muy pertinente para una revista especializada, con mucha probabilidad no lo será en un periódico. El lenguaje habrá de estar también acorde con el fin que persigue la columna. Veamos un ejemplo:

DELINCUENCIA JUVENIL

Lector amigo, contesta estas preguntas de la manera más sincera, allá en tu intimidad, y dime si no llevo razón en mis planteamientos. ¿Qué puede hacer un joven que proviene de un hogar destruido, cuyos padres han olvidado sus responsabilidades, y acude a la escuela para recibir la instrucción adecuada y allí también se tiene que enfrentar a otras dificultades no menos graves como: la escasez de libros, un currículo poco creativo, cierto desinterés por parte de algunos maestros, ausencias repetidas por parte de otros, un programa de clases con demasiado tiempo libre, escasas actividades escolares y hasta, quizá, pocos amigos?

¿Qué hará ete joven si, a la salida de la escuela o dentro, le proporcionan el cigarrillo de mariguana o la pastilla para "estar en algo y ponerse en otra nota"? ¿Qué alternativa tendrá si va a la iglesia cercana, quizás con la esperanza de obtener comprensión y el apoyo que en esos momentos necesita, y, por el contrario, es objeto de reproches y censuras? ¿Qué se puede hacer cuando fallan el hogar, la escuela, la iglesia y hasta los buenos amigos, y además se tienen doce, catorce, dieciséis o diecisiete años?

La escuela debe ser como el segundo hogar para la juventud. No sólo habrá de estar comprometida con la formación intelectual del joven, sino también habrá de proveerle de una orientación moral. Su función didáctica abarcará así las áreas que se relacionan directamente con la conducta individual y social del estudiante. En ocasiones los jóvenes acuden al maestro para pedir un consejo; otras veces lo hacen en forma indirecta, tal vez encubriendo sus necesidades con cierto pudor. Estos momentos no deberían pasar desapercibidos para el maestro o la maestra, pues quizá el alumno busque en ellos lo que no encuentra en su hogar.

La escuela tiene que organizar diferentes talleres o asociaciones estudiantiles con el fin de despertar en el estudiante el interés por las disciplinas científicas y humanísticas, las artesanías, los trabajos manuales, juegos diversos, etc. Es fundamental para un joven "abrir puertas", conocerse al conocer sus habilidades; dedicar parte de su tiempo a aquello que le agrada y para lo que está dotado. La escuela no puede nunca perder de vista que tiene la misión de formar seres "integrales". Durante estos primeros años, con la orientación de sus maestros y solidaridad de su grupo, el joven irá descubriendo poco a poco lo que lleva dentro de sí y este descubrimiento, por fuerza, tiene que despertar su interés. Es obligación de la escuela ayudar en esta tarea al igual que el hogar.

La juventud y la adolescencia son años de preguntas, de búsquedas y de idealismo; por tanto, la inquietud religiosa surge como una consecuencia natural. La gran mayoría de los jóvenes examina las creencias que recibió en su hogar y, en un momento dado, también las cuestiona. Esta actitud es parte integrante de su desarrollo y resulta ser muy saludable que así lo haga. El sacerdote católico, el pastor protestante o cualquier representante de otras creencias religiosas será la persona indicada para ayudar al joven en sus dudas, para "orientarlo", nunca para manipularlo, para presentarle las alternativas y luego permitirle que él mismo llegue a su propia conclusión. Flaco favor se hará al adolescente si el guía espiritual persigue más un proselitismo demagógico que la apertura hacia una auténtica vivencia religiosa que enriquezca y dé sentido a su vida.

Casi ya en los albores del siglo XXI las iglesias no tienen más alternativa que evolucionar ante los cambios sociales si es que quieren seguir manteniendo su misión espiritual. No se trata ahora de emitir un juicio de valor sobre la moralidad de los cambios; más que condenarlos, creo que las iglesias necesitan renovaciones y ajustes; so pena de que los templos se queden vacíos por fuera y por dentro. El evangelio no fue enviado sólo para los ancianos, los beatos o algunos desencantados de la vida; la palabra de Dios es un bien de toda la humanidad; hay pues que ocuparse de su actualización para atraer los oídos de nuestra juventud, ensordecida por el estruendo del rock.

Si las condiciones del hogar mejoraran, la escuela ofreciera unas perspectivas más amplias y la iglesia "abriera un poco más sus puertas", ¿caerían nuestros jóvenes con tanta facilidad en las redes engañosas de la droga, irían a parar al horror del crimen, perderían su dignidad de seres humanos cuando apenas comienzan su vida? Es cosa de pensarlo.

Matilde Albert Robatto: *El Mundo*, Puerto Rico.

RESEÑA

Los periódicos suelen reservar durante ciertos días unas páginas para mantener informados a sus lectores de la actividad literaria nacional e internacional. Con este propósito se escriben las *reseñas;* esto es, los artículos en torno a una publicación reciente e importante; estas dos condiciones son fundamentales ya que el objetivo de la reseña es mantener al día al público lector de lo que sucede en el mundo de las publicaciones literarias.

La reseña de un libro debe ser breve y tendrá como propósito fundamental divulgar en gran escala el texto reseñado. Por esta razón en una reseña no caben exposiciones complejas ni oscuras interpretaciones, sino todo lo contrario: la reseña debe fundir con acierto en un espacio breve la síntesis y la valoración de la obra. Si es importante una síntesis inteligente de los hechos y temas, pues gracias a ella el lector puede formarse una idea general del texto reseñado, más importante es la valoración literaria del mismo; de hecho, sin esto se puede decir que no hay reseña, sino un escrito propagandístico más o menos extenso del libro. De acuerdo con esto, el estilo usado no habrá de caer en una complicada terminología de crítica literaria, sino presentar de manera clara y concisa una perspectiva crítica de la obra. A continuación mostramos un ejemplo de lo que consideramos una buena reseña:

Edelmira González Maldonado: **Alucinaciones.** Instituto de Cultura Puertorriqueña, San Juan, Puerto Rico, 1981, 95 págs.

Alucinaciones: he aquí un título que es ya anticipo y anuncio. Edelmira González Maldonado, la autora, siente y piensa por todo lo alto. Más allá de la palabra, por encima de la anécdota, se adivina el sentir y el pensar de un espíritu inquieto e inquietante.

El mundo de la narradora es un caos infinito de formas que emergen como desde el fondo de un "infierno-cielo" y que ella va ordenando poco a poco. La realidad viva, la de ayer, la de hoy, la de mañana, se desvanece apenas perfilada. Y la escritora nos devuelve a un universo sin nombre, indefinido, que flota en su libro desde la primera oración hasta el punto final.

Se advierte, sin esfuerzo, que Edelmira González Maldonado entra a la floresta literaria por la puerta de la metafísica. No es, como pudiera inferirse por el aire estilístico que sopla en su prosa, una angustiada buscadora del "tiempo perdido". Está lejanamente emparentada con Proust. Pero ella no anda tras la huella del momento en fuga.

En **Alucinaciones** queda inventado, forjando, redondamente hecho, el tiempo propio, la hora intransferible, de una persona. Esa persona se convierte en novela, en drama, en poema, en presente y futuro. Ni signo de protesta, ni gesto de desilusión, ni miedo a la nada. Simplemente unos ojos curiosos en el "oficio de tinieblas" de la vida-muerte.

De "alucinación en alucinación" —cada una a modo de capítulo en que se vacía la historia subterránea de su libro— la autora trae a relieve y pone sobre el escenario un protagonista esencialmente fantasmal. La trama se teje y se desteje alrededor de la comunicación y la incomunicación, en un juego de luces y sombras. Apenas se alude a las cosas, a los objetivos, a la gente en sus quehaceres mínimos. Ahí reside la originalidad de unas páginas escritas para vivir desviviéndose.

Personajes no, personas: es lo que vemos transitar por la constante alucinación de la autora. La autora que, por extraño arte de sueños y de insomnios literarios, es, a un tiempo mismo, personaje y persona. Todo es una voluntad de ser y no ser. Todo en un torrente de imaginación "razonada". Porque, salta a la vista, obra y autora encarnan el misterio del quehacer existencial.

¿Cuándo y dónde comienza a descubrir la psicología femenina, o sea, "su psicología", la autora? ¿Cómo captar el filo de sus vivencias? ¿Logra descorrer el sempiterno velo Edelmira González Maldonado? ¿O el relato en "cuatro alucinaciones" es un velo más tupido sobre el rostro de la persona y del personaje que da a luz el libro?

Una respuesta única: leer de un tirón. Y releer.

De vez en cuando aparece dibujada en el aire, casi despojada de peso, de volumen, la figura humana. Es nada más que la excusa para la emoción desnuda, para el fluir de la existencia apretada de símbolos que se le escapa a la autora.

Es la vida por dentro, lo que pasa tras la frente de una mujer que se siente "mutilada y sangrante" al borde del camino, en la boca del infierno, al pie del abismo. Cuando da paso al diálogo se encara a sí misma y la autora, de repente sin "carne y sin hueso", habla como si saliera de la encrucijada de unas letras, de unas ideas, de unos conceptos.

Vida y amor, impulsos que nacen y mueren en la expresión poética, las **Alucinaciones** de Edelmira González Maldonado encierran las incertidumbres y las creencias de un ser humano. Un ser humano que divaga sin freno y revela su intimidad a trechos. Y luego se nos desvanece, esfinge de sí misma.

Wilfredo Braschi: *Educación*, Puerto Rico

EJERCICIOS

1. Identifique los siguientes ejemplos como *noticia, reportaje, editorial, artículo, reseña* y explique el porqué.

A. **Cancionero IX** es un inventario del suceso íntimo y cotidiano. Refleja la devoción por todo lo creado y valoriza en su estado introspectivo todo cuanto él siente y observa. Armoniza con aire sutil sus "sueños desvelados" para invocar la armonía del todo y de la nada. Más allá de los límites del tiempo y de lo imposible, este libro abre un mundo imaginativo, con fronteras que concuerdan con la síntesis de soledad y esperanza. Su poesía resurge pujante como desahogo pleno de un orden concreto para arriesgarse —en algunas circunstancias— al dejo irracional y fantástico, donde la poesía explora latitudes intrincadas por el detalle del reto intransferible. Se hace evidente su razón de ser traída a la libre asociación y en correspondencia con el entorno creativo que logra supervivencia a través del tiempo.

Mili Mirabal: *Francisco Matos Paoli,*
Cancionero IX, Mairena, Puerto Rico.

B. Tierno Galván denuncia en uno de sus recientes libros el juego de la doble moral, que es característico de la cultura burguesa. Los escándalos de Washington, de Londres y de Alemania, en estos días, ponen de manifiesto este juego de la doble moral, este fondo de perversión en las democracias puritanas. El otro día, en casa de la marquesa de los miércoles, salió el tema de la doble moral.

— No se ha inventado nada nuevo, joven —me decía la marquesa—. La doble moral ya la practicábamos en mis tiempos, cuando salíamos con el joven marquesito, que era un buen partido, bien visto por mamá, y luego nos citábamos con el chófer, en su día de salida, para que nos llevase a un baile de Embajadores, con criadas y chisperos.

Lo que quiere decir que la doble moral rige o ha regido también en España, alguna vez. ¿Es malo eso de la doble moral? Los moralistas de extrema izquierda y de extrema derecha dicen que sí, porque consideran que moral no hay más que una.

Francisco Umbral: *La doble moral*
en **Crónicas antiparlamentarias.**

C. En síntesis, podemos adelantar que en términos generales es un buen plan de reforma. Distribuye mejor la carga contributiva y como consecuencia propicia un alivio contributivo sustancial, prácticamente general para el individuo y la familia. Esto ha de suceder al aumentarse considerablemente las exencias personales, aun cuando se eliminen las deducciones por intereses sobre préstamos de consumo, y se reduzcan o supriman las deducciones por concepto de gastos necesarios para derivar el ingreso, que hasta ahora se han venido concediendo.

* * *

No dudamos que algunos cambios pudieran ser convenientes o necesarios, y teniendo esto muy en cuenta, la medida debe ser objeto de la más amplia consideración y discusión, en vistas públicas y en las comisiones legislativas. Esta consideración a su vez ayudará a entender o aclarar disposiciones recomendadas, no sólo entre los mismos legisladores, sino entre el público que desconoce las complejidades y sutilezas técnicas involucradas en la redacción, administración y ejecución de las leyes fiscales.

Nos parece que sobre todo hay dos cosas que deben quedar completamente claras para que el plan tenga el mayor respaldo público.

Una es que los contribuyentes individuales pagarán menos contribuciones sobre ingresos con la reforma, que es lo que se les está diciendo.

Otra es que no habrá nada en la reforma por lo cual, sin advertirlo, el contribuyente le revierta al fisco, indirectamente, todo o gran parte del alivio contibutivo directo que se le concede.

"La reforma contributiva", El Mundo, Puerto Rico.

D. ¿Por qué existe Amnistía Internacional? Todos los gobiernos reclaman ser defensores de los derechos humanos y ninguno de ellos se confiesa abiertamente culpable de violarlos. Mas lo cierto es que ocurre todo lo contrario: son muy pocos los gobiernos que de verdad respetan los derechos humanos; en un gran número de casos se cometen crasas violaciones y en un número menor se transgreden las normas elementales de respeto por la dignidad del ser humano.

Ante esta situación, ¿no era y es necesario un organismo que se ocupe de investigar el maltrato, la tortura y hasta la muerte de quienes, sin usar la violencia, mantienen y defienden sus ideales políticos o religiosos? Quizás hemos olvidado que, en muchos países, el simple reparto de un periódico opositor o no simpatizante con el régimen, la distribución de todo tipo de propaganda crítica al estado está penalizada con la cárcel, la tortura o quién sabe si con la desaparición.

Es preciso concientizarnos de que posiblemente cerca de nuestro país, en nuestro mundo industrializado, orgulloso de sus descubrimientos espaciales, de sus experimentos científicos, se tortura también, se viola, se aplican choques eléctricos en las partes más delicadas del cuerpo, se azota, se inyectan químicos mortales, se lacera todo resquicio de la piel y, lo que es aún más doloroso, se pisotea la dignidad de un hombre.

Matilde Albert Robatto: "Amnistía Internacional", El Mundo, Puerto Rico.

E. El **Cancionero V** ofrece una serie de variaciones sobre la vida espiritual del poeta; una vida en comunicación con la poesía, expresada y sentida desde la poesía, con Dios como referencia. El poeta está centrado en un mundo de creación, no muy amplio, explicándose, defendiéndose —y atacando algunas veces, con lenguaje directo o de manera satírica. Está también el poeta en el tiempo, cuando recoge remembranzas de Lares, de su infancia o cuando manifiesta su reacción personal frente a circunstancias exteriores. Pero siempre es más importante lo subjetivo, la condición de la poesía, la expresión de la poética o las reacciones contra algo que se le opone. Develación de un mundo interior pero no en forma patética, romántica, sino refrenada.

Manuel de la Puebla: **Francisco Matos Paoli,**
Cancionero V, Mairena, Puerto Rico.

F. Conocido como uno de los principales novelistas del llamado "boom" latinoamericano, sus ficciones —desde Los jefes (1959) hasta la reciente Historia de Mayta (1984)— han aportado a la literatura de este último cuarto de siglo unas simetrías y unos temas que, basados inicialmente en una realidad social localizada e identificable, nos la devuelven descompuesta, deforme, fragmentada y, de alguna manera, aún más reconocible que antes en sus esencias. Oscilando entre la sociedad y el individuo, entre la realidad y la ficción, entre la verdad y la mentira y también —a veces— entre el drama y el melodrama, la obra de Vargas Llosa juega continuamente con extremos que se tocan, chocan y se entrecruzan pero que siempre se complementan artísticamente, permitiéndole al lector adentrarse por las fisuras de los diferentes planos expuestos o sugeridos para lograr la síntesis creativa, la iluminación liberadora.

* * *

A lo largo de su obra narrativa, además, se ha venido operando lo que parece ser un acercamiento entre el novelista y la novela, entre le narrador y lo narrado, desde el Alberto de La ciudad y los perros hasta el novelista inquisitivo de Mayta y pasando por el Santiago Zavala de Conversación en la catedral y el Varguitas de La tía Julia y el escribidor. ¿No es ésta una contradicción de términos, una intrusión del novelista en la novela 'total', autónoma, auto-contenida por la que ha abogado él mismo?

"En lo último que he escrito", nos responde Vargas Llosa, "la preocupación por la ficción como tal es algo recurrente. Me interesa la ficción en la vida diaria, la forma en que ese mundo que imaginamos se incorpora a ella. Una manera de mostrar cómo nace la ficción a partir de la realidad es dejando operar al narrador dentro de la ficción. Uno inventa primero al narrador. El hecho de que aparezca un personaje que tenga características mías —como en Historia de Mayta— es una manera de mostrar cómo la verdad se convierte en mentira y la mentira en verdad. Se trata de un personaje que usurpa una personalidad y un nombre; de una realidad que se está volviendo ficción".

Carmen Dolores Trelles: "Mario Vargas Llosa. 'escribidor', 'hablador'
y conciencia creativa", *El Nuevo Día*, Puerto Rico.

G. Las manchas superficiales de la piel, naturales, como las pecas, pueden eliminarse sin anestesia ni cicatriz, con una rápida pasada de un laser especial, se anunció recientemente en una reunión de patólogos canadienses y norteamericanos.

Los expertos explicaron que el tratamiento provoca la ebullición del contenido líquido de las células, por lo que la mancha desaparece por evaporación.

Los especialistas de la Universidad de Medicina de Harvard, en Boston, donde se desarrolló el nuevo tratamiento, advirtieron que sólo pueden eliminarse las manchas que afectan la epidermis, la última capa de la piel expuesta al exterior.

El procedimiento consiste en aplicar por una décima de segundo un rayo láser de dióxido de carbono a una zona de dos milímetros de diámetro, algo que puede hacerse en una consulta médica dotada de equipo necesario.

* * *

No puede, en cambio, aplicarse el rayo láser a los lunares, manchas de nacimiento, por tratarse de pigmentaciones más profundas de la piel, en las que el rayo láser, por penetrar a mayor profundidad, dejaría cicatriz.

"Diario vivir", *El Mundo*, Puerto Rico.

H. Del anterior pensamiento nació el proyecto de ley que presenté ha poco "para la emancipación legal de la mujer".

Todos los hombres serios de la Cámara miraron mi proyecto con esa cargante risita de desdén que los tales hombres serios tienen para todo aquello que no entienden. Y, puesto a discusión, saltó mi elocuente amigo De Diego a la palestra, y sus períodos relampagueantes convencieron a todo el mundo de que yo estaba loco y que nuestras *castas y angelicales* mujeres estaban muy bien como estaban y para nada necesitaban más derechos de los que ya tenían. Así quedó la cosa, y ya nadie, ni yo mismo, se volvió a acordar de los asendereados y maltrechos derechos de la mujer, cuando no hace muchos días, me tropiezo en "La Democracia" con un manifiesto de Muñoz Rivera en que, después de reconocer que ya en los Estados Unidos van quedando muy pocos estados que no hayan implantado el voto femenino, abogaba porque aquí en Puerto Rico nos dispusiéramos también a realizar tan noble acto de justicia.

A mí no me sorprende que el señor Muñoz Rivera, hombre inteligente y progresista, se haya convertido en abogado del sufragio femenino; pero me sorprende y hasta me aflige que ni él, ni los que comentaron y ensalzaron las declaraciones de su manifiesto, hayan dicho una palabra en recuerdo de mi labor, buena o mala, en pro de dicha idea, cuando tuve la desdicha de ser delegado. Y ya que pasa el tiempo y nadie me da el bombo a que tengo tanto, tantísimo derecho por haber sido el primer paladín de la causa feminista en Puerto Rico, allá voy yo mismo a recordar mi hazaña y a rendirme a mí mismo el sincero homenaje de mi más entusiasta admiración.

Nemesio Canales: *El voto femenino* en **Paliques.**

I. N.Y.: creen la economía es estable

NUEVA YORK (AP) — La mayor parte de los norteamericanos cree que no está peor, en términos financieros, que hace un año y piensa que las condiciones generales de los negocios han mejorado o permanecido estables en los últimos meses, de acuerdo con una encuesta de Media General-Associated Press.

Poco más de la mitad de 1,400 encuestados dijo que sus finanzas eran más o menos las mismas que el año pasado, y tres de cada diez dijeron que su situación había mejorado. La economía de la nación y los mercados de trabajo han estado creciendo robustamente en los meses recientes.

"Estados Unidos", *El Mundo*, Puerto Rico.

J. Pero nos apartamos demasiado de nuestro objeto: volvamos a él: este hábito de la pena de muerte, reglamentada y judicialmente llevada a cabo en los pueblos modernos con un abuso inexplicable, supuesto que la sociedad al aplicarla no hace más que suprimir de su mismo cuerpo uno de sus miembros, es causa de que se oiga con la mayor indiferencia el fatídico grito que desde el amanecer resuena por las calles del gran pueblo, y que uno de nuestros amigos acaba de poner atinadísimamente por estribillo a un trozo de poesía romántica:

*Para hacer bien por el alma
del que van a ajusticiar.*

Ese grito, precedido por la lúgubre campanilla, tan inmediata y constantemente como sigue la llama al humo, y el alma al cuerpo; este grito que implora la piedad religiosa en favor de una parte del ser que va a morir, se confunde en los aires con las voces de los que venden y revenden por las calles los géneros de alimento y de vida para los que han de vivir aquel día. No sabemos si algún reo de muerte habrá hecho esta singular observación, pero debe de ser horrible a sus oídos el último grito que ha de oír de la *coliflorera* que pasa atronando las calles a su lado.

Mariano J. de Larra: *Un reo de muerte* en **Antología**.

K. El Parlamento Europeo ha aprobado una propuesta sobre el precio fijo de los libros en la que se apoya una reglamentación comunitaria de los precios. En la misma se subraya que en la distribución de libros con una tirada limitada es "de suma importancia" la distribución realizada por libreros tradicionales, y se comenta que "las diferentes reglamentaciones nacionales de precios no siempre son suficientes y que en determinados casos es necesaria una reglamentación internacional de precios".

La existencia de distintas reglamentaciones nacionales de precios, según el documento, puede causar problemas con el tráfico internacional de esta *mercancía* de obvias características culturales. En virtud de estas consideraciones, la propuesta pide a la Comisión de Asuntos Económicos y Monetarios que "a corto plazo (un año) presente un estudio profundo del mercado de libros en otras lenguas en los diversos Estados miembros y que, en virtud de ello, proponga las medidas necesarias".

El tema del precio fijo se planteó, incluso a nivel judicial, ante la práctica de algunos grandes centros de venta que exportaban libros nacionales y, seguidamente, los reimportaban, con lo que no estaban sometidos a la rigideces de precios que afectaban al libro nacional.

"La Cultura", *El País*, Madrid.

L. "Sissi, emperatriz" y "Los sueños de Sissi" cautivan a los espectadores del mundo entero. La espectacularidad de los escenarios, el romanticismo de la historia y sobre todo la prodigiosa fascinación de la actriz hacen de las dos películas un éxito total.

* * *

Un año después, el nombre de Romy Schneider precisa de un romance con mucha mayor fuerza y es Alain Delon, el actor más famoso de Europa, quien se une sentimentalmente a la joven vienesa. Sólo que esta vez no hay maniobras publicitarias por en medio. El amor atraviesa las revistas del corazón de medio mundo y los amantes del cine aplauden la unión de sus dos ídolos.

Mientras tanto, Romy continúa su ascensión como actriz. A los personajes almibarados suceden los primeros papeles dramáticos de la mano del realizador italiano Visconti.

* * *

Y de nuevo el cine. Orson Welles, Otto Preminger y Jules Dassin, es decir, los más prestigiosos realizadores, se acuerdan de Romy.

* * *

Es entonces —julio de 1981— cuando se produce la gran tragedia. David, de 14 años, está jugando en la verja que separa el jardín de la casa. Una verja compuesta por lanzas verticales. David resbala y queda atravesado por una de estas lanzas. El juego infantil termina en muerte. Romy no puede resistir el dolor. Y comienza la más trágica etapa de su vida.

* * *

— Mi pequeña Sarah es la mejor razón de mi vida, pero he comprobado que la resistencia humana ante las desgracias es infinita.

— Mi infancia estuvo marcada por la guerra mundial y la separación de mis padres. A mi padre le perdí sentimentalmente cuando yo tenía cuatro años. Los internados tampoco eran demasiado agradables... Mire, yo comencé a vivir cuando tenía 20 años y conocí a un hombre que tenía veintitantos y que se llamaba Alain. Lo de antes mejor es olvidarlo... Lo de después, también. Así que le voy a resumir: "Soy simplemente una mujer de más de cuarenta años, bastante desgraciada y me llamo Romy Schneider".

* * *

Y Romy agregaba:

— Mis relaciones con los hombres no han sido buenas. Mi vida ha estado envuelta en sombras. Todos me han prometido muchas cosas y me han habaldo de amor, pero jamás he conseguido lo que he pedido. Soy una persona traicionada por los hombres. El amor sólo lo he encontrado en Berlín cuando era una niña, después en Roma y, por supuesto, con mi hijo David. A cambio he tenido muchas horas de desgracia e infortunio.

* * *

Yves Montand, el famoso actor y cantante francés, que compartió con Romy muchas horas de "platós", fue uno de los primeros en enterarse de la trágica noticia:

— No quiero pensar en el suicidio. Prefiero creer que su corazón, harto de luchar, se ha dado por vencido.

Yves Montand había acertado. No fue la desesperación quien terminó con la vida de Romy Schneider. Fue el dolor. Un dolor que comenzó demasiado pronto, antes de que Romy fuese Romy, antes incluso de ser Sissi...

Alvaro Santamarina, *El Nuevo Día*, Puerto Rico.

M. Albert sienta las bases de la poesía social y feminista rosaliana estableciendo su drama vital: la ausencia del cariño directo del padre (un sacerdote) y de la madre en sus primeros años como hija natural; la recuperación del cariño materno; el matrimonio con Manuel Murguía, escritor también, quien si no fue exactamente fiel, supo alentarla en sus tareas literarias.

Llama la atención de Albert que una mujer que apenas había salido de su reducido marco gallego, lograse tan abarcadora perspectiva existencial como la que Rosalía trasmitió en su obra.

Logró también una abarcadora visión sobre los problemas de la mujer de su época y en el prólogo de la novela "La Hija del Mar", por ejemplo, luego de citar mujeres excepcionales de la historia y las artes, pudo señalar Rosalía que "protestaron eternamene contra la vulgar idea de que la mujer sólo sirve para labores domésticas, y que, aquella que, obedeciendo a la vez a una fuerza irresistible, se aparta de esa vida pacífica y se lanza a las revueltas ondas de los tumultos del mundo, es una mujer digna de la execración general..."

El feminismo rosaliano, que forma el núcleo del libro de Albert, se analiza ampliamente en el tercer capítulo, donde se explica su raíz social; se expone cómo Rosalía destaca las cualidades de la mujer en su obra; explica las condiciones limitantes para la capacidad de la mujer en los textos poéticos y narrativos. Sin abanderarse activamente a un movimiento feminista que por otra parte no había prendido en España, tuvo plena conciencia Rosalía de la liberación de su sexo, y en su obra "Lieders" exclama: "Yo soy libre. Nada puede contener la marcha de mis pensamientos, y ellos son la ley que rige mi destino".

* * *

En su estudio sobre el feminismo en Rosalía de Castro, Albert Robatto logra establecer, me parece, el equilibrio que se propuso al emprender la obra: un trabajo que sin los estorbos de los rígidos patrones de la crítica literaria, interesase por igual al especialista y al lector corriente, y mirase a la escritora y su obra "desde nuestra común experiencia femenina".

Juan Martínez Capó: "Libros de Puerto Rico", El Mundo, Puerto Rico.

2. Examine diez noticias que aparezcan en los diferentes periódicos del país y explique lo siguiente:

   A. En qué medida esas noticias ejemplifican las cualidades del buen estilo periodístico.

   B. Técnica empleada: el *"lead"* o resumen y el *desarrollo.*

3. Haga un reportaje sobre una persona o un suceso de actualidad. Señale las partes del mismo y aclare por qué escoge un determinado tipo de reportaje.

4. Escriba una crónica sobre un tema histórico, social o cultural.

5. Examine cinco editoriales, epecifique las partes de que constan y la técnica usada. Diga si estos ejemplos contienen las cualidades del estilo periodístico.

6. Redacte un artículo de *opinión* sobre un tema de actualidad. Especifique las partes centrales del mismo y vea si responde al objetivo que usted se propuso al escribirlo.

7. Escriba una reseña sobre un libro que haya despertado su interés.

SINOPSIS

A.– **Definición**

B.– **Cualidades del estilo periodístico**
Claridad
Precisión
Concisión
Interés
Actualidad

C.– **Géneros periodísticos**
Noticia
Reportaje
Crónica
Editorial
Artículo
Comentario–Columna
Reseña

CAPITULO XIX

REDACCION TECNICA

ESCRITOS TECNICOS, PROFESIONALES Y ADMINISTRATIVOS

Esta denominación incluye distintas formas de redacción relacionadas con el mundo profesional o laboral. El propósito de las mismas es lograr una comunicación efectiva; para lo cual se requiere un dominio del lenguaje expositivo.

Estudiaremos dentro de este capítulo: el *informe*, el *currículum vitae* y *resumé*, las *comunicaciones internas* que, a su vez, se dividen en: *memorando, circular* y *acta*. Tanto el *informe* como el *currículum vitae* o el *resumé* participan del concepto de *comunicación interna*, por ser escritos que pueden ser útiles para la comunicación interna y buen funcionamiento de una organización o empresa; pero se diferencian de las otras *comunicaciones internas* en que sirven también para proveer información importante al *exterior*, a otra institución o agencia. Por el contrario, el *memorando*, la *circular* y el *acta* tienen un área más restringida debido al carácter específicamente *interno* de la comunicación.

CARACTERISTICAS GENERALES

OBJETIVIDAD

Es una cualidad esencial en esta clase de escritos. Tanto la información como la opinión, en el caso del *informe*, debe ser lo más objetiva posible.

Desde la selección de los datos, la exposición de las ideas, el relato de unos hechos, como el simple comunicado de cualquier notificación, deberán realizarse con la máxima objetividad.

Los puntos de vista personales así como la dimensión afectiva no caben en esta clase de comunicaciones. La *objetividad* de un informe limitará todo alarde de autoelogio; de la misma manera que obligará a una evaluación justa del trabajo de otras personas; a su vez hará que sea más rigurosa la selección de los datos que formará parte del *resumé* o del *currículum vitae*.

EXACTITUD

Toda información y documentación vertida en estos escritos habrá de ser lo más exacta posible; no es este el lugar para lo aproximado o lo conjetural. En algunos casos se requerirá una investigación responsable para lograr la máxima *exactitud*.

Un informe debe proveer datos exactos cuando sea necesario, basados en un riguroso estudio; además de unas opiniones inteligentes, producto de un examen ponderado. Este mismo criterio se aplicará al *currículum vitae*, con el fin de que todos los datos que allí aparezcan sean *exactos* y fácilmente comprobables.

PRECISION

Como ya hemos señalado en los capítulos correspondientes, la *precisión* y la *concisión* son cualidades de un párrafo bien redactado, del lenguaje periodístico y, en definitiva, del buen estilo expositivo.

La escritura técnica habrá de ser precisa, esto es, ajustar el pensamiento a la palabra. Estas se usarán con una significación precisa; particular cuidado requiere el uso de los nombres y verbos, por ser las palabras portadoras de nuevos conceptos. Gran parte de la efectividad de un escrito técnico descansa en la precisión con que se maneja el vocabulario; por lo cual debe huirse de la verborrea y la ambigüedad. El lenguaje técnico es *denotativo*: cada palabra tendrá un solo significado dentro de ese texto.

CONCISION

Esta es una característica fundamental del lenguaje técnico; la misma consiste en saber expresar las ideas mediante el uso adecuado de las palabras. Contraria a la *concisión* es la ampulosidad, los rodeos innecesarios. Si cada vocablo tiene un significado específico, se habrá logrado la concisión en la oración y en el párrafo.

El estilo de las oraciones ayuda a la *concisión*. Cuando las mismas son excesivamente largas y no hay dominio de la estructura sintáctica del idioma, por lo general se carerá en la falta de *concisión*. Escribir un informe, una circular o un acta requiere una economía de palabras, *ir al grano*. Por tanto, se puede pecar de falta de *concisión* en un informe si se da información innecesaria o desvinculada del propósito general del mismo. El memorando, la circular y el acta son *comunicaciones internas* que requieren un estilo directo, esto es, exponer unas ideas o resumir unos hechos de manera concisa.

CLARIDAD

El lenguaje expositivo, debido a su función básica, requiere de esta característica. Resulta contradictorio intentar explicar un concepto y complicarlo innecesariamente a causa de una redacción oscura. El lenguaje técnico necesita de esa expresión clara que ayude a la exposición correcta de las ideas y facilite la comprensión de la información especializada.

Las comunicaciones de carácter administrativo, sobre todo si están dirigidas a un gran número de personas, deberán estar redactadas con la debida *claridad;* esto es, que no sea necesario releer un texto breve para entender lo que quiere decir.

Si en un informe es necesario el uso de palabras muy técnicas es recomendable una breve explicación del término, máxime si es posible que el informe tenga lectores no especializados en esa área en particular.

La *claridad* requiere de la *precisión* al escoger las palabras que explican los conceptos; además será imprescindible la *unidad temática* del párrafo, la *coherencia* y *conexión* entre pensamiento y palabra, un correcto *orden sintáctico* junto a la *concisión* en el estilo.

* * *

INFORME

El propósito fundamental de este escrito es presentar en forma detallada y, a la vez, concisa una síntesis de determinados hechos y situaciones. La producción de un informe requiere amplio conocimiento del tema, investigación previa y sentido de síntesis. La confiabilidad del mismo descansa en las dos primeras condiciones, que obligan a una reflexión indispensable en esta clase de trabajo.

Por lo general un *informe* ofrece datos importantes sobre el objeto de estudio, llega a unas conclusiones basadas en la interpretación de la información y documentación y, además, en algunas ocasiones hace recomendaciones. De acuerdo con esto, el *informe* requiere la máxima objetividad en las partes expositivas y permite un cierto grado de subjetividad en las recomendaciones.

El *informe* es de gran utilidad; tanto las disciplinas científicas como las humanísticas, la tecnología, las agencias del gobierno como de la empresa privada, las instituciones culturales, educativas, y organizaciones diversas necesitan de este tipo de comunicación para su mejor funcionamiento. A juicio de la Dra. María López de Arroyo los informes pueden realizar estas funciones:

1. Servir como base para decidir y actuar; pues son el instrumento que ofrece la documentación para tomar decisiones.

2. Mostrar el trabajo que se lleva a cabo en todo momento.

3. Hacer posible enterar a muchas personas al mismo tiempo sin importar el tiempo y la distancia.

4. Servir de vehículo para comunicar ideas creadoras.

5. Economizar tiempo y energía, si se les sabe dar uso máximo.
   a) evitan la repetición de trabajo.

6. Mantener un récord permanente de las situaciones.

7. *Permitir al lector la oportunidad de estudiar su contenido cuando le es más cómodo y en el momento propicio.*

8. *Servir como fuente de referencia en momentos de controversia.*

9. *Servir de base para evaluar a los empleados que los escriben, otra base para decidir acerca de promociones y aumentos de salarios.*

10. *Contribuir a dar prestigio a la empresa o individuo, aunque ésta no es su finalidad. La cantidad y calidad de las publicaciones de contenido científico dicen mucho del que las prepara.*

11. *Servir de instrumento de trabajo. Los manuales, especificaciones, etc. son productos de informes y son los que permiten usar, mantener, reparar e instalar un equipo.*[1]

CLASES DE INFORMES

Existen diferentes clasificaciones del *informe* de acuerdo con la forma, su periodicidad habitual y la función que llevan a cabo. Para una mejor comprensión, seguiremos los criterios que la Dra. López de Arroyo propone en su libro en cuanto a esto.[2]

A.- FORMA

Es esta la clasificación más general y, de acuerdo con ella, los *informes* se pueden clasificar en: *formales, semi-formales* e *informales*. El *informe formal* requiere dominio del tema, una investigación y comprobación de datos, documentación, índice, texto extenso, conclusiones, recomendaciones, apéndices y bibliografía; su composición externa es muy parecida a la de un libro; además es el más extenso de todos.

El *informe semi-formal* no tiene la rigurosidad del anterior y carece de alguna de sus partes como podrían ser las recomendaciones. Por lo ge-

---

1. María López de Arroyo, *Manual de Informes Técnicos,* pp. 8-9.
2. *Ibid.,* pp. 13-18.

neral, este tipo de informe versa sobre hechos o asuntos menos importantes; o bien el enfoque que de éstos se hace menos riguroso y más flexible.

El *informe informal* se utiliza para tratar asuntos de menor importancia, suele ser breve y no necesita de una elaboración minuciosa como ocurre con los anteriores. El elemento subjetivo adquiere en este escrito un mayor relieve.

B.- TIEMPO

INFORMES PERIODICOS

Algunos informes se hacen de acuerdo con una periodicidad habitual: diarios, semanales, mensuales, anuales, etc. Su objetivo principal es producir una información general y de rutina.

Debido a su extensión limitada, en ocasiones este tipo de informe se hace mediante un formulario, una carta o un memorando. Cuando la información se repite o es muy similar, las distintas agencias suelen tener unos formularios especiales con el fin de simplificar el proceso, ya que la lectura de los mismos se puede interpretar con ayuda de la computadora.

INFORME DE PROGRESO

Resume la evolución del trabajo realizado dentro de un límite temporal. Su extensión dependerá del lapso de tiempo que se deba cubrir.

Este tipo de informe es muy útil tanto para la oficina que lo solicita como para el autor del mismo. La agencia, por medio de este escrito, tiene conocimiento del desarrollo del proyecto y, a su vez, mantiene cierto control; lo que le ayudará a decidir si debe o no continuar con su aportación financiera, en el caso de que así sea; o si debe recomendarlo para otro tipo de ayuda. Por otra parte, este informe también es muy importante para el autor pues le permite autoevaluarse y tener una idea más concreta de su labor.

C.- FUNCION[3]

INFORME INFORMATIVO

Se le conoce también como *expositivo*, presenta los datos y la información de manera ordenada, pero sin interpretarlos ni valorarlos; tampoco propone recomendaciones. Son sencillos de preparar ya que sólo requieren buen sentido de síntesis.

La información y los datos vertidos en este informe representan un conocimiento valioso para la empresa, a la hora de efectuar algunos cambios y hacer decisiones.

INFORME EXAMINADOR

Tiene una dimensión más amplia que el anterior pues su propósito es informar e interpretar. Presenta los hechos y los datos y los explica de acuerdo con un criterio lo más objetivo posible. Sin embargo, este tipo de informe no ofrece recomendaciones.

Estos informes son muy importantes para la empresa o institución porque brindan una orientación sustancial a la persona que tome las decisiones; por tanto, se requiere un alto grado de objetividad de parte del autor del informe en el momento de seleccionar e interpretar los hechos.

INFORME ANALITICO (Demostrativo)

Es el más completo de todos, requiere información, interpretación y análisis; después de realizar estos procesos, llega a unas conclusiones y ofrece unas recomendaciones.

Este tipo de informe pide una mayor preparación por parte del autor, así como más responsabilidad a la hora de presentar las recomendaciones, que habrán de ser siempre producto de la investigación y estudio. Por lo general, suelen ser más extensos que los anteriores. Por su visión de conjunto, sin duda representan una gran ayuda para la agencia en el momento de

---

3. Esta clasificación guarda cierta semejanza con la que presenta Fernández de la Torriente en *El Informe, Comunicación Escrita*, pp. 124-125. Este autor clasifica el informe en: *expositivo, interpretativo* y *demostrativo*.

tomar las decisiones y llevar a cabo los cambios que sean convenientes. Al igual que en los anteriores, la objetividad es también esencial para realizar un trabajo óptimo.

* * *

PRESENTACION Y PARTES DEL INFORME

Las tres partes básicas en que se divide un informe son: *sección inicial* o *preliminar*, el *estudio en sí* o *desarrollo* del informe y las *conclusiones* y *recomendaciones*. La extensión de estas partes depende de la complejidad del informe, de sus objetivos y función. En un *informe informal* corto se pueden eliminar partes, mientras que en el *informe formal* extenso sucede lo contrario.

No existe una forma única para redactar un informe, ya que las situaciones, necesidades y propósitos varían en cada caso; incluso una carta, un memorando o una circular pueden cumplir la función de un informe. Al respecto opina la Dra. López de Arroyo:

> No hay razón para inquietarse si se demanda un informe que no se puede encasillar en los tipos convencionales que se conocen. Lo importante es obtener los resultados satisfactorios y una manera de acometer el trabajo es la siguiente: antes que nada se considera la función que tendrá el informe y cómo se trabajará para conseguir los datos correspondientes. Se debe conocer al lector; qué ideas tiene sobre el tema y qué conocimientos específicos desea obtener. El informe no llevaría a cabo la función formulada si no provoca en el lector la reacción que se quiere suscitar.[4]

A continuación enumeramos y explicamos las partes que componen un *informe formal,* teniendo en cuenta el modelo propuesto por la Dra. López de Arroyo.

A.— CUBIERTA

Se le denomina también *portada* y uno de sus propósitos es proteger

---
4. María López de Arroyo, *Op. cit.*, p. 14. Sobre esto véase también: G. Fernández de la Torriente, *Ibid.*, p. 126.

el informe; por esta razón es de un material más fuerte que el usado en el informe.

Los siguientes datos deben aparecer en la parte exterior de la cubierta: *título, nombre de la organización, autor;* si los tienen, se incluirán también en esta parte: *el número de serie, el número de ejemplar* y *la clasificación.*

B.– PAGINA DEL TITULO

Comprende la siguiente información: *título del informe, nombre del autor o autores, fecha y lugar de publicación, nombre de la organización* responsable del informe; aparecerá el nombre del cliente en el caso de que el informe se haya solicitado y remunerado por otra organización.

C.– PREFACIO Y PROLOGO

El primero lo prepara el autor, el segundo otra persona conocedora de la materia o relacionada con la empresa o institución.

El *prólogo* contiene comentarios sobre la calidad del informe y la preparación del autor para realizar este trabajo. También se hace mención del método usado y del tiempo durante el cual se llevó a cabo.

El *prefacio* se compone de un resumen de los temas, propósitos, funciones y recomendaciones del informe. Se aclara aquí también la razón del informe y los métodos empleados en la investigación. Se hace mención de las personas que han colaborado en el trabajo, en caso de que no se haga la página de *reconocimiento a los colaboradores.* Al final de esta parte se incluye el nombre del autor y el lugar y fecha de publicación.

D.– TABLA DE CONTENIDO

Esta parte se conoce también con el nombre de *índice.* Se hace luego de haber terminado el informe y en ella deben aparecer todos los títulos y subtítulos con sus correspondientes páginas.

E.– LISTA DE ILUSTRACIONES. TABLAS

Las fotografías, gráficas, tablas y todo tipo de material visual aparecerán en esta parte, acompañados del número de la página en donde se encuentran.

F.– EXTRACTO Y SUMARIO

El primero es un resumen del informe y no debe sobrepasar las 200 palabras pues así se puede utilizar en las tarjetas de catálogo de biblioteca. El *extracto* expone el tema del informe e incluye los resultados y recomendaciones. Como es ésta una de las partes más útiles para tener una idea general, se recomienda que se escriba una vez finalizado el informe con el fin de no omitir datos importantes.

El *sumario* es más extenso que el *extracto* y viene a ser una versión breve del informe. En esta parte, además de mencionar el tema, los resultados obtenidos y las recomendaciones, se añade el método y equipo que se usaron para realizar el informe.

Tanto el *sumario* como el *extracto* son unas síntesis del *informe,* una más extensa que la otra; sin embargo, el *sumario* forma parte de aquél, mientras que el *extracto* pertenece a la parte preliminar. Un informe puede incluir estas dos secciones o solamente una de ellas.

G.– INTRODUCCION

Aquí comienza propiamente el informe. Esta parte debe ser diferente del *sumario* y del *extracto* pues tiene una función distinta. Una buena introducción despierta el interés del lector, de ahí su importancia. La misma suele escribirse después de terminado el informe.

La *introducción* puede versar sobre el tema del informe, su trayectoria, el propósito del mismo, las causas que motivaron su realización, la experiencia del autor, etc.

H.– CUERPO O DESARROLLO

Es esta la parte central del informe, en la cual se expone, investiga y analiza el tema. Se requiere aquí el máximo cuidado por parte del autor al expresar conceptos, presentar datos y discutir alternativas.

El cuerpo del informe se divide en capítulos si es muy extenso, en caso de tratarse de un informe más bien breve se divide en secciones; a su vez, los capítulos y las secciones pueden subdividirse en apartados menores y más específicos. El orden de esta parte depende del tema y extensión del informe.

I.– RESULTADOS

Se agrupan en esta sección los resultados obtenidos a través del estudio, pero no se informan las conclusiones ni se ofrecen recomendaciones.

J.– CONCLUSIONES

Después del estudio pormenorizado del tema, se presentan las conclusiones, que deberán basarse en el análisis realizado. Las mismas tendrán que ser pocas y estar redactadas con claridad y precisión.

K.– RECOMENDACIONES

Al final del informe aparecen las recomendaciones, que indican las acciones o cambios que se deben llevar a cabo; estas sugerencias se basan en las conclusiones.

L.– APENDICES

Comprende los materiales relacionados con el informe, pero que no están insertados en el cuerpo de éste por razones de metodología o estilo. Pueden incluirse en esta parte: gráficas, fotografías, cartas, tablas, documentos, etc.

M.– BIBLIOGRAFIA

Se conoce con este nombre la lista de publicaciones relacionadas directa o indirectamente con el informe; algunas pueden aparecer citadas en el texto, otras le han servido de base al autor para realizar su trabajo.

N.— INDICE DE MATERIAS

Se pone en los informes extensos. Contiene los nombres, lugares y términos principales; todos ellos en orden alfabético; al lado se pone el número de la página que corresponde. A continuación presentamos un *informe* breve, informativo y de carácter informal.

INFORME DE VIAJE DE ESTUDIOS E INVESTIGACION

Puerto Rico, 14 - VIII - 1978
Por: Matilde Albert Robatto

INTRODUCCION

El objeto principal de este viaje de estudios a Galicia fue terminar la investigación en torno a la obra general de las escritoras gallegas Rosalía de Castro y Emilia Pardo Bazán, además de examinar detenidamente el aspecto feminista en la obra de ambas escritoras. El fruto de esta investigación culminará en la preparación de diversos cursos graduados sobre estas figuras y otras también importantes de la literatura gallega; además, en la publicación de un libro y varios artículos sobre las escritoras antes mencionadas.

CUERPO O DESARROLLO

El plan de trabajo lo dividimos de la siguiente manera: en primer lugar, la visita a los sitios relacionados con la vida y obra de ambas mujeres; en segundo lugar, la recopilación y estudio de las fuentes primarias y secundarias. Los sitios visitados fueron: la Casa Museo Rosalía de Castro, los lugares mencionados por ella en su obra, la Casa Museo Emilia Pardo Bazán en La Coruña, los lugares mencionados por ella en su obra. La segunda parte del trabajo la llevamos a cabo en la Biblioteca General de la Facultad de Letras, de la Universidad de Santiago de Compostela, en la Biblioteca del Seminario de Filología Románica de dicha Universidad y en el Instituto de Estudios Gallegos Padre Sarmiento. En estos lugares pudimos obtener las primeras ediciones de las obras que eran objeto de nuestro estudio, así como la documentación crítica pertinente. El personal facultativo de dicha entidad nos brindó todas las facilidades posibles, por lo cual tendremos para con él una perenne deuda de agradecimiento.

Para poder realizar con mayor rigor nuestro trabajo, tuvimos varias entrevistas con las personas más destacadas en el conocimiento de estas dos figuras; nos referimos al Dr. Ricardo

Carballo Calero, Catedrfatico de Lengua y Literatura Gallega de la Univesidad de Santiago de Compostela y autor de numerosos trabajos y libros sobre Rosalía de Castro. También contamos con el asesoramiento del distinguido humanista y escritor gallego Ramón Piñeiro, quien atendió con gran amabilidad nuestras dudas y planteamientos relacionados con la vida y obra de Rosalía de Castro y Emilia Pardo Bazán. Sus elogiosas palabras para con nuestro trabajo nos sirvieron de gran estímulo.

RESULTADOS

Creemos que la experiencia del viaje ha sido de gran importancia, no sólo por lo que representa en términos de vivencias personales, puesto que un libro de esta naturaleza no se puede escribir únicamente en una biblioteca; sino también por la oportunidad que se nos brindó de tener a mano toda la documentación crítica más importante y más reciente.

PARTE FINAL

Agradecemos a la Universidad de Puerto Rico, Recinto de Río Piedras, y a la Oficina de Coordinación de Estudios Graduados e Investigaciones, en especial a su director el Dr. Juan D. Curet, la ayuda que nos han proporcionado para continuar y finalizar este estudio.

Matilde Albert Robatto

* * *

CURRICULUM VITAE. RESUME

Son dos términos que, por lo general, tienen una misma significación y propósito: enumerar datos biográficos, estudios, trabajos, obra realizada, cargos, tareas complementarias, premios, referencias, etc. con el propósito de obtener en empleo. No obstante, convendría aclarar que en el mundo académico se suele usar con más frecuencia el término *curriculum vitae*, y éste tiene una mayor extensión que la del clásico *resumé*. Quizá debido a esta diferencia, algunas personas entieden que el *curriculum vitae* es más extenso y contiene una información más detallada sobre la preparación académica y desarrollo profesional del autor. Sin embargo, hoy día la palabra *resumé* ha ido ganando terreno hasta el punto de usarse ambas como sinónimas.[5]

---
5. Esta opinión la comparten: María López de Arroyo, *Ibid.*, p. 151 y G.F. de la Torriente, *Ibid.*, p. 141.

Si el propósito del *resumé* es convencer a quien lo lea de que el solicitante resulta ser la persona más adecuada para desempeñarse en el puesto que solicita, se comprenderá el extremo cuidado que ha de tenerse al hacer este tipo de trabajo. Un buen *resumé* debe informar los datos más importantes, de ahí la atención que habrá de darse al proceso de selección de los mismos. A su vez deberá estar redactado con claridad y precisión, sobran aquí las palabras sin contenido. Así se expresa la Dra. López de Arroyo sobre la producción de este escrito:

> El resumé es una comunicación escrita que contiene los datos personales, educación que se posee, experiencias de trabajo y otros factores vitales y necesarios que permitan juzgar y valorar rápidamente la situación de cada persona. Este documento tiene el propósito de persuadir a un potencial patrón de que el solicitante es la personas más apropiada para ocupar la plaza que solicita.[6]

En términos generales, se entiende por *resumé* un escrito específico que consta de unas partes definidas; pero también conviene recordar que dichas partes no tienen un patrón fijo ni tampoco un orden único, sino que esto dependerá del enfoque que quiera darle el autor; esta libertad no está en conflicto con el desarrollo lógico que debe seguir todo buen *resumé*. El Dr. Juvenal L. Angel propone cuatro tipos de *resumés:* el básico, el cronológico, el funcional y el analítico; cada uno presenta una orientación diferente, el último es el más completo.[7]

La extensión del *resumé* dependerá de la preparación y desarrolle profesional del autor. Los textos especializados en estas materias recomiendan que no se exceda de las tres páginas; sin embargo, esto puede variar de acuerdo con la preparación y experiencia del autor, así como del tipo de trabajo que solicita, de la categoría a la que va a ser ascendido o el honor que se le vaya a conferir.

Incluimos a continuación unas autorizadas opiniones al respecto:

> There are no definite rules as to how long a résumé should be. If your history is short because your education or experience is limtied, or for some other personal reason, one page will suffice. But when you have to present a lengthy

---

6. María López de Arroyo, *Ibid.*
7. Juvenal L. Angel, *The Complete Résumé Book,* 42-279.

history of background, experience and potential, you can use either two or three pages —never more than three. Employers seldom have the time to read more than three pages, and if you write more the reader may miss some information while trying to cover all you have included.

In short, your résumé should be long enough to tell the prospective employer all that he should know, and short enough to avoid trivia. The generally accepted average is one page for applicants with little experience —such as recent college graduates— two pages for applicants with up to ten years' experience, and three pages for professional people and executives, who usually have long years of experience.[8]

* * *

El formato debe darle apariencia estilizada al contenido, es decir, que esté libre de toda sensación de conglomeración. El résumé debe estar libre de todo exceso de palabras, pero repleto de hechos y conocimientos pertinentes y relacionados con el propósito. La forma de reconciliar estos dos requisitos (decir mucho en pocas palabras) y al mismo tiempo cumplir el compromiso de apariencia física nítida, objetiva y profesional es mediante el uso de partes bien bosquejadas y separadas unas de otras. Entre cada parte deben aparecer espacios y márgenes bien balanceados. El contenido de cada página debe estar simétricamente encuadrado a lo largo y ancho del papel.

* * *

El résume, como ya se ha dicho, es necesariamente corto, pero completo, no sobrecargado de informaciones detalladas. En el caso de la persona que tiene una vasta educación y mucha experiencia de trabajo, se prepara un résume con anexos. En el résume se anota brevemente la experiencia educativa y de trabajo y se hace referencia a la información que se encontrará en los anexos pertinentes.[9]

Presentamos seguidamente las partes esenciales de que consta el *resumé* que podríamos denominar *básico:*

---

[8]. Juvenal L. Angel, *Ibid.,* p. 39.
[9]. María López de Arroyo, *Op. cit.,* pp. 156-157, 159.

A.— NOMBRE Y DIRECCION ACTUAL.

B.— DATOS PERSONALES

Fecha y lugar de nacimiento, nacionalidad, estado civil, servicio militar, número de hijos. En algunas empresas solicitan el estado de salud, la altura y el peso ya que estos datos podrían ser importantes en un determinado trabajo. Sin embargo, hoy día, que se pretende luchar contra todo tipo de discrimen, va en aumento la tendencia a eliminar estos datos así como la fecha de nacimiento.

C.— OBJETIVO

Esta parte aparece en algunos resumés y en ella se especifica el puesto, la plaza o el trabajo en el que se desearía trabajar.

D.— OCUPACION ACTUAL

Se mencionará la empresa en donde se trabaja, posición que ocupa, deberes y tiempo de servicio. El sueldo se pondrá a discreción del autor.

E.— EDUCACION O PREPARACION ACADEMICA

Se detallan aquí los estudios realizados y los grados obtenidos así como el lugar y la fecha de los mismos. Se especificarán los estudios especializados y la formación técnica del solicitante si la tuviera. Esta parte debe estar lo más completa posible con el fin de presentar con fidelidad a la persona que solicita el puesto.

F.— EXPERIENCIA PROFESIONAL

En este apartado se enumeran los diferentes trabajos realizados por orden cronológico. Cuando estos han sido numerosos, se recomienda mencionar los que se relacionen con el trabajo que se solicita. Conviene aquí especificar la posición ocupada en los diferentes trabajos así como las obligaciones relativas al cargo. Se debe también incluir el nombre de las empresas en que se ha trabajado con sus correspondientes direcciones.

G.– PUBLICACIONES

Si la persona tiene obra publicada, ya sean libros, artículos en revistas especializadas o de divulgación general, esta información aparecerá en este apartado ya que puede ser muy importante, sobre todo si el trabajo solicitado se relaciona con el mundo universitario.

H.– IDIOMAS

Se especifican los idiomas que se conocen y el grado de dominio que de ellos se tiene.

I.– ORGANIZACIONES PROFESIONALES

Se enumeran las organizaciones a las que pertenece el solicitante si éstas tienen relación con el trabajo solicitado.

J.– ACTIVIDADES EXTRACURRICULARES

Se refiere esta parte a cierto tipo de trabajo realizado que no está directamente relacionado con la profesión, pero que redunda en beneficio de la comunidad.

K.– INTERESES PERSONALES. PASATIEMPOS

Se pueden mencionar aquí los deportes, cualquier pasatiempo o algún otro interés particular.

L.– SALARIO

Este apartado no todas las personas lo incluyen; de hacerlo sólo se menciona el salario actual.

M.— REFERENCIAS

Se citan tres o cuatro personas conocidas con el fin de que puedan proveer información sobre el solicitante. Estas deben estar relacionadas con el trabajo solicitado o gozar de prestigio en la sociedad.

Como ya hemos señalado, la extensión del *resumé* dependerá del desarrollo profesional del autor y también del trabajo que solicita. En ocasiones habrá de dar una mayor información en unos apartados que en otros; lo importante es que cubra de la mejor manera posible la preparación y la labor profesional del solicitante. Es conveniente que, antes de hacer el *resumé*, la persona interesada se informe sobre el tipo de *resumé* que prefiere la empresa a la que va a solicitar el trabajo; esta medida puede ahorrarle tiempo y darle buenos resultados. En caso de tratarse de una persona con poca experiencia laboral o profesional, aconseja la Dra. López de Arroyo:

> Una persona joven recién graduada puede tener dificultad en conseguir una posición debido a la falta de experiencia de trabajo. Una narración de todas sus experiencias de trabajo a tiempo parcial y que explique si trabajó para costearse sus estudios puede resultar muy valiosa. También se pueden ofrecer sus experiencias de liderato en competencias intelectuales, participación en organizaciones y trabajos literarios que haya compuesto. Lo que se necesita es comunicar que es una persona trabajadora, deseosa de aprender y capacitada para asumir nuevas responsabilidades. Hasta ahora, su trabajo ha sido estudiar, con el fin de mejorar para progresar a la par con la competencia del mundo.[10]

A continuación incluimos dos modelos de resumés con algunas diferencias.

---
10. *Ibid.*, p. 159.

RESUME

Angel Acevedo Huertas
C. Diana No. 830
Urbanización Dos Pinos
Río Piedras,
Puerto Rico
(Tel. 742-1365)

DATOS PERSONALES

> *Lugar de nacimiento: Río Piedras (P. R.)*
> *Fecha de nacimiento: 22 de febrero de 1962*
> *Nacionalidad: Norteamericana*
> *Estado civil: Casado*
> *Edad: 25 años*
> *Estatura: 5' 7"*

OBJETIVO

> *Obtener un contrato con carácter permanente como director técnico de programas educativos para la televisión. También podría asesorar en cuanto a la adquisición de material cinematográfico en general.*

OCUPACION ACTUAL

> *Asesor técnico del Departamento de Instrucción Pública para los progrogramas educativos de televisión. Director técnico de los programas educativos por el término de 1 año; durante este tiempo he tenido a mi cargo la supervisión de la producción técnica de todos los programas educativos de esta agencia.*

PREPARACION ACADEMICA

1982. Bachillerato en Comunicación Pública, Universidad de Puerto Rico.

1984. Maestría en Cinema Studies (Estudios Cinematográficos), New York University.

1985. Curso de Adiestramiento técnico en conservación de películas (tres meses de duración), División Fílmica de la Biblioteca del Congreso, Washington.

EXPERIENCIA PROFESIONAL

1985-86. Instructor. Departamento de Comunicaciones, Universidad del Sagrado Corazón.

1986-87. Asesor técnico, del Departamento de Instrucción Pública, para los programas educativos de televisión.

1986. Productor independiente del documental: **La flora de Puerto Rico.**

IDIOMAS

Inglés, francés y portugués (dominio de los tres), italiano y alemán (conocimientos básicos).

ORGANIZACIONES PROFESIONALES

Asociación Latinoamericana de Cine, Radio y Televisión.
American Association of Cinematography.

REFERENCIAS

Tengo referencias tanto académicas como profesionales que enviaré cuando me lo soliciten.

CURRICULUM VITAE

Elba Díaz de la Fuente
C. Asomante 83, Apart. 703
Santurce,, Puerto Rico
(Tel. 732-9857)

DATOS PERSONALES

> *Lugar de nacimiento: Guayama (Puerto Rico)*
> *Fecha de nacimiento: 15 de febrero de 1963*
> *Nacionalidad: Norteamericana*
> *Estado civil: Soltera*

OBJETIVO

> *Obtener una plaza como profesora de Español en el nivel universitario.*

OCUPACION ACTUAL

> *Profesora de Español en la Escuela Superior Manuel Zeno Gandía. Programa docente que comprende un total de 24 horas semanales de enseñanza, además de los trabajos complementarios que exije la Escuela. 1 año de servicio.*

PREPARACION ACADEMICA

1984. *Maestría en Estuidos Hispánicos, Universidad Interamericana*
1982. *Bachillerato en Artes Liberales, Universidad Interamericana*
1978. *Escuela Superior, University Gardens*

EXPERIENCIA PROFESIONAL

1986-87. Profesora de Español, Escuela Superior Manuel Zeno Gandía (programa completo)

1985-86. Profesora de Español, Escuela Superior Manuel Zeno Gandía (tarea parcial)

PUBLICACIONES

1986. **Modificaciones** *(poemario)*

1985. **En torno a la poética de Julia de Burgos**, Cuadernos Puertorriqueños, *Puerto Rico, IV, 1985, pp. 15-28.*

1984. **Anotaciones críticas a "El Aleph"**, *(de Jorge Luis Borges), Letras hispánicas, México, V, 1984, pp. 36-47*

IDIOMAS

Dominio del inglés, francés y portugués

ORGANIZACIONES PROFESIONALES

Miembro de la Asociación Americana de Profesores de Español y Portugués

ACTIVIDADES EXTRACURRICULARES

Columnista del periódico "El Reportero"

REFERENCIAS

Dra. Alicia Hernández, Dpto. de Español, Universidad Interamericana, Recinto Metropolitano.

Dr. Angel Luis Umpierre, Dpto. de Estudios Hispánicos, Universidad de Puerto Rico, Recinto de Río Piedras

Dra. Hilda Meléndez, Dpto. de Lneguas, Universidad del Sagrado Corazón, Santurce, Puerto Rico.

* * *

MEMORANDO

Esta palabra viene del latín *memorandum;* esto es, lo que debe guardarse en la memoria. El Dicionario de la Real Academia, en una de las acepciones de este término, lo explica como una comunicación diplomática, comúnmente sin firma, en la que se resumen ciertos sucesos y razones que habrán de tenerse en cuenta en un asunto de importancia.

Hoy día se entiende por este término una comunicación interna que tiene como propósito trasmitir una información valiosa entre los miembros de un departamento, una empresa privada o una agencia de gobierno. Por medio de este escrito se informa sobre una noticia importante relativa al departamento o a la empresa; se pueden comunicar también avisos, citaciones o cualquier tema de interés.

Al ser éste un tipo de comunicación que plantea directamente el asunto de manera concisa, los distintos departamentos del gobierno así como la empresa privada lo usan con mucha frecuencia.

Para la Dra. López de Arroyo las funciones generales del *memorando* son:

1. *Mantiene a todo el personal debidamente informado;*

2. *Trasmite información ascendente, descendente y colateral. En otras palabras, lo usan tanto los ejecutivos como los subordinados;*

3. *Sirve de recordatorio;*

4. *Ayuda a conservar récord permanente de los asuntos que se desee;*

5. *Permite que personas ajenas al asunto se enteren con un mínimo de tiempo;*

6. *Se utiliza tanto para trasmitir información rutinaria como poco frecuente.*[11]

---

11. *Ibid.*, p. 43.

En algunas empresas tienen ya unos formularios, esto resulta muy conveniente cuando se trata de recoger el mismo tipo de información ya que de este modo se obtiene una mayor uniformidad.

La información que puede contener un *memorando* es muy variada, por ejemplo: da las instrucciones necesarias para llevar a cabo cualquier clase de trabajo; comunica a los empleados las actividades que se llevarán a cabo; notifica los aumentos de sueldo, otras remuneraciones y cambios en el calendario; anuncia la fecha de las reuniones, conferencias o cualquier otra actividad importante; resume los temas que se discutirán en una reunión o, por el contrario, también puede ofrecer una síntesis de los asuntos tratados en otra sesión pasada, etc.

El *memorando*, como medio de comunicación entre distintas personas, consta de tres elementos fundamentales para que la misma se lleve a cabo; esto es, contesta las preguntas siguientes: *quién* —la persona que emite el mensaje—, *qué* —el mensaje en sí— *a quién* —el que recibe el mensaje—. Para que éste se logre a cabalidad, es muy importante usar el lenguaje con efectividad teniendo en cuenta las cualidades del estilo técnico así como al destinatario del mismo. Por tanto, su lenguaje habrá de estar acorde con el de los lectores potenciales. Conviene recordar que en este tipo de escrito debe guardarse cierto grado de prudencia y discreción al redactar el mensaje; se habrá de poner sumo cuidado en no herir las sensibilidades de los subordinados o de los pares cuando se trate un tema controversial.

Las partes de que consta un *memorando* en su forma externa son: *nombre del destinatario, nombre del remitente, fecha, asunto* y *firma*. De acuerdo con esto presentamos a continuación el modelo básico:

Membrete

Fecha

A.— *(nombre completo del destinatario)*

B.— *(nombre y firma del remitente)*

C.— *(asunto)*

A continuación presentamos un ejemplo:

EMPRESAS MARTINEZ MARLE INC.
Apartado 5000
San Juan, Puerto Rico

10 abril 1987

M E M O R A N D O

A : *Todas las secretarias de la empresa*

DE : *Francisco A. Marle*
Director Ejecutivo

ASUNTO : *Seminario de Redacción*

Empresas Martínez Marle Inc., de acuerdo con su política de mejorar las condiciones profesionales y laborales de sus empleados, auspicia el Seminario de Redacción, que se llevará a cabo en el Salón de Conferencias de la Empresa del 1 al 3 de mayo.

Las personas interesadas en asistir al mismo deberán avisar con tiempo suficiente a sus respectivos directores de División, con el fin de hacer los arreglos necesarios en lo que se refiere a la distribución de trabajo.

* * *

CIRCULAR

Según el Diccionario de la Real Academia el vocablo *circular*, con valor de sustantivo, tiene estas dos acepciones: 1) "Orden que una autoridad superior dirige a todos o gran parte de sus subalternos"; 2) "Cada una de las cartas o avisos iguales, dirigidos a diversas personas para darles conocimiento de alguna cosa". Por lo general se usa el término *circular* con esta segunda significación en los niveles administrativos de las distintas empresas, instituciones y oficinas del gobierno.

Al igual que el *memorando* es una comunicación interna que trasmite información entre un determinado número de personas; contiene también los tres elementos básicos: *emisor, mensaje, destinatario*, y contesta las preguntas: *quién, qué* y *a quién*. Sin embargo, el *memorando* se circunscribe a un radio de acción más limitado: un departamento, una sección, un comité; además, la información que trasmiten tiene más bien un carácter circunstancial. Por el contrario, la *circular* va dirigida a un mayor número de lectores y su mensaje es de interés general; por esta razón las *circulares* provienen de las oficinas generales hacia las locales.

Los temas tratados en una *circular* serán siempre de interés general para toda la empresa, agencia de gobierno o institución, por ejemplo: nuevas normas de carácter general, actos de interés para todos los miembros, cambios fundamentales en la estructura de la empresa, agencia o institución, noticias de interés para todos los que trabajan allí, etc.

El lenguaje de la circular también habrá de tener en cuenta las características del estilo técnico así como al destinatario de la misma. Por esto, su lenguaje estará en función de los lectores. Como se aconsejaba en la parte relativa a la redacción del *memorando,* también en la *circular* es necesario guardar cierto grado de prudencia y discreción cuando se redacte su mensaje para no herir las sensibilidades de los lectores o no dar paso a interpretaiones erróneas. Así mismo se usarán párrafos distintos para cada tema o enfoque del mismo. Las *circulares* llevan siempre una numeración para facilitar la búsqueda de cualquier información y también para simplificar el archivo de las mismas. A continuación incluimos un modelo de esta clase de comunicación interna:

UNIVERSIDAD DE PUERTO RICO
Recinto de Río Piedras
Facultad de Humanidades

OFICINA DEL DECANO

16 de marzo de 1987

CIRCULAR NUM. 86-87: 3

A TODOS LOS MIEMBROS DE LA FACULTAD DE HUMANIDADES

Estimados compañeros:

Ante el misterio de la vida y de la muerte, hoy reafirmamos que la querida Prof. Elba Arrillaga es una fuerte presencia espiritual entre nosotros. Durante veintinueve años, con hondo sentido de misión universitaria, nos hizo partícipes de la ofrenda generosa de su cátedra. El martes 3 de marzo, invitada por el Departamento de Drama para que compartiera los últimos futos de su saber literario, visitó la Facultad de Humanidades. Ese encuentro académico selló el final de su obra oblativa en este Recinto.

Ayer, su corto peregrinar se revistió de inmortalidad. Su consagración pedagógica fue heroica. Le imprimió a la muerte la dignidad de su vivir victorioso. Su último obrar académico se elevó como una plegaria y alabanza a las mejores tradiciones de la Universidad.

Deseamos que su recuerdo nos sirva de inspiración para afianzar los dones de la amistad, de la concordia, del deber cumplido y de la compasión humana. Damos gracias a Dios, al Dr. José Ramón de la Torre, a sus hijos, a sus familiares y amigos, por el regalo y testimonio de la vida de Elba, por su abnegado magisterio, por ser una fuente de esperanza, de fe y de amor entre nosotros. Compartimos con todos, en especial con el Departamento de Estudios Hispánicos, el sentimiento más profundo de pena y solidaridad.

Les abraza,

Manuel Alvarado Morales
Decano

* * *

ACTA

De acuerdo con el Diccionario de la Real Academia, entre las acepciones que allí se le dan a la palabra *acta*, las dos primeras recogen a cabalidad el sentido actual de esta comunicación interna: 1) "Relación escrita de lo sucedido, tratado o acordado en una junta"; 2) "Certificación en que costa el resultado de la elección de una persona para ciertos cargos públicos o privados".

Escribir el acta de una reunión es una buena práctica pues de esta manera constan en un lugar específico y por escrito los temas discutidos, la intervención de los asistentes así como los acuerdos tomados. Por otra parte, el *acta* no sólo es una fuente de información, sino que, a la larga, se puede convertir en una fuente inicial de investigación; resulta valiosísima en caso de dudas o discrepancias.

El secretario o la persona encargada de escribir el acta habrá de cuidar muy bien que ésta sea fiel a la reunión; esto es, nunca debe omitir información importante; habrá de contener las partes más importantes de la sesión de acuerdo con el orden de los sucesos.

El *acta* proveerá la siguiente información: 1) lugar y fecha de la reunión; 2) nombres y apellidos de los asistentes; 3) nombre y apellidos de la persona que dirige la reunión; 4) temas tratados; 5) intervenciones más importantes; 6) acuerdos y resoluciones; 7) firmas del secretario y presidente.

Las diferentes agencias del gobierno, las empresas privadas, las instituciones educativas o culturales están obligadas, en unos casos, por sus propias leyes internas y en otros, por la costumbre, a escribir actas de todas las reuniones ordinarias y extraordinarias que llevan a cabo. Algunas empresas tienen para estos efectos su libro de actas.

A continuación ofrecemos un ejemplo de *acta:*

EMPRESAS MARTINEZ MARLE INC.
Apartado 5000
San Juan, Puerto Rico

ACTA DE LA REUNION EXTRAORDINARIA DE LOS DIRECTORES DE DIVISION

15 de julio de 1986

La reunión comenzó a las 10:00 A.M. una vez establecido el quórum.
El director ejecutivo de la compañía, Sr. Francisco Martínez Marle, explicó que el motivo de la reunión era la reciente adquisición, por parte de la empresa, de la representación exclusiva en Puerto Rico de los productos de belleza "Venus". A juicio del Sr. Martínez Marle, esta inversión traerá múltiples beneficios a la compañía.
La Srta. Mercedes Alonso pidió al Director que diera algunos ejemplos de esos beneficios.
El Sr. Director mencionó los siguientes: creación de una nueva división con sus correspondientes plazas, sueldos atractivos y otros incentivos para las personas que se inicien en esta división ya que tendrán que hacer un

mayor esfuerzo en lo que se refiere a la promoción y venta de los nuevos productos.

La Sra. Amelia Pereira preguntó sobre el lugar en donde se localizaría la nueva división.

El Sr. Martínez Marle contestó que ésta estaría ubicada en el edificio nuevo recientemente construido.

El Sr. García Rodríguez señaló los posibles inconvenientes que se presentarían al hacer uso del nuevo edificio —en el caso de comenzar de inmediato las operaciones— ya que el mismo todavía carecía de luz.

El Sr. Martínez Marle aclaró que la nueva división iniciaría sus trabajos dentro de tres meses, con el fin de dar tiempo a que el edificio estuviera en condiciones.

Los asistentes se mostraron muy optimistas ante esta noticia y dieron su apoyo a la empresa.

La reunión se terminó a las 11:00 A.M.

Francisco Martínez Marle   *Isabel Huertas*
Presidente   *Secretaria*

ASISTENTES

Sr. Francisco Martínez Marle
Sr. Antonio Rivera
Sra. Amelia Pereira
Srta. Mercedes Alonso
Sr. Jesús García-Rodríguez
Srta. Isabel Huertas
Sr. José Antonio Alvarado
Srta. Conchita Pérez
Sra. María L. Oria

EJERCICIOS

Estos ejercicios están diseñados para que se logre la máxima participación del estudiante. El maestro convertirá la clase en un taller para obtener este propósito.

1.— El alumno deberá estudiar un informe formal, llevarlo al salón de clase y señalar cada una de las partes del informe; hará sus comentarios sobre las mismas.

2.— A. El estudiante buscará ejemplos de las clases de informe explicadas en el capítulo.

B. Señalará las características del estilo técnico en estos ejemplos.

3.— Es recomendable que el alumno escriba un informe sobre algún trabajo que haya realizado.

4.— A. Lleve al salón de clase cinco **resumés** o **currículum vitae** y señale si contienen las partes principales que se explicaron en el capítulo.

B. A juicio del estudiante, ¿causarían estos resumés una buena impresión a la persona que toma la decisión de dar o no el empleo?

5.— Redacte su propio resumé.

6.— *Traiga al salón de clase cinco **memorandos** y diga si están escritos de acuerdo con los citerios explicados en el capítulo. De no ser así, redáctelos de nuevo.*

7.— *Escriba su memorando.*

8.— *Consiga tres **circulares** y explique las partes de las mismas. Examine el lenguaje y explique si corresponde a lo que Ud. entiende que debe ser el estilo **técnico**.*

9.— *Redacte el **acta** de alguna reunión que Ud haya asistido recientemente.*

    A. *Explique el motivo de la reunión y compruebe si éste aparece en el **acta**.*

    B. *Especifique los distintos participantes que hubo en la reunión y vea si los mismos figuran en el **acta**.*

    C. *Si se llegaron a algunos acuerdos, verifique si estos están recogidos en el **acta**.*

SINOPSIS

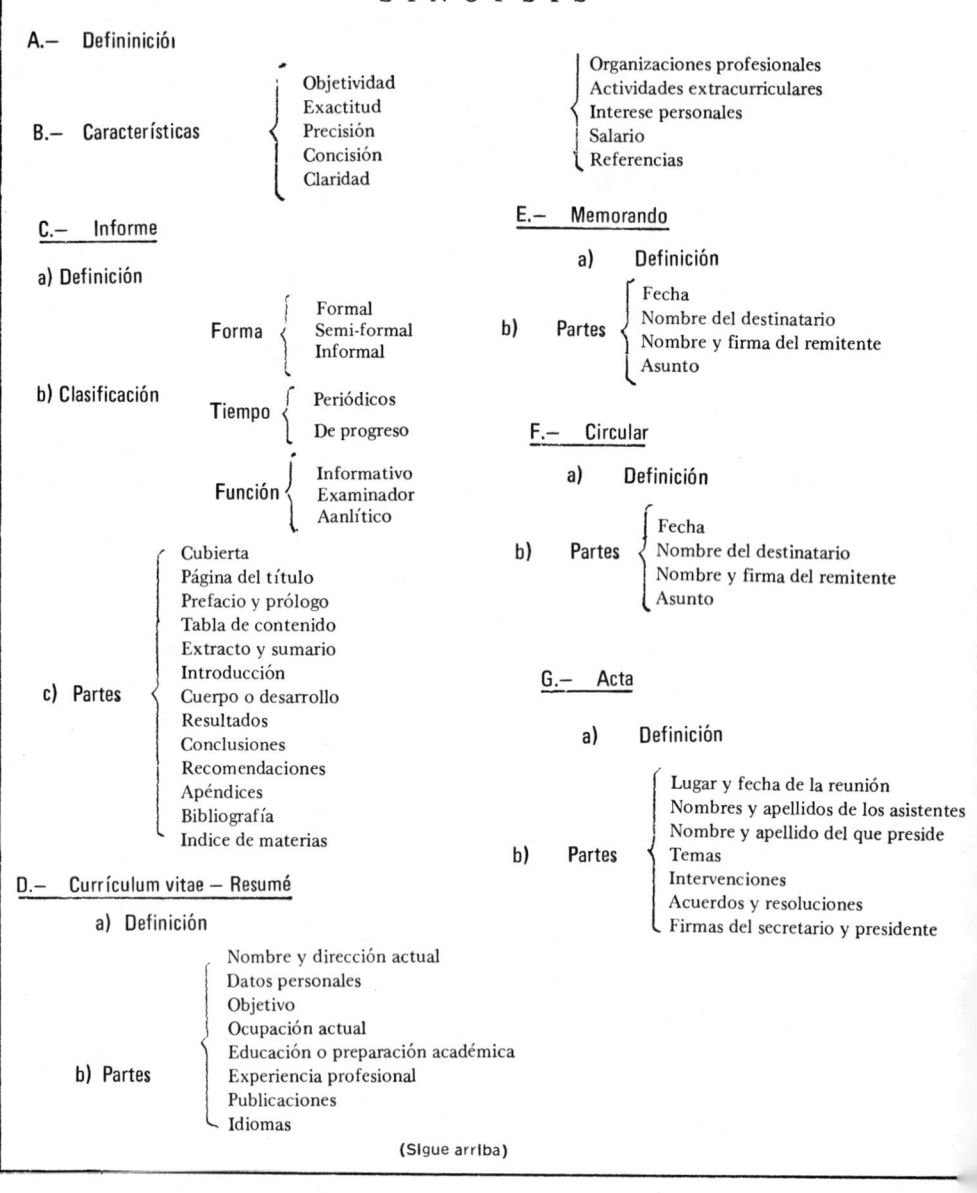

A.— Defininición

B.— Características
- Objetividad
- Exactitud
- Precisión
- Concisión
- Claridad

C.— Informe

a) Definición

b) Clasificación
- Forma
  - Formal
  - Semi-formal
  - Informal
- Tiempo
  - Periódicos
  - De progreso
- Función
  - Informativo
  - Examinador
  - Aanlítico

c) Partes
- Cubierta
- Página del título
- Prefacio y prólogo
- Tabla de contenido
- Extracto y sumario
- Introducción
- Cuerpo o desarrollo
- Resultados
- Conclusiones
- Recomendaciones
- Apéndices
- Bibliografía
- Indice de materias

D.— Currículum vitae — Resumé

a) Definición

b) Partes
- Nombre y dirección actual
- Datos personales
- Objetivo
- Ocupación actual
- Educación o preparación académica
- Experiencia profesional
- Publicaciones
- Idiomas
- Organizaciones profesionales
- Actividades extracurriculares
- Interese personales
- Salario
- Referencias

E.— Memorando

a) Definición

b) Partes
- Fecha
- Nombre del destinatario
- Nombre y firma del remitente
- Asunto

F.— Circular

a) Definición

b) Partes
- Fecha
- Nombre del destinatario
- Nombre y firma del remitente
- Asunto

G.— Acta

a) Definición

b) Partes
- Lugar y fecha de la reunión
- Nombres y apellidos de los asistentes
- Nombre y apellido del que preside
- Temas
- Intervenciones
- Acuerdos y resoluciones
- Firmas del secretario y presidente

(Sigue arriba)

BIBLIOGRAFIA

Abad Nebot, Francisco, *El artículo,* Madrid, Aravaca, 1977, 113 págs.

Adorno, Theodor W., *Signos de puntuación* en *Notas de literatura,* Trad. de Manuel Sacristán, Barcelona, Ariel, 1962, pp. 115-122.

Agostini de Del Río, Amelia, *Dime cómo hablas y te diré quién eres,* Barcelona, Industrias Gráficas M. Pareja, 1973, 70 págs.

Alonso, Amado, *Castellano, español, idioma nacional,* 4ta. ed., Buenos Aires, Losada, 1968, 149 págs.

Alonso, Martín, *Enciclopedia del idioma,* Madrid, Aguilar, 1943, 3 T., 4.258 págs.

————, *Ciencia del lenguaje y arte del estilo,* 8va. ed., Madrid, Aguilar, 1967, 1.637 págs.

————, *Gramática del español contemporáneo,* Madrid, Guadarrama, 1968, 595 págs.

————, *Redacción, análisis y ortografía,* 7ma. ed., Madrid, Aguilar, 1969, 348 pp.

Alonso Schökel, Luis, *La formación del estilo, libro del alumno,* 5ta. ed., Santander, España, Sal Tarrae, 1966, 399 págs.

————, *La formación del estilo, libro del profesor,* 5ta. ed., Santander, España, Sal Terrae, 1968, 382 págs.

Alvarez Nazario, Manuel, *Introducción al estudio de la lengua española,* Madrid, Partenón, 1981, 255 págs.

Angel, Juvenal L., *The Complete Resumé Book,* New York, Pocket Books Simon & Schuster, Inc., 1980, 397 págs.

Añorga Larralde, Joaquın, *Mejore su vocabulario,* New York, Minerva Books, 1964, 219 pp.

Azorín, *La palabra y la vida* en *Clásicos y modernos,* 5ta. ed., Buenos Aires, Losada, pp. 132-135

Baena Paz, Guillermina, *Redacción aplicada* (Ejercicios aplicados, juegos en equipo), México, Mexicanos Unidos 1982 190 págs

Bally, Charles, *El lenguaje y la vida*, 4ta. ed., Trad. de Amado Alonso, Buenos Aires, Losada, 1962, 250 págs.

Barrenchea, Ana M. y Mabel V. Manacorda de Rosetti, *Estudios de gramática estructural*, Buenos Aires, Paidos, 1969, 100 págs.

Basulto, Hilda, *Curso de redacción dináminca*, México, Trillas, 1981, 187 págs.

Bello, Andrés, y Rufino J. Cuervo, *Gramática de la lengua castellana*, 10ma. ed., revisada, corregida, aumentada con prólogo y observaciones de Niceto Alcalá-Zamora, Buenos Aires, Sopena Argentina, 1977, 559 págs.

Braschi, Wilfredo. *Las mil y una caras de la comunicación.* Madrid, Ed. Playor, 1980, 177 págs.

Calleja, Gilda, y Carlos Tirado, *Cómo dominar la correspondencia en 90 días*, Madrid, Playor, 1980, 115 págs.

Camilli, Ernesto, *Cómo enseñar a redactar*, 3ra. ed., Buenos Aires, Huemul, 1962, 314 pp.

Carnicer, Ramón, *Sobre el lenguaje de hoy*, Madrid, Prensa Española, 1969, 314 págs.

——————, *Desidia y otras lacras en el lenguaje de hoy*, Barcelona, Planeta, 1983, 181 págs.

Castagnino, Raúl H., *El análisis literario*, Buenos Aires, Novoa, 343 págs.

Criado de Val, Manuel, *Fisonomía del idioma español*, Madrid, Aguilar, 1954, 256 pp.

Cuervo, Rufino José, *Introducción al Diccionario de construcción y régimen de la lengua castellana* en *Obras*, Bogotá, Instituto Caro y Cuervo, 1954, T. I, pp. 1252-1320.

——————, *Usos incorrectos de verbos y partículas* en *Obras*, Bogotá, Instituto Caro y Cuervo, 1954, pp. 398-537.

De Granda, Germán, *Trasculturación e interferencia lingüística en el Puerto Rico contemporáneo*, Bogotá, Publicaciones del Instituto Caro y Cuervo, 1968, 226 págs.

De Nalda, Bernardo, *Desarrolle su vocabulario*, 2da. ed., Madrid, Partenón, 1977, 208 pp.

De Molina Redondo, J. A., *Usos de "se"*, Madrid, Sociedad General Española de Librería, 1974, 144 págs.

De Rosetti, Mabel V. M., *Castellano actual: Lenguaje y comunicación*, Buenos Aires, Kapelusz, 1974, 168 págs.

De Sausurre, Ferdinand, *Curso de lingüística general*, 8va. ed., Trad., prólogo y notas de Amado Alonso, Buenos Aires, Losada, 1970, 378 págs.

Del Rosario, Rubén, *Vocabulario puertorriqueño*, Connecticut, The Troutman Press, 1965, 118 págs.

Diccionario de Americanismos, Dirección textos, prólogo y bibliografía de Marcos A. Morinigo, Buenos Aires, Muchnik, 1966, 738 págs.

Diccionario de Anglicismos, por Ricardo J. Alfaro, Madrid, Gredos, 1969, 480 págs.

Diccionario de Autoridades, Real Academia Española, ed. facsímil, Madrid, Gredos, 1969, 3 T., 1.988 págs

Diccionario de dudas y dificultades sobre la lengua castellana, por Manuel Seco, Madrid Aguilar, 1969, 516 págs.

Diccionario ideológico de la lengua castellana, por Julio Casares, Barcelona, Gustavo Gili, 1958, 887 págs.

Diccionario de incorrecciones del lenguaje, por A. Santamaría y A. Cuartas, Madrid Paraninfo, 1967, 950 págs.

Diccionario de la Lengua Española, Real Academia, 20ma. ed., Madrid, 1984, 2 T., 1.416 págs.

Diccionario de sinónimos, por Samuel Gili Gaya, 4ta. ed., Barcelona, Bibliograf, 1965, 443 págs.

Domínguez, Luis Alonso, *Redacción Uno,* México, Diana, 1981, 215 págs.

Eco, Umberto, *Cómo se hace una tesis,* 3ra. ed., México, Gedisa + Representaciones Editoriales, 1982, 267 págs.

El Broncese, *En función de,* Madrid, ABC Internacional, 23-29 diciembre 1981, p. 22.

Ehrlich, Eugene, y Daniel Murphy, *Writing and Researching Term Papers and Reports: A New Guide for Students,* New York, Bantam Books, 1964, 149 págs.

Escarpenter, José, *Ortografía moderna,* Madrid, Playor, 1975, 182 págs.

Esquer Torres, Ramón, *Didáctica de la lengua española,* Madrid, Alcalá, 1968, 396 pp.

Fente Gómez, Rafael, *Estilística del verbo en inglés y en español,* Madrid, Sociedad General Española de Librería, 1971, 226 págs.

Fente Gómez, Rafael, Jesús Fernández Alvarez y Lope G. Feijóo, *El subjuntivo,* 3ra. ed., Madrid, Aravaca, 1977, 148 págs.

————————————————————————,*Perífrasis verbales,* Madrid, Sociedad General Española de Librería, 1979, 141 págs.

Fernández de la Torriente, Gastón, *Comunicación escrita,* Madrid, Playor, 1982, 148 pp.

Flesch, Rudolf y A. H. Lass, *A New Guide to Better Writing,* New York, Warner Books. 1983, 302 págs.

García Yebra, Valentín, "Discrepancias en el uso de las preposiciones", en *Teoría y práctica de la traducción,* Ed. Gredos, Madrid, 1982, T. II, pp. 715-847.

Gili Gaya, Samuel, *Nuestra Lengua Materna,* San Juan de Puerto Rico, Instituto de Cultura Puertorriqueña, 1965, 140 págs.

——————, *Curso Superior de Sintaxis Española,* 11ma. ed., Barcelona, Vox, 1973, 347 págs.

Gorn, Janice L., *Style Guide: For Writers of Term Papers Masters' Theses Doctoral Dissertations*, New York, Monarch, 1973, 107 págs.

Guiraud, Pierre, *La estilística*, 3ra. ed., Buenos Aires, Nova, 1967, 132 págs.

Herrero Mayor, Avelino, *Cosas del idioma*, Buenos Aires, Troquel, 1959, 125 págs.

Hjelmslev, Luis, *El lenguaje*, Madrid, Gredos, 1968, 185 págs.

Kany, Charles E., *Sintaxis hispanoamericana*, Trad. de Martín Blanco Alvarez, Madrid, Gredos, 1969, 550 págs.

Kayser, Wolfgan, *Interpretación y análisis de la obra literaria*, 4ta. ed., Trad. de María D. Mounton y V. García Yebra, Madrid, Gredos, 1961, 594 págs.

Lambuth, David and others, *The Golden Book on Writing*, New York, Penguin Books, 1983, 81 págs.

Lapesa, Rafael, *Historia de la lengua española*, 5ta. ed., Madrid, Escélicer, 1962, 407 pp.

Legorburu, José, *Ortografía del español, Manual del estudiante*, Río Piedras, Puerto Rico, Cultural, 1970, 93 págs.

López de Arroyo, María, *Manual de Informes Técnicos*, Río Piedras, Puerto Rico, 181 págs.

Lugo-Guernelli, Adelaide, John Guernelli y Luis León, *Manual de Gramática Comercial, Manual of Commercial Grammar*, Madrid, Partenón, 1976, 204 págs.

Luque Durán, Juan D., *Las preposiciones*, Madrid, Sociedad General Española de Librería, 1973, 2 V., 356 págs.

Malaret, A., *Diccionario de Americanismos*, 3ra. ed., Buenos Aires, Emecé, 1964, 520 pp.

MLA Handbook, for writers of research papers, theses, and dissertations, New York, Modern Language Association, 1977, 50 págs.

Manual de gramática y expresión, 1ra. ed., Vox, Bibliograf, 1979, 280 págs.

Manual de nociones y ejercicios gramaticales, 7ma. ed., Editorial Universitaria, Universidad de Puerto Rico, 1975, 147 págs.

Marsá, Francisco, *Gramática y redacción*, Barcelona, Gussó Hnos., 1976, 352 págs.

Martín Vivaldi, Gonzalo, *Curso de Redacción*, 6ta. ed., Madrid, Paraninfo, 1969, 502 pp.

Martínez Amador, E., *Diccionario gramatical y de dudas del idioma*, Barcelona, Ramón Sopèna, 1966, 1.498 págs.

Mauleón, Carmen C. y Ricardo Carrillo, *Redacción de informes: Teoría y práctica*, Madrid, Partenón, 1976, 109 págs.

Menéndez Pidal, Ramón, *Manual de gramática histórica española*, 6ta. ed., Madrid, España, Calpe, 1941, 369 págs.

Miranda Podadera, Luis, *Curso de Redacción,* 17ma. ed., Madrid, Hernando, 1981, 240 pp.

Moliner, María, *Diccionario gramatical y de uso del español activo,* 2 vols., Madrid, Gredos, 1966, 2 T., 3.031 págs.

Murry Middleton, J., *El estilo literario,* 1ra. ed., en español, Trad. de Jorge Hernández Campos, México, Fondo de Cultura Económica, 1951, 150 págs.

Narváez Santos, Eliezer, *La influencia taína en el vocabulario inglés,* Barcelona, Rumbos, 1960, 122 págs.

Omil, Alba, *Todos tenemos un duende,* Buenos Aires, Nova, 1971, 232 págs.

Pei, Mario A., *La maravillosa historia del lenguaje,* Trad. y adaptación de David Romano, Madrid, Espasa-Calpe, 1955, 326 págs.

Pérez Rioja, José Antonio, *Estilística, comentario de textos y redacción,* Zarauz, España, Liber, 1967, 2 vols., 369 págs.

————————————, *Gramática de la lengua española,* 6ta. ed., Madrid, Tecnos, 1968, 521 págs.

Porras Cruz, Jorge Luis, Enrique Laguerre, Salvador Tió y Carmen M. Díaz de Olano, *Recomendaciones para el uso del idioma español en Puerto Rico,* San Juan de Puerto Rico, Departamento de Instrucción Pública, 1962, 185 págs.

Pottier, Bernard, *Gramática del español,* 2da. ed., Versión española de Antonio Quilis, Madrid, Alcalá, 1971, 177 págs.

Real Academia Española, *Esbozo de una Nueva Gramática de la Lengua Española,* Madrid, Espasa-Calpe, 1973, 589 págs.

Rosenblat, Angel, *El castellano de España y el castellano de América,* Unidad y diferenciación, 2da. ed., Caracas, Cuadernos del Instituto de Filología Andrés Bello, Universidad Central de Venezuela, 1965, 61 págs.

——————, *Nuestra lengua en ambos mundos,* Barcelona, Salvat-Alianza, 1971, 202 págs.

Sábato, Ernesto, *Acerca del estilo* en *"El escritor y sus fantasmas",* 3ra. ed., Buenos Aires, Aguilar, pp. 206-210.

Sáez, Antonia, *Las artes del lenguaje en la Escuela Secundaria,* 1ra. ed., San Juan, Puerto Rico, Imprenta Venezuela, 1952, 316 págs.

Saínz de Robles, F. C., *Ensayo de un diccionario español de sinónimos y antónimos,* 4ta. ed., Madrid, Aguilar, 1959, 1.148 págs.

Salas, Rodrigo, *El español correcto, el español eficaz,* Barcelona, De Vecchi, 1968, 320 pp.

—————, *Los 1500 errores más frecuentes de español* Barcelona, De Vecchi, 1978, 247 págs.

Salinas, Pedro, *Aprecio y defensa del lenguaje*, 6ta. ed., Río Piedras, Puerto Rico, Ed. Universitaria, Universidad de Puerto Rico, 1970, 69 págs.

Savater, Fernando. "La invención del artículo", *El País*, Madrid, 16 de febrero de 1987.

Seco, Rafael, *Manual de gramática española*, 9na. ed., Madrid, Aguilar, 1967, 309 págs.

Soto, Carlos. *Cómo hacer un Currículum Vitae y presentar un Historial Profesional*. Madrid, Ed. Ibérico Europea de Ediciones, S. A., 1982, 123 págs.

Teitelbaum, Harry. *How To write Book Reports*, New York, Monarch Press, Simon & Schuster, 1982, 95 págs.

Tejada, Leonor, *Hablar bien no cuesta nada*, México, Novaro, 1974, 181 págs.

Turabian Kate L., *A Manual for Writers of Term Papers, Theses and Dissertations*, 4ta. ed. Chicago, The University of Chicago Press, 1973, 215 págs.

Ullman, Stephen, *Lenguaje y estilo*, Madrid, Aguilar, 1968, 322 págs.

Vossler, K., *Filosofía del lenguaje*, 3ra. ed., Trad. y notas de Amado Alonso, Buenos Aires, Losada, 1957, 283 págs.

Welleck, René y Austin Warren, *Teoría literaria*, 4ta. ed., Versión española de José Ma. Jimeno, Prólogo de Dámaso Alonso, Madrid, Gredos, 1966, 430 págs.

Wells, Rulon, *Estilo nominal y estilo verbal*, en *Estilo del lenguaje*, Trad. de Ana María Gutiérrez y Carcelo, Madrid, Cátedra, 1974, pp. 85-99.

TEXTOS CITADOS

Albert Robatto Matilde. "Amnistía Internacional", *El Mundo,* Puerto Rico, 22 enero de 1987.

———————————. "Delincuencia Juvenil", *El Mundo,* Puerto Rico, 12 de noviembre de 1986.

———————————. "Delincuencia Juvenil (II)", en *El Mundo,* Puerto Rico, 12 de noviembre de 1986.

Alborg, Juan Luis. *Historia de la literatura española.* Edad Media y Renacimiento. 2da. ed. ampliada. Madrid, Gredos, 1971, T. I, 1082 págs.

Alegría Pons, Ricardo. *¿Democracia en la dependencia?* Puerto Rico, Compromiso, 1982, 71 págs.

Amado, Jorge. *El gato Manchado y la golondrina Sinhá: Una historia de amor.* Trad. De Elvio Romero, Buenos Aires, Losada, 1978, 71 págs.

———————. *Tieta de Agreste.* Trad. de Teresa Birnbaum. Buenos Aires, Losada, 1978, 569 págs.

———————. *Uniforme, casaca, camisón.* 3ra. ed. Trad. de Estela dos Santos. Buenos Aires, Losada, 1982, 254 págs.

Arce de Vázquez, Margot. *El paisaje de Puerto Rico* en *Impresiones.* Puerto Rico, Yaurel, 1970, pp. 17-24.

Asturias, Miguel Angel. *Señor presidente.* 5ta. ed. Buenos Aires, Losada, 1966, 274 pp.

Azorín. *La fragancia del vaso* en *Castilla.* 5ta. ed. Buenos Aires, Losada, 1958, pp. 106-108.

————. *Una lucecita roja* en *Castilla.* 5ta. ed. Buenos Aires, Losada, 1958, pp. 133-34.

————. *La voluntad.* 10ma. ed. Madrid, Biblioteca Nueva, 1965, 250 págs.

Baroja, Pío. *El árbol de la ciencia.* 2da. ed. Madrid, Alianza, 1968, 248 págs.

Benedetti, Mario. *La tregua.* 7ma. ed. Montevideo, Alfa, 1971, 173 págs.

Benveniste, Emile. *Problemas de la lingüística general.* Trad. de Juan Alameda. 2da. ed. México, Siglo XXI, 1972, 218 págs.

Betances, Ramón Emeterio. *Epistolario* (año 1885). Recopilación, introducción y notas de Ada Suárez. Puerto Rico, Huracán, 1978, 131 págs.

Blanco, Tomás. *Aventuras de juegos y de pulpas* en *Los cinco sentidos.* Puerto Rico. Instituto de Cultura Puertorriqueña, 1968, pp. 41-51.

————. *Prontuario histórico de Puerto Rico.* 7ma. ed. Puerto Rico, Huracán, 1981, 130 págs.

Borges, Jorge Luis. *La duración del infierno* en *Discusión.* 4ta. reimpresión. Buenos Aires, Emecé, 1966, pp. 97-103.

————— *Emma Zunz* en *Nueva Antología Personal.* México, Siglo XXI, 1968, pp. 94-99.

—————. *Hombre de la esquina rosada* en *Nueva Antología Personal.* México, Siglo XXI, 1968, pp. 143-150.

—————. *El oro de los tigres.* Buenos Aires, Emecé, 1972, 168 págs.

—————. *Ulrica* en *El libro de arena.* 2da. ed. Madrid, Alianza, 1979, pp. 15-19.

Braschi, Wilfredo. "Edelmira González Maldonado: Alucinaciones", en *Educación,* Puerto Rico, 1983, Nos. 51-52, pp. 285-286.

Cabrera Infante, Guillermo. *Tres tristes tigres.* Barcelona, Seix Barral, 1973, 451 págs.

Cadalso, José. *Cartas marruecas.* Prólogo, edición y notas de Juan Tamayo y Rubio. Madrid, Espasa-Calpe, 1963, 232 págs.

Canales, Nemesio. *El reto femenino,* en *Paliques,* Puerto Rico, Edit. Universitaria, 1952, pp. 175-177.

Carpentier, Alejo. *Concierto barroco.* 11ma. ed. México, Siglo XXI, 1980, 92 págs.

Castilla del Pino, Carlos. *La alienación de la mujer* en *Cuatro ensayos sobre la mujer.* 6ta. ed. Madrid, Alianza, 1979, pp. 11-51.

Castro, Américo. *La realidad histórica de España.* 5ta. ed. renovada. México, Porrúa, 1973, 473 págs.

Cela, Camilo José. *La familia de Pascual Duarte.* Barcelona, Destino, 1969, 186 págs.

Cortázar, Julio. *Los premios.* 8va. ed. Buenos Aires, Sudamericana, 1968, 428 págs.

————. *Rayuela.* 19na. ed. Buenos Aires, Sudamericana, 1976, 155 págs.

————. *El anillo de Moebius* en *Queremos tanto a Glenda.* México, Nueva Imagen, 1980, pp. 125-139.

Couffon, Claude. *Una reivindicación* en *Juan Goytisolo.* Madrid, Fundamentos, páginas 117-120.

De Castro, Rosalía. *La hija del mar* en *Obras completas.* Madrid, Aguilar, 1972, páginas 661-833.

De Cervantes, Miguel. *Don Quijote de la Mancha.* 6ta. ed. Texto y notas de Martín de Riquer, Barcelona, Juventud, 1969, 2 vols., 1096 págs.

De Góngora, Luis. *Fábula de Polifemo y Galatea* en *Obras completas.* 5ta. ed. Madrid, Aguilar, 1961, pp. 620-632.

De Larra, Mariano J. *Vuelva usted mañana* en *Antología.* Edición preparada por Armando L. Salinas. Madrid, Nacional, 1977, pp. 86-97.

——————————. "Un reo de muerte", en *Antología,* Madrid, Editora Nacional, 1977, pp. 179-186.

——————————. "En este país", en *Antología,* Madrid, Editora Nacional, 1977, pp. 105-112.

De la Puebla, Manuel, " Francisco Matos Paoli, Cancionero", *Mairena,* Puerto Rico, 1984, VI, No. 16, pp. 110-112.

De la Vega, Garcilaso. *Obras.* 8va. ed. Madrid, Espasa-Calpe, 1964, 152 págs.

Del Valle Inclán, Ramón. *Cara de plata.* 2da. ed. Madrid, Espasa-Calpe, 1964, 138 pp.

——————————. *Sonata de otoño - sonata de invierno.* 5ta. ed. Madrid, Espasa-Calpe, 1966, pp. 7-87.

——————————. *Divinas palabras* en *Teatro selecto.* Introducción de Anthony N. Zahareas. Puerto Rico, Edil, 1969, pp. 437-541.

Denevi, Marco. *Rosaura a las diez.* Buenos Aires, Centro Editor de América Latina, 1966, 215 págs.

De Quevedo y Villegas, Francisco. *Historia de la vida del Buscón llamado Don Pablos.* Buenos Aires, Talleres Gráficos de la Compañía General Fabril, 1939, 189 págs.

De Rojas, Fernando. *La Celestina.* Prólogo de Stephen Gilman, edición y notas de Dorothy Severín. Madrid, Alianza, 1969, 272 págs.

De Torre, Guillermo. *Historia de las literaturas de vanguardia.* Madrid, Guadarrama, 1965, 946 págs.

De Unamuno, Miguel. *A lo que salga* en *Ensayos.* 4ta. ed. Prólogo y notas de Bernardo C. de Cardamo. Madrid, Aguilar, 1958, T. I, pp. 605-619.

——————————. *Niebla.* 12da. ed. Madrid, Espasa-Calpe, 1968, 166 págs.

De Vega Carpio, Lope. *Fuenteovejuna* en *Cuatro obras teatrales.* 5ta. ed. Madrid, Aguilar, 1962, pp. 500-635.

"Diario Vivir", *El Mundo,* Puerto Rico, 16 marzo 1987.

Díaz Alfaro, Abelardo. *El Josco* en *Terrazo.* Puerto Rico, Instituto de Cultura Puertorriqueña, 1967, pp. 17-23.

Díaz Valcárcel, Emilio. *Harlem todos los días.* Puerto Rico, Huracán, 1978, 229 págs.

Donoso, José. *El lugar sin límites.* México, Joaquín Mortiz, 1966, 140 págs.

————. *El obsceno pájaro de la noche.* Barcelona, Seix Barral, 1970, 543 págs.

Editoriales, *El Mundo,* Puerto Rico, 17 de febrero de 1987.

Editoriales, *El Mundo,* Puerto Rico, 20 febrero 1987.

Estados Unidos, *El Mundo,* Puerto Rico, 16 marzo 1987.

Ferrater Mora, José. *Diccionario de filosofía abreviado.* Buenos Aires, Sudamericana, 1970, 478 págs.

Ferré, Rosario. *La muñeca menor, The Youngest Doll.* Puerto Rico, Huracán, s.p.

Freud, Sigmund. *Metapsicología* en *El malestar en la cultura.* Trad. de Luis López Ballesteros y de Torres. Madrid, Alianza, 1970, pp. 125-131.

Fuentes, Carlos. *Las buenas conciencias.* 4ta. reimpresión. México, Fondo de Cultura Económica, 1969, 191 págs.

García Lorca, Federico. *Bodas de sangre* en *Obras completas.* 16ta. ed. Madrid, Aguilar, 1971, pp. 1171-1172.

————————. *La casa de Bernarda Alba* en *Obras completas.* 16ta. ed. Madrid, Aguilar, 1971, pp. 1438-1532.

García Márquez, Gabriel. *Cien años de soledad.* 2da. ed. Buenos Aires, Sudamericana, 1967, 371 págs.

————————. *Blacamán el Bueno vendedor de milagros* en *La increíble y triste historia de la cándida Eréndira y su abuela desalmada.* Barcelona, Barral, 1972, pp. 83-94.

González, Antonio J. "El desastre de Chernobyl", en *El Mundo,* Puerto Rico, 5 de mayo de 1986.

González, José Luis. *La despedida* en *En nueva York y otras desgracias.* 3ra. ed. Puerto Rico, Huracán, 1981, pp. 61-78.

González Maldonado, Edelmira. *Un caso y César Vallejo* en *Crisis.* Puerto Rico, Edil, 1973, pp. 29-33.

Gómez de Avellaneda, Gertrudis. *Autobiografía y Cartas.* 2da. ed. Madrid, Imprenta Helénica, 1914, 299 págs.

Goytisolo, Juan. *Otoño, en el puerto, cuando llovizna* en *Para vivir aquí.* Buenos Aires, Sur, 1961, pp. 26-42.

————. *Duelo en el paraíso.* 4ta. ed. Barcelona, Destino, 1968, 294 págs.

————. *Señas de identidad.* 2da. ed. México, Joaquín Mortiz, 1969, 422 pp.

——————. *Reivindicación del Conde Don Julián.* México, Joaquín Mortiz, 1970, 242 págs.

——————. *Declaración de Juan Goytisolo* en *Juan Goytisolo.* Madrid, Fundamentos, 1975, pp. 137-143.

——————. *Paisajes después de la batalla.* Barcelona, Montesinos, 1982, 199 págs.

Gudiño Kieffer, Eduardo. *Para comerte mejor.* 4ta. ed. Buenos Aires, Losada, 1969, 203 págs.

Homero. *La Ilíada.* 4ta. ed. Trad. de L. Segalá. Puerto Rico, Editorial Universitaria, 1967, 542 págs.

Humphrey, Robert. *La corriente de la conciencia en la novela moderna.* Trad. de Julio Rodríguez-Puértolas y Carmen Criado de Rodríguez-Puértolas. Santiago de Chile, Editorial Universitaria, 1969, 137 págs.

Kristeva, Julia. *Problèmes de la structuration du texte* en *Linguistique et littérature.* París, La Nouvelle Critique, 1968, pp. 55-64.

Laguerre, Enrique. *Julia de Burgos* en *Pulso de Puerto Rico, 1952-1954.* Puerto Rico, Biblioteca de Autores Puertorriqueños, 1965, pp. 275-282.

——————. *La llamarada.* 15ta. ed. Barcelona, Rumbos, 196/ 228 págs.

——————. *Pulso de Puerto Rico,* San Juan de Puerto Rico, Biblioteca de Auto res Puertorriqueños, 1956, 413 págs.

Lazarillo de Tormes. 14ta. ed. Buenos Aires, Espasa-Calpe Argentina, 1965, 143 págs.

Lezama Lima, José. *Oppiano Licario.* México, Era, 1975, 232 págs.

——————. *Paradiso.* Madrid, Cátedra, 1980, 653 págs.

López Ramírez, Tomás. *Juego de las revelaciones.* México, Extemporáneos, 1976, 114 págs.

Lowe, Karen. "Al rescate de un documento histórico", *El Mundo,* Puerto Rico, 7 de diciembre de 1986.

Lugo Filippi, Carmen. *Entre condicionales e indicativos* en *Vírgenes y mártires.* Puerto Rico, Antillana, 1981, pp57-69.

Lugo Filippi, Carmen y Ana Lydia Vega. *Cuatro selecciones por una peseta* en *Vírgenes y mártires.* Puerto Rico, Antillana, 1981, pp. 129-137.

Machado, Antonio. *Juan de Mairena I,* 4ta. ed. Buenos Aires, Losada, 1968, 190 pags.

——————. *Juan de Mairena II,* 4ta. ed. Buenos Aires, Losada, 1968, 168 págs.

——————. *Don Juan Tenorio* en *Antología de su prosa.* Prólogo y selección de Aurora de Albornoz. Madrid, Cuadernos para el Diálogo, 1970, pp. 70-72.

Matute, Ana María. *Primera memoria.* 3ra. ed. Barcelona, Destino, 1964, 245 págs.

Marqués, René. *Los soles truncos.* Puerto Rico, Cultural, 1970, pp. 24-84.

Martínez Capó, Juan. "Letras de Puerto Rico", *El Mundo,* Puerto Rico, 20 junio 1982

Mirabal, Mili. "Francisco Matos Paoli, Cancionero IX", en *Mairena,* Puerto Rico, 1982, V, No. 14, pp. 105-107.

Murgía, Manuel. *Rosalía de Castro* en *En las orillas del Sar* en *Obras Completas,* Madrid, Aguilar, T.I, pp. 547-560.

Navarro Tomás, Tomás. *Arte del verso.* 5ta. ed. México, Colección Málaga, 1971, 187 págs.

Ortega y Gasset, José. *La doctrina del punto de vista* en *El tema de nuestro tiempo.* 17ma. ed. Madrid, Revista de Occidente, 1970, pp. 101-111.

——————. *Facciones del amor* en *Estudios sobre el amor.* Barcelona, Salvat-Alianza, 1971, pp. 29-36.

——————. *Amor en Stendhal* en *Estudios sobre el amor.* Barcelona, Salvat-Alianza, 1971, pp. 37-62.

Ortega, José. *Juan Goytisolo. Alienación y agresión* en *Señas de identidad* y *Reivindicación del Conde Don Julián.* New York, Eliseo Torres & Sons, 1972, 169 págs.

Pardo Bazán, Emilia. *Los pazos de Ulloa.* 2da. ed. Madrid, Alianza, 1969, 292 págs.

——————. *Cartas a Galdós (1889-1890).* Prólogo y edición de Carmen Bavo Villasante. Madrid, Turner, 1975, 125 págs.

Pérez Galdós, Benito. *Realidad.* 2da. ed. Madrid, Aguilar, 1962, 298 págs.

——————. *La de Bringas.* Madrid, Hernando, 1969, 311 págs.

Piñeiro, Ramón. *Para una filosofía de la Saudade* en *Dos ensayos sobre la Saudade.* Trad. de Celestino Fernández de la Vega. Buenos Aires, Aléu-Mar, 1961, pp. 43-75.

Ramos, Juan Antonio. *Lo que Doña Rosita vio* en *Hilando mortajas.* Puerto Rico, Antillana, 1983, pp. 55-57.

——————. *Un sábado más* en *Hilando mortajas.* Puerto Rico, Antillana, 1983, 91 págs.

——————. *Papo Impala está quitao.* Puerto Rico, Huracán, 1983, 93 págs.

Rivera, José Eustaquio. *La Vorágine.* 7ma. ed. Buenos Aires, Losada, 1962, 252 págs.

Rodó, José Enrique. *Ariel.* 3ra. ed. México, Espasa-Calpe Mexicana, 1963, 144 págs.

Rodríguez Juliá, Edgardo. *Las tribulaciones de Jonás*. Puerto Rico, Huracán, 1981, 105 págs.

——————————. *La noche oscura del niño Avilés*. Puerto Rico, Huracán, 1984, 332 págs.

Rulfo, Juan. *Pedro Páramo*. 10ma. reimpresión. México, Fondo de Cultura Económica, 1969, 128 págs.

Sábato, Ernesto. *El túnel*. 2da. ed. Buenos Aires, Sudamericana, 1967, 151 págs.

——————. *Sobre héroes y tumbas*. 6ta. ed. Buenos Aires, Sudamericana, 1967, 505 págs.

——————. *El escritor y sus fantasmas*. 3ra. ed. Buenos Aires, Aguilar Argentina, 1967, 279 págs.

Sánchez Ferlosio, Rafael. *El Jarama*. 8va. ed. Barcelona, Destino, 1967, 365 págs.

Sánchez, Luis Rafael. *La pasión según Antígona Pérez*. 3ra. ed. Puerto Rico, Cultural, 1973, 122 págs.

Sánchez, Luis Rafael. *Tiene la noche una raíz* en *En cuerpo de camisa*. 3ra. ed. Puerto Rico, Antillana, 1975, pp. 21-26.

——————————. *La guaracha del Macho Camacho*. Buenos Aires, La Flor, 1976, 256 págs.

Santamarina, Alvaro. "El sino trágico de Romy Schneider", *El Nuevo Día,* Puerto Rico, 27 de junio de 1982.

Sarduy, Severo. *Cobra*. 2da. ed. Buenos Aires, Sudamericana, 1973, 263 págs.

Soto, Pedro Juan. *El francotirador*. 3ra. ed. Barcelona, Puerto, 1973, 297 págs.

——————————. *Ardiente suelo, fría estación*. 2da. ed. Puerto Rico, Huracán, 1978, 258 págs.

Trelles, Carmen Dolores." Mario Vargas Llosa, "escribidor", "hablador" y conciencia creativa", *El Nuevo Día,* Puerto Rico, 23 febrero 1986.

Todorov, Tzvetan. *¿Qué es el estructuralismo? Poética*. Traducción de Ricardo Pochtar. Buenos Aires, Losada, 1975, 128 págs.

Umbral, Francisco. *Los escándalos,* en *Crónicas antiparlamentarias,* Madrid, Ed. Júcar, 1974, pp. 76-78.

——————————. *La doble moral,* en *Crónicas antiparlamentarias,* Madrid, Ed. Júcar, 1974, pp. 79-81.

Uslar-Pietri, Arturo. *Las lanzas coloradas*. 6ta. ed. Buenos Aires, Losada, 1968, 192 pp.

Vargas Llosa, Mario. *Un relato de Simone de Beauvoir: "Una muerte muy dulce"* en *Entre Sartre y Camus.* Puerto Rico, Huracán, 1981, p. 35-39.

——————. *Camus y la literatura* en *Entre Sartre y Camus.* Puerto Rico, 1981, pp. 41-46.

——————. *La guerra del fin del mundo.* Barcelona, Seix Barral, 1981, 531 pp.

Vega, Ana Lydia. *Trabajando pal inglés* en *Vírgenes y mártires.* Puerto Rico, Antillana, 1981, pp. 99-108.

Zeno Gandía, Manuel. *La Charca.* Puerto Rico, Instituto de Cultura Puertorriqueña, 1966, 266 págs.

Este libro se imprimió en
BANTA COMPANY,
de Estados Unidos
de Norteamérica,
en mayo de 1987.